2010年国家社科基金重点项目资助（项目批准号：10AJL006）

低碳经济时代的
碳金融机制与制度研究

杜 莉等 著

中国社会科学出版社

图书在版编目（CIP）数据

低碳经济时代的碳金融机制与制度研究／杜莉等著 . —北京：中国社会科学
出版社，2014.5

ISBN 978 - 7 - 5161 - 4068 - 0

Ⅰ.①低…　Ⅱ.①杜…　Ⅲ.①气候变化—影响—金融机制—研究—中国
②气候变化—影响—金融制度—研究—中国　Ⅳ.①F832.1

中国版本图书馆 CIP 数据核字（2014）第 051018 号

出 版 人	赵剑英
责任编辑	王　茵
责任校对	任晓晓
责任印制	王　超

出　　版	中国社会科学出版社
社　　址	北京鼓楼西大街甲 158 号（邮编 100720）
网　　址	http://www.csspw.cn
	中文域名:中国社科网　　010 - 64070619
发 行 部	010 - 84083685
门 市 部	010 - 84029450
经　　销	新华书店及其他书店

印　　刷	北京君升印刷有限公司
装　　订	廊坊市广阳区广增装订厂
版　　次	2014 年 5 月第 1 版
印　　次	2014 年 5 月第 1 次印刷

开　　本	710×1000　1/16
印　　张	24.25
插　　页	2
字　　数	386 千字
定　　价	68.00 元

目 录
C O N T E N T S

随着经济的高速发展，人们关注的焦点逐渐从生活水平的提高转移到生活质量的提升。近年来，频频发生的自然灾害、气候异常更是引起了全世界人们对于经济发展的附属品——环境问题的关注。

1992 年，联合国大会通过了《联合国气候变化框架公约》（United Nations Framework Convention on Climate Change，UNFCCC），旨在减少温室气体的排放。1997 年，在日本京都举办的联合国气候变化框架公约缔约国第 3 次会议通过了《京都议定书》（Kyoto Protocol），其中明确规定了附件一国家的减排任务，并创造性地提出了节能减排的三项弹性机制，即国际排放贸易机制（International Emission Trading，IET）、清洁发展机制（Clean Development Mechanism，CDM）和联合履约机制（Joint Implementation，JI）。

紧随其后，英国在 2003 年的能源白皮书《我们能源的未来：创建低碳经济》中，首次提出"低碳经济"的概念。"低碳经济"，是指通过各种方式降低煤炭、石油等高碳能源的消耗，减少温室气体的排放，进而实现经济与环境协调发展的经济形态。虽然作为非附件一的国家，我国在 2012 年之前无须承担减排任务。但与一些发达国家相比，我国的单位能耗过高，经济的发展已越来越受到环境和资源的约束。因此，必须发展"低碳经济"。2007 年 9 月 8 日，在亚太经合组织（APEC）第 15 次会议中，胡锦涛总书记明确提出要"发展低碳经济"、"研发和推广低碳能源技术"、"增加碳汇"以及"促进碳吸收机制的发展"。随后，2010 年 8 月，国家发改委将广东、辽宁、湖北、陕西、云南 5 省以及天津、重庆、深圳、厦门、杭州、南昌、贵阳、保定 8 市作为低碳产业发展的试点。与此同时，为了更好地发展"低碳经济"，中国政府提出从重经济增长轻环境保护转变为环境保护和经济增长并重，从环境保护滞后于经济增长转变为环境保护和经济增长并重，从以行政办法为主转变为综合运用法律、经济、技术和必要的行政办法解决环境问题。然而，如何转变经济增长模式，实现由粗放到集约的长期可持续发展，已经成为燃眉之急。

低碳经济的发展，一方面离不开政府政策的大力支持，另一方面也不能缺少碳金融机制与制度安排的支撑。2010 年国家社科基金委员会设立了重点项目《低碳经济时代的碳金融机制与制度研究》（项目批准号：10AJL006），由吉林大学金融学教授杜莉作为项目负责人，由吉林大学丁志国教授、王倩教授、董竹教授、杨轶华教授、李昱教授、顾洪梅副教授；吉林财经大学王丽颖副教授、李阳博士；吉林大学博士后韩丽娜、石纬林、胡继立、赵放；中国人民银行金融研究所博士后张鑫；吉林大学博士研究生张云、孙兆东、王扬雷等人组成的研究团队，历时两年多时间，针对相关问题展开了系统、翔实、深入的研究工作，并形成了本书的研究成果。

本书共分六个部分，具体结构、内容安排如下：

第一章：文献综述。为了保证本书的全面性，在开展研究之前和研究过程之中，我们十分关注其他学者对这一问题的研究进展和具体的研究结果，并把这些研究整理出来列示于第一章，以保证本书对相关问题研究的阐述具有足够的全面性和科学性。

第二章：碳金融的运行机制研究。碳金融的运行机制包含银行业、保险业、债券业、金融市场四个方面。关于银行业，我们深入研究了绿色信贷的实践以及碳信贷产品的发展动态，对碳信贷原则下我国银行业的运行机制进行设计。关于保险业，我们认为其本身就是一个低碳产业，碳保险是保险业提供的碳产品，其运行机制包括内部机制、外部机制和发展评价指标体系。关于碳债券，我们在总结国内外碳债券实践的基础之上，分析了碳债券发展中存在的道德风险，并就发挥碳债券对碳金融的支撑功能提出建议。关于金融市场运行机制，我们通过研究国际碳金融市场的现状与基本特征，结合中国碳金融市场的实际情况，从发行市场、交易市场、碳金融产品、碳金融定价以及碳货币五个层面为碳金融框架下的我国金融市场运行机制的设计提供建议。

第三章：碳金融运行的制度设计。我们具体讨论了货币制度安排和金融监管变革两部分内容。通过比较分析西方国家和中国促进碳金融发展的货币政策，研究了我国支持低碳发展的金融政策选择。运用制度经济学理论，分析了不同的金融监管体制，探索适合我国碳金融监管的模式。

第四章：碳金融体制实施的经济效应分析。我们采用实证分析的方法研究了碳信贷的经济效应以及碳金融体制实施的经济结构调整效应、协同效应，并利用博弈论理论和方法分析了碳金融体制实施对经济主体行为目标选择的影响。

第五章：碳金融实施的配套政策安排。本章采用规范分析的方法研究了支持碳金融发展的相关财政政策与产业政策。采用实证分析的方法研究了与产业发展相关的碳强度的影响因素，为碳金融配套政策的制定提供科学依据和数据支持。

第六章：结论与政策建议，对上述各章的研究结论进行概括性总结，并提出相应的政策建议。

随着人类社会工业化进程的不断加深，气候变化已成为 21 世纪全球必须面对并寻求解决的棘手问题。从《联合国气候变化框架公约》（1992）签署到《京都议定书》（1997）生效，再到后京都时期的艰难谈判，一个涉及全球政治、经济、环境、技术等方面的国际气候制度已悄然形成并处于逐步演化的过程中，直接催生和发展了国际碳金融市场。2009 年，被视为"拯救人类的最后一次机会"的哥本哈根会议将全球气候变化议题提升到了前所未有的高度，环境治理刻不容缓，节能减排已是全球共识，低碳经济的脚步已非任何单方面因素可以阻碍。碳金融以其在世界经济中的广泛利益基础，已成为低碳化发展的重要经济手段。建立成熟的碳金融市场、构建完善的运行机制也成为世界各国应对气候变化、发展低碳经济的有效途径。

第一节 碳金融理论相关文献综述

一 国外有关碳金融理论研究综述

国外对于碳金融的理论发展主要分为以下三个阶段：

第一阶段是 1995 年气候谈判进程之前的一些基本分析。

第二阶段是从 1995 年至 1999 年，该阶段形成了部分关于碳金融的研究成果，其中主要有：Franklin G. Mixon Jr. （1995）论证了碳排放与公共政策的关系[①]，并在前人研究的基础之上，以城市热岛现象为案例，指出强大的商业利益集团能够利用其政治影响力，借助政治游说使 EPA 对工业企业的惩罚最小化，研究结论在一定程度上为经济管制理论、规制俘获理论以及公共选择文献中的寻租模型提供了支持。[②] Proost and Regemorter （2001）使用交通模型，估计将拥堵、事故、非绿色气体排放等外部性内部化对交通流量的影响，并将产生的交通流量作为局部均衡模型的投入要素，以便更准确地测量交通部门对 CO_2 减排的贡献度，结论显示，交通部门成本有效的 CO_2 减排潜力有限。[③] Pezzey and Park （1998）通过调查碳税的历史，对双重红利的利弊展开分析，建议应加强不同类型排放者市场控制的效率收益、环境改进的收益、税收的相互作用、市场工具多样化的信息成本等多个领域的研究。[④] Beetsma et al. （1999）探讨了双重红利是否催生了环境税制改革中的非环境效益。[⑤] Felder and Schleiniger （1995）在考虑国际要素流动的情景下，认为基于消耗量的环境税，由于能够将税收负担部分转移至收入、国内资本、国外劳动，故具有双重红利，而基于能源投入的环境税没有双重红利。[⑥] Zhang （1997）通过分析中国碳排放限制的经济影响，论述发展中国家在工业化道路上执行联合国气候变化框架公

① Franklin G. Mixon Jr. , "Public choice and the EPA: Empirical evidence on carbon emission violations", *Public Choice*, No. 1 - 2, 1995, pp. 127 - 137.

② Franklin G. Mixon Jr. , "What can regulators regulate? —The case of the urban heat island phenomenon", *American Journal of Economics and Sociology*, No. 4, 1994, pp. 403 - 414.

③ Stef Proost , Denise van Regemorter, "Are there cost efficient CO_2 reduction possibilities in the transport sector? —Combning two modeling approaches", *International Journal of Vehicle Design*, No. 2 - 3, 2001, pp. 116 - 130.

④ John C. V. Pezzey, Andrew Park, "Reflections on the double dividend debate: The importance of interest groups and information costs", *Environmental and Resource Economics*, No. 11, 1998, pp. 539 - 555.

⑤ Beetsma R. M. W. J. , Bovenberg , A Ls, *Inflation targets and debt accumulation in a monetary union*, CERP Discussion Papers, 1999.

⑥ Stefan Felder, Reto Schleiniger, "Domestic environmental policy and international factor mobility: a general equilibrium analysis", *Swiss Journal of Economics and Statistics*, No. 3, 1995, pp. 547 - 558.

约的效果。① Peszko and Zylicz（1998）重点对欧洲进行研究，认为欧洲对环境的融资需求受到环境政策措施（如外部性内部化）和其他因素（如企业所面临的预算软约束）的影响。②

第三阶段是从 2000 年至今，这一阶段涌现出了大量的碳金融研究成果。Germain and Steenberghe（2003）计算了可交易配额分配的一个动态闭环模型，阐述了配额分配中最接近公平分配的模式。③ Aidt and Sena（2005）认为相对于已有稳定环保体系的国家，环境保护不足的国家未来发展会受到阻碍。④ Narain and Veld（2005）提出了"低悬果问题"（low-hanging fruit problem），即根据《京都议定书》的规定，通过清洁发展机制，发展中国家能够大幅降低发达国家当前的减排成本，但从长期来看，发展中国家未来实施减排政策将面临高成本，并针对该问题提出在 CDM 投资合同中添加虚拟期权的建议。⑤ Weishaar（2007）将碳金融与拍卖理论相结合，采用静态和动态模型，研究了各类碳排放分配机制在定价、分配效率以及环境影响等方面的异同。⑥ Ziegler et al.（2007）利用多因素模型和资本资产定价模型对股市、环境和社会发展作了分析。⑦

2008 年以后，对于碳金融的研究则更为系统全面，碳金融研究成果进一步丰富。Zili Zhu et al.（2009）基于情景分析方法，采用随机均值回归

① Zhang ZhongXiang, "Operationalization and priority of joint implementation projects", *Intereconomics*, No. 6, 1997, pp. 280 – 292.

② Grzegorz Peszko, Tomasz Zylicz, "Ennvironmental financing in European economies in transition", *Environmental and Resource Economics*, No. 11, 1998, pp. 521 – 538.

③ Marc Germain, Vincent Van Steenberghe, "Constraining equitable allocations of tradable CO_2 emission quotas by acceptability", *Environmental and Resource Economics*, No. 3, 2003, pp. 469 – 492.

④ Toke Skovsgaard Aidt, Vania Sena, "Unions: Rent creators or extractors?", *The Scandinavian Journal of Economics*, No. 3, 2005, pp. 103 – 121.

⑤ Urvashi Narain, Klaas Van't Veld, Using virtual options to turn "CO_2 lonialism" into "clean development", www. rff. org, 2005 – 05 – 17.

⑥ Stefan Weishaar, "CO_2 emission allowance allocation mechanisms, allocative efficiency and the environment: a static and dynamic perspective", *European Journal of Law and Economics*, No. 1, 2007, pp. 29 – 70.

⑦ Andreas Ziegler, Michael Schröder, Klaus Rennings, "The effect of environmental and social performance on the stock performance of european corporations", *Environmental and Resource Economics*, No. 4, 2007, pp. 661 – 680.

模型，研究碳价格的长期风险。[①] Oberndorfer（2009）以电力公司作为对象，首次采用计量方法研究了欧盟排放交易体系对股票市场的影响。[②]

二 关于碳金融与碳金融市场的研究综述

（一）碳金融的内涵

世界银行在 1999 年成立首只碳基金与 2005 年欧洲气候交易所相继推出碳排放权期货、期权，使得碳排放权具有了金融的属性，碳金融由此而发展起来。目前世界上对于碳金融的概念并没有统一的界定。2006 年世界银行金融部将碳金融定义为提供给温室气体减排量购买者的资源，泛指以购买减排量的方式为能够产生温室气体减排量的项目提供资源。[③]《碳金融》期刊对碳金融的界定更为宽泛，认为碳金融是解决气候变化的金融方法。[④]《全球环境金融杂志》（*Environmental Finance Magazine*）将与气候变化问题相关的金融问题简称为碳金融，主要包括：天气风险管理、可再生能源、碳排放市场和"绿色"投资等内容。[⑤] Labatt and White（2009）将碳金融界定为：其一，代表环境金融的一个分支；其二，探讨与碳限制社会有关的财务风险和机会；其三，预期会产生相应的基于市场的工具，用来转移环境风险和完成环境目标。[⑥]

课题组认为碳金融内涵有狭义和广义之分，狭义的碳金融主要借鉴 Labatt and White 的观点，即碳金融指运用金融市场工具转移环境风险和实现优化环境目标，主要以碳排放权现货、期货和期权等金融产品的交易为代表。而广义的碳金融则是指为减少温室气体排放所进行的各种金融制度安排和金融交易活动，既包括碳排放权及其衍生产品的交易、低碳项目开

---

① Zili Zhu, Paul Graham, Luke Reedman, Thomas Lo, "A scenario-based integrated approach for modeling carbon price risk", *Decision in Economics and Finance*, No. 1, 2009, pp. 35 – 48.

② Ulrich Oberndorfer, "EU Emission Allowances and the stock market: Evidence from the electricity industry", *Ecological Economics*, No. 4, 2009, pp. 1116 – 1126.

③ http://web. worldbank. org/wesit/external/topicsenvironment/extcarbonfinance/o, menuPK: 412 5909 ~ pagePK: 64168427 ~ piPK: 64168435 ~ theSitePK: 4125853, 00. html.

④ http://zse1z1. chinaw3. com/tanjiaoyi/.

⑤ http://www. carbon-financeonline. com/.

⑥ Sonia Labatt, Rodney R. White. Carbon Finance. New Jerscy: Hoboken, 2009.

发的投融资，也包括碳保险、碳基金，以及相关的金融咨询服务等业务。

我国对于碳金融的研究才刚刚起步，关于碳金融的研究成果十分有限。起初，国内学者将金融部门自身发挥政策职能来保护环境的手段，界定为绿色金融。① 在相当一段时间内，绿色金融即等同于碳金融，但是随着欧洲碳金融市场的成熟、《京都议定书》减少温室气体排放框架的设立、"赤道原则"会员制度的确立，碳金融的内涵不断丰富。在我国，兴业银行联合 IFC 率先推出能效融资计划，标志着我国碳金融的产生。但当时我国碳金融的发展并没有具体理论的支持，处于最初阶段。从 2008 年开始关于碳金融的详细研究不断增加。刘青和刘传江（2008）通过论述低碳经济和绿色金融（即碳金融）的发展历程，为我国碳金融体制的建立与完善提出如下 5 个建议：创建低碳环保政策性银行，从而完善绿色信贷体系；成立专门的碳减排环保基金，发行生态基金产品；推广碳保险产品；进行碳金融创新并开发碳金融衍生产品；制定鼓励低碳技术的优惠政策。② 韩复龄（2009）指出我国碳金融发展的意义在于让市场优化环境资源配置的基础作用得到发挥，利用市场机制"盘活"环境容量，建立低污染成本、完善节能减排的投融资体制。③ 李威（2009）论述了国际法框架下碳金融制度的发展。④ 王留之和宋阳（2009）提出了 8 种碳金融创新制度模式：银行类碳基金理财产品、以 CERs 收益权作为质押的贷款、融资租赁、保理、信托类碳金融产品、私募基金、碳资产证券化和碳交易保险，认为通过金融产品创新可以改变我国碳交易的被动局面并促进我国节能减排和产业结构调整工作的开展。⑤

（二）碳金融发展进程综述

研究碳金融的发展，离不开两部国际法律文件，即《联合国气候框架公约》与《京都议定书》，课题组系统归纳分析了碳金融发展的进程。

① 李小燕、王林萍、郑海荣：《绿色金融及其相关概念的比较》，《科技和产业》2007 年第 7 期。
② 刘青、刘传江：《低碳经济与绿色金融发展》，《今日财富》（金融版）2009 年第 7 期。
③ 韩复龄：《发展低碳经济的金融思考》，《中国城乡金融报》2009 年 10 月 30 日第 8 版。
④ 李威：《国际法框架下碳金融的发展》，《国际商务研究》2009 年第 4 期。
⑤ 王留之、宋阳：《略论我国碳交易的金融创新及其风险防范》，《现代财经——天津财经大学学报》2009 年第 6 期。

1. 《联合国气候变化框架公约》

1988 年由联合国环境规划署 (United Nations Environment Programme, UNEP) 和世界气象组织 (World Meteorological Organization, WMO) 建立了联合国政府间气候变化委员会 (Intergovernmental Panel on Climate Change, IPCC)。[1] 1990 年, IPCC 第一份评估报告发布, 指出全球已经变暖, 并且未来还会持续变暖。在当年 11 月召开的第二次世界气候大会上, 这一问题由学术领域转向实际, 报告确认了有关气候变化问题的科学基础。[2]

1992 年 6 月 4 日在巴西里约热内卢举行的联合国环境发展大会（地球首脑会议）上通过了《联合国气候变化框架公约》, 并于 1994 年正式开始执行。《联合国气候变化框架公约》是全球第一个为全面控制温室气体排放, 以应对全球气候变暖给经济和人类社会带来不利影响的国际公约, 也是国际社会在应对全球气候变化问题上进行国际合作的一个基本框架。[3]《联合国气候变化框架公约》提出 "共同但有区别的责任原则" (Common but Differentiated Responsibilitie), 为在全球范围内开展节能减排活动作出了重要贡献。"共同责任" 是指作为国际社会的主要成员, 每个国家对全球环境的保护和改善是对国际社会承担的共同义务。因为各国管辖范围内的环境是地球整体环境的组成部分, 各国都有参与国际环境事务的平等权利。"区别责任" 是指在环境保护, 尤其是在解决臭氧层破坏、气候变化等全球性环境问题方面, 必须对发达国家和发展中国家的责任加以区分。其根源在于, 发达国家已经结束了工业化进程, 其发展历史已经造成了巨大的温室气体排放, 应该对其过去的行为负责; 对于发展中国家而言, 应对气候变化的优先程度, 应该低于经济、社会发展和消除贫穷等目标。尽管中国、印度和巴西等新兴经济体会逐渐成为温室气体排放大国, 但暂不考虑将发展中国家纳入强制减排范围之内。对发达国家与发展中国家实行差异化要求, 为日后气候谈判的争论埋下了伏笔。

---

[1] http://www.ipcc.ch/.

[2] IPCC First Assessment Report. Climate Change. 1990.

[3] http://www.unfccc.int/.

《联合国气候变化框架公约》只规定了关于防止气候变化的最基本的法律原则，而没有涉及缔约方的具体法律义务，要求缔约国对国内环境恶化采取措施并制定政策予以控制，但是并没有对具体应采取的措施和政策进行规范和指导。发达国家的缔约承诺并未起到实质性的作用，对温室气体排放的控制目标、关注对象、承诺期限都没有明确界定。

《联合国气候变化框架公约》签署的第二年，在德国首都柏林，举行了首次缔约方会议，通过了《柏林授权》（Berlin Mandate）。[①]《柏林授权》延续了公约确定的"共同但有区别的原则"，但各方意见仍有分歧。欧盟提出了比较合理的削减指标，但未得到 OECD 国家的响应；美国和加拿大对削减和期限等问题一直保持缄默；中国、印度和 77 国集团不赞成增加发展中国家任何超出框架公约的义务，呼吁发达国家履行义务。在经历了持久的谈判后，1997 年在日本京都举行的第三次缔约国大会上，各方达成了《京都议定书》。[②]

2. 《京都议定书》

《京都议定书》规定，39 个工业化"附件一"国家同意减少温室气体的排放，承诺在 2008—2012 年"第一承诺期"的排放量将比 1990 年降低 5%，其中作为全球第一温室气体排放国的美国，则要完成降低 7% 的目标，但这个目标不是强制性的。[③] 然而，2001 年后，美国和人均温室气体排放量处于发达国家第二位的澳大利亚相继宣布退出《京都议定书》（澳大利亚已于 2007 年 12 月 3 日加入《京都议定书》）。《京都议定书》需要经过占全球温室气体排放量 55% 以上的至少 55 个国家批准，才能成为具有法律约束力的国际公约。直到 2005 年 2 月，经过 100 多个国家和地区的多方努力，《京都议定书》正式实施。承诺目标预定从 2008 年到 2012 年的第一个承诺期开始实施。对第二个承诺期的讨论将于 2005 年年底在加拿大蒙特利尔举行的第 11 次联合国气候变化框架公约缔约国大会和第一次《京都议定书》缔约国会议上正式展开。《京都议定书》的签署，对于全球

---

① United Nations, Framework Convention on Climate Change, 1995.

② http：//unfccc. int/kyoto_ protocol/items/2830. php.

③ 王景良：《解读〈京都议定书〉》，《资源节约与环保》2005 年第 2 期。

应对气候变化具有重要意义。

第一,《京都议定书》的实施明确了碳排放的总量目标和分解指标,弥补了《框架公约》没有规定量化的温室气体减排目标的缺憾。对附件一国家(主要是发达国家)的温室气体排放量做出了具有法律约束力的定量限制,是其最大的贡献之一。第三条第一款规定"附件一所列缔约方应个别地或共同地确保其在附件 A 所列温室气体的人为 CO_2 当量排放总量不超过按照附件 B 中所载其量化的限制和减少排放的承诺以及根据本条的规定所计算的其分配数量,以使其在 2008 年至 2012 年承诺期内实现全部排放量较 1990 年水平至少减少 5%,欧盟应当减排 8%,美国减排 7%,日本和加拿大各减排 6%";第三条第二款规定"削减排放温室气体是六种同时进行,而不是分类分步骤削减"。[①]

第二,《京都议定书》制定了三个弹性机制以协助附件一国家完成减排任务。三项机制分别为第六条所确立的附件一缔约方之间的联合履约机制(Joint Implementation, JI)、第十二条所确定的附件一缔约方与附件二缔约方之间的清洁能源发展机制(Clean Development Mechanism, CDM)和第十七条确定的附件一缔约方之间排放贸易机制(International Emission Trading, IET)。

JI 和 CDM 属于基于减排项目的合作机制。发达国家或企业向其他国家投资具有减排作用的项目。作为被投资的东道国将项目产生的减排量出售给投资方,以获得技术支持或额外收入,项目投资方用得到的减排量抵消其超出《京都议定书》减排承诺的部分。如果东道国是附件一中的经济转型国家,则合作机制称联合履行,项目产生的减排量称为减排单位(Emission Reduction Unit, ERU)。如果东道国是发展中国家(非附件一国家),则合作机制称为清洁发展机制,项目产生的减排量为经核证的减排(Certified Emission Reduction, CER)。

IET 是基于温室气体排放量的机制,是在附件一国家之间进行的交易,即如果一个附件一国家的温室气体排放量超过了允许的范围,它可以从其

---

① 夏冰:《气候变化控制法律政策——以〈京都议定书〉为视角》,《法制与社会》2011 年第 3 期。

他附件一国家购买分配数量单位（Assigned Amount Unit，AUU）。AUU 是附件一国家根据其在《京都议定书》中的减排承诺，能够得到的碳排放配额，每一单位 AUU 即可排放一吨 CO_2。进行碳排放交易的必要条件是有一个最大数量，即《京都议定书》中为附件一国家规定的排放上限。[①]

3. 哥本哈根会议

2009 年年末，联合国召集了 90 国元首和两万人在哥本哈根召开大会，就《京都议定书》第一阶段履约期（2008—2012 年）之后的减排方案进行商议，主要议题是根据之前的"巴厘岛路线图"[②]，限制不断上升的全球平均气温，将其控制在高出前工业时代 2℃ 以下水平，这也就意味着发达国家必须在 1990 年的水平上将温室气体浓度减少 25%—40%，拉丁美洲、东亚、中东以及中亚等发展中国家必须偏离"正常情景"（Business as usual，BAU）的排放轨道。哥本哈根谈判的进程中，发达国家对 2012—2020 年间温室气体减排承诺表现消极，未达到期望的目标，反而试图给发展中国家增加指标，未就为发展中国家提供环保技术转让达成一致意见。若发达国家只按既定的最低标准实施，便无法达到 2℃ 的目标。[③]

此次会议主要达到四点共识：第一，确定了发达国家温室气体的减排量，具体化了应对气候变化的目标；第二，确定了发展中国家控制温室气体排放的方式，即由发达国家和发展中国家政府协助进行可测量、可报告、可核证（Measurable，Reportable，Verifiable，MRV）的减排行动；第三，制定了发达国家对发展中国家提供资助的标准，2012—2020 年，发达国家通过哥本哈根绿色气候基金提供经济援助 300 亿美元，到 2020 年将达到 1000 亿美元，但没有确定具体如何分配；第四，通过减少毁林和森林退化造成的排放（Reducing Emission from Deforestation and Forest Degradation，REDD）所产生的减排指标获得承认。由于林业排放量仍将占据全球排放量的 20%，因此，在国际层面上考虑森林砍伐管理等问题有助于推动低碳经济的发展。

① http：//news. xinhuanet. com/ziliao/2002 – 09/03/content_ 548525. htm.
② http：//news. xinhuanet. com/newscenter/2007 – 12/15/content_ 7256746. htm.
③ http：//discovery. 163. com/cop15.

会议并未就坚持《联合国气候变化框架公约》和《京都议定书》"双轨制"还是合并为单轨制达成一致意见。

4. 坎昆气候大会

2010 年 11 月 12 日，在墨西哥坎昆举行了《联合国气候变化框架公约》第 16 次缔约方会议暨《京都议定书》第 6 次缔约方会议。大多数国家的领导人缺席本次气候大会，只有约 20 个国家的国家元首参加，多数来自拉丁美洲与加勒比海国家，其中包括巴西、玻利维亚、危地马拉、智利、挪威与肯尼亚等国家领导人。[①] 坎昆气候大会的最大成果是就世界银行接管绿色气候基金援助发展国家、保护热带雨林及分享清洁能源等议题达成协议。不过，由于日本在会上表示拒绝《京都议定书》第二承诺期写下的减排目标，《坎昆协议》对发达国家在《京都议定书》第二承诺期的减排承诺并未做出量化规定，而且也未能完成"巴厘岛路线图"共识。

5. 德班气候大会

2011 年 11 月，联合国在德班召开了《联合国气候变化框架公约》第 17 次缔约方会议暨《京都议定书》第 7 次缔约方会议。会议在五个方面取得了阶段性成果：一是坚持了《联合国气候变化框架公约》、《京都议定书》和"巴厘路线图"授权，坚持了双轨谈判机制，坚持了"共同但有区别的责任"原则；二是就发展中国家最为关心的《京都议定书》第二承诺期问题作出了安排；三是在资金问题上取得了重要进展，启动了绿色气候基金；四是在坎昆协议基础上进一步明确和细化了适应、技术、能力建设和透明度的机制安排；五是深入讨论了 2020 年后进一步加强公约实施的安排，并明确了相关进程，向国际社会发出了积极信号。[②]

6. 多哈气候大会

多哈气候大会于 2012 年 12 月 8 日在卡塔尔首都多哈闭幕。此次联合国气候大会决定将《京都议定书》承诺期延长到 2020 年 12 月 31 日。会议过程中，尽管表决程序备受争议，但《京都议定书》还是得以延长——这是联合国多哈气候大会最具体的成果。此外，大会在 12 月 8 日还为新的气

---

① http：//news. sina. com. cn/w/2010 – 11 – 30/042121555626. shtml.

② http：//green. sina. com. cn/news/roll/2011 – 12 – 11/114023613247. shtml.

候协议谈判制订了一个粗略的工作计划。在向发展中国家提供资金援助方面，主要是做出了一些意向声明——几个欧洲国家自愿承诺提供资金。大会决定，第一承诺期 2012 年到期，2013—2020 年为《京都议定书》第二承诺期。俄罗斯、加拿大、日本和新西兰决定不再参加第二承诺期。第二承诺期的参与国为 27 个欧盟国家、其他几个欧洲国家以及澳大利亚。

为了长期内把所有国家都纳入一项气候保护协定，国际社会将在 2015 年年底商定出新的协议并争取在 2020 年生效。[①]

第二节　碳金融运行机制相关研究综述

碳金融运行机制包含银行业、保险业、债券业及金融市场等多个层面。本书将根据既定的研究框架，对现有的相关研究进行述评。

一　碳金融框架下银行业相关研究综述

（一）"赤道原则"概述及相关研究述评

1. "赤道原则"概述

"赤道原则"从环境和社会责任的角度，建立了金融机构新的行业基准，要求金融机构对于项目融资中的环境和社会问题履行审慎义务。

2002 年 10 月，世界银行的附属机构——国际金融公司（International Finance Corporation，IFC）及包括荷兰银行在内的 10 家国际商业银行在伦敦召开会议，讨论项目融资中的环境和社会影响问题。随后，由花旗银行建议，荷兰银行、西德意志州立银行和巴克莱银行共同决定，根据世界银行和国际金融公司的环境和社会政策，创建一套用于判断、评估和管理项目融资过程中可能造成的环境和社会影响的自愿性原则——《环境与社会风险的项目融资指南》，这就是"赤道原则"，亦称"格林威治原则"。

2003 年 6 月 4 日，美国花旗银行、英国巴克莱银行、荷兰银行和西德意志州立银行等 7 个国家的 14 家国际商业银行承诺支付约 145 亿美元的项目贷款（约占全球项目银团贷款的 30%），并在美国华盛顿特区正式宣布

---

① 《多哈气候大会落幕各方褒贬不一》，《参考消息》2012 年 12 月 10 日第 4 版。

采纳并实行"赤道原则",自愿地将环境和社会因素纳入到自身的信贷管理和对企业的评估系统,上述银行便是最初的"赤道银行"(Equator Principles Financial Institutions,EPFIs)。随后,汇丰银行、JP摩根、渣打银行和美洲银行等国际金融机构纷纷接受"赤道原则"。截至2012年年底,国际上接受"赤道原则"的金融机构共77家,其中,欧洲地区最多,有32家,其次是北美地区,有14家,亚洲地区只有4家,且3家是日本银行。[①]

2006年7月,成员银行对"赤道原则"(EP1)进行了修订,并实行至今。这次修订对原则的适用范围、项目分类等特别条款和细则进行了改进和补充。EP1规定,其适用对象为全球各行业项目资金在5000万美元以上的新项目融资和因扩建或改建对环境和社会造成重大影响的已有项目。但由于发展中国家的大多数项目都是5000万美元以下,如果规定5000万美元以上的项目才适用"赤道原则",对发展中国家的社会与环境保护力度不够,所以修订后的"赤道原则"(EP2)扩大了项目的适用范围,将适用的项目融资规模从5000万美元降低到1000万美元,并且行为约束也从投资、贷款行为扩展到财务顾问的行为;在项目分类上,EP2更加明确区分社会和环境影响评价,规定赤道金融机构要根据国际金融公司的筛选标准,按照项目对环境与社会的影响程度的大小将需要融资的项目分为A、B、C三类(见表1—1),明确不同类型和位于不同国家的项目对社会和环境评估报告及行动方案的不同要求;在此基础上,EP2将环境评估(EA)改为社会和环境评估(SEA),强调社会问题和环境问题并重,并通过实行"赤道原则",为互相竞争的大型跨国银行提供更好的协商机制,在社会和环境问题上采取全球联合、互相合作的方式,从而避免成为"向下游竞争"的推动者;为了提高项目的透明度,EP2要求借款人在融资文件的承诺事项中,承诺定期向贷款银行进行信息披露等。"赤道原则"已由一个行业的参考方法演进成为国际项目融资中的行业标准和国际惯例,成为全球金融机构践行企业社会责任、贯彻可持续发展理念的一个基本准则,从整体上提高了其执行力度。

---

① 数据来源:http://www.equator-principles.com/index.php/members-and-reporting。

表 1—1　　　　　　　　　　"赤道原则"对贷款项目的划分

类别	风险级别	"赤道原则"中的定义	影响
A	高风险	可能对环境或社会造成敏感、多样的、不可逆转的或前所未有的重大负面影响的项目	对地方社区有重大影响（比如土地征用、非自愿迁移、土著居民等）；对生物多样性和自然栖息地有重大影响，对文化遗产有重大影响；多种多样的实质性影响（即单独的某方面影响没有 A 类项目中那样严重，但是它们叠加或累计在一起就可以和 A 类相提并论了）
B	中等风险	可能对环境或社会造成一定程度负面影响的项目，但这些影响数量较少，基本上只覆盖本地区，很大程度上可以逆转，并且通过缓解措施容易得到改善	潜在的影响没有 A 类项目那样严重；潜在的负面影响只覆盖本地区，可以制定出合理措施防治和控制污染
C	低风险	对环境和社会仅造成极为轻微的影响或根本没有影响的项目，除了筛选之外，对 C 类项目不需要采取其他措施	对社会或环境只造成最低程度的影响或没有影响的项目

资料来源：www. equator-principles. com。

2. "赤道原则"相关研究综述

"赤道原则"从出台之初就引起了全球各大金融机构的广泛关注，得到了积极响应。大量学者针对"赤道原则"对可持续金融的贡献开展了深入的研究。部分学者认为"赤道原则"并不能从根本上解决可持续金融的问题，如 P. Watchman（2005）指出"赤道原则"无法长期支持银行的可持续发展[①]，Bank Track（2005）指出发达国家的商业银行只是使用"赤道原则"来"漂绿"（green wash）它们的经营活动。[②] Richardson（2005）认为虽然"赤道原则"的大体方向上是正确的，但其目前的形式很难为环

[①]　P. Watchman, "Beyond the equator", *Environmental Finance*, No. 6, 2005, pp. 16 – 17.

[②]　BankTrack, *Principles, profits or just PR？ Triple P investments under the Equator Principles*, BankTrack, Amsterdam, 2004.

境可持续融资承诺的生成提供足够的支撑。① 另有部分学者的研究显示，"赤道原则"具有积极的作用。Scholtens and Dam（2007）指出采纳"赤道原则"的银行在社会、道德和环境方面的政策，与未采纳"赤道原则"的银行相比，存在明显的区别，接受"赤道原则"就意味着承担社会责任。② Amalric（2005）指出采纳"赤道原则"的银行和非政府机构亲密合作，能使"赤道原则"成为推动可持续发展的有力工具。③ Wright and Rwabizambuga（2006）指出保持或加强企业信誉的目标促使企业采纳"赤道原则"，企业所能获取的信誉优势的大小决定了企业是否接受"赤道原则"。④ Hardenbrook（2007）指出，虽然没有准确的信息表明"赤道原则"对当地环境有多大程度的改进，但是"赤道原则"确实通过调动私人部门在环境中的积极作用，改善了当地的环境，并且加强了公众对金融机构行为的监督能力。⑤

尽管目前我国的"赤道银行"只有兴业银行，但仍有许多学者进行"赤道原则"的相关研究。部分学者认为，在低碳经济的背景下，我国银行业要借鉴国际经验，以"赤道原则"为契机，加强环境风险管理，如董志和康书生（2009）指出，银行要以国家产业政策和环境政策为导向，强化信贷准入管理，将"赤道原则"转化为银行的内部政策。⑥ 郑伟和宋凯（2010）认为我国商业银行可以通过采纳"赤道原则"践行环保风险的管理，以确保向银行融资的项目按照对社会负责的方式发展，实现金融可持

① Benjamin J. Richardson, "The Equator Principles: Voluntary approach to environmentally sustainable finance", *European Environmental Law Review*, 2005.
② Bert Scholtens, Lammertjan Dam, "Bank on the Equator, are banks that adopted the Equator Principles different from the non-Adopters?", *World Development*, No. 8, 2007, pp. 1307 – 1328.
③ Franck Amalric, *The Equator Principles: A step towards sustainability?*, CCRS Working Paper Series, Working Paper No. 01/05.
④ Christopher Wright, Alexis Rwabizambuga, "Institutional pressures, corporate reputation, and voluntary codes of conduct: An examination of the Equator Principles", *Business and Society Review*, No. 1, 2006, pp. 89 – 117.
⑤ Andrew Hardenbrook, "The equator principles: The private financial sector's sttempt at environmental responsibility", *Hein On Line*, 2007.
⑥ 董志、康书生：《赤道原则的国际实践及启示》，《金融教学与研究》2009 年第 2 期。

续发展。① 同时，部分学者的研究认为"赤道原则"的适用范围、对象、标准等方面存在脆弱性，只有健全管理制度和问责机制，并有效利用贷款才能保证"赤道原则"的实施（冯守尊和陈胜，2010）。②

（二）绿色信贷相关研究综述

为了遏制高耗能、高污染企业的盲目扩张，2007 年 7 月 30 日，我国环保总局、中国人民银行、银监会三部门联合提出《关于落实环境保护政策法规防范信贷风险的意见》，被视为我国现阶段绿色信贷的基础文件。在文件中，我国首次明确提出"绿色信贷"的概念，其核心理念与"赤道原则"相似。

在国外，"绿色信贷"又被称作可持续融资（Sustainable Finance）或环境融资（Environmental Finance）。Jeucken（2002）认为可持续金融是银行通过其融资政策为可持续商业项目提供贷款机会，并通过收费服务产生社会影响力，比较典型的收费项目有为消费者提供投资建议等；由于具备各种市场、法规等方面信息的比较优势，银行还可以集中利用各种知识与信息调配贷款刺激可持续发展。③ Labatt and White（2009）认为环境融资涵盖了基于市场的特定金融工具。④ 鉴于环境风险的影响，银行必须在借贷和投资策略中加入衡量环境状况的标准，并设计特定金融工具来刻画环境质量、转移环境风险，为有环保意识的个人和企业提供更为便捷的融资服务。Thompson and Cowton（2004）认为绿色信贷就是银行在贷款的过程中将项目及其运作公司与环境相关的信息作为考察标准纳入审核机制，并据此做出最终的贷款决定。⑤

国内对绿色信贷的定义也不大相同。陈柳钦（2010）认为，绿色信贷是指商业银行等金融机构依据国家的环境经济政策和产业政策，对研发和生产治污设施、从事生态保护与建设、开发和利用新能源、从事循环经济

---

① 郑伟、宋凯：《赤道原则与我国银行业环保风险防范》，《农村金融研究》2010 年第 2 期。

② 冯守尊、陈胜：《赤道原则的脆弱性》，《上海金融》2010 年第 2 期。

③ Marcel Jeucken, "Banking and sustainability: slow starters and gaining pace", *Ethical Corporation Magazine*, 2002.

④ Sonia Labatt, Rodney R. White, *Carbon Finance*, New Jersey: Hoboken, 2009.

⑤ Paul Thompson, Christopher J. Cowton, "Bringing the environment into bank lending: Implications for environmental reporting", *The British Accounting Review*, No. 2, 2004, pp. 197 – 218.

生产和绿色制造以及生态农业的企业或机构提供贷款扶持并实施优惠性的低利率，同时对污染企业的新建项目贷款和流动资金贷款进行额度限制并实施惩罚性高利率的金融政策手段，其目的是引导资金和贷款流入促进国家环保事业发展的企业和机构，并从破坏、污染环境的企业和项目中适当抽离，从而实现资金的"绿色配置"，促进社会与经济朝着更加健康以及更符合人与自然和谐共生的方向发展。① 苏宝梅（2010）认为绿色信贷是对不符合产业政策和环境要求的企业（或项目）进行信贷控制，旨在强调银行贷款或资助企业（或项目）的环境与社会责任。②

虽然，不同的学者对于绿色信贷有不同的理解，但究其本质，我国学者普遍认为绿色信贷就是正确处理金融业与可持续发展的关系，表现为生态保护、生态建设和绿色产业融资，构建新的金融体系并完善金融工具。绿色信贷使环保调控手段通过金融杠杆来实现。在金融信贷领域建立环境准入门槛，对限制和淘汰类新建项目，不得提供信贷支持，对于淘汰类项目，应停止各类形式的新增授信支持，并采取措施收回已发放的贷款，从源头上切断高耗能、高污染行业无序发展和盲目扩张的经济命脉，有效地切断严重违法者的资金链条，遏制其投资冲动，解决环境问题，借由信贷发放推动产业结构调整。相对于传统的信贷管理，"绿色信贷"机制的核心在于其把环境与社会责任融入商业银行的贷款政策、贷款文化和贷款管理流程之中。

国外关于绿色信贷的研究主要集中在环境风险管理（Environment Risk Management，ERM）、企业社会责任（Corporate Social Responsibility，CSR）和可持续金融（Sustainable Financing）三个方面。由于可持续金融是金融领域内环境风险管理和企业社会责任研究的落脚点，故目前的研究焦点集中于金融可持续发展与其他因素之间的关系以及这种关系对商业银行经营、相关产业发展以及宏观经济的影响。可持续金融的实践始于20世纪80年代初美国的"超级基金法案"，该法案要求企业必须为其引起的环境污染负责，从而使得商业银行高度关注和防范由于潜在环境污染所造成的

---

① 陈柳钦：《国内外绿色信贷发展动态分析》，《决策咨询通讯》2010年第6期。
② 苏宝梅：《伦理学视阈下的绿色信贷》，《道德与文明》2010年第2期。

信贷风险。随后，英国、日本、欧盟等各国政府和国际组织纷纷进行相关
方面的研究。90 年代以后，如何发挥金融对环境保护、可持续发展的推动
作用成为国际金融界的重要议题，并迅速在全球形成潮流，出现了"可持
续金融"的概念。Jan Jaap Bouma et al.（2001）从环境角度出发，就下列
四个方面比较了 34 家全球知名的银行：第一，银行自律规范、环境报告制
度和环境管理体系；第二，与环境相关的书面政策、目标和数据；第三，
与环境相关的金融产品及环境风险管理；第四，社会形象和公益活动的参
与情况。结果显示，总体而言欧洲的银行走在全球前列，其中荷兰、瑞士
和德国的银行做得最好，英国、美国和澳大利亚的银行紧随其后。① 国外
的研究将企业贷款、经济发展与环境保护相结合，普遍认为绿色信贷是可
持续金融最重要的发展方向之一，商业银行可以通过对环境友好型企业与
污染企业实行差别化的信贷条件，推动实现金融机构可持续发展与环境保
护的"双赢"。

在国内，许多学者认为商业银行推行绿色信贷是大势所趋。无论是从
环境信贷政策和企业社会责任的角度（何德旭、张雪兰，2007②；苏宝梅，
2010③），还是从环境风险的角度（朱红伟，2008）④ 来看，发展"绿色信
贷"都存在必要性。"绿色信贷"不仅是商业银行承担社会责任的体现，
而且降低了商业银行信贷投资活动的环境风险。在此基础之上，部分学者
借鉴前人的研究经验，通过对商业银行绿色信贷的成本分析（马萍、姜海
峰，2009）⑤ 和收益分析（朱萃，2010）⑥，指出绿色信贷短期内可能造成
银行边际成本上升，偏离利润最大化；而长期来看，会增加企业对银行信
贷的需求量，提高银行的盈利能力。而曹洪军和陈好孟（2010）对绿色信

---

① Jan Jaap Bouma, Marcel Jeucken, Leon Klinkers, *Sustainable banking: The greening of finance*, Sheffield: Greenleaf, 2001.

② 何德旭、张雪兰：《对我国商业银行推行绿色信贷若干问题的思考》，《上海金融》2007
年第 12 期。

③ 苏宝梅：《伦理学视阈下的绿色信贷》，《道德与文明》2010 年第 2 期。

④ 朱红伟：《"绿色信贷"与信贷投资中的环境风险》，《华北金融》2008 年第 5 期。

⑤ 马萍、姜海峰：《绿色信贷与社会责任——基于商业银行层面的分析》，《当代经济管理》
2009 年第 6 期。

⑥ 朱萃：《商业银行实施绿色金融的效益分析及发展途径》，《企业导报》2010 年第 6 期。

贷的博弈分析则指出，在缺乏外部约束的情况下银行出于自身短期利益的考虑，易与企业达成合谋，需要强化对企业污染事件的处罚力度，完善对银行绿色信贷的激励约束机制。[①] 在制度创新和产品创新方面，张璐阳（2010）总结了国内外绿色信贷的经验，将原有绿色信贷模式划分为二维低碳信贷体系：一维是对低碳企业放款；二维是清洁发展机制下的 CERs 贷款，并从制度创新和产品创新两个方面提出了相关建议。[②] 孙力军（2009）指出要大力推动商业银行开展碳权质押贷款业务，促进我国商业银行绿色信贷的发展。[③]

二　碳金融市场运行相关研究综述

（一）碳金融发行市场相关研究综述

碳排放权的发行顾名思义是指对碳排放权配额（Allowance）的分配。在允许范围内自由排放一定数量的温室气体的权利便是配额的定义。在碳金融发展的初期，结合 Coase（1960）产权理论（无论碳排放权如何分配，只要市场交易成本为零，碳市场的资源可以达到最优配置），学术界认为由于碳排放权初始分配对温室气体排放的治理效率没有显著的影响，因此在讨论碳排放权交易理论时可以不考虑排放权的分配问题。近些年来，伴随着各国碳金融体系的逐步完善和碳金融活动的不断实践，经济学家开始重视初始碳排放权的分配问题。

根据发达国家的经验，碳排放权的分配方式大致分为免费发放和拍卖两种，不同的分配方式将影响一国国内甚至国际配额市场的供求关系。

免费分配方式是指管理当局将核算好的排放权无偿分发给各国或企业。由于该方式不会给国家或个人（包括法人）带来附加成本，因此在实践中最易推行。但该方式的分配原则存在广泛的争议，目前各国单方面或者联合提出的碳排放权配额免费分配原则有 16 种，包括按人口数量分配的

① 曹洪军、陈好孟：《不确定环境下我国绿色信贷交易行为的博弈分析》，《金融理论与实践》2010 年第 2 期。

② 张璐阳：《我国商业银行绿色信贷的创新与突破》，《武汉金融》2010 年第 5 期。

③ 孙力军：《国内外碳信用市场发展与我国碳金融创新产品研究》，《经济纵横》2009 年第 6 期。

原则、按累计历史排放权分配的原则、按能源需求分配的原则（即能源消耗量越大，减排义务越高的原则）、按产业部门分配的原则、基于排放和基于产出的分配原则等。Bosello and Roson（2002）对国家间碳金融发行市场的公平性问题展开研究，发现当市场包含非附件一国家且国家可以储存碳配额时，较富裕国家会从发行市场获益。[①] Böhringer and Lange（2005）指出在闭合的贸易系统中，按累计历史排放权分配的原则效果最好，而在开放的贸易系统中，基于排放和基于产出的分配方式相结合往往更好。[②]与此同时，许多学者也对免费分配方式产生了质疑。Hahn（1984）认为，在不完全竞争的情况下，国家间的排放权初始分配会影响交易的效率，但是较大的排污权交易者（指国家）可以通过向个人（包括法人）的再分配过程，降低成本低效率的概率;[③] Rose and Stevens（1993）指出，碳排放权的免费分配方式是以效率损失为代价的。[④]

另一种分配方式是公开拍卖，这种方式虽然会增加一些成本，但会为碳金融发行市场提供明确的市场出清价格，并为下一步确定交易市场的价格提供合理依据，更有利于建立和完善碳金融市场的运行机制（赵文会，2008）。[⑤] Cramton and Kerr（2002）认为政府应该以拍卖的方式对碳排放权进行分配，如此可以更好地促进污染企业的技术革新。[⑥] Dallas Burtraw et al.（2001）利用 Haiku 电力市场模型对拍卖、基于排放和基于产出的免费分配方式进行了比较，发现拍卖方式的社会成本是免费分配的一半左右，基于排放的免费分配对生产者较为有利，而基于产出的免费分配导致最低

---

① Francesco Bosello, Roberto Roson, "Carbon emission trading and equity in international agreements", *Environmental Modeling & Assessment*, No. 1, 2002, pp. 29 – 37.

② Christoph Böhringer, Andreas Lange, "On the design of optimal grandfather schemes for emission allowances", *European Economic Review*, No. 8, 2005, pp. 2041 – 2055.

③ Robert W. Hahn, "Market power and transferable property rights", *The Quarterly Journal of Economics*, No. 4, 1984, pp. 753 – 765.

④ Adam Rose, Brandt Stevens, "The efficiency and equity of maretable permits for CO_2 emissions", *Resource and Energy Economics*, No. 1, 1993, pp. 117 – 146.

⑤ 赵文会:《初始排污权分配理论研究综述》,《工业技术经济》2008 年第 8 期。

⑥ Peter Cramton, Suzi Kerr, "Tradeable carbon permit auctions: How and why to a auction not grandfather", *Energy Policy*, No. 4, 2001, pp. 333 – 345.

的电价，最高的天然气价格。① 另外，Martinez and Neuhoff（2005）基于对电力部门碳排放权分配的考察，认为未来配额中的大部分应该以拍卖方式进行分配。②

此外，另有部分西方学者尝试将免费分配和拍卖相结合。Borenstein and Bushnell（1998）指出在分配初期，宜为拍卖分配确定一个较低的比例，随后逐渐增加拍卖的比例直到全部以拍卖方式分配为止，该方式能够有效地回避宏观经济波动所带来的不利影响，但就如何确定免费分配与拍卖的比例尚存在争议。③

目前，我国碳配额市场发展刚刚起步，国内学者早期多是对排污权分配方式进行研究。排污权是排放污染物的权利，而 CO_2 已被公认是造成全球变暖的重要诱导因素之一，因此对于排污权分配方式的研究也同样适用于碳排污权的分配。林巍等（1996）基于公平性的视角提出了一种排污权总量分配模型④；王家祺等（2011）认为免费分配形式可能会使得市场潜在进入者占有垄断地位。⑤ 因此，越来越多的学者开始讨论哪种分配方式更符合我国国情，李爱年和胡春冬（2003）建议在对我国现行的排污权初始分配机制加以改革的基础上，发展符合我国国情的有偿初始分配制度⑥；肖江文等（2003）认为公开拍卖是排污权初始分配的合理方式⑦；而鲁炜和崔丽琴（2003）则认为无偿和有偿相结合的分配模式为最佳选择。⑧ 虽

① Dallas Burtraw, Karen Palmer, Ranjit Bharvirkar, "Anthony Paul. The effect of allowance allocation on the cost of carbon emission trading", *Resources for the Future*, http://www.rff.org.

② Kim Keats Martinez, Karsten Neuhoff, "Allocation of carbon emission certification in the power sector: How generators profit from grandfathered rights", *Climate Policy*, No. 1, 2005, pp. 61 –78.

③ Severin Borenstein, James Bushnell, *An empirical analysis of potential for market power in California's electricity industry*, NBER Working Paper, No. 6463, 1998.

④ 林巍、傅国伟、刘春华：《基于公理体系的排污总量公平分配模型》，《环境科学》1996 年第 3 期。

⑤ 王家祺、李寿德、刘伦生：《跨期间排污权交易中的市场势力与排污权价格变化的路径分析》，《武汉理工大学学报》（交通科学与工程版）2011 年第 1 期。

⑥ 李爱年、胡春冬：《排污权初始分配的有偿性研究》，《中国软科学》2003 年第 5 期。

⑦ 肖江文、赵勇、罗云峰、岳超源：《寡头垄断条件下的排污权交易博弈模型》，《系统工程理论与实践》2003 年第 4 期。

⑧ 鲁炜、崔丽琴：《可交易排污权初始分配模式分析》，《中国环境管理》2003 年第 5 期。

然免费分配方式在碳金融活动开展上发挥了一定的推动作用，但更加市场化的分配方式才是今后全球碳金融发展的趋势（张颖、王勇，2005）①。在此基础上，我国学者也用定量的方法进一步阐述了对碳排放权初始分配方式的选择：王先甲等（2004）分别对免费分配和公开拍卖两种碳排权的分配方式和效率进行了比较分析，认为在忽略交易成本前提下，公开拍卖效率更高。② 林坦和宁俊飞（2011）基于零和 DEA 模型判断 EU ETS 初始排放权的分配效率，指出现行分配模式效率较低，提出了公平的碳排放权分配状况及调整方式矩阵。③

（二）碳金融交易市场相关研究综述

早在 20 世纪 80 年代，美国学者便开创了研究排污权交易理论的先河。Crocker（1966）创造性地将产权手段应用于空气污染控制，该项研究成果为其后的排污权交易奠定了理论基础。④ Hahn（1984）对排污权交易市场的均衡变化做出了分析，研究发现：在完全竞争市场中，边际成本等于均衡价格；而一旦出现垄断，二者将不再一致。同时，由于垄断企业获得的初始配额与实际使用量不相匹配，市场将最终失灵。⑤ Misiolek and Elder（1989）在关于排污权市场势力的命题上又有新的突破，认为具有市场势力的企业利用排他行为缩减成本的同时却降低了排污治理的效率，并指出企业排他性完全可以通过实际操作得以减少或避免，且排他性与成本最小化同样会影响资源分配的结果。⑥ Stavins（1995）指出交易成本直接导致边际成本偏离市场价格，间接促成了新的市场出清价格；当交易成本上涨时，市场的交易量将会随之下降，因此，交易成本会影响了整个碳金融交

---

① 张颖、王勇：《我国排污权初始分配的研究》，《生态经济》2005 年第 8 期。
② 王先甲、肖文、胡振鹏：《排污权初始分配的两种方法及其效率比较》，《自然科学进展》2004 年第 1 期。
③ 林坦、宁俊飞：《基于零和 DEA 模型的欧盟国家碳排放权分配效率研究》，《数量经济技术经济研究》2011 年第 3 期。
④ Thomas D. Crocker, "The structuring of atmospheric pollution control systems", *The Economics of Air Pollution*, 1996.
⑤ Robert W. Hahn, "Market power and transferable property rights", *The Quarterly Journal of Economics*, No. 4, 1984, pp. 753 – 765.
⑥ Walter S Misiolek, Harold W. Elder, "Exclusionary manipulation of markets for pollution rights", *Journal of Environmental Economics and Management*, No. 2, 1989, pp. 156 – 166.

易市场体系。[1]

国内对碳权交易市场的研究起步较晚。姚闯和栾敬东（2008）基于宏观与微观角度，对排污权交易的成本优势做出了分析，认为市场零交易成本时，排污权市场价格机制可实现资源优化配置；[2] 徐瑾和万威武（2002）将交易成本变量引入排污权交易模型，从理论上证明了交易成本对市场表现的影响，并从交易成本的角度分析了排污权交易体系设计中的若干要素，指出信用—基准机制比总量—基准机制的交易成本更高，且市场范围的界定应当考虑排污权的流动性与市场交易成本两者的反比关系[3]；胡民（2006）指出排污权交易存在外生交易成本与内生交易成本，其中产权界定成本占外生交易成本的主要部分。[4]

（三）国际碳金融产品发展相关研究综述

最近几年，随着碳金融市场的不断扩大与完善，碳金融产品的种类日益丰富，国际市场对碳金融产品的需求也与日俱增。结合碳金融和金融产品的概念，可以将碳金融产品定义为可在碳金融市场上交易的金融产品（柴佳，2011），亦称碳金融工具或碳金融资产。[5] 与一般性金融产品类似，碳金融产品也可以分为基础产品和衍生产品。碳金融基础产品即"碳信用"本身，泛指汇算和批准的排放指标或额度（王增武、袁增霆，2009)[6]，如 EUAs 和 CERs 等均是碳金融基础产品；碳金融的衍生品种类繁多，其中较为有代表性的是碳远期、碳期货、碳期权及碳结构性产品（刘华、郭凯，2010)[7]。何川（2008）指出，根据海外碳金融市场经验，宜引入碳期货等衍生产品以规避市场风险，同时应建立碳期货交易市场并

① Robert N. Stavings, "Transation costs and tradeable permits", *Journal of Environment Economics and Management*, No. 2, 1995, pp. 133–148.

② 姚闯、栾敬东：《排污权交易制度的经济学分析》，《安徽农学通报》2008 年第 16 期。

③ 徐瑾、万威武：《交易成本与排污权交易体系的设计》，《中国软科学》2002 年第 7 期。

④ 胡民：《基于交易成本理论的排污权交易市场运行机制分析》，《理论探讨》2006 年第 5 期。

⑤ 柴佳：《河北省碳金融产品发展研究》，硕士学位论文，河北大学，2011 年。

⑥ 王增武、袁增霆：《碳金融市场中的产品创新》，《中国金融》2009 年第 24 期。

⑦ 刘华、郭凯：《国外碳金融产品的发展趋势与特点》，《银行家》2010 年第 9 期。

依靠其价格发现功能指导现货交易，为国家及相关企业提供有效的价格信号。[①] Labatt and White（2002）在《环境金融》一书中探讨了金融服务业如何进行环境风险评价以及提供金融产品。[②] 关于碳基金，付允等（2010）认为要将资金更多地投资于低碳技术的研究与开发以及低碳技术商业化，以促进我国实现低碳经济。[③] 关于碳保险，我国学者的研究表明，保险业是低碳经济的基石，无论清洁能源还是低碳的其他应用都需要保险业提供一定的保障，如为 CDM 项目碳信用交割提供碳交易保险以转移项目违约风险（王宇、李季，2008）[④]。目前国内碳金融市场以 CDM 远期交易为主，与此同时，绿色信贷等碳金融衍生产品在国内也有了相当程度的发展（李东卫，2010）[⑤]；孙力军（2010）认为开展碳权质押贷款、碳资产证券化等业务是国际碳金融市场的发展趋势，业务的建立和完善可以很好地解决国内碳金融产品数量和产品创新不足的问题。[⑥] 国内学者关于碳国债的研究相对较少，在本项目的研究过程中，我们试图在碳债券研究中取得突破。

（四）国际碳金融市场定价机制相关研究综述

在判定碳排放权价格的决定因素方面，Montgomery（1972）根据一般均衡模型得出了碳排放权配额市场价格由边际减排成本决定的结论[⑦]；Fischer（1997）则认为碳排放权配额的价格很难由其减排成本预测。[⑧] 大量学者开始从不同角度分析碳排放权价格的影响因子。Christiansen et al.（2005）指出政策、监管、技术指标、市场基本面等在一定程度上影响了

[①]　何川：《我国碳期货市场初探》，《现代商业》2008 年第 20 期。

[②]　Sonia Labatt, Rodney R. White, *Environmental finance：A guide to environmental risk assessment and financial products*, Wiley, 2002.

[③]　付允、刘怡君、汪云林：《低碳城市的评价方法与支撑体系研究》，《中国人口·资源与环境》2010 年第 8 期。

[④]　王宇、李季：《碳金融：应对气候变化的金融创新机制》，《中国经济时报》2008 年 12 月 19 日第 5 版。

[⑤]　李东卫：《我国"碳金融"发展的制约因素及路径选择》，《环境经济》2010 年第 4 期。

[⑥]　孙力军：《国内外碳信用市场发展与我国碳金融产品创新研究》，《经济纵横》2010 年第 6 期。

[⑦]　Montgomery W. D., "Markets in licenses and efficient pollution control programs", *Journal of Economic Theory*, No. 5, 1972, pp. 395 – 418.

[⑧]　Anthony C. Fischer, *On measures of natural resource scarcity*, 1977.

排放权配额的价格，宏观经济活动而非单个企业的行为则决定了均衡价格[①]；此外，Benz and Hengelbrock（2008）则从存贷机制和交易的时间间隔的角度对 EU ETS 中排放权价格变动路径进行研究。[②]

与其他产品类似，相关行业、产品的价格波动会直接或间接的影响碳排放权价格。基于 VAR 模型，Bunn and Fezzi（2007）对天然气、电价和碳排放权现货价格关系进行了对比，得出碳排放权影响天然气或电价的结论[③]；Alberola et al.（2008）的研究结论与 Derek W. Bunn et al. 类似，认为碳排放权价格会间接影响到其他相关行业如造纸业的商品价格[④]；在国内，同样有学者进行了此方面的研究和探讨。洪涓和陈静（2010）对欧盟排放权配额与核证减排量之间的价格关系以及两种碳资产现货与期货价格的关系进行了研究，发现欧盟排放权配额价格引导核证减排量价格变化，并具有趋同趋势。[⑤]

自《京都议定书》等协议签署以来，世界各国便尝试用各种方法研究碳排放权的价值评估及定价工具。孙卫等（2007）通过数学方法建立排污权期权价值评估模型，对于碳排放权定价具有一定的借鉴意义。该模型设置了含有数个变量的解析式，以给出的时间、购买权支出为变量，能够根据实际情况确定厂商购买期权的时机，判断其价格是否合理，并可测算估计价格与市场价格差距的波动幅度[⑥]；此外，刘兰翠（2006）综合使用 STIRPAT 模型和改进的 MACRO 模型，试图分析我国 CO_2 减排问题的政策

① A. C. Christiansen, A. Arvanitakis, K. Tangen, H. Hasselknippe, "Price determinants in the EU emissions trading scheme", *Climate Policy*, No. 1, 2005, pp. 15 – 30.

② Eva Benz, Jördis Hengelbrock, *Price discovery and liquidity in the european CO_2 futures market: An intraday analysis*, Finance International Meeting AFFI, 2008.

③ Berek W. Bunn, Carlo Fezzi, *Interaction of European Carbon Trading and Energy Prices*, FEEM Working Paper, No. 63, 2007.

④ Emilie Alberola, Julien Chevallierb, Benoît Chèze, "Price drivers and structural breaks in European carbon prices 2005 – 2007", *Energy Policy*, No. 2, 2008, pp. 787 – 797.

⑤ 洪涓、陈静：《国际碳排放交易价格关系实证研究》，《中国物价》2010 年第 1 期。

⑥ 孙卫、李寿德、胡魏、唐树岗：《排污期权价值评估模型》，《西安交通大学学报》2007 年第 1 期。

选择[1]；Daskalakis et al.（2009）将欧盟碳排放权配额现货等因子引入随机游走模型，并对其定价。[2]

第三节 碳金融监管模式相关研究综述

如同金融市场，碳金融市场也由若干子体系构成。刘倩和王遥（2010）认为从全球范围的实践看，碳金融体系有三个有机组成部分，即碳金融市场体系、碳金融组织服务体系和碳金融政策支持体系。[3] 卢现祥和郭迁（2011）把碳金融体系分为五个子体系，分别是国际碳信用体系、国际碳交易体系、国际碳金融市场、国际碳服务体系和国际碳监管体系。[4] 尹应凯等（2010）从国际金融体系的结构出发，认为国际碳金融体系应该是由"碳治理、碳交易、碳服务、碳货币"四层构成的整体。[5] 从碳金融体系分类可以看出，碳金融监管涉及多个体系和多个层面，是一个复杂的系统。只有建立完善的碳监管体系，才能确保碳金融市场稳健地运行和发展。

Goodhart（1999）回顾了国际金融监管经验，总结了各式各样的金融监管结构，发现金融监管并不存在通用的模式。[6] 虽然没有一个通用的基本模式，总的趋势还是分业监管机构的数量减少，实现综合审慎监管的国家增多。Carmichael et. al.（2004）归纳了世界上现存的金融监管的制度安排，同样认为不存在一个最佳的制度机构模型，即各个国家没有集中于单

---

① 刘兰翠：《我国二氧化碳减排问题的政策建模与实证研究》，博士学位论文，中国科学技术大学，2006 年。

② George Daskalakis, Dimitris Psychoyios, Raphael N. Markellos, "Modeling CO_2 emission allowance prices and derivatives: Evidence from the european trading scheme", *Journal of Banking & Finance*, No. 7, 2009, pp. 1230 – 1241.

③ 刘倩、王遥：《全球碳金融服务体系的发展与我国的对策》，《经济纵横》2010 年第 7 期。

④ 卢现祥、郭迁：《论国际碳金融体系》，《山东经济》2011 年第 9 期。

⑤ 尹应凯、崔茂中：《国际碳金融体系构建中的"中国方案"研究》，《国际金融研究》2010 年第 12 期。

⑥ Goodhart, C. A. E., *Financial regulation: Why, how and where Now?*, London: Routledge, 1999.

一的监管模式。[1]

目前，我国的碳金融业务的发展还处于初级阶段，碳金融被视为金融创新活动。由于碳金融活动的参与人是以银行为主体的各种金融机构，故与现行的"三会一银"的分业监管格局相对应，我国现行碳金融监管模式是以银监会为主的分业监管模式，即碳金融活动按行业分属于不同的金融监管部门监管。碳金融运作的国际化、碳金融产品的多样化，以及碳市场的复杂性使金融系统风险不断增大，碳金融活动对现行金融监管模式创立时的假设形成了挑战，现行碳金融监管模式已经不能适应碳金融的发展。

在经济全球化、金融一体化的大环境下，我国的金融机构呈现出以全能化为特征的混业经营趋势。金融机构经营模式的变化给监管带来了新的挑战。吴思麒（2004）认为我国现行的金融监管组织机构模式存在以下四个问题：一是分业监管模式已经不能适应混业经营的现实要求，不能及时发现风险和有效控制风险；二是分业监管对上市金融机构的监管存在目标冲突；三是金融控股公司的出现使分业监管暴露出许多弊端，出现了监管的内容相近、职能重复、地位平等、各司其职、信息不能共享、规模不经济、监管真空等一系列问题；四是目前的分业监管模式不利于监管业务多元化的外资金融机构，碳金融市场中跨国合作更为普遍，碳银行、碳保险、碳证券之间密切相关，碳基金、碳项目让国际合作变得更加紧密，目前分业监管模式的弊端变得更为显著。[2]

随着分业监管模式潜在问题的不断暴露，采用综合监管模式的国家不断增加，我国学者开始探讨适合中国国情的综合监管模式。董小君（2004）从分析统一监管和分业监管两种国际金融监管模式入手，论证了国际上不存在一个通用模式，认为我国应建立一个以银监会、证监会、保监会为监管主体，机构内控为基础，行业自律为纽带，社会监督为补充的

---

[1] Jeffrey Carmichael, Alexander Fleming, David Llewellyn, *Aligning financial supervisory structures with country needs*, World Bank Institute, Washington, 2004.

[2] 吴思麒：《从分业经营到混业经营对金融监管组织机构模式的研究》，《经济研究参考》2004 年第 35 期。

综合监管模式。[1] 曹凤岐（2009）通过比较各国（地区）金融监管体系的演变及趋势，分析了我国金融监管体制的沿革、现状和存在的问题，阐述了进一步改革与完善我国金融监管体系的必要性。他认为长远来看，中国应当走金融统一监管或综合监管之路，变分业监管为统一监管，建立统一监管、分工协作、伞形管理的金融监管体系。[2]

金融监管模式对决定监管效率和有效性的一些先决条件有直接的影响（Carmichael et al.，2004）[3]，故监管模式是否科学合理成为能否实现高效监管的前提条件。Čihák and Podpiera（2006[4]，2007[5]）认为完全综合监管比其他类型的监管更有效并有更高的监管质量，即综合监管与监管质量正相关。Čihák and Podpiera（2008）对 84 个国家监管模式和监管质量的数据进行分析，发现综合监管伴随着高质量的保险和证券监管以及更高质量的跨部门监管，而且对于尚处于发展阶段的保险和证券部门，综合监管更有助于提高监管质量，但如果监管机构集中在一个单一的金融机构中，监管的专业知识会得到更有效的利用。[6]

由于存在路径依赖，金融监管体系改革需要巨大成本，而且金融监管制度与体系的改变会受到既得利益集团的抵制，因此金融监管变革可能需要一个较长的过程。鉴于此，为了防范碳金融风险，本书将进一步讨论可否在现有的金融监管整体框架下，对碳金融实施综合监管。

---

① 董小君：《国际金融监管模式的比较与借鉴》，《国家行政学院学报》2004 年第 3 期。

② 曹凤岐：《改革和完善中国金融监管体系》，《北京大学学报》（哲学社会科学版）2009 年第 4 期。

③ Jeffrey Carmichael，Alexander Fleming，David Llewellyn，*Aligning financial supervisory structures with country needs*，Washington：World Bank Institute，2004.

④ Čihák M.，Podpiera，R.，*Is one watchdog better than three? International experience with integrated financial sector supervision*，IMF working paper no. 06/57，Washington：International Monetary Fund，2006.

⑤ Čihák M.，Podpiera，R.，"Experience with integrated supervisors：Governance and quality of supervision"，In D. Masciandaro & M. Quintyn（Eds.），*Designing financial supervision institutions：Independence，accountability and governance*，Cheltenham：Edward Elgar，2007.

⑥ Čihák M.，Podpiera，R.，"Integrated financial supervision：Which model?"，*North American Journal of Economics and Finance*，No. 19，2008，pp. 135 – 152.

第四节 碳金融经济效应的相关研究综述

碳金融体系建构与机制设计的初衷是在不影响经济发展的前提下，推进节能减排活动，实现经济增长与环境改善的双赢。本书着重从宏观层面的经济增长、中观层面的产业结构调整以及微观层面的行为主体目标选择三个方面对现有的相关研究进行综述。

一 碳金融与经济发展相关研究综述

（一）环境库兹涅茨曲线相关研究综述

环境库兹涅茨曲线（Environmental Kuznets Curve，EKC）是研究经济增长与环境之间关系的主要工具。1991 年，美国经济学家 Grossman 和 Krueger 首次提出了库兹涅茨曲线的概念，认为污染在低收入水平上随着人均 GDP 的增加而上升，在高收入水平上随着人均 GDP 的增加而下降，即呈现"倒 U 形"的趋势。随后，国外很多学者在此基础之上对 EKC 进行修正并预测拐点。

随着环境污染问题日趋严重，EKC 引起了国内学者的广泛关注。赵云君和文启湘（2004）通过对我国 1990—2002 年排污量的增长速度与 GDP 增长速度的比较，指出我国的经济发展状况与环境污染水平之间呈现较弱的"环境库兹涅茨曲线特征"，因此，我国完全可以放弃"先污染、后治理"的传统模式，走出一条可持续发展的道路。[①] 张学刚和王玉婧（2010）认为环境库兹涅茨曲线是环境规制的结果而不是内生机制，当前我国各地环境污染与收入水平实际上是同步增加的正相关关系，这与我国片面追求速度而忽视环境污染的政策取向密切关联，同时指出经济增长并不能带来环境质量的自动改善，只有产业结构调整、技术进步和强化环境规制，才是真正有效的途径。[②] 冯相昭和邹骥（2008）指出 CO_2 排放的主要驱动因

[①] 赵云君、文启湘：《环境库兹涅茨曲线及其在我国的修正》，《经济学家》2004 年第 5 期。

[②] 张学刚、王玉婧：《环境库兹涅茨曲线——内生机制抑或是规制结果?》，《财经论丛》2010 年第 7 期。

子是经济的持续发展和人口的增加，而能效的提高以及能源结构的改善在很大程度上抑制了排放的过快增加。[1] 林伯强和蒋竺均（2009）采用对数平均迪式分解法（LMDI）和 STI RPA 模型，分析了影响中国人均 CO_2 排放的主要因素，指出中国 CO_2 库兹涅茨曲线的理论拐点对应的人均收入是 37170 元，即 2020 年左右。但实证预测表明，拐点到 2040 年还没有出现。[2] 拐点的预测结果对我国环境库兹涅茨曲线以及低碳经济的研究具有重要意义。

在低碳经济的发展过程中，要密切关注经济增长与环境污染之间的关系。王崇梅（2010）使用 1990—2007 年的数据，分析了我国经济增长与能源消耗之间的关系，指出在一定阶段，我国的经济增长与能源消耗处于绝对脱钩和相对脱钩的阶段。能源消耗状况直接影响了环境的质量。[3] 目前，我国对经济增长与环境质量关系的研究主要是基于某个地区或城市的实证研究。例如，彭立颖等（2008）分析了上海市经济增长与环境质量的关系，指出应该因地制宜采取措施，尽早跨越环境库兹涅茨曲线的拐点。[4] 闫新华和赵国浩（2009）使用 VAR 等计量方法对山西省经济增长与环境污染的关系进行研究，结果表明，山西省的经济增长与环境污染之间存在双向作用机制，存在动态的"倒 U 形"环境库兹涅茨曲线。要实现经济与环境的双赢，就必须加大对环境的关注，加强对环境治理的投资。[5] 苏婕（2009）使用协整理论，利用我国 1990—2007 的数据对环境治理投资与经济增长的关系进行分析，结果表明，二者之间存在长期的均衡关系。[6]

---

① 冯相昭、邹骥：《中国 CO_2 排放趋势的经济分析》，《中国人口·资源与环境》2008 年第 3 期。

② 林伯强、蒋竺均：《中国二氧化碳的环境库兹涅茨曲线预测及影响因素分析》，《管理世界》2009 年第 4 期。

③ 王崇梅：《中国经济增长与能源消耗脱钩分析》，《中国人口·资源与环境》2010 年第 3 期。

④ 彭立颖、童行伟、沈永林：《上海市经济增长与环境污染的关系研究》，《中国人口·资源与环境》2008 年第 3 期。

⑤ 闫新华、赵国浩：《经济增长与环境污染的 VAR 模型分析——基于山西的实证研究》，《经济问题》2009 年第 6 期。

⑥ 苏婕：《我国经济增长与环境治理投资的协整分析》，《统计教育》2009 年第 3 期。

（二）CO_2 排放与经济增长关系相关研究综述

国外对环境质量与经济增长的研究开始较早。Grove（1992）[1]，Grove-White and Szerszynski（1996）[2] 通过研究发现了不利环境因素对于经济增长的影响。随后涌现出大量经济增长与环境质量的相关研究，提出了可持续经济发展的概念。Anderson（1992）[3]，Marrewijk et al.（1993）[4] 认为经济发展和环境质量之间并不存在必然的均衡。事实上，Shafik（1994）[5]，Antle and Heidebrink（1995）[6]，Grossman and Krueger（1995）[7] 都曾指出，可以通过适当的政策调整使环境与经济之间的关系得到缓和甚至达到平衡。随后，研究重心转移到制定环境友好型政策，希望以此鼓励技术进步和污染防控，以最小的环境成本发展经济。

早期对于经济产出和能源消耗的研究，多是粗略地采用双变量模型，经常得出不一致的结论。Stern（1993）指出双变量模型对于处理经济数据的不足，并采用包含 GDP、能源消耗、资本、劳动力的多变量模型，得出美国能源消耗 Granger 引起 GDP 的结论。[8] 虽然多变量模型更为准确，但也可能得出不一致的结论。Soytas et al.（2007）指出，在美国，收入和碳排放不存在 Granger 因果关系，能源使用和收入之间也不存在 Granger 因果

[1] Robin Grove-White，"Bronislaw Szerszynski. Getting Behind Environmental Ethics"，*Envrionmental Values*，No. 4，1992，pp. 285 – 296.

[2] Blondell J.，"Pollution could slow Asia's growth"，Asian Business Review，1996.

[3] Dennis Anderson，"Economic growth and the environment"，*Background paper for World Development Report*，World Bank，1992.

[4] Charles Van Marrewijk，Federick Van der Ploeg，Jos Verbeek，"Is growth bad for environment? Pollution，abatement，and endogenous growth"，*Working papers*，World Bank，1993.

[5] Nemat Shafik，"Economic development and environmental quality：An econometric analysis"，*Oxford Economic Papers*，No. 46，1994，pp. 757 – 773.

[6] John M. Antle，Gregg Heidebrin，"Environment and development：Theory and international evidence"，*Economic Development and Cultural Change*，No. 3，1995，pp. 603 – 625.

[7] G. Grossman，A. Krueger，"Economic environment and the economic growth"，*Quarterly Journal of Economics*，1995.

[8] David I. Stern，"Energy and economic growth in the USA：A multivariate approach"，*Energy Economics*，No. 2，1993，pp. 137 – 150.

关系，能源使用 Granger 引起碳排放。[①] Soytas and Sari（2009）指出在土耳其，收入和碳排放不存在 Granger 因果关系[②]，但 Halicioglu（2009）的研究发现，在土耳其，收入和碳排放存在双向 Granger 因果关系。[③]

Koji Shimada et al.（2007）通过建立模型，对地方低碳经济的长期情况进行数量化模拟，认为可以设计出一种增长方式，使得区域总产出年增长 1.6%，同时 CO_2 排放量到 2030 年为止较 1990 年降低 30%—50%。为了在 2030 年达到减排目标，有必要对社会经济结构和技术进行改变，土地规划、可再生能源发展和生活方式变化的革新性方法对降低碳排放的作用日趋增大。[④]

Soytas and Sari（2006）指出考虑到碳排放、能源消耗和经济增长的长期关系，不同国家应当采取不同的策略降低温室气体排放。[⑤] Huang et al.（2008）对能源和 GDP 因果关系检验的经验性结论进行了回顾，发现能源消耗在经济增长中扮演的角色时常发生变化，针对不同时期、不同国家会得到不同的结论。[⑥]

Zhang and Cheng（2009）通过研究发现，在长期中 GDP 与能源消耗和碳排放之间存在间接的因果关系，该结果表明无论是碳排放还是能源消耗都不会影响经济发展。[⑦] Halicioglu（2009）通过协整方法建立自回归滞后

① Ugur Soytas, Ramazan Sari, Bradley T. Ewing, "Energy consumption, income, and carbon emissions in the United States", *Ecological Economics*, No. 3–4, 2007, pp. 481–489.

② Ugur Soytas, Ramazan Sari, "Energy consumption, economic growth, and carbon emissions: Challenges faced by an EU candidate memben", *Ecological Economics*, No. 6, 2009, pp. 1667–1675.

③ Ferda Halicioglu, "An econometric study of CO_2 emissions, energy consumption, income and foreign trade in Turkey", *Energy Policy*, No. 3, 2009, pp. 1156–1164.

④ Koji Shimada, Yoshitaka Tanaka, Kei Gomi, Yuzuru Matsuoka, "Developing a long-term local society design methodology towards a low-carbon economy: An application to Shiga Prefecture in Japan", *Energy Policy*, No. 9, 2007, pp. 4688–4703.

⑤ Ugur Soytas, Ramazan Sari, "Energy consumption and income in G–7 countries", *Journal of Policy Modeling*, No. 7, 2006, pp. 739–750.

⑥ Bwo-Nung Huang, M. J. Hwang, C. W. Yang, "Causal relationship between energy consumption and GDP growth revisited: A dynamic panel data approach", *Ecological Economics*, No. 1, 2008, pp. 41–54.

⑦ Xing-Ping Zhang, Xiao-Mei Cheng, "Energy consumption, carbon emissions, and economic growth in China", *Ecological Economics*, No. 10, 2009, pp. 2706–2712.

模型（ARDL），将单位资本 CO_2 排放、单位资本能源消耗、单位资本真实收入、单位资本真实收入的平方、公开速率作为变量，建立了对数线性二次方程，发现在土耳其，无论在长期还是短期，碳排放和收入都存在着双向因果关系。[①] 在一个相似的研究中，Jalil and Mahmud（2009）认为，在中国，经济增长间接地引起 CO_2 排放，CO_2 排放在长期中主要由收入和能源消耗决定，而贸易对于 CO_2 排放有着正向且显著的影响。[②] Ang（2008）研究发现，在马来西亚，产出增长 Granger 引起能源消耗，且碳排放和收入在长期表现出类似的间接因果关系。[③]

国内学者也对碳排放和经济增长的关系做了一些研究。徐玉高等（1999）[④]、王琛（2009）[⑤] 都对中国人均碳排放和人均 GDP 做了相关研究，指出两者之间不存在发达国家呈现的"倒 U 形"曲线关系。赵成柏和毛春梅（2011）采用分位回归方法研究 CO_2 排放与经济增长之间的关系，结果显示：CO_2 排放与经济增长的关系总体呈"倒 U 形"，但在不同阶段会呈现"N 形"[⑥]。

王锋和冯根福（2010）通过对导致 CO_2 排放增加的驱动因素进行研究，认为在 1995—2007 年间，中国 CO_2 排放增加的主要驱动因素是人均 GDP、人口总量、家庭平均年收入、经济结构、交通工具数量，其中人均 GDP 增长是碳排放量增长的最大驱动因素，控制碳排放增长的最重要因素是生产部门能源强度的下降。李小平和卢现祥（2010）对国际贸易背景下的碳排放产业转移问题进行了实证研究，认为国际贸易能够减少单位产出的 CO_2 排放量以及工业行业的 CO_2 排放总量，出口产品所包含的由国内生

[①] Ferda Halicioglu, "An econometric study of CO_2 emissions, energy consumption, income and foreign trade in Turkey", *Energy Policy*, No. 3, 2009, pp. 1156 – 1164.

[②] Abdul Jalil, Syed F. Mahmud, "Environment Kuznets curve for CO_2 emissions: A cointegration analysis for China", *Energy Policy*, No. 12, 2009, pp. 5167 – 5172.

[③] James B. Ang, "Economic development, pollutant emissions and energy consumption in Malaysia", *Journal of Policy Modeling*, No. 2, 2008, pp. 271 – 278.

[④] 徐玉高、郭元、吴宗鑫：《经济发展，碳排放和经济演化》，《环境科学进展》1999 年第 2 期。

[⑤] 王琛：《我国碳排放与经济增长的相关性分析》，《管理观察》2009 年第 9 期。

[⑥] 赵成柏、毛春梅：《碳排放约束下我国地区全要素生产率增长及影响因素分析》，《中国科技论坛》2011 年第 11 期。

产的 CO_2 比重正在逐步减少。[1] 戚学军（2011）以新疆为例，研究了经济增长和温室气体排放之间的关系，指出不同的产业结构以及不同的能源结构都会导致排放量和排放增速的不同。[2] 钱圆等（2011）运用灰色关联分析方法研究了我国华东地区能源消耗、经济增长和 CO_2 排放的关联关系，指出三者之间的影响效果显著，其中，浙江的能源消耗和上海的年生产总值对碳排放影响最大。[3] 傅京燕和裴前丽（2011）基于动态的一般均衡模型分解方法，就经济增长对 CO_2 排放的影响进行了实证分析，结论表明，如果实施有效合理的控污举措，在未来30年左右的时间里中国的经济增长将不会导致 CO_2 排量的激增。[4] 而郑彦（2011）实证研究的结果显示，未来中国的 CO_2 排放总量仍然会有很大增幅，并且在短期内其排放效率不会有明显的改善。[5] 李国志等（2011）利用 Kaya 方法对碳排放变化进行因素分解表明，经济增长是农业碳排放增加的最主要因素，技术进步对降低 CO_2 排放有着较强的促进作用但存在着一定的随机性，能源消费结构以及人口规模对碳排放的影响并不显著。[6] 陆敏和赵湘莲（2012）利用灰色关联分析方法对江苏省的经济增长、能源消费结构与 CO_2 排放之间的关系进行研究，认为第二产业的快速增长是 CO_2 排放增加的主要原因，其次是大规模的煤炭消耗。[7] 杨子晖（2011）通过采用"有向无环图"技术和递归分析方法研究了经济增长、能源消费与 CO_2 排放三者关系，结果表明，能源消耗和 CO_2 排放是推动中国经济增长的重要因素，现阶段大规模的减排

[1] 戚学军：《新疆经济增长与温室气体排放关系研究》，《金融发展评论》2011年第4期。

[2] 李小平、卢现祥：《国际贸易、污染产业转移和中国工业 CO_2 排放》，《经济研究》2010年第1期。

[3] 钱圆、袁建辉、姜慧勤、宋天野：《我国能源消耗、经济增长与二氧化碳排放的关联研究——以华东地区为例》，第七届中国科技政策与管理学术年会论文集，2011。

[4] 傅京燕、裴前丽：《我国经济增长对二氧化碳排放影响的实证分析——基于一般均衡模型的分解方法》，《产经评论》2011年第4期。

[5] 郑彦：《我国经济增长、能源消费与二氧化碳排放实证分析》，《齐齐哈尔大学学报》2011年第2期。

[6] 李国志、李宗植、周明：《碳排放与农业经济增长关系实证分析》，《农业经济与管理》2011年第4期。

[7] 陆敏、赵湘莲：《经济增长、能源消费与二氧化碳排放的关联分析》，《统计与决策》2012年第2期。

措施必然对经济增长造成较大的影响。[①]

丁晓钦和尹兴（2010）通过构建存在资源约束不断加强情况的经济增长模型，重点分析了污染税对经济增长、资源开采成本、环境质量要求的影响，指出中国当前"进口资源—粗加工—再出口"模式同时承担着粗加工过程中巨大的环境污染压力和资源价格上涨压力，因此，在新的资源来源难以保证的情况下，尤其需要降低环境效用的贴现率。[②]

陶长琪和宋兴达（2010）指出 CO_2 排放、能源消费、外贸依存度、人均国民总收入的平方和人均国民总收入之间存在着长期的均衡关系；能源消费和 CO_2 排放之间既存在长期的 Grange 因果关系，也存在短期的 Grange 因果关系；人均能源消费量对 CO_2 排放量解释力度最大。[③] 杨子晖（2010）通过非线性 Granger 因果检验方法——Tn 非参检验方法，对中国、印度等多个发展中国家的"经济增长"与" CO_2 排放"的关系展开深入研究，认为中国、印度等发展中国家存在由 CO_2 排放到经济增长的非线性 Granger 因果关系，并且随着发展中国家的工业化、城市化进程的不断加快，这种非线性 Granger 因果关系将日渐显著。[④] 李明贤和刘娟（2010）认为经济增长与碳排放构成协整关系，经济增长单向 Granger 引起碳排放增长，在当前情况下， CO_2 排放量会随着中国经济增长逐渐增多，并且中国当前的碳排放量增长是由经济增长推动的，但是碳排放的增长率要低于经济的增长率。[⑤] 朱涛等（2012）分析了我国 1985—2008 年的相关数据，指出我国的经济增长与 CO_2 排放之间存在着协整关系，即长期均衡关系。[⑥] 赵春玲和周真（2011）通过对我国 29 个省市 CO_2 排放量和经济数据的分析指出，

① 杨子晖：《经济增长、能源消费与二氧化碳排放的动态关系研究》，《世界经济》2011 年第 6 期。

② 丁晓钦、尹兴：《资源约束不断加深下的可持续增长》，《经济学家》2010 年第 2 期。

③ 陶长琪、宋兴达：《我国 CO_2 排放、能源消耗、经济增长和外贸依存度之间的关系——基于 ARDL 模型的实证研究》，《南方经济》2010 年第 10 期。

④ 杨子晖：《"经济增长"与"二氧化碳排放"关系的非线性研究：基于发展中国家的非线性 Granger 因果检验》，《世界经济》2010 年第 10 期。

⑤ 李明贤、刘娟：《中国碳排放与经济增长关系的实证研究》，《技术经济》2010 年第 9 期。

⑥ 朱涛、易鸣、李根强：《我国经济增长与二氧化碳排放关系的实证研究：1985—2008》，《经营管理者》2012 年第 1 期。

CO_2排放与经济增长之间基本呈现正相关关系，但是不同地区的单位 GDP 增长所导致的 CO_2 排放增加的程度却存在明显的差异。[①] 颜云云和佘元冠 (2011) 通过对全球和中国相关数据的分析指出，全球、中国 CO_2 排放效率和 GDP 之间均存在着协整关系，且中国 GDP 与能源效率短期内呈正相关关系。[②] 王倩等 (2012) 基于金融发展理论指出，碳金融凭借其资金融通、信息传递、分散风险、降低成本和将外部性内部化等功能成为发展低碳经济的重要支撑，并运用固定效应模型进一步证实了碳金融对提高碳生产率的积极作用。[③]

无论是国内学者还是国外学者，对经济增长和 CO_2 排放之间内在联系进行研究的时候，注意力主要集中在二者之间是否存在 Granger 因果关系。例如，李明贤和刘娟 (2010) 认为经济增长与碳排放构成协整关系，经济增长单向 Granger 引起碳排放增长；Soytas et al. (2007) 指出，在美国，收入和碳排放不存在 Granger 因果关系；Soytas and Sari (2009) 指出在土耳其，收入和碳排放不存在 Granger 因果关系。

正如 Huang et al. (2008) 指出的那样，能源消耗在经济增长中扮演的角色时常发生变化，甚至在针对不同时期、不同国家时得到不同的结论。因此，课题组主要关注的并不是经济增长和 CO_2 排放之间是否存在 Granger 因果关系，而是通过将经济结构因素引入方程，建立 CO_2 排放与经济增长二者间的长期均衡关系以及短期动态非均衡关系，试图探究二者之间的传导机制。

二　碳金融产业结构调整效应相关研究综述

邱冬阳和汤华然 (2010) 采用重庆市 1980—2008 年反映金融发展和产业结构升级的指标数据，运用单位根检验、Granger 因果检验、协整、误

---

① 赵春玲、周真：《我国二氧化碳排放与经济增长关系的面板数据分析》，《企业技术开发》2011 年第 5 期。

② 颜云云、佘元冠：《能源效率、二氧化碳排放效率与经济增长的关系分析》，《中国管理信息化》2011 年第 9 期。

③ 王倩、双星、黄蕊：《低碳经济发展中的金融功能分析》，《社会科学辑刊》2012 年第 3 期。

差修正模型等方法进行实证研究，系统分析了重庆市金融发展与产业结构转变的内在联系，结果表明：重庆产业结构升级和金融发展之间存在着长期均衡关系，金融相关比率对非农产业产值比重的提高有正向促进作用。① 陈聪（2010）在运用 Granger 因果检验方法和 Cobb-Douglas 生产函数对我国金融发展与产业结构升级的关系进行定量分析的基础上，结合我国实际情况，提出通过优化金融结构促进产业结构升级的策略。② 周孝坤等（2010）基于中国 1978—2008 年的数据，运用 Granger 因果检验的方法，分析了科技投入和金融深化在影响我国产业结构升级过程中的不同作用，结果表明，金融深化是产业结构升级的 Granger 原因，产业结构升级不是金融深化的 Granger 原因，科技投入对产业结构升级有推动作用，产业结构的升级反过来也会促进国家财政增加科技投入。③

　　关于碳金融对产业结构调整与经济发展方面影响的主要研究成果有：高建良（1998）将绿色金融与经济可持续发展理论相结合，首次阐述了绿色金融对产业发展的传导机制理论。④ 邢继俊（2009）从技术创新方面论证了发展低碳经济的技术支持，以资源经济学和环境经济学理论为基础论证了发展低碳经济的必要性，总结了发达国家的经验和政策，得出我国现阶段面临的挑战，建议加强政府对高耗能污染企业的管理制度，通过税收优惠、财政补贴、低息贷款、技术推动、强制配额、国际合作等制度支持相关产业的发展，推动产业化进程。⑤ 刘力（2008）⑥、尹钧惠（2009）⑦把经济循环理论应用于绿色金融，指出我国当前金融体制的环境功能缺失，认为构建绿色金融体系不仅要发挥商业银行的金融主力军作用，也要

① 邱冬阳、汤华然：《金融发展与产业结构调整关系的实证研究——基于重庆的协整分析》，《重庆理工大学学报》（社会科学版）2010 年第 10 期。

② 陈聪：《我国金融发展水平与产业结果优化关系的实证研究》，《时代金融》2010 年第 8 期。

③ 周孝坤、冯钦、袁颖：《科技投入、金融深化与产业结构升级——基于中国 1978—2008 年数据的实证检验》，《社会科学家》2010 年第 10 期。

④ 高建良：《"绿色金融"与金融可持续发展》，《金融理论与教学》1998 年第 4 期。

⑤ 邢继俊、赵刚：《中国要大力发展低碳经济》，《中国科技论坛》2007 年第 10 期。

⑥ 刘力：《循环经济的产业转型与绿色金融体系构建》，《海南金融》2008 年第 10 期。

⑦ 尹钧惠：《发展循环经济的绿色金融支持体系探讨》，《当代经济》2009 年第 17 期。

依靠政策性金融的传导机制，提高资本市场的融资能力，并推动金融体制创新。为循环经济相关的市场主体建立一个良性的、面向市场的投融资环境和绿色金融支持体系，对于加快建立资源节约型社会、提高经济增长的质量和效益、促进国民经济可持续发展具有重要的现实意义。王玉海和潘绍明（2009）分析了金融危机后，碳交易与金融的传导机制、碳交易市场和金融市场的传导机制，以及金融危机对于我国碳交易市场的传导作用，认为我国应尽快培养碳交易的专门人才，加快建设相关中介咨询、金融服务机构，尤其要争取部署碳交易市场的定价权。[①] 蔡林海（2009）出版了《低碳经济 绿色革命与全球创新竞争大格局》，主要从产业布局角度分析了低碳经济背景下，日本、美国产业和企业的发展。[②] 北京产权交易所所长熊焰（2010）出版了《低碳之路：重新定义世界和我们的生活》，对我国碳交易市场进行了分析。[③] 王遥（2010）出版了《碳金融——全球视野与中国布局》，系统地从碳金融国际发展的角度，对我国碳金融市场的发展进行定位，并为其有效发展提供建议。[④]

上述成果对于当今世界低碳经济与碳金融的分析尚存在一定的局限性。首先，以上研究只是就低碳经济和碳金融的相关理论进行论述，较少提供实证分析的支撑。其次，对于上述理论缺少检验过程和更为系统、充分的论证。最后，分析的切入点过于单一，仅就低碳经济和碳金融的现状和发展历程进行回顾。我们将从研究视角、检验方法等层面对现有研究进行拓展。

三 碳金融对行为主体目标影响的相关研究综述

国外学者从全球角度研究气候变化问题的应对措施和实现低碳经济的途径。Nordhaus and yang（1996）介绍了选择性气候变化策略的区域动态一般均衡模型，通过把世界划分成不同的国家，区域气候经济综合

---

① 王玉海、潘绍明：《金融危机背景下中国碳交易市场现状和趋势》，《经济理论与经济管理》2009 年第 11 期。

② 蔡林海：《低碳经济 绿色革命与全球创新竞争大格局》，经济科学出版社 2009 年版。

③ 熊焰：《低碳之路：重新定义世界和我们的生活》，中国经济出版社 2010 年版。

④ 王遥：《碳金融——全球视野与中国布局》，中国经济出版社 2010 年版。

（RICE）模型分析不同国家在气候变化政策上的策略：单纯依靠市场解决、有效的合作性结果和非合作均衡。研究发现采取合作策略相对不合作策略能达到更高的减排水平，不同国家间在合作政策和不合作政策上的控制水平不同，高收入国家是合作策略中的主要损失者。[①] Courtois（2004）介绍了用于衡量气候变化影响的成本收益综合评价模型并建立相应的反应函数，评述反应函数模型的缺点和矛盾，强调它们如何无形中促进建模结果的产生，通过总结成本收益综合评价模型的不足来指导决策者进行气候政策决策，并给出解决问题的一些相关的方法论见解。[②] Wei et al.（2006）应用投入产出法和情景分析法进行能源需求和能源强度预测，围绕影响能源需求和能源强度变化的各种因素，以逐层叠加的方式建立情景分析模型，定量分析各因素的影响。[③] Dinar et al.（2008）使用一个二分变量（是/否）和三个连续变量来衡量合作水平，分析影响清洁发展机制国际合作的因素，得出经济发展、制度发展、经济的能源结构、国家对各种气候变化的敏感度水平、东道国和投资国家之间的国际关系状态是影响清洁发展机制项目合作水平的原因。[④] Mathews（2008）对碳基金在实现低碳经济过程中如何促进新能源的出现进行了描述。[⑤] Miles（2008）讨论了国际投资和气候变化之间的相互关系，认为国际投资制度会阻碍减缓气候变化对策的实施，对环境制度形成挑战，指出国际投资制度为迎接21世纪环境挑战进行转型的必要性，建议在国际投资协议中添加有助于向低碳经济转型

---

① William D. Nordhaus, Zili Yang, "A regional dynamic general-equilibrium model of alternative climate-change strategies", *The American Economic Review*, No. 4, 1996, pp. 741 – 765.

② Pierre Courtois, "The status of integrated assessment in climatic policy making: An overview of inconsistencies underlying response functions", *Environmental Science & Policy*, No. 1, 2004, pp. 69 – 75.

③ Yi-Ming Wei, Qiao-Mei Liang, Ying Fan, Norio Okada, Hsien-Tang Tsai, "A scenario analysis of energy requirements and energy intensity for China's rapidly developing society in the year 2020", *Technological Forecasting and Social Change*, No. 4, 2006, pp. 405 – 421.

④ Ariel Dinar, Shaikh Mahruzur Rahman, Donald F. Larson, Philippe Ambrosi, "Factors affecting levels of international cooperation in carbon abatement projects", *World Bank Policy Research Working Paper*, NO. 4786.

⑤ John A. Mathews, "How carbon credits could drive the emergence of renewable energies", *Energy Policy*, No. 10, 2008, pp. 3633 – 3639.

的法律条款。[1] Waggoner（2008）提出把财政中性碳税作为其他控制 CO_2 排放体系的辅助工具，分析了建立碳税机制的原因及如何征收碳税。[2]

另有部分学者从国家或城市角度讨论碳排放情况和低碳技术。Böhringer et al.（1999）采用递归动态模型分析 6 个欧盟成员国不同碳减排目标的经济影响，构想三个 CO_2 减排情景进行能源市场预测，并对三个情景进行比较分析，得出一致的减排目标会提高总体成本但会在很大程度上改变成本分布的结论。[3] Glaeser and Kahn（2010）从私家汽车、公共交通、住宅采暖、家用电情况等角度定量分析美国主要城市的 CO_2 排放情况，发现城市排放量一般低于郊区，而且在像纽约这样年代久远的城市里，城市与郊区之间的差距更大。[4] Guo Ru et al.（2010）以上海为例，采用情景分析法预测上海 2010 年和 2020 年的碳排放情况，并根据情景分析结果为上海发展低碳经济提出相应的策略和建议。[5] Liu and Gallagher（2010）根据中国的现状探索适于 CO_2 捕获的主要行业，并提出关键的可行技术，为中国实现低碳经济设计 CO_2 捕获与封存技术规划。[6] Peace and Juliani（2009）讨论了在国内气候政策下碳市场发展的内在动力，并从经济模型角度分析碳市场的各种影响因素及其对美国经济的影响，建议通过碳市场和辅助性政策的结合来降低低碳成本，促进美国经济发展。[7] Shimada et al.（2007）设计了一种方法来定量地估计和预测日本辖区各部门的 CO_2 排放情况，从

---

[1]　Kate Miles, *International investment law and climate change: Issues in the transition to a low carbon world*, Society of International Economic Law (SIEL) Inaugural Conference, 2008.

[2]　Michael Waggoner, *Why and how to tax carbon*, CU-Energy Initiative Research Symposium, 2008.

[3]　Christoph Böhringer, Jesper Jensen, Thomas F. Rutherford, *Energy market projections and differentiated carbon abatement in the European Union*, ZEW Discussion Paper, NO. 99 – 11, 1999.

[4]　Edward L. Glaeser, Matthew E. Kahn, "The greenness of cities: Carbon dioxide emissions and urban development", *Journal of Urban Economics*, No. 3, 2010, pp. 404 – 418.

[5]　Guo Ru, Cao Xiaojing, Yang Xinyu, Li Yankuan, Jiang Dahe, Li Fengting, "The strategy of energy-related carbon emission reduction in Shanghai", *Energy Policy*, No. 1, 2010, pp. 633 – 638.

[6]　Hengwei Liu, Kelly Sims Gallagher, "Catalyzing strategic transformation to a low-carbon economy: A CCS roadmap for China", *Energy Policy*, No. 1, 2010, pp. 59 – 74.

[7]　Janet Peace, Timothy Juliani, "The coming carbon market and its impact on the American economy", *Policy and Society*, No. 4, 2009, pp. 305 – 316.

长期视角构想一个低碳经济，并把这种方法应用于 shiga 辖区来实现这一构想。[①] Nader（2009）以城市 Masdar 为例，阐述了其为实现低碳经济所采用的主要技术和途径。[②]

国外还有一些学者把博弈论应用于气候谈判分析。Císcar and Soria（2002）首次采用序贯（扩展式）博弈模型描述和分析后京都谈判的动态性。[③] Forgó et al.（2005）运用完美信息下的扩展式博弈模型研究欧盟和非欧盟国家在《京都议定书》协议下的温室气体减排谈判问题，并引入博弈树相关均衡这一新的均衡解概念。[④] Courtois and Tazdait（2007）把气候谈判过程中有影响力的阶段考虑进来，构建了架构和评价动态气候变化决策的综合框架，定义一个随机模型表示谈判结果，通过模仿谈判回合中合作同盟的形成和演化来阐述主方程，最后得出合作协议出现和延伸的条件。[⑤]

国内学者也以具体城市或部门为研究对象，分析低碳经济的发展途径。朱跃中（2001）采用情景分析法对影响中国交通运输部门未来能源需求的因素进行分析，对中国未来 20 年该部门能源需求和碳排放量进行详细预测，并根据相关结论提出政策建议。[⑥] 赵行姝（2005）分析农村社会转型对能源和环境造成的压力并提出满足未来能源需求增长的低碳发展途径。[⑦] 张友国（2007）系统分析了内蒙古煤炭开采和煤炭发电等能源产业对经济增长作出的贡献和带来的生态环境问题，并提出了相应的建议。[⑧]

[①] Koji Shimada, Yoshitaka Tanaka, Kei Gomi, Yuzuru Matsuoka, "Developing a long-term local society design methodology towards a low-carbon economy: An application to Shiga Prefecture in Japan", *Energy Policy*, No. 9, 2007, pp. 4688 – 4703.

[②] Sam Nader, "Paths to a low-carbon economy—The Masdar example", *Energy Procedia*, No. 1, 2009, pp. 3951 – 3958.

[③] Juan Carlos Císcar, Antonio Soria, "Prospective analysis of beyond Kyoto climate policy: a sequential game framework", *Energy Policy*, No. 15, 2002, pp. 1327 – 1335.

[④] Ferenc Forgó, János Fülöp, Mária Prill, "Game theoretic models for climate change negotiations", *European Journal of Operational Research*, No. 1, 2005, pp. 252 – 267.

[⑤] Pierre Courtois, Tarik Tazdaït, "Games of influence in climate change negotiations: Modelling interactions", *Ecological Modelling*, No. 3 – 4, 2007, pp. 301 – 314.

[⑥] 朱跃中：《未来中国交通运输部门能源发展与碳排放情景分析》，《中国工业经济》2001 年第 12 期。

[⑦] 赵兴姝：《农村社会转型与低碳排放路径》，《环境经济》2005 年第 3 期。

[⑧] 张友国：《内蒙古能源工业发展与环境问题》，《中国能源》2007 年第 2 期。

　　还有一些学者就气候变化的相关问题从总体角度分析中国的低碳路径。张伟（2003）分析了气候变化中的公平问题、气候变化对中国经济发展的影响以及中国在减缓气候变化方面的挑战、机遇和应对措施。① 梁巧梅等（2005）将情景分析思想和投入产出方法相结合，提出并设计开发了基于投入产出的能源决策支持系统。② 姜伟（2006）对全球温室气体排放现状进行了分析，借鉴主要国家为控制温室气体排放采取的政策措施，介绍了中国减排国际贸易的现状、发展趋势及采取的措施，分析了减排国际贸易对中国经济、生态和社会的影响，并提出促进温室气体国际贸易健康发展的思路和建议。③ 赵行姝（2006）通过探讨气候变化与可持续发展之间的内在联系，强调气候变化的本质是发展的问题而非单纯的环境问题，主张只有将气候变化纳入可持续发展框架才能获得"双赢"结果，并针对中国国情提出低碳路径。④ 刘晓丹（2007）分析了影响气候谈判的环境、政治和经济方面的因素，归纳了《京都议定书》的实施情况。⑤ 陈迎（2007）应用三种国际关系决策分析模式，研究了影响国家气候谈判立场的基本要素，并以中国为例，对中国的谈判立场进行解析。⑥ 庄贵阳（2005）对中国经济低碳发展的可能途径与潜力进行了分析⑦，并在2009年分析了中国未来温室气体排放的趋势和影响因素，阐述了在全球金融危机背景下，中国发展低碳经济面临的障碍与困难，最后提出中国必须建立发展低碳经济的长效机制。⑧

① 张伟：《关注气候变化　实现可持续发展——"减缓气候变化：发展的机遇与挑战"国际研讨会综述》，《世界经济与政治》2003年第1期。
② 梁巧梅、Norio Okada、魏一鸣：《能源需求与二氧化碳排放分析决策支持系统》，《中国能源》2005年第1期。
③ 姜伟：《控制温室气体排放与国际贸易发展》，硕士学位论文，对外经济贸易大学，2007年。
④ 赵行姝：《减缓气候变化与可持续发展并非"零和博弈"》，《气候变化研究进展》2006年第1期。
⑤ 刘晓丹：《全球气候谈判的影响因素及实施情况分析》，《经济师》2007年第10期。
⑥ 陈迎：《国际气候制度的演进及对中国谈判立场的分析》，《世界经济与政治》2007年第2期。
⑦ 庄贵阳：《中国经济低碳发展的途径与潜力分析》，《国际技术经济研究》2005年第3期。
⑧ 庄贵阳：《中国发展低碳经济的困难与障碍》，《江西社会科学》2009年第7期。

部分国内学者把博弈论应用于环境保护、气候谈判、低碳经济等方面。袁静（2006）研究气候变化问题的外交博弈。[1] 袁亚忠和唐慧（2007）运用博弈论的基本原理分析了乡村旅游开发中参与者的利益关系及决策，并提出乡村旅游开发中加强环境保护的措施。[2] 郁琳琳和唐为中（2007）用四种博弈模型分析国际气候谈判进程。[3] 张岚（2010）从低碳经济角度审视汽车行业碳排放的现状，提出运用重复博弈促进厂商合作克服汽车行业发展低碳经济的不稳定性，认为应该从政府加强监管、厂商技术创新等方面努力维持厂商合作，从而使我国汽车行业尽早真正成为低碳行业。[4] 郑华等（2010）针对低碳经济给房地产企业带来的机遇和挑战，分析了房地产企业在低碳经济中的博弈和其所面临的困境，并在此基础上提出了解决的对策。[5]

从近几年国内外研究现状可以看出，情景分析法是研究低碳经济问题采用的主要方法，而且国内外大多数文献都只关注低碳经济实现的途径、方式，或系统介绍研究方法，或从气候、环境和未来发展等方面阐述中国走低碳道路的必然性，大多数研究都集中在实现低碳经济的技术和途径方面，如碳基金、碳税、CO_2 捕获与埋存、新能源开发等。哥本哈根协议新阶段所面临的主要矛盾是发达国家和发展中国家两个集团之间的气候变化谈判问题，发达国家的减排态度和努力程度以及与发展中国家的减排矛盾直接影响着作为发展中大国的中国的低碳经济发展，但是国内外有关国际气候谈判问题的理论研究对此尚很少涉及。基于我国的能源需求现状、产业结构的布局和发展低碳经济面临的不利条件，我国发展低碳经济涉及的利益主体很多，如作为发展中国家，与发达国家间的气候谈判博弈，国内政府与企业，尤其是高能耗企业间的博弈等，这些低碳经济参与主体之间

[1] 袁静：《全球气候变化问题的外交博弈》，硕士学位论文，福建师范大学，2006 年。
[2] 袁亚忠、唐慧：《乡村旅游开发中环境保护的博弈分析》，《怀化学院学报》2007 年第 6 期。
[3] 郁琳琳、唐为中：《国际气候谈判的博弈论分析》，《中共桂林市委党校学报》2007 年第 3 期。
[4] 张岚：《我国汽车行业发展低碳经济之博弈分析》，《企业导报》2010 年第 4 期。
[5] 郑华、张涛、黄有亮、陈德军：《低碳经济背景下房地产企业的发展策略》，《建筑经济》2010 年第 7 期。

在节能减排上存在着决策上的冲突和矛盾。但是国内很少有文献专门研究中国低碳经济不同主体间的决策冲突，本文将从发达国家与发展中国家、国内政府与企业两个维度展开博弈分析。

第五节 碳金融配套政策研究综述

国内外研究金融对产业结构调整、产业发展及经济增长促进作用的文献较多，但是鲜有研究产业政策对金融影响的研究成果。

张玉喜（2005）分析了金融产业与其他产业的关系，指出在市场经济条件下，金融支持产业发展应主要通过产业经济关系，而不能使金融为促进产业发展而行政化运行。产业政策的金融支持体系包括确立科学的金融产业结构政策、金融产业组织政策、金融产业布局政策。① 英国前副首相普雷斯科特（2007）指出，英国的实践证明经济增长和排放的减少是可以同时实现的；低碳行业、低碳经济、低碳工业、低碳城市需要新的可持续发展形式。② 兰德斯（2007）指出，挪威温室气体减排的国家目标是2050年减排2/3，需通过四步措施来实现：一是各个行业提高能效，如建筑、交通节能等；二是用可再生能源替代化学能；三是投资碳捕捉和储存；四是减少砍伐森林。③

学者们普遍认为制定科学合理的产业政策对于低碳经济发展具有重要的战略意义。孙智君和严清华（2006）提出按照生态学原理，利用产业生态系统中"生产者—加工制造者—消费者—分解者"的有机链条，形成互利共生的产业生态经济网络和物质能量流的闭合式产业生态，进而实现经济的可持续发展。④ 杨金贵（2010）认为我国应通过转变增长方式、调整产业结构、落实节能减排目标，在发展和低碳中找到最佳的平衡点。⑤ 张

---

① 张玉喜：《产业政策的金融支持体系研究》，《学术交流》2005年第2期。

② 普雷斯科特：《低碳经济遏制全球变暖——英国在行动》，《环境保护》2007年第6A期。

③ 兰德斯：《低碳经济和中国能源与环境政策研讨会》，http：//live. people. com. cn/note. php？id=527070420155151_ctdzb_012。

④ 孙智君、严清华：《基于产业生态经济思想的我国产业政策调整》，《经济管理》2006年第13期。

⑤ 杨金贵：《以低碳经济为核心的产业革命来临》，《经济视角》（上）2010年第4期。

丽峰（2010）提出了在低碳经济背景下产业结构调整的对策，即打造新的低碳产业链，积极推进高碳产业从高能源消耗向低能源消耗转型，大力发展新型低碳产业，致力于提高低碳技术，建立排放交易市场机制，建立健全法律制度体系。[1] 尚杰和鄂力铁（2010）认为低碳环保产业是环保产业新兴的发展模式，比较适用于中国"调结构"的关键时期，提出将技术创新理论（TRIZ）应用于低碳产业研究、利用 TRIZ 理想化方法开创中国低碳环保产业发展的思路。[2]

另有部分学者专门从发展低碳产业集群的角度，分析了低碳产业对于中国实现低碳经济目标的作用。学者们普遍认为低碳产业是提高中国企业和产业竞争力、开拓中国新型工业化、城市化道路的必然要求。赵琨和隋映辉（2008）[3]、郑娜和马永俊（2009）[4]、冯奎（2009）[5]、任家华（2010）[6]、吴晓波和赵广华（2010）[7]、卞继红（2011）[8] 等提出了低碳经济模式下的产业集群生态创新路径、发展低碳产业集群的具体模式、发展生态产业园、升级与转型传统高碳产业集群等策略。

靳志勇（2003）[9]、李文虎（2004）[10]、何继军（2010）[11]、刘秋妹和朱坦（2010）[12] 对欧盟、德国、美国、日本等发达国家发展低碳经济的产业

---

[1] 张丽峰：《低碳经济背景下我国产业结构调整对策研究》，《开放导报》2010 年第 2 期。

[2] 尚杰、鄂力铁：《基于 TRIZ 的中国低碳环保产业发展研究》，《青岛科技大学学报》（社会科学版）2010 年第 1 期。

[3] 赵琨、隋映辉：《基于创新系统的产业生态转型研究》，《科学学研究》2008 年第 1 期。

[4] 郑娜、马永俊：《低碳经济产业园与产业集群建设案例研究》，《经济研究导刊》2009 年第 36 期。

[5] 冯奎：《中国发展低碳产业集群的战略思考》，《对外经贸实务》2009 年第 10 期。

[6] 任家华：《基于低碳经济理念的产业集群生态创新研究》，《科技管理研究》2010 年第 23 期。

[7] 吴晓波、赵广华：《论低碳产业集群的动力机制——基于省级面板数据的实证分析》，《经济理论与经济管理》2010 年第 8 期。

[8] 卞继红：《低碳经济模式下我国产业集群发展问题思考》，《生态经济》2011 年第 1 期。

[9] 靳志勇：《英国实行低碳经济能源政策》，《全球科技经济瞭望》2003 年第 10 期。

[10] 李文虎：《英国的绿色能源战略》，《世界环境》2004 年第 1 期。

[11] 何继军：《英国低碳产业支持策略及对我国的启示》，《金融发展研究》2010 年第 3 期。

[12] 刘秋妹、朱坦：《欧盟的循环产业政策及对我国发展再生资源产业的启示》，《未来与发展》2010 年第 6 期。

政策进行了较为全面的介绍和研究，为我国产业政策的调整提供了启示与借鉴。

此外，部分学者从单个行业的角度出发进行研究。李凯等（2006）通过对美国和欧盟国家绿色电力产业政策的系统描述，探寻其成功的经验，并以此为基础为我国绿色电力产业的发展提出政策建议。[①] 王明明和李静潭（2006）对比分析了美国、欧盟和日本三国为鼓励和推动其生物技术产业发展所制定和实施的产业政策。[②] 孙玉芳等（2006）对国内外再生能源产业发展政策进行了系统的比较分析，并据此提出了推动中国可再生能源产业发展的政策建议。[③] 朱守先和庄贵阳（2010）[④] 就中国汽车工业、迟远英等（2008）[⑤] 就风电产业发展、冯国亮（2008）[⑥] 就建筑行业提出了走节能减排、低碳发展道路的建议。

① 李凯、王秋菲、许波：《美国、欧盟、中国绿色电力产业政策比较分析》，《中国软科学》2006 年第 2 期。
② 王明明、李静潭：《美国、欧盟和日本生物技术产业政策研究》，《生产力研究》2006 年第 10 期。
③ 孙玉芳、李景明、刘耕、郑戈：《国内外可再生能源产业政策比较分析》，《农业工程学报》2006 年第 S1 期。
④ 朱守先、庄贵阳：《基于低碳化视角的东北地区振兴——以吉林市为例》，《资源科学》2010 年第 2 期。
⑤ 迟远英、张少杰、李京文：《国内外风电发展现状》，《生产力研究》2008 年第 18 期。
⑥ 冯国亮：《低碳经济与住宅产业》，《住宅产业》2008 年第 9 期。

第二章
碳金融的运行机制研究

关于碳金融的运行机制，本书从以下四个方面分别进行了研究：一是碳金融框架下银行业运行机制；二是碳金融框架下保险业运行机制；三是碳金融框架下债券业运行机制；四是碳金融市场运行机制。

第一节　碳金融框架下银行业运行机制研究

一　绿色信贷的实践[①]

绿色信贷的实践在国外起步较早，本书将其归纳为以下三个方面。

（一）政府行为

德国作为国际绿色信贷政策的主要发源地之一，于 1974 年（当时还是联邦德国）率先成立了世界第一家政策性环保银行——"生态银行"，专门负责为一般银行不愿接受的环境项目提供优惠贷款。此后，国家还参与到绿色信贷项目的实施过程中，对环保、节能项目予以一定额度的贷款贴息，对于环保节能绩效好的项目，可以给予持续 10 年、贷款利率不到 1% 的优惠信贷政策，利率差额由中央政府予以贴息补贴。实践证明，德国政府的这种利用较少的资金调动大批环保节能项目的建设和改造行为，

---

① 本部分内容参考了陈柳钦发表于《决策咨询通讯》2010 年第 6 期的文章——《国内外绿色信贷发展动态分析》。

"杠杆效应"非常显著。

与德国不同,美国政府选用税收政策作为调节环保经济的有效杠杆,以刺激和促进绿色信贷发展。1978 年,美国联邦政府出台《能源税收法》,规定对购买太阳能和风能能源设备所付金额中头 2000 美元的 30% 和其后 8000 美元的 20%,可从当年须交纳的所得税中抵扣。1999 年,美国亚利桑那州政府对分期付款购买回收再生资源及污染控制型设备的企业削减 10% 的销售税。

(二) 银行绿色信贷业务规范

自"赤道原则"提出以来,世界各国银行业非常重视采取绿色信贷机制规避环境与社会风险。

在德国,银行业主动参与"赤道原则"的制定与推广,规范行业在环保领域的发展准则,使"赤道原则"成为德国银行业普遍遵循的基准。在项目授信审批时,德国银行业严格按照"赤道原则"对项目进行分类,以《环境、健康与安全指南》(EHS Guidelines) 为依据,评估项目对社会和环境的影响和风险(包括健康和安全等方面),并提出降低和管理不利影响的方法。德国银行业较早开展绿色信贷,促进了银行业的绿色发展和可持续金融战略的实施,为银行业赢得了全球发展的先机。

美国的银行是国际上最先考虑环境政策,特别是与信贷风险相关的环境政策的银行。例如美国花旗银行是美国最早签署联合国环境声明和履行"赤道原则"的银行之一,并在内部建立了由多方参与的环境事务管理机制等。此外,美国银行业也十分注意完善自身的信息技术系统,真正做到与社会环境部门数据共享,建立有效的信息沟通机制。

2003 年 6 月,英国巴克莱银行宣布接受"赤道原则",并且凭借自身的优势,制定了一个集社会和环境于一体的信贷指引。该指引涵盖了所有的融资条款和 50 多个行业,明确了企业环境违法认定标准,划分了环境风险等级,为银行评估和审核贷款提供了支持。同时,巴克莱银行还通过与联合国环境规划署的合作,向全球 170 多个金融机构提供信贷指引。在银行内部,巴克莱银行通过吸引和培养年轻的专业人才,引进外部咨询公司或行业环保的专家,建立了银行内部的环境风险评估人才储备库,为银行自身有效地防范和控制环境风险创造了有利条件。

2006 年，日本瑞穗银行建立了可持续发展部门，并改变了项目融资审批流程。根据"赤道原则"中对项目的分类依据和标准，新流程中客户需要填写"筛选表格"，在此基础上，可持续发展部门根据筛选结果将项目分为 A 类、B 类和 C 类，然后将准备好的环境筛选报告提交给信贷部门。针对为 A 类和 B 类项目——对社会和环境具有潜在不良影响的项目，可持续发展部门会根据其"行业环境清单"开展彻底的环境审查，并在此基础上准备环境审查报告作为环境筛选报告提交给信贷部门。

加拿大各商业银行在实施"赤道原则"时，形成了较为通用的环境评估决策机制、评估和审核信贷要求机制。以加拿大商业发展银行（BDC）为例，该银行在对信贷请求进行评估和审核时严格按照下述程序进行（见图 2—1）。

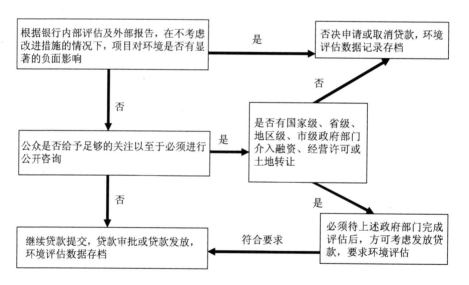

图 2—1 加拿大商业发展银行环境评估决策树

资料来源：陈柳钦：《国内外绿色信贷发展动态分析》，《决策咨询通讯》2010 年第 6 期。

（三）支持绿色信贷的金融产品与服务创新

近年来，世界各地有不少金融机构都在致力开展支持绿色信贷的金融产品与服务创新，陆续设计和推出了一系列与环境因素有关的绿色信贷产品与服务。

德国以政策性银行为基础开发了支持绿色信贷的金融产品，德国复兴信贷银行在该过程中发挥着重要的作用。

美国的银行在严格的法律环境下，对信贷资金的使用承担着相应的环境责任。美洲银行曾宣布了一项投资额度高达 200 亿美元的绿色商业发展项目，这可能成为有史以来最大的一项环境友好项目。该项计划的主要目标是减少能源消耗、发展控制温室气体排放的新技术。除了美洲银行以外，美国还有许多银行和金融机构开展"绿色信贷"，设立了环保基金和优惠贷款来支持和鼓励环境保护事业的运作与发展。

在波兰，波兰环保银行虽然属于商业银行，但却是波兰环保金融体系的重要组成部分，除了推行具有提供优惠贷款、较低的贷款利率、较长的还款期限等优势的绿色信贷产品以外，该银行还为环保项目筹集资金，对环保现代化建设项目进行贷款、投资，其中包括：对水资源的保护、有效地使用燃料和能源、治理空气污染、垃圾处理、保护环境及自然资源设备的生产等。

二　碳信贷产品的发展动态分析

（一）碳信贷产品的概念

绿色信贷是一种将信贷申请者对环境的影响作为决策依据的信贷经营制度，有广义与狭义之分。广义上讲，绿色信贷是指政府、银行、其他金融机构等相关部门向有利于低碳、环保的企业和项目（如研发、生产治污设施、从事生态保护与建设、开发和利用新能源、循环经济生产等）给予的各种信贷扶持手段，对高污染、高耗能的项目和企业实施的信贷控制或惩罚措施。而狭义的绿色信贷则是指商业银行、政策性银行基于碳排放减排等资质发放的碳权抵押融资贷款、项目贷款和信用卡贷款。因此，本书将狭义的绿色信贷称为碳信贷。碳信贷是绿色信贷的一部分，是专门基于碳减排和与碳排放权相关的信贷产品与服务。碳信贷产品的特征主要包括以下三个方面。

第一，碳信贷产品的提供者是具有商业银行或政策性银行性质的金融机构。

第二，碳信贷产品的开发和推广以"赤道原则"为基础，与国家的环境保护政策及相关的绿色信贷政策相一致，不仅具有经济和社会意义，还具有一定的政策意义。

第三，碳信贷产品是创新型金融产品，其面向的对象可以是企业、个人、某一项目或资产组合，但其最终目的必须是有利于发展循环经济、减少 CO_2 排放、降低温室效应、有利于环境保护、生态建设的可持续发展。

（二）碳信贷产品与传统信贷产品的区别

与传统信贷产品不同，碳信贷产品充分考量信贷产品的环境效益及产品发行流通过程中可能面临的环境风险，制定科学的风险评估体系与信贷投放流程，以"充分考虑多元利益主体诉求"的可持续发展为长期经营目标。碳信贷产品与传统信贷产品的区别主要体现在经营理念、信贷政策、投放流程和风险管理四个方面（见表2—1）。

表 2—1　　　　　　　　碳信贷产品与传统信贷产品的区别

	传统信贷产品	碳信贷产品
经营理念	注重产品的收益性、资金的安全性和流动性，强调"风险一定的情况下，利润最大化"或"收益一定的情况下，风险最小化"	注重人类社会生存环境的长远利益和发展，旨在促进低碳经济和绿色产业的发展，以"充分考虑多元利益主体诉求"的可持续发展为长期经营目标
信贷政策	银行根据市场需求和产品特性制定具体信贷政策，信贷产品根据收益性、安全性、流动性原则进行评估和投放	以"赤道原则"为基础，以国家相关的绿色信贷政策为指导，信贷产品不仅要考虑收益性、安全性、流动性，还要考虑其环境效益
投放流程	由银行内部评估信贷产品的投放对象，决定信贷产品的投放数量	需要对项目执行社会和环境评估，给出评估要求，再根据实际情况制定《环境管理方案》，再由银行进一步权衡风险和收益，决定信贷产品的投放与否以及投放数量
风险管理	由收益和风险决定信贷产品的投放，短期风险较小，但长期风险较大；由于不考虑环境因素，因此社会环境风险较大	市场的不确定性大，短期内信贷风险随之增加，但长期风险较小；由于投放前社会环境因素被重点考虑，因此社会环境风险小

（三）国外碳信贷产品的发展现状

1. 商业银行业务

（1）项目融资（Project Financing）。为应对气候变化，全球国际银行正在积极为低碳项目提供贷款。花旗银行对可再生能源的信贷支持强劲。从 2007 年开始，花旗银行在中国用于支持清洁能源和可再生能源的投资已经超过 8000 多万美元，其中包括 4 家太阳能公司和 1 家风力发电公司。2007 年 5 月 9 日，花旗银行宣布将在未来 10 年内出资 500 亿美元，通过直接投资、融资等方式，在其服务的市场以及集团内部，与客户一同支持可替代性能源和清洁科技的发展与市场化，以应对全球气候变暖。该 500 亿美元的投资目标是基于真实的市场活动与客户的交易情况，以及花旗内部运营的能源节约项目，推动节能减排活动的开展。这一目标包括花旗出资 10 亿美元支持"克林顿气候倡议"活动，为全球主要城市建筑的节能改造提供资助。[1]

美国银行发起一个 10 年期、总金额为 200 亿美元的环境可持续性贷款行动，支持环境友好型项目和低碳技术开发。[2]

（2）商业建筑贷款（Commercial Building Loan）。2007 年 5 月，荷兰集团（ABN AMOR）、花旗集团（City Group）、德意志银行（Deutsche Bank）、摩根大通（JP Morgan Chase）和瑞银集团（UBS）共同出资 50 亿美元支持美国前总统克林顿创立的克林顿基金会气候行动计划（The Clinton Foundation's Climate Initiative），致力于改造曼谷、柏林、芝加哥等 16 个城市中老建筑的绿色建筑项目。美国新资源银行（New Resource Bank）向绿色项目中商业或多用居住单元提供 0.125% 的贷款折扣优惠；美国富国银行（Wells Fargo）为 LEED（Leadership in Energy and Environmental Design）认证的节能商业建筑物提供第一抵押贷款和再融资，开发商不必为"绿色"商业建筑物支付初始的保险费。

（3）住房抵押贷款（Home Mortgage）。美国、加拿大、欧洲的部分金

---

[1] 高山：《赤道原则与商业银行发展》，《金融教学与研究》2009 年第 3 期。

[2] 高岩、王卉彤：《发展低碳经济对商业银行创新的推动力》，《江西财经大学学报》2010 年第 7 期。

融机构为家庭客户购买、翻新节能型住房以及安装节能设备提供优惠利率的住房抵押贷款。

花旗集团旗下的 Fannie Mae 于 2004 年针对中低收入顾客推出的结构化节能抵押产品（Energy Efficient Mortgage），将省电等节能指标纳入贷款申请人的信用评分体系。

荷兰银行向符合政府环保标准的住房项目抵押贷款提供利率优惠。

英国联合金融服务社（CFS）自 2000 年推出生态家庭贷款（Eco-home loan）以来，每年为所有房屋购买交易提供免费家用能源评估及 CO_2 抵消服务，2005 年抵消了 5 万吨 CO_2 排放。

（4）房屋净值贷款（Home Equity Loan）。花旗集团与夏普（Sharp）电气公司签订联合营销协议，向购置民用太阳能技术的客户提供便捷融资。

美洲银行推出一种贷款捐赠的碳信贷产品，根据环保房屋净值贷款申请人使用 VISA 卡的消费金额，按一定比例捐献给非政府环保组织。

（5）运输贷款（Fleet Loan）。美洲银行和美国环保局、运输部合作向小型运输企业提供无担保且还款期限灵活的贷款——小企业管理快速贷款（Small Business Administration Express Loans），以加速审批流程，向货车公司提供无抵押兼优惠条款，支持其投资节油技术，帮助其购买节油率达 15% 的 Smart Way 升级套装（Smart Way Upgrade Kits），从而降低汽车尾气排放。

（6）汽车贷款（Auto Loan）。最为著名的汽车贷款是澳大利亚 MECU 银行推出的 Gogreen 汽车贷款，它是世界绿色金融产品的成功范例。Gogreen 汽车贷款要求贷款者种树以吸收私家汽车排放的尾气。自此项贷款产品推出以来，MECU 银行的车贷增长了 45%。

加拿大 Van City 银行的清洁空气汽车贷款（Clean Air Auto Loan），向所有低排放的车型提供优惠利率。

（7）绿色存款账户。美国太平洋海滨银行为个人客户开立与环保项目贷款挂钩的生态存款账户，存款指定用于向当地能效企业发放贷款。

（8）绿色信用卡（Green Credit Card）。英国巴克莱银行推出绿色信用卡——"呼吸卡"（Barclay Breathe Card），持卡人购买环境友好型产品和服务可获得折扣和较低的透支利率优惠，该行还承诺将"呼吸卡"税后利润的5%用于世界范围内的碳减排项目。

在荷兰，截至2007年年底，荷兰合作银行已向100万名银行客户发行气候信用卡。荷兰银行以该信用卡进行的各项消费为基础计算出CO_2排放量，然后购买相应的可再生能源项目的减排量。

德国大众汽车银行与德国自然与生物多样性保护联盟（NABU）联合推出了NABU信用卡。NABU卡用户第一年的年费将捐给生物多样化保护联盟，以促进相应的环境保护项目。此外，NABU卡用户会将消费额度的一定比例捐给生物多样化保护联盟，以促进相应的环境保护项目。

欧洲Rabobank推出气候信用卡（Climate Credit Card），每年按信用卡购买能源密集型产品和服务的金额，捐献一定的比例给世界野生动物基金会（WWF）。

2. 投资银行业务

（1）绿色租赁融资。在荷兰政府提供税收减免、加速折旧和投资补贴等优惠政策的支持下，荷兰合作银行成为全球环保技术融资领域的领先者，2005年安排绿色租赁融资1.03亿美元。

除绿色融资租赁之外，银行以投资对象的环保表现作为资产组合的标准，创设绿色基金。

（2）生态投资业务。瑞士联合银行（卢森堡）公司于1997年发行生态绩效股票投资基金，将80%的资金投资于生态和社会领域的领先企业，20%的资金投资于生态领域的创新型企业。经过4年运作，基金资产总额接近2.5亿美元，成为当时全球规模最大的绿色基金之一。

（3）财政绿色基金。荷兰数家银行在政府支持下推出10只财政绿色基金，购买者可以获得免除资本利得税、减轻收入所得税等优惠，而银行可以向环境保护项目提供低成本的绿色信贷融资。

（4）低碳投资业务。国际主流银行的低碳投资业务主要是通过设立基金投资低碳消耗或环境友好型项目或公司（见表2—2），例如，德意志银行推出挂钩"德银气候保护基金"的基金和挂钩"德银DWS环境气候变化基金"的基金，依据"温室气体减排"及"适应气候变化"两大气候变化议题，集中投资于适应气候变化或者在提供环境友好型产品和服务方面取得显著进展的公司。

表 2—2　　　　　国际主流银行设立的投资低碳业务的基金类别

基金类型		主要基金
挂钩低碳消耗型公司表现的基金	德意志银行	挂钩 "德银气候保护基金" 的基金
		挂钩 "德银 DWS 环境气候变化基金" 的基金
	荷银集团	挂钩 "荷银气候变化与环境指数" 的基金
		挂钩 "荷银低碳加速器基金" 的基金
参与碳信用交易市场的基金	巴克莱银行	挂钩 "巴克莱全球碳指数" 的基金
	瑞银克拉里登人民银行	挂钩 "瑞银克拉里登 CO_2 减排认证" 的基金
参与天气衍生品市场的基金	瑞银集团	挂钩 "全球气候变暖指数" 的基金

资料来源：高岩、王卉彤：《发展低碳经济对商业银行创新的推动力》，《江西财经大学学报》2010 年第 7 期。

由于本书是从狭义的绿色信贷角度为出发点，研究的是商业银行和政策性银行开发和提供的碳信贷产品，所以本书只将以银行为主体设立的"绿色基金"归为碳信贷产品。尽管以政府为主体设立的可持续基金、生态基金等"绿色基金"作为先导性产品，可以有效地吸引投资者关注社会和环境，为金融机构开发绿色信贷市场起到推动作用，但不在本书的研究范畴。

三　碳信贷原则下我国银行业机制设计

本书在理论梳理、国内外实践总结的基础之上，对碳信贷原则下，我国银行的运行机制做如下设计。

（一）政策性银行与环保非政府组织合作

在西方发达国家，政府和环保非政府组织以各种手段和方式对银行碳信贷的实施和发展提供了强有力的支持，我国应借鉴经验，加强政策性银行与环保非政府组织的合作。

1. 发挥财政手段显著的杠杆效应

德国作为国际绿色信贷的主要发源地之一，于 1974 年（当时还是联邦德国）率先成立了全球第一家环保银行，专门为环境项目提供政策性优惠贷款，在此项绿色信贷产品的实施过程中，政府采取差额补贴的方式，对国家环保部门审核合规的环保节能项目提供最长达 10 年、远远低于市场水平的贷款利率优惠。荷兰政府则为银行提供从应付税利润中扣除投资成本、节能投资和环境投资的加速折旧方案等优惠政策，以此鼓励国内银行向投资环保设备的国内企业提供"绿色"租赁。

与德国不同，美国政府则利用税收政策来刺激绿色信贷产品的实施。美国联邦政府和州政府为鼓励企业开展"绿色生产"，相继出台税收法案，对购买可再生能源和控制污染的设备给予一定比例的税收减免或抵扣。

从绿色信贷产品的开发直到产品市场化，政府除了政策上的指导无须资金干预，只需在实施过程中提供一定金额的财政补贴，在我国发展绿色信贷产品的初期，采取上述方案不仅能降低银行的成本，加大银行对绿色信贷产品发行的积极性，也对消费者和投资者的"绿色消费"和"绿色投资"具有引导作用。

2. 利用行政手段推动绿色信贷产品发展

2007 年 1 月，英国的全党议会气候变化小组向国内前 100 位抵押贷款供应商致函，要求"详细制定环保产品推出计划"，以此敦促金融机构帮助房屋业主提高房屋能源效能评级，以便配合政府于同年 9 月颁布的能效证书（EPCs）。根据工作小组的要求以及能效证书对建筑的强制性规定，以苏格兰皇家银行为代表的多家银行，针对能源效能超过规范最低标准的房屋、计划改造以提高能效等级的房屋，提供利率优惠、返还现金的绿色住房抵押贷款。

行政手段是相对于财政手段的较为强硬的措施，灵活性也较弱。由于在我国银行业中，国有控股商业银行处于主导地位，因此为提高银行机构开展绿色信贷活动的积极性与主动性，应借鉴国外成功经验，将行政手段作为经济手段的辅助工具，适时谨慎引导经济主体的行为选择。

3. 与环保非政府组织合作，提高绿色信贷产品实施力度

环保非政府组织因其非营利性，在绿色信贷产品实施过程中有两方面的重要作用。首先，环保非政府组织凭借其社会影响力对银行和融资企业进行监督，银行碍于公众舆论的压力，将会更好地履行企业社会责任；其次，银行从自身长远发展着眼，将与环保非政府组织合作推出绿色信贷产品，银行根据其收益情况或其他指标为环保非政府组织提供资金，以支持其环保行动和绿色计划。例如，欧洲许多银行开发的"认同卡"，其贷款年利率一般为 15%—22%，银行根据其使用情况按一定比例捐赠给环保组织，一般相当于持卡人每次刷卡消费或现金透支时的 0.5%。对于合作银行而言，在获得经济回报之余，最重要的是获得绿色品牌的无形价值。

（二）商业性银行发展绿色项目融资

开发清洁能源技术，利用可再生能源替代化石能源，对于缓解全球气候变暖，防止生态环境继续恶化，推动实现人类社会可持续发展的目标有着重要意义。清洁能源主要是指环境污染物和 CO_2 等温室气体的排放量很低（甚至是不排放）的能源，主要包括氢能、核电和可再生能源三大类。由于清洁能源无害于环境，或是对环境危害极小，而且资源分布广泛，故其发展前景明朗、空间广阔。实证研究的结果表明，绿色项目融资能够在短时间内带给银行股价一定的正向冲击，即银行和投资者能够从中获得正的异常收益。因此，商业性银行宜积极发展清洁能源技术的绿色项目融资，为开发、制造以及销售可持续能源的企业提供资金支持，从而获得社会、环境以及经济的多重效益。

1. 设立清洁能源专项小组

商业银行应在机构内部设立清洁能源专项小组，为碳信贷开辟"绿色通道"，精简审批流程，提高运作效率，同时，提升服务专业化水平。以支持清洁能源技术的富国银行为例，截至 2010 年，富国银行已经为全球最大的一些清洁能源技术项目提供了超过 6 亿美元的贷款，其中，包括为美国 230 多个可再生能源项目融资，总金额超过 18.5 亿美元，每年可发电超过 120 亿千瓦时，足以满足 24 个州的 110 万家庭的用电量。2009 年 11 月，富国银行专门成立了一个清洁技术商业银行部门，专门为从事太阳能、风能、节水、提高能源效率、低排放电力汽车以及智能电网应用等清洁技术的开发、制造和销售企业提供长期融资计划、投资和保险服务。我国商业银行应充分总结借鉴富国银行的经验，结合我国碳金融发展的情境，制订本土化的清洁能源专项小组方案。

2. 开发专项融资系列产品

商业银行应专门针对一种或几种可再生能源技术进行融资，以精细化融资准则，在确保社会收益的同时，提高银行业在可再生能源技术融资过程中获利的潜能。摩根大通银行与荷兰合作银行为我国商业银行提供了借鉴。摩根大通银行于 2006 年为风力发电市场融资 15 亿美元的股权资本，并将其中 6.5 亿美元作为自有产品组合。自 2003 年首次投资以来，其可再生能源产品组合已由对 26 个风电场的 10 亿美元股权投资组成。荷兰合作银行则为可再生能源和可持续发展项目融资 2.3 亿欧元，占银行项目总贷款额的 50% 以上。

3. 引入可再生能源项目组合融资技术

融资技术的革新对于我国商业银行的长远发展意义重大。在低碳经济发展中，银行业应当充分发挥内外部合力，集中优势资源开发适用于可再生能源项目的新型融资技术，分散新能源融资的风险，确保融资的安全性与收益性。在组合融资技术领域，德克夏银行（Dexia S. A.）为我国商业银行提供了经验。2005 年，德克夏银行为 Invenergy 公司的风能项目设计了一个创新性组合融资计划，该项目将风能项目与风力农场开发的建设风险相结合进行打包融资。根据计划，德克夏银行与 Invenergy 签订了一份 7700 万美元的涡轮采购贷款，为三个风能项目签订了 20 年的风能购买协议，使设备和项目公司的权益得到了保障。由于该项目规模大、地域分布广，因此银行引入组合融资技术，增强被认为更具风险性的项目信用，从而使资金出借人确信项目的未来现金流能够偿还优先债务。该可再生能源项目组合融资计划最终的成功为银行和企业带来了效益，同时，也为环保项目组合融资的普及奠定了良好的基础。

（三）创新金融市场碳信贷产品

我国商业银行应完善风险测评与捕捉系统，合理把握低碳项目的融资风险。同时，商业银行应根据投资者的风险偏好与风险承受能力，对投资者进行分层。针对不同层面的投资者，推出相应的碳信贷产品。自 2009 年 12 月哥本哈根会议就 2012 年以后各国对碳减排的义务磋商以来，世界范围内碳排放市场的交易规模越来越大。此外，由于我国碳排放量已经超过美国，加之自 2009 年以来，美国政府直指中国，多次要求将发展中国家纳入碳减排体系，因此，我国的碳减排压力日趋加大。基于这样的形势与市场机遇，绿色信贷产品的创新及其与碳减排挂钩将有更为广阔的发展空间。澳大利亚 MECU 银行推出的 Gogreen 汽车贷款是世界公认成功的碳信贷产品，为我国银行业提供了借鉴。该项贷款基于与汽车类型匹配的温室气体评级发放每一笔贷款，以控制汽车行业的排污量。

第二节　碳金融框架下的保险业运行机制研究

伴随着各种能源的使用，人类不断从原始文明走向农业文明和工业文明，特别是近代工业文明的发展更是以消耗煤炭石油等能源为主要能源动力。高污染、高排放能源的使用为人类工业文明带来迅猛发展的同时，更为人类的生存环境带来极大的挑战。全球气候的极端变化、环境污染早已成为不争的事实。"低碳经济发展模式"和"低碳生活方式"已成为人类迈向新文明的必由之路。在当前与未来的发展中，应逐渐摒弃 20 世纪的传统增长模式，运用 21 世纪的创新技术与创新机制，通过低碳经济模式与低碳生活方式，实现社会经济增长与环境保护的双赢，从而实现人类文明社会的可持续发展。新一轮经济危机过后，世界各国都把发展低碳经济作为未来经济增长的突破点。目前，我国低碳经济战略发展规划已经全面启动，各行各业都围绕低碳经济发展的战略目标，加快发展方式转变。以低能耗、低污染为基础的"低碳经济"成为继工业革命、信息革命之后又一波对全球经济产生重大影响的发展方式。低碳经济的发展离不开政策、技术和金融资本三位一体的支撑体系，特别是在低碳经济发展的初期，金融的支持显得尤为重要。如何架构碳金融体系，已经成为当前政府、金融行业及广大学者关注的焦点。在低碳经济发展方式的变革中，经济主体必然面临着新的机遇，同时更面临着新的风险与挑战。保险业作为金融行业的重要组成部分，作为市场经济条件下风险管理的基本手段，如何在低碳经济发展中准确把握产业结构调整的方向？具备怎样的外部与内部运行机制方能在低碳经济的发展过程中发挥其独特的防范风险、保驾护航的作用？本节主要从以下三个方面阐述低碳经济背景下保险业的运行机制：第一部分是内部运行机制；第二部分是外部运行机制；第三部分是低碳保险业的发展评价指标体系。

一 低碳保险业的内部运行机制建构

保险业本身就属于低碳产业，同时又是金融框架中具有社会风险防范与管理功能的金融产业，对于促进安全生产、保障群众合法权益、维护社会稳定具有重要作用。保险业既是政府运用市场方式管理社会风险的重要手段，也是经营主体和社会公众生产、生活风险转移的有效方式。因此本部分从两个方面来阐述保险业的内部运行机制。

（一）保险业本身就是一个低碳产业

保险行业属于金融服务业，其"生产"主要依赖于保险精算和信息技术，"生产"过程中不用消耗大量的自然资源、矿产能源，因而不会产生大量环境污染。保险产品的"生产原料"主要是风险事故发生率的相关信息以及运用"大数法则"的知识和智力。从保险产品的交易和消费环节来看，保险产品形成后，主要以书面合同形式提供给市场消费者，此过程仅需要耗费少量的纸张资源；在保险产品消费中，如果发生预定的风险事故，保险公司主要是从预先聚集保费而形成的保险准备金中按照合同约定支付消费者一定的赔付金，其实质是发挥资金再分配、融通资金、解危救困的作用。因此，保险业是知识密集型、技术密集型和智力密集型产业，即保险业本身就是低碳产业。

在低碳经济的发展背景下，保险业如何在原本的低碳行业属性的基础之上，朝着更高的低碳目标发展？由于低碳经济既是一种经济发展方式，也是一种工作和生活方式，保险业应积极探索和创新经营模式，在实际工作中尽可能降低经营成本，简化业务流程，节约人力物力资源，创造低碳经济的服务新模式。

1. 架构综合、大型、集中的营销展业模式，积极整合经营资源

在某些业务环节注重利用政府部门、其他行业在某一领域的资源和技术优势，整合人力物力资源，实现资源的合理重组和集约化配置。例如，近年来全国各地陆续建立了交通事故快速处理机制，利用交管部门专业技术水平高、信息掌握全面的优势参与事故快速处理，既控制了道德风险，

又降低了保险机构的运营成本。

2. 创造简捷快速与高效的服务方式，全面提高保险技能服务水平

尽可能利用电子邮件、自动传真、语音电话、短信息服务等现代通信手段，简化业务流程。在核保、核赔和保全等环节推行无纸化办公，为客户提供电子保单、电子投保书、电子提示函等自助服务。

3. 建立集约化、专业化的管理模式，转变以往高手续费、铺摊子、上规模的发展方式

大力发展电话销售、网络销售和交叉销售模式，发挥直销渠道的成本优势、代理渠道的服务优势，剥离高能耗、低产出的环节，最大限度地节约营销成本和资源，达到快捷、高效、低成本运转的目的。

（二）碳保险是碳金融的重要组成部分

从产业功能来看，保险业是碳金融的重要组成部分，旨在推动低碳经济的发展且为之保驾护航。当前，低碳经济正在成为新一轮国际经济的增长点和竞争点。在低碳经济的发展过程中，保险业的发展与其产业功能的发挥是同步实现的。低碳经济从本质而言，是一种新的经济发展方式。在经济发展方式的转变过程中，既会产生流动性风险、市场风险等传统性风险，也会面临政策风险、项目风险等新型风险。保险业的产业功能集中体现在识别风险、预防风险并减少风险损失，争取在实现自身发展的同时，促进低碳经济的稳步持续发展。

1. 拓展经济业务新领域

保险业要与低碳经济发展相伴俱进，必须加强对低碳经济及新兴低碳产业的战略研究，及时收集、梳理市场对低碳险种的反馈信息，根据不同产业低碳发展的风险防范需求，相应调整保险业务结构，创新保险产品和服务模式，满足各行各业对保险的新需求。

低碳经济战略目标的全面启动和实施，成为我国经济发展和产业结构调整的新主题和新高地，这意味着一个新的经济体系和相关产业的诞生。保险业保障低碳经济发展和促进低碳技术创新、新兴产业壮大的功能将由此更加凸显。保险业要洞察先机，把握主动，通过保险理念创新、产品创新、渠道创新、服务创新，向低碳经济领域广泛拓展业务。当前，各级政府制定了发展低碳经济战略规划目标和相关政策，大力推进发展低碳经济的产业项目，加快建设以低碳排放为特征的工业、建筑、交通体系，支持风电、太阳能、生物能等能源发展，培育以低碳排放为特征的新的经济增长点，这为保险业全面创新提供了广阔的发展空间。

（1）合理调整产品结构，研发新型保险产品，促进产业结构调整升级，助推低碳经济发展。

保险业要适应低碳经济发展需求，对险种经营状况进行清理分析，筛选淘汰某些不合时宜的保险产品，把传统保险产品调优、调强、调精，使其品牌更亮、吸引力更强、普及率更高。同时应充分发挥商业保险机制的市场化调控作用，促进产业结构调整升级。此外，应积极研发低碳新兴产业急需的保险产品，及时为新能源相关的低碳技术、节能环保、电动汽车、新材料等领域提供保险新产品服务，并利用自身的风险控制技术，积极参与企业的风险和隐患排查，发挥风险管理优势。保险业要以市场需求为导向，借鉴国内外先进的经营模式和管理经验，加大对保险的调查研究，找准保险的突破口，从与人民群众生产、生活密切相关的重点领域入手，努力开拓保险新领域，兼顾社会效益和经济效益，合理厘定费用，开发出适销对路、效益良好的新型保险产品。在推动低碳经济发展的目标下，应从以下四个方面结合保险产品对经济发展的功能，推进保险产品的调整与研发。

第一，保险产品应为低碳技术的发展提供市场化的保障机制，如低碳科技保险、低碳创业保险等。为确保国际竞争优势，发达国家正在通过设置技术壁垒，迫使发展中国家以高昂代价进口其技术装备，限制和阻碍发展中国家的产品输出。如果我国在技术研发上不能在国际上争取到一席之地，必将在经济的国际竞争中面临不利局面。然而，低碳技术主要集中于创新型制造技术、新型低能耗建筑材料生产设备等方面，其研发投入大、科技含量高，研发成果的运用面临众多不确定性。为了规避和减少研发和营运失败为市场经营主体带来的负面效应，可以在技术的研发和运用中引入科技保险、创业保险，通过商业化的保险机制，大力支持先进的煤电、核电等重大能源装备制造、CO_2捕集、利用与封存等技术的发展。

第二，通过新的保险产品设计，推动低碳发展。首先，借助丰富保险产品，助推传统的高能耗、高污染、高排放产业向符合经济发展要求的产业转型升级。例如，通过在车险中对碳排放量超过环保标准的车型设定更高的保险费率，将有利于引导小排量和使用清洁能源的汽车消费，从而促进汽车产业向环保方向转型。又如，对碳排放量达到一定标准以上的"三高"产业或企业强制实施环保责任险，根据企业的碳排放量大小分段实施不同的保险费率，提高高碳产业和高碳产品的成本，加快落后产能的淘汰，从而促进企业加快运用环保技术，增强产品的市场竞争力，减轻传统产业的锚定效应[①]。其次，保险业应大力推动健康产业、养老产业等新兴产业的发展与升级。从国际经验看，健康保险与健康产业、养老保险与养老产业具有密不可分的正相关关系。健康保险通过提供医疗费用的经济补偿，能够增进人们对健康服务的有效需求；养老保险通过保障老年人生活的水准，促进寿命延长，加大了对于老年服务业的各项需求。最后，保险业可以推出"农村小额保险"，通过简化保险产品设计、降低保险费率、减免保险监管费等措施，使低收入农民群体也能享受到适度的保险保障。

第三，保险业为应对全球气候变化发挥积极作用。一方面，通过全面开展森林保险，引导植树造林，不断扩大我国森林面积和森林蓄积量，从而快速增加我国的森林碳汇，为我国在国际碳交易中争取有利地位。另一方面，通过开展巨灾保险、天气保险，分散极端气候变化带来的灾难事故的损失，通过国际再保险市场转移碳排放风险，减轻碳排放对我国经济发展可能带来的负面效应。

第四，规避碳金融产品交易中各种风险。碳金融风险集中体现为两类。首先，碳排放权交付保险。在一级 CDM 交易中，由于项目成功具有一定的不确定性，这意味着投资人或借款人会面临一定的风险。在这种情况下，投资人或借款人有可能大幅压低一级项目的价格，对减排项目的发展产生不利影响，可能扼杀部分有前景的盈利机会。为此，一些金融机构，包括商业银行和世界银行下属的国际金融公司（IFC），为项目最终交付的减排单位数量提供担保（信用增级）。既有助于提高项目开发者的收益，同时也降低了投资者或贷款人的风险。交付风险（Delivery Risk）是

---

① 锚定效应，亦称"沉锚效应"，指的是人们在对某人某事做出判断时，易受第一印象或第一信息支配，就像沉入海底的锚一样把人们的思想固定在某处。

最主要的风险。在所有导致交付风险的因素中，政策风险是最突出的因素。由于核证减排单位的发放需要由专门的监管部门按既定的标准和程序来进行认证，因此，即使项目获得了成功，其能否通过认证而获得预期的核证减排单位，仍然具有不确定性，存在对手违约风险、碳法规风险、国家投资风险、技术绩效风险、营运中断风险、董事与主管责任等风险，可能给投资者或贷款人带来损失。因此需要保险或担保机构介入，进行必要的风险分散。针对某种特定事件可能造成的损失，向项目投资人提供保险。其次，资产证券化的保险。一级 CDM 交易属于一种远期交易，其回报来自于项目成功后所获减排单位的转让。这意味着在项目执行期间，对减排项目的投资或贷款缺乏流动性。为提高流动性，目前有些减排项目协议允许投资者或贷款人将其未来可能获得的减排单位进行证券化。不过，由于各国在该方面的法规都接近于空白，这种证券化活动还未大规模开展。如果开展该类项目业务，要预防资产证券化的过度膨胀，防范新的风险产生。

（2）保险业可以为低碳项目建设提供长期性资金支持。低碳项目建设的科技含量高、周期长、资金需求量大，而保险业集聚了大量资金，特别是寿险公司集聚的资金具有明显的长期性和稳定性特征。在风险可控的前提下，通过对低碳项目潜在经济效益前景予以科学评估，保险业具有能力适当参与一批国家重点建设的项目，甚至直接投资研发节能环保的新型技术，在项目建设中发挥投资生力军的作用。

2. 创新保险业务的管理模式

（1）加快保险机制创新。加大保险公司内部对低碳保险的政策扶持和倾斜力度，如在任务下达、费用支持、考核奖励等方面给予扶持和倾斜，加大对低碳保险市场的投入并采取有效措施，充分调动员工展业的积极性。

（2）加快保险管理创新。保险业自身应该通过内部管理机制和激励考核体系的调整，充分调动企业和员工的积极性，用制度的方式激发其主观能动性，以激励机制作为行为动力系统的助推器。通过建立合理的内部管理机制和激励考核体系，改善沟通环境，创造企业内部竞争环境，为企业员工提供良好的平台和氛围，正确引导、激发员工潜能。同时为提高自身抗风险能力，应注重技术创新和专业人才的培养，健全业务流程管理，严格承保、核保、理赔制度，加强财务核算，提高风险管控水平；搞好人防、技防和物防，有重点、有针对性地对投保企业进行安全生产督促和检查，对存在安全隐患的客户，及时提出改进措施，有效控制风险，减少财产损失和人员伤亡，不断提高经营效益。

（3）加强保险监管力度，减轻逆向选择和道德风险。由于保险人与被保险人之间存在信息不对称，因此在保险过程中会产生逆向选择和道德风险问题。保险市场的不对称信息是指交易中的一方拥有而另一方缺少的相关信息。从市场参与者拥有信息多寡的角度，可将其分为两类：第一类信息不对称是指保险标的通常被保险的买方控制，保险人不易了解关于保险标的风险及风险控制状况的信息，处于不利地位；第二类信息不对称一是指保险买方不了解保险人履行未来义务的愿望和能力，二是指保险买方无从确知险种是否适合自己、价格是否公正等等。在这种情况下，保险人就有可能利用保险买方对保险知识的欠缺而为自己谋利。按这种分类方法，保险市场的不对称信息还有很多种，如保险代理人与保险人之间的信息不对称、保险经纪人与投保人之间的信息不对称、保险公估人与保险人之间的信息不对称等等。若按信息经济学的有关理论进行分类，则保险市场的这种信息非对称性可以从两个角度划分：一是信息非对称发生的时间，二是信息非对称的内容。把发生在当事人签约之前的信息非对称称为事前非对称，反之为事后非对称，称第一种信息非对称为逆向选择（adverse selection），称第二种信息非对称为道德风险（moral hazard）；从信息非对称的内容看，信息非对称可能指保险市场参与方的行为，如保险买方改变保险标的风险分布的行为，也可能指市场参与方的知识，如医疗保险市场投保人对个人健康状况的隐瞒。从这一角度讲，不对称信息有两类，即"暗中行动问题"（hidden action）和"暗中知识问题"（hidden knowledge）。显然，逆向选择问题对应"暗中知识问题"，而道德风险问题既有"暗中行动问题"又有"暗中知识问题"，即保险市场既存在暗中行动的道德风险，又存在暗中信息的道德风险。

那么，如何来规避道德风险呢？对此，业内和学术界都作了深入的研究探讨。归纳起来，措施主要包括三类：事前预防、事中监督和事后挽救。其中，事前预防是最主要的手段，其具体的策略很多，具体到保险人而言，最主要的和最有效的策略就是设计具有针对性的保险条款，即保险人所设计的保险条款应尽量使被保险人谨慎行事的边际收益或不谨慎行事的边际成本为正值。在保险实务中，要使谨慎行事的边际收益为正，主要方法是在设计保险契约时，通过免赔额或共保条款使被保险人承担部分损失。免赔额条款（deductible）规定保险人从损失赔偿金中扣减预定的固定金额。共保条款（coinsurance）规定从损失赔偿金中扣减预定的百分比。这两种规定都要求一部分损失由被保险人承担，从而为被保险人减少损失提供了激励。另外一种使谨慎行事的边际收益为正的方法，是对那些采取防损措施的被保险人进行奖励。如机动车辆险中常见的无赔款优待计费法（No-Claim Discount，NCD）就是用低费率来奖励那些损失纪录达到某一标准的被保险人。实际中，保险人需要依据保险人所面对的道德风险的类型来选择具体的应对举措。如果保险人面对的道德风险极有可能加大损失，那么，保险人就应当使用免赔额条款，不仅有利于鼓励被保险人采取有力度的防损措施，而且在处理小额索赔时能够减少成本支出。然而，如果保险人面对的道德风险会使自己的开支增加，在这种情况下，就应选择共保条款。原因在于，被保险人遭受的损失越大，共同的支付也就越大，被保险人就有了进一步减少损失的动机。另外，保险人还可以通过对保险条款执行情况的检查或采取针对性的核赔查勘策略来规避道德风险。

保险市场中的逆向选择现象相当普遍。尽管经济学家很早就认识到逆向选择会干预保险市场的有效运行，但对这个问题研究的历史却并不长。20世纪70年代，乔治·阿克罗夫（Akerlof）的开创性工作奠定了该领域的研究基础。随后，许多讨论信息不对称问题的文献都不同程度地涉及到保险市场的逆向选择问题，其中，最为重要的观点之一来自于迈克尔·斯彭斯引入的市场信号概念，最为重要的成果是罗斯柴尔德与斯蒂格利茨对非寿险领域逆向选择问题的研究。

西方经济学中，竞争性市场模型的一个重要假定是买方和卖方都具有完全信息。但事实上，潜在的投保人总是比保险人更了解保险标的风险状态，保险双方存在信息差别是难以避免的。尤其是在保险定价中，保险人通常使用分类计算法厘定保单价格，这种方法尽管简便，但却不能区别具有不同风险程度的保险标的，从而也就不能确定适合于投保人的保费水平，由于受到这种约束，保险人只能向所有投保人提出大致类似的保险价格，其结果是，在同等条件下，高风险类型的投保人将购买更多保险，而低风险类型的投保人认为基于平均损失率的保险费率过高，所以决定不购买保险，这无疑会提高所保风险的平均损失率，从而进一步提高了保险费率，并进而引发更多的人退出保险。因此，逆向选择不仅会抑制保险需求，而且还会妨碍高效保险契约的签订，并导致市场的低效率和保险质量的低下。

由于逆向选择发生在保险契约签订之前，因此，在具体的保险实务中，主要有两种减轻逆向选择风险的方法：一是保险人通过各种途径收集与保险标的有关的信息，以便对投保人做出更为准确的分类。显然，收集与保险标的有关的信息将有助于保险人对保险标的做出准确的风险分类，但这样的措施只能降低或减缓投保人的逆向选择，风险并没有得到有效分担。二是设计尽量避免逆向选择出现的保险契约，即设计不同的保险契约以鼓励风险类型不同的投保人选择最适合自己风险种类的保险契约，这种保险契约也称为分离保险契约，由于这类保险契约根据投保人的不同风险类别收取不同的保险费用，并据此给予不同的赔偿，因此，低风险类型的投保人易被这类保险契约所吸引，借助于市场的作用，高风险类型的投保人不得不购买这种分离式的保险契约。但实际上，由于保险人通常难以有效识别投保人的风险类别，设计分离式的保险契约也就变得非常困难。

保险人规避道德风险或逆向选择的一个重要手段就是设计具有针对性的保险契约。Crocker and Snow（1986）指出，被保险人是否遭受了意外事故的损失等信息会影响最优保险契约的形式。[1] 最优保险契约的设计与不对称信息紧密相关。因此，从不对称信息对保险市场的影响来看，保险契约有三类：一是考虑逆向选择的保险契约；二是考虑道德风险的保险契约；三是同时考虑逆向选择和道德风险的保险契约，这类保险契约远比单纯考虑逆向选择或道德风险的保险契约要复杂得多，对这类保险契约的特

---

[1] Keith J. Crocker, Arthur Snow, "The efficiency effects of categorical discrimination in the insurance industry", *Journal of Political Economy*, No. 2, 1986, pp. 321 – 344.

征难以做准确描述。

实践中，考虑逆向选择的最优保险契约的设计思想是：保险人通过向保险市场提供具有自选择约束特征的契约以对投保人进行风险分类，即保险人通过提供价格以及赔付额不同的有区别的保险契约以诱使潜在的投保人进行自选择，自选择的保险契约对于特定的投保人来说具有更高的期望效用，而保险人由此根据投保人选择的特定的保险契约推测出投保人的风险类型。保险人通过信息甄别达到了减轻逆向选择风险的目的。换言之，保险人要解决逆向选择问题，就要为投保人设计出这样的保险契约，即从某种特定类型投保人的角度看，这正好是自己的最适契约。如医疗保险市场就存在非常严重的逆向选择行为。针对这种现象，保险人可以通过自选择机制的设计来防范医疗需求方的逆向选择。也就是说，保险人向市场提供的契约一方面使潜在的投保人参加医疗保险的效用不低于不参加医疗保险的效用，另一方面使潜在的投保人受到说真话的激励，并乐于显示其风险水平，即通过对高风险者采用较低的共保率、较高的保费价格，对低风险者采用较高的共保率、较低的保费价格，达到诱使潜在投保人说真话的目的，从而使各种类型的投保人可以自主选择医疗保险来提高自己的效用水平。显然，在自选择约束下，投保人的行为应当是合乎理性假设的，即在对投保人的行为进行分析时，通常应当假定投保人的行为与其对自选择约束的理解是相一致的。

考虑事前道德风险的最优保险契约设计也同样引起了广泛关注。Spence and Zeckhauser（1971）[1] 以及 Harris and Raviv（1979）[2] 对此进行了专门研究，认为考虑事前道德风险的最优保险契约应是部分保险形式，这种最优保险契约与被保险人必须承担一个固定比例风险损失的共同保险契约有着相似之处，这种共同保险条款为被保险人采取最优水平的防损努力提供了激励因素，即可以通过在保险契约中加入免赔额或共保额条款，使被保险人谨慎行事的边际收益或不谨慎行事的边际成本为正值。除了上

---

[1] Michael Spence, Richard Zeckhauser, "Insurance, information, and individual action", *The American Economic Review*, No. 2, 1971, pp. 380 – 387.

[2] Milton Harris, Artur Raviv, "Optimal incentive contracts with imperfect information", *Journal of Economic Theory*, No. 20, 1979, pp. 231 – 259.

述机制设计之外，为了防止事前道德风险的产生，最优保险契约的设计还经常使用如下的制度规则：保险人为了检查被保险人是否认真履行了保险契约所规定的防损义务或其他如实相告义务，保险契约还要规定一个与支付函数有关的督查条款。在实际的保险实务中，保险人通常采用随机的督查策略。具有上述特征的最优保险契约可以在委托代理理论框架下进行研究。

考虑事后道德风险的最优保险契约同样可以在委托代理理论的框架下进行设计。从一般意义上讲，在保险人以及被保险人参加保险的个人合理性约束，以及诱使被保险人选择最有利于保险人的行动的激励相容约束的限制下，追求被保险人期望效用最大化的目标，有助于达到规避事后道德风险的目的。如对机动车辆险来说，车辆的丢失以及车祸等意外事故的发生，与车主采取的防盗措施、驾驶谨慎与否等有关。在保险人不能监督被保险人行动的情况下，由于被保险人缺乏采取防损措施的积极性，因此，在这种情况下，保险人就应当设计针对性的保险条款来激励被保险人采取进一步的防损努力。

与事前道德风险的情形类似，考虑事后道德风险的最优保险契约的设计也经常使用如下的制度规则：保险人为了防止来自被保险人的保险欺诈，比如被保险人不履行如实告知义务的情形发生，保险人在设计契约时要规定一个与被保险人的利益有关的核赔查勘条款，当被保险人决定将一种风险状态报告给保险人以后，保险人根据某概率函数对被保险人的索赔进行随机核赔查勘，最后决定是否赔付，核赔概率可能是投保人所报告的风险损失额的函数。

总之，从保险人设计保险条款可以采用的激励机制来看，无论是从罚还是从奖的角度，都不是无约束的。设计上述性质的保险条款必须受两个条件约束：一是保险人设计的保险单必须使保险买方从保险中获得一定水平的效用，若被保险的风险没有因此得到很好的转移，即保险买方没有得到投保后的效用，再好的保险条款也无用；二是保险人使保险买方提供私人信息的边际效用等于边际成本（边际负效用），即保险人付给保险买方的信息租金必须足以弥补保险买方履行如实告知义务或采取防损措施所付出的成本。

3. 建立保险业务新的增长方式

保险业应改变目前高投入、高成本、高消耗、低效率等"三高一低"的增长方式，为低投入、低成本、低消耗、高效率、高效益（经济与社会双效益）、高质量等"三低三高"的发展方式，提升外部正效应，整体提高保险业竞争力，增进社会福利并促进经济发展。保险业应积极探索盈利模式的新渠道，不仅应继续以股东价值和公司价值最大化为目标，而且应当自觉加强环境保护、勇于担当社会责任，通过服务于经济、社会和环境等，取得经济和社会等层面的双效益或者多效益。

4. 横向联合聚合经济共赢新优势

保险主体应加强开辟经济市场的合作与配合，建立健全适应经济市场经营活动的自律公约和工作机制，共同维护经济所衍生的丰富的保险资源，杜绝掠夺式开发、恶性价格竞争、商业贿赂等不良行为，加强业务交流合作，协商见解，求同存异，优势互补，改变产品趋同、方式单一、粗放经营的局面，形成多层次、多样化、个性化、精细化的发展态势。大公司要充分利用技术精良、网络健全、渠道多畅、人才雄厚等优势，提高综合承保能力、风险管理能力、产品研发能力，积极发展大行业、大项目、大保户业务，自觉规范市场行为，发挥行业排头兵作用；中小公司要准确把握自身市场定位，明确业务调整方向，规范业务流程，细化工作业绩考核，提高保险专业化水平，增强适应力和竞争力，打造以小见大、以优增效、以精造势、以特取胜的经营品牌。各保险经营机构要进一步加强与当地政府，特别是有关部门的沟通与合作，以得到更大的支持，引导相关产业和人员投保。

二　低碳保险业的外部运行机制建构

保险业与低碳经济要形成良性互动，离不开外部良好环境的支持与推动。政府应在全局条件下支持全社会低碳经济模式的发展，同时针对保险业，搭建契合保险业特殊需要的制度环境。

（一）保险业运行的激励机制

科学的宏观纲要与规划、完备的法律法规是低碳经济背景下，充分发挥保险行业风险分散与防范功能的先决条件。高效的激励举措是低碳保险业快速发展的重要驱动力。

1. 建立低碳保险发展的宏观纲要与规划

政府和监管部门应参与进来，尽快出台保险资金支持和促进低碳发展的战略规划纲要，有效发挥保险业支持经济社会发展特别是战略新型产业发展的功能。监管部门应出台相应政策和实施细则，鼓励保险资金以股权投资、债权投资或其他适合方式积极参与和促进战略新兴产业的发展。

2. 完善相关法律法规，建立法律后盾

政府对以往与经济不相适应的政策、法律法规，应及时清理，同时应建立健全适应低碳经济框架下保险业发展的政策、法律法规等，为保险业涉及到的新领域、新内容、新方向、新格局提供法律保障，进而为低碳经济健康长足发展保驾护航。

3. 出台扶植低碳保险发展的激励措施

若缺乏有效激励机制，发展必将面临诸多障碍。政府和监管部门应通过建立激励机制，促进保险业的低碳化发展。国家税务总局对参与、支持战略新兴产业发展的保险企业应给予一定力度的税收优惠。

（二）保险业运行的监管机制

低碳经济框架下保险业监管机制应从偿付能力监管、内部运营监管、市场行为监管以及功能性协调监管四个维度进行构建。

1. 加强偿付能力监管

保险公司的偿付能力是保障公司经营安全和投保人合法权益的重要因素，已成为世界各国保险监管的核心。目前，保险业的监管模式正从市场行为监管向偿付能力监管转变。传统的保险监管主要是市场行为监管，也就是对市场行为的合规性监管，重点是对市场行为准入、业务行为、保单设计等经营实务的监管。最近几十年，保险业飞速发展，保险公司经营多样化策略、激烈的竞争以及保险业为弥补承保业务的亏损而进入高风险领域投资，大大增加了保险业的风险，部分保险公司变得没有偿付能力。因此，偿付能力监管机制显得十分重要。保险行业应该继续完善偿付能力的监管机制，一是建立更高层次的保险监管信息系统，及时掌握保险公司偿付能力的变化情况；二是要进一步细化偿付能力监管指标，动态量化监管；三是参照西方经验，继续完善财务分析和偿付能力跟踪系统，重点对大保险公司进行跟踪监管。

2. 健全内部运营监管

保险业应以可持续发展指数为参考，建立自身发展的标准，可以考虑三方面的指标：一是在经济上，建立有关行为准则以及遵守情况、公司治理与结构完备情况、风险与危机管理以及其他特色标准；二是在环境上，建立环境与碳排放等标准，提供环境风险评估等报告接受社会监督；三是在社会方面，以企业社会责任、人力资本开发、社会报告、人才吸引与保留以及其他相关指标，考察其对社会的贡献。

3. 完善市场行为监管机制

行为监管在我国具有一定的实践基础，完全放弃市场行为监管是不符合中国国情的。我国恢复保险业仅20多年，保险市场结构垄断程度高，寡头垄断特征明显。另外，我国保险市场信息阻隔、信息不对称现象依然存在。保险信息和财务信息失真，既误导消费者，也妨碍保险监管机构的正确决策。上述情况表明，我国现在完全放弃市场行为监管转向偿付能力监管还缺乏必要的微观基础，当务之急仍是必须完善对市场行为的监管。提高透明度是保障消费者利益的最佳途径。消费者只有通过高透明度的保险业运作，明晰其权利责任，才可做出理性决定。保险中介市场是信息传导的重要载体。因此，要进一步完善对保险中介机构的监管，促进中介市场的发展，重视会计师事务所、评估机构、保险行业协会等机构的重要性，充分发挥中间机构在保险市场的信息传导作用：发布各类保险损失和赔款数据，供承保人制定费率；审查保险公司报表，评估保险公司的信用，以确保保险信息畅通透明。目前已有调整保险中介机构的一些法规，但还需要进一步出台配套的法规，使之更规范更完整。要进一步贯彻落实保险营销员持证上岗制度，积极稳妥地推进农村营销员资格管理制度改革。另外，要坚持市场化的准入和退出机制，严格开展专业中介机构的行政审批。最后，要继续开展保险中介专项检查，规范中介市场秩序。

4. 探索功能性协调监管模式

从金融业分业向混业经营发展的方向来看，加强保险与银行、证券监管机构的协调与合作非常必要。我国目前是分业监管体制，但银行、证券、保险之间的业务联合已经出现，金融集团化的趋势在我国也已经显现，因此，传统的机构监管已经越来越不能适应形势发展的需要。我国必须在分业监管的框架内，逐步探索适合中国国情的功能性协调监管模式。保监会、银监会和证监会三大监管机构应加强协调与合作，定期或不定期地就监管中一些重大问题进行协商，交流监管信息，发现分业监管中的问题，研究相应的监管对策。加强监管架构的集中整合性，至少将债券保险等特殊业务的监管层次单独管理，将市政债券与高风险的资产支持证券隔离；保险行业协会要充分发挥自身在自律、协调、维权等方面的作用，制定专项行业自律公约，加大自律力度；保险监管部门要加大监管力度，严厉打击各种扰乱市场、损害行业声誉的不正当竞争行为，从而保证市场有序稳定，切实维护保险行业的整体形象。

三   低碳保险发展的评价指标体系

（一）保险业内部的评价指标

1. 保险公司的效率指标：低碳保险的经济效率，即低碳保险的技术效率与低碳保险的配置效率

根据经济理论，效率一般指的是投入与产出之间的关系。Farrell 开创了现代公司效率评价方法，认为厂商的效率包含两个部分：技术效率（Technical Efficiency，TE），反映厂商在投入给定的情况下产出最大化的能力；配置效率（Allocative Efficiency，AE），反映厂商在给定投入要素的价格的情况下，选择最优投入要素比例的能力。技术效率还可以进一步分解为纯技术效率和规模效率两部分，受投入要素价格等数据未知的影响。低碳保险的经济效率是指保险公司在低碳业务活动中投入与产出或成本与收益之间的对比关系。从本质上讲，它是保险公司对其资源的配置，是保险公司竞争能力、投入产出能力和可持续发展能力的总称。与一般的工商企业一样，保险公司在生产经营活动中具有以营利为目的追求利润最大化的动机，追求生产经营的最佳状态。这种理论生产函数所描述的生产可能性边界被称为生产前沿面。保险公司具有在生产前沿面附近组织生产经营活动的强烈动机。但实际的生产过程并不全是在最优状态下进行的，即使对经营绩效优异的保险公司来说，这种最佳状态也只是短期的，但它是保险公司追求的目标。

2. 低碳保险结构合理性指标（资源配置效率）：低碳边际资产利润率、低碳边际所有者权益利润率、低碳保费利润率

结构合理是保险业可持续发展的重要保证。衡量低碳保险业结构是否合理的标准是保险业资源是否在原保险与再保险之间、产寿险之间、保险公司与保险中介之间、不同区域之间、城乡之间以及国内与国际之间得到均衡有效的配置。综合借鉴标准普尔、A. M. Best、穆迪以及惠誉等国际四大资信评估机构在对保险公司进行信用评级时所使用的评价公司盈利能力的模型，选定低碳边际资产利润率、低碳边际所有者权益利润率和低碳保费利润率三个指标来综合评价原保险与再保险之间、产寿险之间、保险公司与保险中介之间的资源配置效率，通过统计技术分析保险业区域之间、城乡之间以及国内与国际之间的资源配置状况，并以此来衡量保险业结构是否合理。

（二）保险业外部的评价指标

1. 从宏观的角度考察低碳保险与经济的总体关系：低碳保险相关比率指标（低碳保险深度与低碳保险密度）

20世纪60年代，美国金融学家戈德史密斯提出了"金融相关比率（FIR）"的概念，即金融资产总额对实物资本存量的比率，与之类似，部分学者提出"保险相关比率"指标。保险相关比率是保险深度和保险密度指标，是考察保险发展程度的国际通用的指标。保险深度和保险密度等指标反映了保费收入总量与国内生产总值以及人口之间的关系，是时间序列的动态指标。计算保险深度和保险密度等指标的数据可得性强，且容易展开横向或纵向对比，但上述指标未能反映保险体系内的结构变化与"新组合"，因此，仅以保险深度或保险密度等指标来衡量保险发展是不够全面的，有时保险深度或保险密度的提高并不一定是保险发展态势良好的反映，反而可能是保险发展趋于恶化的表现。例如，保险公司通过银行大量销售趸缴、短期、简单的"储蓄替代品"性质的分红险，在短期内将表现为保费收入的增加，但不利于保险业的长远发展。

2. 低碳保险在金融体系中的作用：低碳保险资产与低碳金融资产之比

低碳保险资产在低碳金融资产中所占的比重，反映了保险行业对碳金融乃至低碳经济发展的贡献度。

第三节　碳金融框架下的债券业运行机制研究

一　碳债券的理论分析

碳债券是指政府、企业等机构为筹集低碳经济项目资金而向投资者发行的、承诺在一定时期支付利息和到期还本的债务凭证，其核心特点是将低碳项目的 CDM 收入与债券利率水平挂钩。碳债券根据发行主体的不同可以分为碳国债、碳企业债券和碳金融债券。其中，碳国债是一种特殊的国债，是政府为了支持低碳经济的发展而向投资者发行的具有约定条件并承诺到期还本付息的债务凭证。碳国债的约定条件一般包括息票率、期限、面额等。

碳债券的本质与其他债券相同，都是具有法律效力的债权的证明书，其特点体现在四个方面：第一，筹得资金的使用方向明确，围绕节能减排的目标进行投放；第二，资金投放的行业风险较大，盈利周期较长，债券的发行需要国家相关政策扶持；第三，可以采取固定利率加浮动利率的产品设计，将 CDM 收入中的一定比例用于浮动利息的支付，实现了项目投资者与债券投资者对于 CDM 收益的分享；第四，碳债券对于包括 CDM 交易市场在内的新型虚拟交易市场具有扩容功能，其大规模发行将最终促进资本市场乃至整个金融体系向低碳经济导向下的新型市场转变。

在我国，发行碳债券的必要性与现实意义主要体现在以下六个方面。

第一，满足低碳经济模式的资金需求。兴建新能源企业以及对高能耗企业设备的升级改造需要大量的投入资金，通过发行碳债券能够较好地满足巨大的资金需求。

第二，提高我国债券市场的完整性。发行碳债券将促进我国企业债券的发展，丰富债券市场的交易品种，有利于企业债券市场的建设，有利于提高我国债券市场的完整性。

第三，丰富低碳经济的金融产品的种类。目前已有的金融产品类型单一，对低碳发展的支持力度不够，例如 CDM 交易机制审批时间长，流程烦琐，对支持低碳经济发展的作用有限。碳债券的设计思路简单明了，易为投资者理解和接受，可满足社会公众对于低碳经济金融产品多样化的需求。发行碳债券是我国金融市场投资、融资产品的一种创新，将丰富我国债券市场交易品种，有利于金融系统对低碳行业进行更有力的支持。[①]

第四，发行碳债券有利于金融创新。任何成熟的市场都是经历了由基础产品到衍生产品的发展历程。如果有了碳债券，便可进一步发展碳债券期货、混合债券期货，进而还可以发展期权产品，最终既可成为低碳技术乃至低碳产业发展的推动力，为低碳市场注入新的活力，也可为投资者提供多样化的投资品种和风险对冲工具，促进我国证券市场持续健康地发展。

第五，发行碳债券将唤醒大众的低碳经济意识。低碳经济的发展必然会冲击到社会的全部主体，尤其是包括企业在内的各种团体的经营活动，及所有民众、家庭的生活方式。发行碳债券相当于在广泛的社会群体间普及低碳经济发展理念，能够为碳金融发展创造良好的社会环境。

第六，发行碳债券将推动整个金融生态环境的改善。碳债券作为碳金融的重要组成部分，将逐步改变现有的金融监管、财政税收、会计核算与项目评价等制度体系，优化投资主体的融资结构，引导企业、社团、家庭和民众转变投资观念，进而催生碳金融投资工具的多样化，最终创建有助于低碳经济发展的金融生态环境。

二 碳债券与我国节能减排企业的发展

（一）我国新能源企业发展现状、存在的问题

我国新能源的利用可以追溯到 20 世纪 50 年代末的沼气利用，但新能源产业在我国的规模化发展却始于近几年。我国具备丰富的天然资源优势和巨大的市场需求空间，在国家相关政策的引导扶持下，新能源领域已成为投资热点，技术利用水平正在逐步提高，具有较大的发展空间。目前新能源企业分为四类：新能源设备及材料生产企业；新能源投资开发生产企业；新能源衍生产业生产制造企业；部分业务涉及新能源生产的企业。

---

① 谭建生：《发行碳债券：支撑低碳经济金融创新的重大选择》，《经济参考报》2009 年 12 月 24 日。

新能源企业是我国实现能源格局调整、节能减排的重要载体。我国低碳经济发展水平的高低取决于低碳产业承载能力的大小，而新能源企业是低碳产业中最重要、最活跃的组成部分，其发展状况，包括新能源企业发展规模的大小以及质量的好坏等将直接影响到我国低碳经济的发展。

我国新能源企业的发展现状可以归纳为以下三个方面：第一，产业规模不断扩大，发展速度加快。目前，中国新能源发展较快，利用比较广泛的新能源包括太阳能、风能和生物质能。第二，产业链尚不完整。我国新能源产业普遍存在产业链不完整或上下游产业链无法对接的问题。矛盾比较突出的是风电和光伏发电产业。以光伏产业为例，在考虑产业链完整度的情况下，具备完整中下游产业链的光伏企业较之仅具有电池片或组件等下游产业链的企业具有翻倍的盈利能力和企业价值。第三，平均技术水平偏低、利用成本较高，产品竞争能力弱。相对于发达国家而言，我国新能源利用起步较晚，新能源利用技术平均水平偏低。目前，技术和设备投资在新能源投资中占据绝对比重，而我国新能源利用的大部分核心技术和设备依赖进口，致使我国新能源利用成本高，同类产品竞争能力弱。

新能源企业在新能源的开发与应用过程中最先遇到的问题是技术障碍，已成为制约新能源产业进一步发展的重要因素。新能源产业是综合性高技术产业，由于技术原因造成的高成本主要体现在三个方面：第一，技术研发需要大量的资本投入作为支撑，研发周期相对较长而且存在较高的研发风险，一旦新开发的能源不能投入应用，则其前期的资金投入将成为沉没成本，无法收回。第二，我国新能源技术自主研发能力和创新能力薄弱，大量关键设备只能依赖进口，致使产品的市场竞争力弱。此外，由于存在技术障碍，新能源及其设备在运行过程中普遍存在利用效率低下、使用期限短、资源浪费的情况，造成了新能源使用过程中的高成本。技术水平低导致生产成本高，进而抑制市场规模的扩大；反过来高成本又抑制了技术投入，以致形成恶性循环。第三，新能源产品的辅助资源要求较高。新能源的应用过程中对载体的要求较常规能源高，需要与大量的其他非再生资源结合后才能正常运转，如生产和制造太阳能和风力发电装置过程中都要消耗大量的金属和非金属材料。

虽然新能源企业在我国还存在一系列的问题，但是发展新能源企业对我国的经济发展具有重要的意义。

（二）新能源企业的发展对我国具有重要意义

中国是一个发展中国家，对能源的使用和消耗量巨大，必然面临着环境污染和自然资源枯竭的问题。发展新能源企业对中国有着非同寻常的重要意义。

第一，发展新能源企业是我国履行国际承诺的重要保障。作为《联合国气候变化框架公约》和《东京议定书》的缔约国，我国与其他缔约国一样，肩负保护自然环境和全球气候的义务，我国已向国际做出了郑重承诺：至 2020 年实现非化石能源占一次性能源的比例 15% 以上，碳排放强度较 1990 年降低 40%—45%。

为实现目标，我国需要从多个角度入手推动节能减排活动，尤其要注重新能源企业的发展及对高能耗企业的低碳化改造。对此，我国政府部门做了较为长远的部署。我国已编制完成新能源产业发展规划，拟在 2011—2020 年，在内外金融市场融资，累计向新能源企业投资 5 万亿元。如此大规模的资金投入，必将促进我国新能源企业的发展，为我国实现节能减排的承诺提供有力保障。

第二，发展新能源企业是中国实现经济发展方式转变的重要契机。中国改革开放以后，经济得到迅速发展，尤其是在国际贸易方面，出口大幅度增加，贸易顺差逐年加大，成为世界上最大的贸易顺差国家之一。但是这并不能根本改变中国企业在世界经济发展中"追随者"的地位及"中国制造"位于产业链底端的局面。中国企业急需寻找新的发展契机，实现良性发展。

世界经济发展史表明，每一次大规模的金融危机产生之后，为了降低金融危机的负面影响，新的科技革新力量会应运而生，从而催生一些具有颠覆性质的新兴产业，并凭借其旺盛的活力成为新的经济增长点和摆脱危机的重要引擎，如 1994 年的墨西哥金融危机促使美国进行了信息技术革命，信息技术产业获得极大发展；1997 年年底开始的东南亚金融危机催生了互联网经济；2008 年全球金融危机后，美国和欧洲的一些发达国家纷纷将发展新能源产业提升到国家战略的高度，力图把握金融危机后世界经济发展的契机。美国计划投资 1500 亿美元用于新能源技术的研发，欧盟也表示要在 2013 年前投资 1050 亿欧元支持欧盟区的"绿色经济"。英国公布了《低碳转型发展规划》，以此作为促进低碳经济发展的制度保障。

在全球倡导低碳发展的关键时期，我国应抓住机遇，积极推动新能源产业发展，促进产业结构的调整升级，进而提升中国的国际地位。鉴于此，我国制订了新能源产业发展规划，计划投资 5 万亿元发展内地的新能源产业，该计划实施后，每年将增加产值 1.5 万亿元，每年增加社会就业岗位 1500 万个。到 2020 年煤炭消费量将大幅减少，当年 SO_2 排放减少 780 万吨，CO_2 的排放量将减少 12 亿吨。[①]

第三，发展新能源企业是我国战略性新兴产业发展的关键。自 2008 年世界性金融危机爆发后，各国都从战略高度制定了危机后的产业发展策略，其中大力发展战略性新兴产业成为各国的共同选择。中国要抓住当前经济发展的历史机遇，与日本、美国及欧洲的一些发达国家站在同一起跑线上，力争数年后培养出一批能够与发达国家竞争的具有核心竞争力的龙头企业。

（三）我国新能源企业的资金供求状况分析

我国新能源企业在融资时，普遍采用银行贷款或直接利用证券市场的方式。目前已有很多新能源企业在国内或国外上市，部分企业发行了债券，利用资本市场筹集发展资金。此外，政府对新能源企业给予的政策扶持，如税收优惠，财政补贴等，也在一定程度上为新能源企业发展提供了资金。

新能源企业以民营为主，自有资金帮助企业度过了起步阶段，但要健康成长，亟须外部"血液"的注入。据了解，一些新能源企业从公司成立之初就制订了资本运作的规划，考虑到融资门槛及税收等因素，将注册地点选在海外，如欧洲、美国以及英属维京群岛、开曼群岛等避税天堂，但实际的管理机构和经营地仍在中国。尽管目前这类新能源企业数量并不多，但是这种模式在民营企业中却极为常见。

即使部分优秀的新能源企业通过上市获得了资金注入，但与大中型国有企业相比，劣势仍然明显，融资难是普遍存在的问题。近年来，新能源

---

① 杨艺华：《5 万亿元：新兴能源十年之约》，《国企》2010 年第 9 期。

产业已经成为银行信贷以及风投基金等关注的热点。然而，普遍的情况却是关注的多，真正投资的少，抢成熟期项目的多，关注长期项目的少，无法从根本上解决新能源企业的融资问题。

尽管银行加强了对新能源企业的关注，但态度仍然谨慎，更多的信贷仍旧偏好于国有企业。对于私募股权投资基金或风投基金而言，技术成熟和上市前景已成为新能源企业要获得融资必须通过的关卡。私募基金或风投基金投资新能源公司并不完全依赖国家是否大力支持、是不是清洁能源等方面，投资的焦点集中于技术含量、公司规模、市场需求以及上市前景等方面，具体体现为：首先，各种新能源技术真正达到的程度，是美好的想法还是即将有突破性的进展，技术市场化应用的进程如何；其次，新能源公司的规模不能太小，具有一定规模的公司才有可能成功上市；再次，有稳定的市场需求，对于推广困难的产品，投资基金通常十分谨慎；最后，风投普遍青睐能够上市的公司，因此资金大多集中拼抢即将上市的项目。

由此看来，新能源企业融资需求较大，发行碳债券是推动新能源企业发展的一种可行方法。

（四）碳债券对促进我国新能源企业发展的作用

现阶段，资金是制约我国新能源企业发展的重要因素。充足的资金能保证技术研发的持续进行，进而加快新产品的开发，扩大国内外市场，提高我国新能源企业的产品创新能力和市场竞争力，促进整个产业的蓬勃发展。对于新能源企业而言，可以通过传统的融资渠道进行资金筹集。其中比较常见的方式之一就是到交易所上市，发行股票筹集发展所需资金。在最新出炉的 2010 年首届"中国新能源企业 30 强"榜单中，有诸如第一家在纽交所上市的光伏企业——无锡尚德电力控股有限公司，还有常州亿晶光电科技有限公司等在国内主板上市的企业。对于刚刚起步、规模较小、资质稍差尚不能满足交易所上市规定的新能源企业，可以利用银行贷款等间接融资手段筹集资金，或者选择将收益留存企业进行扩大再生产。此外，债券也是满足新能源企业融资需求的重要渠道之一。

1. 碳债券对新能源企业发展的总体作用

总体上看，碳债券对低碳减排企业具有重要的支撑作用，主要包括两个方面：第一，降低转换成本。以最低的转换成本实现国内金融体系低碳投融资产品零的突破，发挥金融行业对我国低碳经济发展的推动作用。第二，改善资本结构。发行碳债券有利于改善清洁能源企业的融资结构，降低融资成本，将后滞的碳减排交易收益即期化，鼓励清洁能源企业快速发展，加快常规能源企业向清洁能源产业的转型。由于碳排放的公共产品属性，现阶段实践较多的是以政府为主体发行的碳国债。

2. 碳国债对新能源企业作用的具体表现

新能源企业生产成本较高，对资金的需求量大，但由于其信用等级低、规模较小，在市场上筹集资金比较困难。国家以其信用发行碳国债，集资投向急需资金的新能源企业，能够在一定程度上缓解新能源企业的融资难题，为其技术创新与新产品研发提供保障。碳国债是国家负债的融资形式，由国家承担还本付息的责任，有助于减轻新能源企业财务负担，降低财务风险，保持良好的财务状况，为日后获取多样化的融资选择奠定基础。碳国债对新能源企业的支持具体体现在：

（1）碳国债为新能源企业的发展提供资金支持。改革开放以后，中国经济取得了快速的发展，但伴随着资源的消耗与环境问题的凸显。为了促进经济的可持续发展，我国应逐渐摒弃传统粗放的发展模式，支持新能源企业的发展。根据 IEA 的预计，在可参考情景下，2006—2030 年，我国在能源部门的投资累计将达 3.7 万亿美元，其中 74% 用于电力投资，约为 2.8 万亿美元，融资需求巨大。发行碳国债将是政府满足低碳发展资金需求的重要途径。

（2）碳国债契合了新能源企业先投入、后产出的特征。新能源企业资金需求大、成本高且回收期长，使得新能源企业的发展对环境的贡献很难在短期内外化为经济效益。金融机构出于对资产流动性、安全性、收益性等方面的考虑，对新能源企业的贷款慎之又慎。此外，新能源企业由于利润形成的严重滞后，致使其内源性融资渠道不畅，需要依靠政府的融资渠道。目前，世界各国新能源企业的发展基本处于政府主导的阶段。以西班牙为例，2008 年，该国光伏装机容量高达 2511 兆瓦，但当政府因为财政收支过于不平衡而宣布削减财政补贴后，2009 年的实际装机容量立刻萎缩至不足 200 兆瓦，充分反映了政府在新能源企业资金支持中的作用。①

（3）碳国债有助于改善我国低碳经济发展过于依赖 CDM 交易机制的局面。在《京都议定书》提出的三项减排机制中，清洁发展机制建立了发达国家和发展中国家之间的碳减排交易市场。但由于 CDM 机制下的碳减排额是一种虚拟产品，CDM 收入的确认手续烦琐，用时较长，不利于可再生能源项目的商业化运作。此外，我国目前的碳金融交易还处于初级阶段，碳交易数量和规模都大大低于发达国家，单独依靠 CDM 机制对促进我国低碳经济发展的作用有限。因此，我国现阶段促进新能源企业发展必须依靠政府资金的支持。碳国债有助于改善我国低碳经济发展过于依赖 CDM 交易机制的局面。

三　国际碳债券发展的现状及展望

（一）国外有关碳债券设计思路的设想和讨论

债券尤其是国债的发行，很多情况下是为了满足创新和发展的资金需求。在过去的 200 年间，为了应对环境或者社会的挑战，产生了很多政府层面主导的创新。例如，欧洲下水道系统的建设、国家电网的建设、现代医疗设施的建设等重大事件都是由政府发行长期债券、事先约定还款利率、以政府信用担保来实现融资。

为了满足低碳减排及改善世界环境的需要，可以通过发行债券来解决资金问题。目前国外在碳债券发展方面已经提出了一些设想，部分国家已尝试将一些设想应用到实践之中。

1. 碳债券的设计思路

（1）与通胀率或者碳排放价格相关联的指数关联债券。"The London Accord"② 的项目组提出了 "与指数关联的碳债券（Index-linked carbon bond）"，并于 2009 年 5 月将报告呈报世界银行政府借款人论坛（the

---

① http://www.chinanews.com/ny/2010/07 – 26/2425282.shtml。
② London Accord 项目为金融投资者免费提供关于气候变化的研究报告，希望能够帮助政策制定者和投资者降低投资低碳行业的风险，项目成员是由学术人士、研究所、投资银行、非政府组织组成的。项目的资助者包括：The City of London Corporation，BP plc，the Z/ Yen Group，Forum for the Future and Gresham College。

World Bank Government Borrowers' Forum）。指数关联碳债券把利率的设定与政府碳减排目标、新能源发电的上网电价（Feed-in tariff)[①]、国内化石燃料价格或温室气体排放权的价格相关联。当政府没有达到减排目标或者低碳项目产品的价格没有达到政府许诺的价格时，政府应当支付更多的利息，从而增加政府实现碳减排目标的驱动力。指数关联碳债券将有助于降低大型新能源项目的风险。清洁能源项目实质上与传统能源项目的风险类似，但是其项目竞争力取决于政府的政策。在项目执行期间，投资者无法规避政府达不到排放目标或者降低上网电价的风险，也无法规避化石燃料价格降低或者碳排放权价格降低的风险。指数关联碳债券可以在整个项目期间，实现碳国债的利率与上述风险指数紧密相连，当风险发生时，碳国债支付的利率相应上浮。[②] 碳债券利率随风险加大上浮的优势体现在：低碳项目的盈利率取决于碳交易市场的价格水平，假如项目无法实现盈利，债券投资者会承担无法足额收回本金的风险；假如碳价格没有达到约定标准，碳债券利率的提高可以使投资于新能源的投资者锁定投资收益，即假如碳价格没有达到事先预期的价格目标，投资者亦可通过收取更多的利息弥补投资于企业股票、债券的损失。

（2）零息债券。零息债券的到期期限较长，到期之前不付利息，比较适用于支持萌芽期的新能源技术或是高风险的国家投资项目。零息债券类似于孵化器，帮助新兴行业和公司扩大规模、降低风险，再将公司卖出获得盈利。政府的担保是零息债券功能发挥的关键。零息债券的设计方案有两种：一是可转换债券，允许投资者在商定的时间和条件下将债券转化为公司股权；二是伊斯兰债券，遵从伊斯兰教义的债券能够吸引来自整个穆斯林世界的投资。

（3）常规抵押债券（Regulated Covered Bonds）。常规抵押债券适用于

---

① Feed-in tariff 是一种扶持新能源的政策机制，国家与新能源企业签署长期的采购合同，在新能源技术发电成本高于火电时，国家电网支付新能源企业高于火电的电价，用以弥补新能源发电的高成本。

② Mainelli M., Onstwedder J. P., Parker, K., Fischer W., *Index-linked Carbon Bonds-Gilty Green Government*, http: //www.zyen. com/component/content/article/231 – index-linked-carbon-bonds-gilty-green-government. html.

符合新能源标准的新能源公司，通过出售生产出来的新能源，取得现金流。该债券的安全性由公司固定资产和生产可再生能源的现金流来保证，其中现金流由国家上网电价政策来保证。

2. 政府和有关组织关于碳债券的讨论和推动

世界银行已成功发行多支绿色债券（green bond）①，吸引了许多国家政府的关注，部分政府已达成共识，认为绿色债券模式是一种让私人资本支持政府节能减排项目的有效方法。

（1）美国国会提出筹建绿色银行。2009 年 3 月，美国国会议案提出筹建"美国绿色银行（US Green Bank）"，由美国财政部发行"绿色债券"筹集资金，用以对清洁能源和提高能源利用率的项目进行资金支持。议案提议美国财政部首期发行 100 亿美元的绿色债券，为绿色银行筹资。②

（2）英国政府计划发行绿色债券。英国于 2010 年 6 月公布了气候融资计划草案，为绿色银行提出"提供确定性和激励机制，吸引私人部门投资绿色技术"的设计框架，计划发行绿色债券。

（3）英国气候变化资本集团提出发行环境债券的建议。气候变化资本集团主张由经合组织号召各国政府发行与二战期间的战争债券相似的"环境债券"或"绿色债券"，投资于可再生能源和低碳工业项目，为投资者提供安全性较高的回报。

（4）加拿大关于绿色债券的提议。2009 年 1 月，加拿大环保组织 Power UP Canada 呼吁开展 410 亿美元的"绿色刺激计划"，由政府发行绿色债券筹集资金。绿色债券将仿照加拿大储蓄债券的模式，支付相同的利息。加拿大的私人管理公司——VCI 绿色基金管理公司，已经发表了绿色债券公共政策建议书。③

（5）爱尔兰关于绿色债券的提议。爱尔兰可持续发展委员会（Comhar），提议建立爱尔兰绿色交易机制，通过征收碳排放税（4 亿欧元/

---

① Green bond（绿色债券）与我们提出的碳债券功能相似。

② 111TH CONGRESS 1ST SESSION H. R. To establish the Green Bank to assist in the financing of qualified clean energy projects and qualified energy efficiency projects. http：//frwebgate. access. gpo. gov/cgi-bin/getdoc. cgi? dbname = 111_ cong_ bills&docid = f： h1698ih. txt. pdf.

③ Green Bonds：A Public Policy Proposal. http：//www. greenbonds. ca/.

年）、拍卖碳排放权（2013 年以前不会实行）以及发行绿色债券来完成筹资。

（6）对发展中国家发展碳债券的建议。联合国气候变化公约主席 De Boer，提议由发展中国家发行绿色债券，由发达国家的投资者购买债券，债券收益由销售温室气体减排额来实现（UNFCC，2008）。债券的设计原则是未来收入现金流的证券化。

De Boer 认为"碳债券"或"环境债券"的具体方案为：由政府发行债券，出售给有意建立碳减排项目的非银行金融机构。碳减排项目建立并运行以后，机构通过出售可交易的碳信用赚取现金来偿还投资者的本息。出资人只需要和政府交易，而不需要考察具体的风电、太阳能等新能源企业的经营状况，大幅降低了投资者的风险。[1]

（二）国际有关碳债券的实践

世界银行、欧洲投资银行、美国等国际金融机构及国家已经开展了碳债券的设计与发行活动。本书将系统介绍国际有关碳债券的实践。

1. 世界银行的绿色债券

（1）绿色债券简介。2008 年，世界银行发起了"发展与气候变化战略框架"，以帮助、促进、协调机构和个人部门在低碳经济领域的投资，并基于该框架设计了绿色债券。

世界银行的绿色债券从固定收益投资者处筹得资金，用以支持有益于减缓气候变化进程的项目或者帮助由于保护环境而利益受到影响的人们适应低碳的生产和生活方式。

绿色债券由世界银行委托瑞典北欧斯安银行（Skandinaviska Enskilda Banken）[2] 设计，目的是满足需要投资于 AAA 级固定收益证券的投资者的需求。2008 年以来，世界银行已发行超过 20 亿美元的绿色债券。[3]

绿色债券的发展前景如图 2—2 所示：短时间内新能源技术的成本大于

---

[1] Fiona Harvey, *Trade off*, [2008 - 09 - 15], http：//www.ft.com/cms/s/0/3add4666 - 7b0e - 11dd - b1e2 - 000077b07658.html#axzz1Ja8Rsh24.

[2] 瑞典北欧斯安银行（Skandinaviska Enskilda Banken），瑞典最大的银行。

[3] *Green bond fact sheet*, http：//treasury.worldbank.org/cmd/pdf/WorldBank _ GreenBondFactsheet.pdf.

化石燃料，此时需要碳债券筹集的资本扶持低碳企业；在将来的某一时点，化石燃料储量降低，价格趋于升高，而新能源技术在不断进步，成本降低，此时获得的收益将用于偿还投资者的本金。

（2）绿色债券支持对象的特点。绿色债券支持可以通过努力，减少或避免碳排放的项目，包括为减轻温室气体排放，对电厂和输电设备进行的改造；太阳能和风能发电厂的建设；有明显减排效果的新技术；运输业效率的提高，包括替代燃料的使用和水路运输；废品回收、垃圾处理（抑制沼气泄漏）和节能型楼宇的建设；造林和防范毁林的碳减排活动等。此外，绿色债券为无法避免的、需要加强管理的项目提供资金支持：预防洪水（包括造林和流域管理）；食品安全改进；建设有抵抗极端天气能力的农业系统；可持续发展的林业管理，防止无序采伐森林。

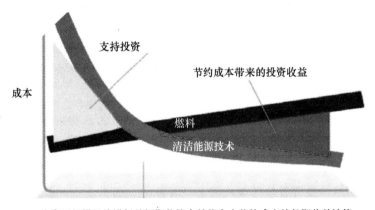

为实现规模经济进行的短期价格支持将会由节约成本的长期收益补偿

图 2—2　绿色债券的发展前景

资料来源：*Climate Bonds Can Fund the Rapid Transition to a Low-Carbon Economy*，http：// www. longfinance. net/index. php？ option = com_ content&view = article&id = 218％3Aclimate-bonds-can-fund-the-rapid-transition-to-a-low-carbon-economy&catid = 34％3Areports&Itemid = 157.

按照以上的特点和已有标准，预期我国有望得到世界银行绿色债券支持的项目有：投资于中国大中型企业提高能效的项目；在中国农村使用可替代性能源的项目，例如沼气池的使用和其他生物能源的利用；在西南地区的公众建筑内安装太阳能供热系统等提高能效的设备。[1]

（3）目前世界银行已发行的绿色债券项目。世界银行已经发行了十几种绿色债券，下面将分别介绍其第一只债券、第一只与 CER 相关联的债券及第一只面向机构投资者的债券。

世界银行发行的第一只绿色债券是额度较小、面向私人投资者的债券。2007 年的 12 月，世界银行通过荷兰银行（ABN AMRO）发行了以欧元计价，6 年期，面向荷兰、比利时和卢森堡的名为"Eco 3 + bonds"的债券。该债券支付浮动利率，年利率与股票指数，即荷兰银行的生态价格回归指数（Eco Price Return Index）相关联。该指数根据生产可替代能源的公司，例如从事水电和垃圾回收的公司，或者根据减轻环境污染的公司的业绩来制定，但是年利率至少为 3%。

在 2008 年 6 月和 9 月，世界银行发行了与"核定的碳减排量"相关联的五年期债券，分别由大和证券集团和三菱日联证券控股公司负责管理，发行总额达到 3150 万美元，资金用于支持我国贵州省的水电站和马来西亚的生物能项目。在初期，债券支付固定利率；随后，债券利率与未来 CER 市场价格以及上述两个项目生产的 CER 产量挂钩。

瑞典北欧斯安银行于 2008 年 11 月发行了首个为机构投资者设计的绿色债券，额度约为 3.5 亿美元，用来支持能够满足低碳发展标准的项目。该债券的利息比瑞典政府债券高 0.25%，为投资者提供的年收益率为 3.15%。债券的投资者包括瑞典国家养老基金、瑞泰人寿和联合国合办工作人员养恤基金。[2]

2. 欧洲投资银行发行的债券

欧洲投资银行是欧洲经济共同体成员国合资经营的金融机构，发行过两只环境债券。

---

[1] Heike Reichelt, "Green Bonds: A Model to Mobilise Private Capital to Fund Climate Change Mitigation and Adaptation Projects", *The EuroMoney Environmental Finance Handbook* 2009 – 10, 1 – 7, http: //treasury. worldbank. org/cmd/pdf/Euromoney_ 2010_ Handbook_ Environmental_ FinanceforGBPage. pdf.

[2] *World Bank and SEB partner with Scandinavian Institutional Investors to Finance "Green" Projects*, [2008 – 11 – 06]. http: //treasury. worldbank. org/cmd/htm/GreenBond. html.

第一只欧洲银行的环境债券是 2007 年发行的五年期零息债券，总额为 6 亿欧元，由商业银行 Dresdner Kleinwort 发行，筹集的资金用于在欧洲投资可再生能源和提高能源效率的项目。

第二只欧洲银行的环境债券于 2009 年发行，以瑞典克朗计价，主要针对斯堪的纳维亚半岛的投资者。债券发行总金额为 22.5 亿瑞典克朗，2015 年 2 月 17 日到期。其中，17 亿瑞典克朗为固定利率，年息 2.95%；5.5 亿瑞典克朗为浮动利率，每 3 个月付息一次，较 3 个月瑞典银行同业拆借利率（Stibor）高 10 个基点。

3. 美国政府发行的可再生能源债券

美国财政部在 2009 年的经济刺激计划中，通过绿色债券融资 22 亿美元，用于开发可再生能源。"清洁可再生能源债券（Clean Renewable Energy Bonds）"为可再生能源项目提供低息贷款。该类债券和税收抵免的效果相似，区别在于债券作为一种融资方式，倾向于扶持计划中或正在筹资建设的新项目，如太阳能或者风电企业等。一般来说，债券发行者需要支付利息，但针对"清洁可再生能源债券"，联邦政府以税收抵免的方式对债券持有人支付利息。

4. Triodos 银行发行的气候变化债券

2009 年 12 月，Triodos 银行发行了一系列针对私人的小额零售气候变换债券（climate change bonds）[1]。该系列债券的存续期包含两年期、三年期或五年期，利率从 2% 到 3.25% 不等。[2]

5. 北欧投资银行（Nordic IB）的 enviro 债券

北欧投资银行发行"环境债券"（environment-related bonds），为环波罗的海的可再生能源项目提供资金。2010 年 1 月，野村证券在日本市场发售了该类由北欧投资银行发行以新西兰元和南非卡特计价的三年期债券，所得资金将用于可再生能源与其他环境项目贷款。

6. 智利发行的绿色债券

在京都议定书的框架下，智利最大的家禽肉、猪肉出口控股公司智利

---

[1]　http：//www. triodos. co. uk/en/personal/service/search/？q＝bond.

[2]　http：//climatebonds. net/2009/12/triodos-debuts-new-climate-change-bonds/.

Agrosuper 公司①向 Tokio Electric Power（Tepco）和 Canada's Transalta 公司出售了 2500 万美元的"碳债券"。相应的，Agrosuper 需要在 10 年中每年降低其工厂的甲烷排放量 40 万吨。通过购买这些债券，能源公司获得了碳排放权利，且与在自己工厂进行等量的碳减排相比，购买"碳债券"的成本较低。这笔交易是农业公司最大的碳项目，最终实现了"双赢"目标。②

7. 阿根廷的碳债券

阿根廷 SCPL 公司将在未来几年中，通过南美最重要的风电场发行的碳债券获利 120 万美元。这笔交易由 SCPL 公司和日本碳基金公司（JCF）合作完成。

在 1994 年里约热内卢的气候变化峰会召开不久之后，SCPL 公司首先建立风力发电机组来支持峰会的协议。目前，SCPL 公司已在阿根廷南部的里瓦达维亚建立了一个由 26 个风车组成的风力发电机组，每年可节约 5160 吨石油和 590 万立方米的天然气。日本碳基金公司于两年前与 SCPL 公司签署了合约。

8. 标准普尔与点碳公司的合作

低碳经济中，资本市场的参与度逐步提高，为碳市场评级业务开创了空间。标准普尔计划推出一项服务，评估一项碳减排工程预期能产生碳减排信用的可能性和数量，同时评估环境债券潜在的市场，即评估碳减排信用的交付能力，包括交付数量和交付时间。

该项服务将由标准普尔与点碳咨询公司（Point Carbon）共同合作开发，预计按照标普"recovery ratings"来评级，用 1—6 的级别而不用 AAA + 到 D - 的评级法。项目评级的依据是点碳咨询公司提供的数据，评级的结果可以辅助市场主体判别碳信用买家、卖家的风险状况，为碳市场投资者的决策制定提供参考。

---

① Agrosuper 公司是智利的一家大型食品公司，http：//www. agrosuper. com/usa/en/mision-vision. php.

② *Chile finance：Agrosuper sells US $ 25m in "carbon bonds"*，The Economist Intelligence Unit，http：//proquest. umi. com/pqdweb？did = 710928691&sid = 3&Fmt = 3&clientId = 26486&RQT = 309&VName = PQD&cfc = 1.

9. IFC 发行人民币债券

国际金融公司（IFC）于 2011 年 1 月 25 日在香港发行了第一只以人民币计价的债券，用以支持中国的清洁能源技术，即从离岸金融市场筹资支持中国大陆项目，并获得了成功。[①] 该债券年利率为 1.8%，期限为五年，共筹集了 1.5 亿元人民币（约 2300 万美元）资金，用以支持开发提高能源利用率和减少温室气体排放的新技术。部分筹集资金将用于帮助北京神雾热能技术有限公司[②]生产自主研发制造的蓄热式高温空气燃烧炉。这种燃烧炉可以减少能源消耗，并将产生的 CO_2 用于钢铁和石油化工生产。该中期债券的发行，能够为不能直接进入资本市场融资的重点环保项目提供资金支持。

IFC 为神雾公司提供的贷款预计每年可减少 165 万吨的 CO_2 排放量，并可为北京和湖北省的贫困地区提供 600 个就业岗位。作为长期投资者和顾问，IFC 还将帮助神雾公司了解全球最佳的工业实践并和其他私人公司共同分享成功的经验。国际金融公司不仅为神雾公司提供了长期的资金和强大的信誉保障，也使神雾公司更好地了解了全球清洁技术领域的标准和最新信息。

（三）2012 年后碳债券的前景展望

2012 年《京都议定书》第一承诺期到期以后，各国政府如何调整低碳经济政策，已经成为各界人士关注的焦点。目前已经提上议程的方案之一是发行支持"国家适度减缓行动"（nationally appropriate mitigation actions，NAMA）[③] 框架的碳债券（Green NAMA bonds）。

国际碳排放交易协会（IETA）大力提倡"NAMA 债券"市场的发展。

---

① *IFC Issues its first Renminbi Bond in Hong Kong*, *Supporting Clean Technology Project in China*, [2011 - 01 - 25], Hong Kong SAR, http://www.ifc.org/ifcext/media.nsf/content/Selected-PressRelease? OpenDocument&UNID = 714A4071B5FFC59D85257823004F0729.

② 北京神雾热能技术有限公司是一家为全球化石能源（煤炭、石油、天然气及其衍生物）消耗市场提供节能减排技术及解决方案的高新技术企业。www.shenwu.com.cn.

③ NAMA 行动是巴厘路线图和哥本哈根协议的组成部分，是为了明确在碳减排活动中各国应负的"共同但有区别的责任"。具体内容参见 Dr. Xiang GAO, *Program NAMAs and Its MRV*, 国家发展和改革委员会能源研究所. http://www.climateanddevelopment.org/apnet/docs/19th_ seminar/1 - 2_ China_ Mr. GaoXiang.pdf.

在 NAMA 框架下，发展中国家可以通过制定规章、政策实现"可核定的碳减排量"，同时通过碳债券市场获得资金支持。借助碳债券市场，发展中国家政府可以向固定收益投资者融资，以低利率加上销售碳信用所得的收益作为偿付手段，由多边银行、国际经济合作组织或发达国家政府为利息作担保。

要使 NAMA 碳债券走入正轨，当前的任务是组建一个由各国政府组成的"NAMA 债券董事会"，以确定各国可以融资的额度、项目准入的标准以及相关的监管、认证等问题。由于碳排放权价格的大幅波动以及 2012 年后世界低碳减排形势尚不明朗，目前有些机构投资者对于低碳资本市场持观望态度，也有些人对碳债券的价值持怀疑态度。[①] 本书认为，为了实现人类社会可持续发展，节能减排的低碳模式是必然选择。低碳经济的发展离不开政府的支持与金融的支撑。碳国债综合了政府支持引导与金融优化资源配置的双重优势，是低碳经济发展初期，新能源企业获取资金的有效途径之一。

四 我国碳债券发展中潜在的道德风险问题及对策

（一）碳债券发展中潜在的道德风险问题

本书将以碳国债为代表，分析碳债券运行过程中存在道德风险的原因及其对国家、市场、企业和投资者的影响。

1. 我国的碳国债存在道德风险的原因

在碳国债模式的设计中，政府为了支持低碳经济的发展，向投资者发行国债；募集了资金以后，将资金分配给合格的低碳减排企业进行设备改造、技术升级，以企业的收益来支付投资人的本息。在该过程中，政府是债券还本付息的主体，承担着风险；而企业拥有资本的使用权，在无须承担风险的情况下获得了收益。碳国债两权分离、收益和风险不对等的模式极可能导致道德风险。

具体而言，我国的碳国债存在道德风险的原因集中体现在以下四个

---

① *Pilot Green NAMA bond could be issued this year*，［2011 – 03 – 15］，http：//www. carbon-finan-ceonline. com/index. cfm.

方面。

第一，政府与企业目标的不一致。政府的目的是扶持低碳行业，同时确保投资人的本息收益，在扶持企业的同时追求稳健；而企业的目标是收益最大化，在发展策略、设备采购等方面可能更加激进，偏好高风险高回报的项目。接受资金的新企业，由于承担有限责任，以收益最大化为目标的行为选择将更激进；接受资金的老企业，基本是关乎国家经济命脉的大型国企，即使其无力偿还债券本息，由于关系到国家经济的稳定，无法进行破产清算，在制度上无法对该类企业形成强有力的约束。因此，当企业无力偿还本息时，将由国家财政补贴投资者损失，由此造成由国家为企业承担风险的局面。

第二，政府与企业的信息不对称。政府将资金投放给企业以后，企业拥有了资金的使用权。在这种情况下，企业经理人可能利用信息优势，在可能的范围内将资本挪用、投入到高风险高回报的项目来最大限度地满足自身利益。由于政府主管部门没有足够的人力时刻监督企业运行的细节，因此无法直接及时准确地掌握企业的相关信息，例如经理人的努力程度、企业运行情况、资金的使用情况等。企业有可能不按照融资时与国家共同确定的用途使用资金，使政府面临的违约风险增大。如果企业投资于比债权人预期风险更高的项目或进行低效无效投资或不投资，则既会损害债权人的利益，也会给国家带来损失。

第三，过低的法律责任弱化了法律约束。对经理人玩忽职守、操作失败的惩罚力度不够，可能导致经理人玩忽职守，致使企业亏损，从而给国家和债权人带来损失。

第四，产权制度缺失等制度性因素加剧了道德风险。在我国的国有企业中，虽然对企业经理人逐步建立了激励机制，但是缺乏有效的约束机制。碳国债募集的资金可能无法得到高效合理的利用，从而滋生道德风险。

2. 碳国债的道德风险对政府、企业、市场、投资者的影响

第一，将给政府带来损失。碳国债的发行主体是政府，而使用主体是节能减排企业。资金筹集者和使用者的分离，存在资金使用者在没有还本付息压力下不注重资金使用效率的道德风险，易给国家财政带来负面影响。尤其当企业挪用资金用于投资高风险项目时，会对国家财政造成冲击。因此，在碳国债的发行和运行期间，要注意采取措施防范道德风险的滋生。

第二，将对市场形成冲击。碳国债是一种债券，假如企业道德风险问题被披露，二级市场上碳国债价格将大幅下降，对债券市场形成冲击，同时也不利于新型低碳金融产品的推广。

第三，将影响企业的长远发展。无力偿债会极大影响企业的声誉，损害企业的无形资产。此外，企业投资于高风险项目在损害国家及债权人利益的同时也会增加企业自身的营运风险。

第四，将增加投资者收益的不确定性。目前我国新能源技术的产业规模不断扩大，发展速度加快，但是产业链尚不完整，平均技术水平偏低，产品竞争能力较弱。企业收益易受国际形势、国家政策等多方面因素的影响，无力支付债券本息的概率较大，投资此类债券的风险较高。一旦发生道德风险，投资者的收益会受到更大的影响，而市场信心指数的降低将制约碳债券的稳定发展。

（二）促进我国碳债券发展的对策建议

1. 关于降低碳债券道德风险的政策建议

信息经济学理论认为，在存在道德风险的情况下，拥有信息优势的一方在可以选择的行动中，按照契约的另一方的意愿行动，使双方都趋向于效用最大化的条件为激励相容条件。基于降低新能源企业道德风险的研究目标，我们可以从激励相容条件出发，探索解决方案。针对上述新能源企业的道德风险问题，我国应从有利于新能源企业解决资金需求难题以及更好地防范和化解信用风险的角度，建设并完善碳债券市场。

（1）从内外部两个层面加强对新能源企业资金运营情况的监督。信息不对称产生于债权人或政府无法直接观测到新能源企业可能存在的行动偏好。在此情景下，得到资金的新能源企业总是倾向于选择使自身期望效用最大化的行动。通过强化参与双方的信息披露程度，降低双方的信息不对称，有助于遏制道德风险的产生。

从外部而言，政府加强对新能源企业监督可以从以下两个方面开展：首先，密切关注碳债券筹集资金的投向，即新能源企业是否将筹集到的资金运用到协定项目之中，被投资的项目是否有助于提高企业的技术创新能力，有利于新能源产品的开发与应用，有助于新能源企业自身的发展壮大等。政府及相关债权人可以要求新能源企业提供适当的投资信息，以此了解新能源企业的发展状况，降低双方的信息不对称程度。对于没有按照契约规定滥用资金的行为，政府应及时警示，并提出整改意见，派专门机构负责监督实施。其次，加强对新能源企业经营状况的监督。由于新能源企业资金缺口较大，碳国债筹集的资金能为企业发展提供重要支持。对于妥善配置资金的能源企业，可以引进先进的生产技术，改善经营条件进而实现盈利能力的增加和企业规模的扩张。对于那些资金占用量大，成长速度慢，规模较小，连续几个年度未实现增长的企业应采取调查，审查是否存在滥用资金以及企业管理缺陷等问题，以此降低政府债权人承担的道德风险。

从新能源企业内部的角度，应完善和落实防范道德风险的内控措施，建立高效的内部控制管理制度与规则；加强内部监督力度，建立具有权威性、统一性的内控制度体系，对企业内部决策进行有效的管理。对于新能源企业发行碳企业债券的管理可以从债券利率的制定着手。所发行的碳企业债券的基准利率应选择国债市场利率，期限相同的碳企业债券应当在利率中反映出由于信用级别差异而形成的利差，形成企业债券市场利率的期限与风险结构。

（2）合理使用激励机制，促使新能源企业自我完善。对于合理使用碳债券筹集资金并实现企业增长的新能源企业，政府可以给予其相应的优惠政策，如税收政策、补贴政策等，形成有效地激励机制，促进新能源企业的合规发展。

（3）运用法律手段，加强惩治力度，降低企业道德风险。政府应建立健全相关法律法规，完善相关制度，如建立和健全企业法人制度，完善企业清算破产机制，建立和完善社会信用保障体系，提高企业违约的预期成本，从而制约企业的违约行为，有效地抑制道德风险。现实中，债权人很可能没有足够的力量对能源企业构成约束和激励，因而防范道德风险要依赖于法律的惩治力度。法律制度的建立和执法力度的加强，可以有效节约监督成本，增加信用关系双方的违约成本，促进自动履约机制的形成。

（4）在全社会树立良好的诚信道德氛围。在一个信用完善的社会中，诚信、勤奋成为评价和选择代理人的重要指标。道德文化氛围的改良将为我国新能源企业健康发展奠定坚实的意识基础，推动新能源企业对筹集到的资金采取合规的经营方式，预防道德风险的滋生。

2. 关于国内金融机构参与碳债券交易的政策建议

我国金融机构在参与碳债券交易时，应充分了解碳债券交易机制，根据各自的交易需求，从风险管理等角度出发权衡盈利与风险，设计出具有创新性的碳债券产品。

（1）整合现有资源，打造统一的碳交易市场，为碳债券创造交易平台。目前，我国已经在北京、上海等城市建立环境交易所，为碳交易市场发展奠定了基础。我国要借鉴欧美发达国家在交易平台建设方面的经验，充分利用交易平台的信息优势为碳交易提供专业化服务。从国内现状来看，当前交易所开展的是以碳排放基础产品为对象的交易，诸如碳债券等金融产品的服务尚有待开发。我国应建立健全二级交易市场，丰富和完善市场功能，满足碳交易各方的需求。通过碳交易市场，整合各种资源与信息，充分发挥市场价格发现的功能，为大力发展我国碳金融，进而推动低碳经济发展打好基础。此外，碳交易所还应从硬件（技术、设备）和软件（交易流程设计、交易人才培养）两方面加大人力、物力投入，加快碳交易平台的建设与功能的发挥。

（2）加大商业银行参与碳债券的力度。商业银行是金融机构的重要组成部分。我国的商业银行已经开始涉足碳金融交易及其他相关交易，但多以信贷政策为主，对碳金融的理财服务、产品设计等领域鲜有涉及，其主要原因在于商业银行对碳金融了解不够，对周期长、风险大的项目，缺乏有效的管理手段。鉴于此，我国商业银行应加快了解碳交易规则，优化业务流程，积极参与包括碳债券在内的碳金融产品创新与交易，为新能源企业的发展提供资金支持。

（3）推动保险公司、信托投资公司积极参与碳债券交易。保险公司可以针对新能源企业风险因素多样化的特征，发挥自身优势，综合分析低碳项目和碳交易存在的风险点，利用价格杠杆，设计不同的保险产品，将保费收入投入碳债券交易。信托投资公司可以通过发行信托产品，筹集信托资金定向投资于低碳项目或者购买碳债券，满足低碳项目的资金需求。

3. 健全市场交易制度，完善保障新能源企业发展的相关法律法规

碳交易市场的发展需要建立健全相应的交易制度，制定交易规则以确保交易公平公正，充分保障交易各方的权利，防范交易风险，在遵守《京都议定书》交易规则的同时，大力促进我国节能减排企业的发展。新能源企业采用碳债券等融资形式是新的尝试，需要有针对性地修改一部分法律法规或者出台专项法规，对参与主体的行为进行规范。

第四节　碳金融框架下的金融市场运行机制研究

地球是人类赖以生存的家园，自然环境对人类的繁衍生息有着不容忽视的影响，因而，环境变化一直是备受关注的问题。1896 年，瑞典物理学家 Arrhenius 首次公布了 CO_2 引致全球变暖的计算结果，自此，世界各地的科学家开始了对于 CO_2 与全球气温关系的研究。全球变暖是未来全球气候主要风险的观点在 20 世纪 70 年代得到了普遍认可。为此，国际气象组织（WMO）与联合国环境规划署（UNEP）于 1988 年联合建立了政府间气候变化委员会（IPCC），该委员会在 20 年间公布的四次气候变化评估报告显示人类活动因素与全球气温变化存在确定的因果关系。1992 年，通过《联合国气候变化框架公约》，189 个国家承诺到 2050 年实现全球温室气体排放减少 50%。1997 年，39 个附件一国家签订《京都议定书》并制定了在 2008—2012 年的"第一承诺期"温室气体排放量比 1990 年下降 5.2%的整体目标，规定了每个国家或地区完成的减排目标：欧盟削减 8%，美国削减 7%，日本和加拿大分别削减 6%……全球减排的大趋势已不可逆转。

在世界各国及其企业按部就班地实施减排计划的同时，也面临着碳减排所带来的管制、安全、法律和竞争等多方面的风险，为缓解上述风险，碳金融产品及服务应运而生。碳金融的概念简言之，就是应对气候变化、实现可持续发展的金融解决方案，是发展低碳经济的核心手段，而碳金融市场是碳金融体系的重要组成部分。随着全球碳交易制度的逐步完善、碳交易所的相继成立以及碳交易额的不断增长，形成了由"两类法律依据"、"两类交易动机"、"两类交易机制"和"四类交易层级"构成的碳金融市场，如图2—3所示。

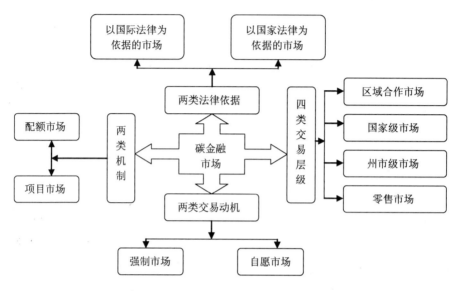

图2—3　全球碳金融市场结构

"两类法律依据"之一是《京都议定书》和《联合国气候变化框架公约》所代表的国际法，另一类是一些国家自行制定的法律依据。欧盟排放交易市场（EU ETS）、清洁发展机制市场和联合履约机制市场是以前者为依据的，而芝加哥气候交易所（CCX）和澳大利亚新南威尔士气候减排体系（NSW GGAS）及一些零售市场则各自制定其法律。

"两类交易机制"指全球碳金融市场基于两类交易原则可分为配额市场（Allowance-based Markets）与项目市场（Project-based Markets）。《京都议定书》创造性地建立了三种灵活交易机制，分别是国际排放贸易机制（IET）、联合履约机制（JI）和清洁发展机制（CDM）。IET规定附件一国家（具有减排义务的发达国家）之间可以转让碳排放权配额（Assigned A-mount Unit，AUU），并形成了相应的基于配额的碳金融市场；JI允许附件一国家之间通过投资节能减排项目获取减排单位ERU（Emission Reduction Unit）用于抵减其排减义务；CDM则要求附件一国家利用发展中国家减排项目的"经核证的减排量（Certified Emission Reductions，CER）"来抵减其义务减排额，同时也为发展中国家参与国际碳金融市场提供了便利。上文提到的项目市场便是基于 JI 与 CDM 所形成的碳金融市场。表 2—3 对配额市场和项目市场的特征进行了比较。

表 2—3 配额市场与项目市场的特征对比

特征	配额市场	项目市场
交易对象	配额	碳信用
创立原则	总量限制交易（Cap-and-Trade）	基准信用（Baseline-Credit）
可用数量	由总量决定	每个项目所产生的排放量
排放源企业	高排放企业	并不局限于高排放企业

另外，根据交易动机不同，碳金融交易市场可划分为强制履约市场（Regulatory Markets）和自愿市场（Voluntary Markets）。国际碳金融交易市场多层级交易的出现表明碳金融交易已经深入各国的日常金融活动当中。

作为发展低碳经济的有效手段，碳金融必将对全球经济与金融秩序起到广泛而深远的作用。我国作为世界第二大经济体，研究碳金融市场运行机制具有重要的现实意义，有助于我国碳交易市场的建立和碳交易活动的开展；另外，我国气候变暖特征显著，温室气体排放量已大约占到全球总量的 1/3，居世界第二位，是 CO_2 排放量最大的国家，也是世界减排市场最主要的供给者之一。据专家测算，截至 2012 年，中国通过 CDM 项目获益可达数十亿美元。因此，我国可依托 CDM 的碳金融市场实现生态重建的双赢，即在节能减排的同时获得改善环境的资金与技术。

然而，我国对碳金融市场的认识尚不到位，国内研究还停留在较浅显的理论研究之上；同时，我国的碳金融市场的发展尚不成熟，急需国际上先进且有效的交易理论和实践经验来完善市场建设，提高我国碳交易市场的利用效率，帮助我国专家学者辅助政府制定适合我国发展现状的新政策，推动污染企业技术革新，降低减排成本，有效减少 CO_2 排放量，改善我国日益恶化的生态环境。

总而言之，深入研究碳金融市场运行机制不仅有助于我国在全球碳金融市场中赢得一席之地，更有助于我国在调整经济结构、转换增长方式的进程中实现可持续发展。本书将在前人研究的基础上，综述性、系统性地阐述海外碳金融市场运行机制的实践经验，结合我国现阶段碳金融市场发展状况，为构建具有"中国特色"的碳金融市场提出科学的、合理化的建议。

本书采用文献阅读法查阅数据库中相关文献资料，多层次、多角度阅读相关的学术文献、会议报告、国内外期刊，通过收集整理公开出版物、国内外权威机构发布的研究数据，对碳金融市场的理论知识进行全面系统的梳理。在进行定性分析的同时，加入了一定的定量分析的研究方法，用适当数理统计来支持所阐述的理论原理。另外，为了能够获得较有普适性的研究结论，本书对收集整理的资料进行了横向对比与纵向分析。

一 碳金融发行市场运行机制分析

碳金融发行市场是整个碳金融市场运行的基础与前提，直接决定着碳金融市场的运行效率与效果。根据减排机制的不同，碳金融市场可以分为配额市场和项目市场，且二者各自拥有一级发行市场和二级交易市场。我国参与项目市场较早，且是 CER 发行量最大的国家之一，因此项目市场的发展相对成熟；同时，我国虽然因非《京都议定书》附件一国家而配额市场发展缓慢，但正在为此努力，需要借鉴海外成熟市场的先进经验，本文将从分析海外多国配额市场的运行机制入手，探索建立碳排放权发行市场的"中国路径"。

（一）海外碳金融发行市场发展现状

全球碳金融配额市场根据交易动机可分为强制配额市场和自愿配额市场，其中强制市场（《京都议定书》下的碳金融市场）是全球碳市场的基础，特点是"双强制"，即"强制加入、强制履约"，主要代表包括欧盟排放交易体系（EU ETS）、澳大利亚新南威尔士减排计划（NSW GGAS）和新西兰减排交易体系（NZ ETS）等；自愿配额市场包括芝加哥气候交易所减排计划和北美自愿减排交易体系，主要采取"自愿加入、强制履约"的"单强制"政策。

1. 海外发展相对成熟的碳排放交易体系

（1）欧盟排放交易体系（European Union Emission Trading Scheme, EU ETS）。欧盟于 2005 年正式启动世界上第一个跨国碳配额交易机制——EU ETS。EU ETS 基于总量限制原则依据《欧洲温室气体排放交易指令》

对签署《欧洲责任分担协议》的成员国规定减排义务，要求成员国家依据指令附件中的 12 种共同标准提交"国家分配计划（National Allocation Plan，NAP)"，各成员国须在各自计划书中详述其碳排放权分配方式与对象；另外，欧盟允许各成员国根据自身制定的法令进行减排，但前提是要符合欧盟在《京都议定书》中的整体减排目标。欧盟委员会将根据指令及经核准的"国家分配计划"进行碳排放权的初始分配（见图2—4）。

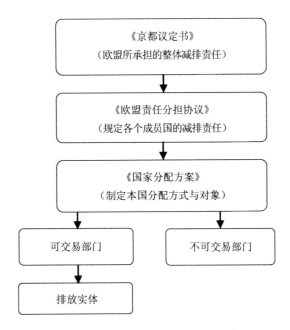

图2—4 EU ETS 碳排放权配额分配过程示意图

为保证初始分配制度的实施，欧盟设计了一个严格的惩罚机制，即 CO_2 排放量每超标 1 吨排污企业将被处以 40 欧元的罚款；该额度从 2008 年开始涨至每吨 100 欧元，并且在下一年的企业排放配额中扣除相应数量的额度。NAP 通过强制成员国对能源和工业部门碳排放权配额进行分配以减少 CO_2 排放，进而形成碳排放权的稀缺性，以促进交易市场的建立及碳排放量的下降。2005—2012 年的配额分配情况如表2—4所示。

表 2—4　　　2005—2012 年 EU ETS 各成员国国家分配计划核准配额

（单位：亿公吨）

国家	2005—2007 年 核准排放量	2005 年 实际排放量	2008—2012 年 预计排放量	2008—2012 年 核准排放总量
奥地利	33.0	33.4	32.8	30.7
比利时	62.08	55.58	63.33	58.5
捷克	97.6	82.5	101.9	86.8
爱沙尼亚	19	12.62	24.38	12.72
法国	156.5	131.3	132.8	132.8
匈牙利	31.3	26.0	30.7	26.9
德国	499	474	482	453.1
希腊	74.4	71.3	75.5	69.1
爱尔兰	22.3	22.4	22.6	21.15
意大利	223.1	222.5	209	195.8
拉脱维亚	4.6	2.9	7.7	3.3
立陶宛	12.3	6.6	16.6	8.8
卢森堡	3.4	2.6	3.95	2.7
马耳他	2.9	1.98	2.96	2.1
荷兰	95.3	80.3566	90.4	85.8
波兰	239.1	203.1	284.6	208.5
斯洛伐克	30.5	25.2	41.3	30.9
斯洛文尼亚	8.8	8.7	8.3	8.3
西班牙	174.4	182.9	152.7	152.3
瑞典	22.9	19.3	25.2	22.8
英国	245.3	242.4666	246.2	246.2
总计	2057.8	1910.66	2054.92	1859.27

资料来源：欧盟网站，http：//ec. europa. eu/index_ en. htm。

　　在实行 NAP 的最初几年，欧盟各成员国普遍根据国内企业或设施的历史排放水平免费进行配额发放。2005—2007 年，各成员国每年可有最多 5% 的配额用于公开拍卖，2008—2012 年的 5 年间，拍卖配额上限达到 10%，从 2013 年开始，拍卖成为惯例，该比例达到 50% 左右，到 2020 年则将提高到 75%。预计到 2020 年，各成员国电力部门的配额拍卖比例将达到 100%。《欧洲温室气体排放交易指令》确保了拍卖能够公平合理地向小企业或小型设备开放、所有参与者将同时获得相同信息，且将形成合理的法律框架来最小化洗钱、非法融资、金融犯罪、内幕交易和市场操纵带来的风险；欧盟委员会规定的拍卖规则保证了参与拍卖的主体能够获得成本效益且避免过高的管理成本。表2—5介绍了2008—2012年EU ETS成员国参与配额拍卖的情况。

表 2—5　　　　　2008—2012 年 EU ETS 成员国参与配额拍卖情况

国家	平均每年拍卖量 （单位：公吨）	附注
德国	40 million （about 9%）	2010 年 1 月起，欧洲能源交易所依据《2010 年拍卖条例》每周四进行配额现货拍卖，每周三进行期货拍卖。2008—2009 年，一家代表政府的银行集团在相关交易所以市场价格卖出配额
英国	17 million（7%）	2010 年 1 月形成了一个非竞争性的招标机制
荷兰	3.2 million （3.7%）	2008—2012 年最初的 8 亿公吨的配额拍卖由荷兰国家财政机构和气候变化问题国家活动资料交换系统项目（Climex）分别进行，其余 8 亿公吨配额在 2011 年和 2012 年的下半年于 EEX 平均分发
奥地利	400000（1.3%）	2009—2012 年每年进行两次拍卖
爱尔兰	557065 （0.5%）	2009 年 1 月和 2 月分别拍卖出 18.5 万公吨配额，其余 187065 公吨在 2011 年 3 月卖出
匈牙利	2.7 million（2%）	未确定拍卖频率和范围

资料来源：欧盟网站，http://ec.europa.eu/index_ en.htm。

（2）区域温室气体行动计划（Regional Greenhouse Gas Initiative, RG-GI）。RGGI 由美国东北部和大西洋沿岸中部地区的 10 个州联合发起，其主要目的是限制温室气体排放。该计划的目标是通过限制电力行业排放总量，2008—2018 年的 11 年内实现减排 10%。与 EU ETS 不同的是，该体系在一开始就决定通过拍卖方式分配较大比例的配额。2009 年，RGGI 的减排总量是 188 亿吨，而自 2015 年开始，总量将每年减少 2.5%，直到 2019年将共减少 10%。这种逐步的总量减少过程将提供可预见的市场信号和监管可行性，以供减排部门调整减排和投资方案并避免巨大的电价反应。

RGGI 采用网上交易拍卖大部分的碳配额，利用反合谋条款和独立的市场监控机制检验拍卖过程以提高公平性和透明度；拍卖所得收益投资于节能技术、清洁能源技术及可再生能源技术。借此，RGGI 可全力支持新能源革命和区域性绿色就业。截至 2012 年 3 月，RGGI 共进行了 14 次拍卖，如表 2—6 所示。

表 2—6　　　　　　　RGGI 各成员州 14 次拍卖累积配额及收益情况

州名	卖出总配额（吨）	累积收益（美元）
康涅狄格州	23748628	53766334.06
特拉华州	10550724	23899194.83
缅因州	12327344	28739255.01
马里兰州	77419442	180315816.60
马萨诸塞州	64799578	150391181.65
新罕布什尔州	15108177	34720251.78
新泽西州	48483770	113344551.27
纽约州	149204268	344879059.72
罗得岛州	6520222	15120306.03
福蒙特州	3004262	6967217.24
总计	393246119	952143168.19

资料来源：区域温室气体减排行动网站，www.rggi.org。

（3）芝加哥气候交易所（Chicago Climate Exchange，CCX）。CCX 成立于 2003 年，是全球第一家规范的、气候性质的交易机构，也是全球第一个实施自愿参与且具有法律约束力的总量限制交易计划的交易机构，其目标分为两个阶段：第一阶段在 2003—2006 年将六种温室气体每年减排 1%（在 1998—2001 年的水平上），第二阶段在 2007—2010 年间将六种温室气体减排 6%。[①]

（4）新南威尔士州温室气体减排体系（New South Wales Greenhouse Gas Abatement Scheme，NSW GGAS）。NSW GGAS 是全球最早实施的强制

----

① 王遥：《碳金融：全球视野与中国布局》，中国经济出版社 2010 年版。

性减排计划之一。2003 年 1 月 1 日，澳大利亚新南威尔士州启动了为期 10 年涵盖 6 种温室气体的州温室气体减排体系。该体系与欧盟排放交易体系的机制类似，但参加减排体系的公司仅限于电力零售商和规模较大的电力企业。为了保证交易制度的顺利实施，澳大利亚新南威尔士州设计了一个严格的履约框架，企业的 CO_2 排放量每超标 1 个碳信用配额将被处以 11.5 澳元的罚款。排放体系所有的活动由新南威尔士独立价格和管理法庭（IPART）监督。作为监督机构，IPART 评估减排计划，对可行的计划进行授权、颁发证书，并监督其在执行过程中是否存在违规现象，同时也管理温室气体注册——记录减排计划的注册及证书的颁发。

（5）新西兰排放交易体系（New Zealand Emission Trading Scheme，NZ ETS）。NZ ETS 于 2010 年开始施行，是至今为止覆盖最全面的区域减排交易体系，其涵盖的主体包括三类：第一类是直接履行减排义务的主体；第二类是以造林活动获得免费分配排放单位的主体；第三类是利用市场发展机会参与减排交易的其他主体。其中，直接履行减排义务的主体必须承担提供排放报告、执行排放检测、保证减排目标实现的义务，其减排采取逐步推进的方式。2008 年 1 月 1 日，林业部门成为首批进入发行市场的产业部门。2010 年，固定能源部门和工业加工部门被纳入减排计划。表2—7 提供了逐步推进减排模式的相关信息。

表 2—7　　　　　新西兰逐步推进减排模式的范围和时间安排

部门	时间安排
林业部门	2008. 1. 1—2009. 12. 31
固定能源部门（煤、天然气、地热）	2010. 1. 1—2010. 12. 31
工业加工	2010. 1. 1—2010. 12. 31
液化化石燃料	2013. 1. 1—2013. 12. 31
农业	2013. 1. 1—2013. 12. 31
废物	2013. 1. 1—2013. 12. 31
其他部门	2013. 1. 1—2013. 12. 31

资料来源：王瑶：《碳金融：全球视野与中国布局》，中国经济出版社 2010 年版。

另外，新西兰温室气体交易计划的碳排放权配额分配方式实现了免费分配与公开拍卖的有机结合，其将减排部门分为两类：一类是免费分配部门，以2005年合格的工业企业排放水平为基准，合格的工业生产者、与电力消费相关的间接排放部门、固定能源及非能源加工企业排放部门按以上基准的90%免费分配；另一类是有偿分配部门，包括电力、石油燃料、废物处理等部门。

（6）日本东京都总量控制与交易体系。日本东京都总量控制与交易体系于2010年启动，是全球第一个以城市为覆盖范围的碳排放交易体系，也是第一个为商业行业设定减排目标的总量控制与交易体系，其履约期间为5年。该体系基于前3年实际排放的平均值采用祖父式的分配方法进行碳排放权的配给。在配给时，会给新进入者预留部分配额，剩余5年内的所有配额采用免费分配的方式配送给有减排责任的单位，故其配额市场价格为零。

2. 国外碳排放权发行市场的基本要素

通过对比上述发达国家或地区碳排放权发行市场的运行机制，本书归纳总结了碳排放权发行市场的基本组成要素（见图2—5）。

第一，政策基础。各地区或国家在实行各自的减排计划前，均制定了符合自身发展的诸如《碳排放交易法》的政策法规，比如EU ETS下的《欧洲温室气体排放交易指令》，这些政策法规将碳排放权界定为具有稀缺性和可交易性的"商品"，是碳排放权发行市场得以运行的前提条件。

第二，减排目标的设定。根据相关政策法规，各国或地区应确定温室气体类型、减排部门、减排阶段、减排总体目标和阶段目标等。

第三，参与主体的确定。设定减排目标之后，宜确定具体的减排企业或设备。各国或地区要明确参与主体的权利和义务，并制定对参与主体的激励政策。

第四，碳排放权配额的分配。碳排放权是法律设定的一种权利，采取何种初始分配方式将直接影响碳排放交易体系的运行效率，因此，碳配额的分配是整个碳排放权发行过程中的重中之重。根据以上海外国家的先进经验，碳排放权配额的初始分配包括免费分配和公开拍卖两种方式。目前，大多数国家以无偿分配为主要选择，但随着各国制度和碳金融市场的

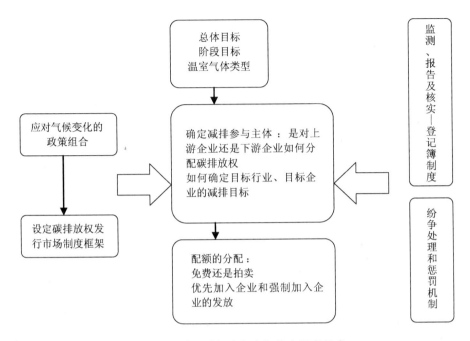

图 2—5　碳排放权发行市场基本要素组成

成熟，分配原则正向有偿分配转变，将有助于提高市场的运行效率与公平性。

第五，市场监管及惩罚机制。与一般金融市场运行机制类似，碳排放权发行市场需要监管部门负责维护市场秩序，其中碳减排的监测和报告制度是监管制度的核心内容，并配合相关的碳排放信息披露制度；当参与主体未能履行减排义务时，碳减排体系管理当局将对其收取罚金，甚至加以民事或者刑事处罚。

（二）我国碳金融发行市场发展现状

应"十一五"规划的要求，为控制全国 SO_2 排放总量，国家环境保护总局于 2006 年 11 月颁布了《二氧化硫总量分配指导意见》，规定对 SO_2 排放实施总量分配，总量包括电力和非电力两部分，电力 SO_2 总量由省级环境保护行政主管部门直接分配到电力企业，非电力 SO_2 总量则由各级环保主管部门逐级进行分配，且各级分配的 SO_2 总量指标之和不得超过上一级下发的总量指标。目前，我国已在上海、天津、江苏等 7 个省市启动了 SO_2 排放总量控制及排污交易的试点工作。试点省市的 SO_2 排放实行总量控制，并根据总量指标按比例免费分配给排污企业。但 SO_2 的分配机制还存在很多问题，比如目前的配额分配标准缺乏统一的政策框架；免费分配的模式影响了机制运行的效率；市场化运作不够规范，配额发放的公平性难以得到保证等等。但对 SO_2 排放实行总量控制及交易的经验为我国发展碳交易奠定了理论和实践的基础。

从 2008 年开始，我国对于碳的政策经历了由"暂时不会涉足"到"先行先试"的重大转变。国务院在 2008 年 3 月颁布的《关于天津滨海新区综合配套改革试验总体方案的批复》中明确提出"完善主要污染物排放总量控制机制"的要求；并在 2009 年 8 月批复的《天津滨海新区综合配套改革试验金融创新专项方案》中再次提出要"搞好排放权交易综合试点"；9 月，天津排放权交易所发起了"单强制"模式"总量设定"的"企业自愿减排联合行动"，碳排放权配额由参与企业设定，目前已有包括中石油、摩托罗拉、远大空调等 30 多家知名企业加入。天津排放权交易所探索出了一条可供全国各地区复制的建立碳配额市场的可行性道路。

"十二五"规划相关文件提出，我国将逐步建立国内碳排放权交易市场，通过运用市场机制以较低成本实现控制温室气体排放的行动目标。为充分评估碳交易影响社会经济发展的范围及程度，探索碳排放权交易的制度框架与运行机制，国家发改委办公厅于 2011 年 10 月发布了《关于开展碳排放权交易试点工作的通知》，批准北京市、天津市、上海市等七个省市作为首批碳排放权交易试点。2012 年年初，国务院印发了以钢铁、建材、电力、煤炭、石油、化工等行业为主要对象，涉及涵盖 CO_2、甲烷在内多种温室气体减排的《"十二五"控制温室气体排放工作方案》，该方案通过构建碳排放总量控制制度、启动碳排放权交易试点、制定排放权分配方案、颁布相关法律法规、探讨配套方案等方面的努力来推动我国碳排放权交易市场的建立；与此同时，重点强调排放核算体系的构建、减排核算方法的研制以及第三方核查认证机构的设立等交易支撑体系的建设，并突出对组织领导进行考核及实行工作问责和奖惩制度的重要性，对作出突出贡献的单位和个人给予表彰与奖励。

我国对发展碳配额市场已经做出了比较全面的规划，在政策制度、目标制定、参与主体确定、配额分配及监测惩罚机制等方面都做出了要求，截至 2014 年 4 月，已有六家排放权交易试点正式开展配额交易。

（三）海外碳金融发行市场对我国的启示

我国并非《京都议定书》的附件一国家，国内企业若要参与到全球碳交易市场要通过 CDM 项目。CDM 为我国带来了改善环境的技术与资金，而配额市场通过总量控制和配额分配使得减排效果更胜一筹。为有效减少温室气体排放，我国当务之急应建立起国内的碳排放权发行市场。欧盟、美国和澳大利亚等国家或地区较早便发展起碳配额市场，积累了大量的先进理论与实践经验，我国应各取所长，并结合我国国情，发展具有中国特色的碳排放权发行市场。

首先，完善碳排放权发行市场的法律基础。目前，我国已颁布了如《中华人民共和国节约能源法》、《中华人民共和国可再生能源法》等一系列致力于控制温室气体排放的法律，出台了如《能源效率标识管理办法》、《关于发展热电联产的规定》和《民用建筑节能管理规定》等一系列与控制温室气体排放相关的行政规章，一些地方政府也制定了相关的地方制度。客观来讲，我国已经初步形成了建立碳排放权发行市场的法律基础。但当前并没有一部专门的法律来明确界定碳排放权的稀缺性和可交易性，分散于各单行法中的法律规定无法实现一个统一且完善的碳金融市场。通过前文介绍可以得知，EU ETS 得以正常且高效运行的前提是《欧盟温室气体排放交易指令》。我国应借鉴海外经验，建立一部专门性法律来确定碳排放权发行市场的参与主体、温室气体种类、配额分配原则、管理和监督部门等相关内容。

其次，根据立法，合理确定减排目标。依据相关法律，各国应确定减排部门、温室气体种类、减排阶段划分、总体目标及阶段性目标等。在确定减排部门方面，海外碳排放权发行市场的发展初期大多首选能源、矿业及工业加工中碳排放量较大的实体。我国最好从能源行业或与能源相关的行业入手，随后将其他减排部门囊括进来；在温室气体种类选择方面，《京都议定书》中规定了包括 CO_2、CH_4 等 6 种温室气体，我国可从 CO_2 减排入手，再逐步扩展到其他温室气体的减排；EU ETS 分为 2005—2007 年、2008—2012 年和 2013—2020 年三个阶段，RGGI 的国家分配计划也分为 2005—2007 年、2008—2012 年两个阶段，共同特点是每个阶段有不同的减排目标并在碳配额分配方式上有所改变。随着市场的深化而逐步改变减排规划，有助于碳排放权发行市场的可持续发展。因此，我国可在指定总体减排目标的基础上合理划分减排阶段，本书建议可以将减排阶段目标纳入"五年计划"当中，与其他政策配合执行，完善减排效果。

再次，在免费分配方式的基础上逐步向拍卖分配方向发展。经过对发达国家碳排放权发行市场状况分析，我们发现，大多数市场的发展初期会采用免费方式进行碳排放权的初始分配，其优势在于，不但可以削弱利益集团的阻碍，尽快完善碳排放权发行市场机制，还可以吸引更多的企业参与其中，扩大发行市场规模；然而由于碳排放权的稀缺性，获得配额的企业因不愿放手而降低了排放权的流动性。相较之下，公开拍卖方式从宏观上体现了公平性，减少了分配中的寻租活动；微观上降低了发行成本、提高了分配效率并为二级市场提供了价格基础。因此，当我国碳排放权发行市场发展相对成熟之后，可有针对性地逐步采用拍卖方式：对于公共事业单位及碳排放量较小的企业，可保持免费分配；对于碳排放量较大的单位，可先对其采取免费和拍卖结合的方式，逐步调整二者比例，拍卖所获收益可投资于节能技术，回馈减排单位；随着碳排放权市场发展的逐步深化，最终实现全部有偿分配的目标。

最后，建立统一的市场管理部门及惩罚机制。海外碳排放权发行市场中，无论是以欧盟为代表的国家联合体还是以美国为代表的独立国家，均首先要求成员国或州内部的环保部门制定各自减排方案，再由联合体或国家设置的最高管理部门来审核方案，并监管方案的实行。我国目前没有形成统一且权威的国家级管理机制，权力分散于国家环境保护部、国土资源部及国家发展与改革委员会等与节能减排相关的部门，这种情况不利于形成统一的节能减排战略和政策，更不利于节能技术的开发。因此我国当务之急是要建立一个统一的市场管理部门，对碳排放权发行市场进行统一监管，以提高市场运行效率，发挥政策作用。

此外，在统一管理的同时，还要配套实施合理且有效的惩罚机制来保障市场的有序发展。在海外市场中，对于减排活动未达标的实体，管理部门会对其采取一定惩罚措施，轻则是大额罚金，重则是民事或刑事处罚。由于我国还没有建立统一的管理部门，很难形成统一且有效的惩罚机制，一旦市场参与主体无法自律，将造成市场的混乱甚至失效。

二 碳金融交易市场运行机制分析

《京都议定书》、《联合国气候变化框架公约》及各国自定法律将温室气体排放权界定为私有产品，使其成为一种具有商品价值且可交易的稀缺性资源，并最终催生了以碳排放权为交易对象的二级交易市场。碳金融二级交易市场是经初始分配后的碳排放权的自由交易市场，碳排放权交易所是主要的二级市场交易平台。本节将从碳金融交易市场的市场结构与基本要素入手，通过分析海外知名碳排放权交易所的构成和运行机制，结合我国碳排放权交易所的发展现状，为建立并完善我国碳金融交易市场运行机制提供建议。

（一）碳金融交易市场的结构与基本要素

1. 市场结构

目前，碳金融市场主要围绕两部法律框架展开，由不同交易主体进行自愿或强制的基于配额或项目的交易，形成了四个不同的层次，即多国区域合作、国家级市场、地区（州市）级市场、零售市场等。[①] 碳金融市场按照不同的标准有不同的划分。

按照是否接受《京都议定书》，碳金融市场可以分为京都市场和非京都市场，其中，京都市场主要由欧盟排放交易体系（EU ETS）、CDM 市场和 JI 市场，非京都市场主要包括自愿实施的芝加哥气候交易所（CCX）、强制实施的澳大利亚新南威尔士气候减排体系（NSW GGAS）和零售市场等。按照交易动机的不同，碳金融市场可以分为强制履约市场（Regulatory/Compliance Market）和自愿碳市场（Voluntary Carbon Markets）。其中，强制的碳市场是指《京都议定书》下的市场，是全球碳市场的基础和保障，其规模比自愿履约市场大，但自愿市场发展得更快，原因在于自愿市场更能反映市场的供需关系。

按照交易机制的不同，碳金融市场可分为基于配额的市场和基于项目

---

① 骆华、费方域：《国际碳金融市场的发展特征及其对我国的启示》，《中国科技论坛》2010年第12期。

的市场。配额市场是限量——交易（Cap and Trade），对交易配额进行了限定，由此形成了不同的配额和价格，市场中各个主体自由交易。《京都议定书》中规定的 IET 机制、欧盟排放交易体系、新南威尔士温室气体减排机制、芝加哥气候交易所、地区温室气体倡议等，均为基于配额的市场。基于项目的市场交易原理为基准——交易（Baseline and Trade）。每个项目完成后，就会有碳信用额产生，其减排量经过核证可进行交易，减排量分别为 CER 和 ERU。[①]

2. 交易主体

目前碳金融市场已经从一项政策执行工具，逐渐向金融融资功能发展。碳金融市场交易主体包括大型工业温室气体排放者、国家金融机构、大型对冲基金、国际组织、清洁能源科技供给商和专业经纪商、交易商以及专业服务供应商。按照参与主体出发点的不同，可以分为参与者、投资者、推动者以及中介机构（见图 2—6）。

（1）参与者。全球碳金融市场的参与者是指在配额市场与项目市场中，遵守 CO_2 排放限制的交易主体。在配额市场，以将化石燃料投入产出作为日常产业活动的行业为主体，工业成为碳金融市场最初的参与主体来源。在 CDM 项目市场，参与主体有 CDM 项目业主、CDM 项目东道国主管机构、联合国清洁发展机制执行理事会、具体经营实体等。

（2）投资者。市场投资者包括碳基金、商业银行、对冲基金和私募基金等。碳基金是一种通过前端支付、股权投资或者提前购买协议，专门为减排项目融资的投资工具。碳基金在减排项目中投资的基本方式是通过减排量买卖协议（Emission Reduction Purchase Agreement）购买碳信用。从2000 年至今，私人基金投资者所占比重越来越大，扩大了市场容量，使碳金融市场进一步走向成熟。

由于碳金融市场规模相对较小，商业银行参与碳金融市场的时间相对较晚。2002 年 10 月，在国际银行业会议上，国际金融公司与荷兰银行共同提出了"赤道原则"，目的是为了履行银行业的社会责任，将环

---

① 曾刚、万志宏：《国际碳金融市场：现状、问题与前景》，《国际金融研究》2009 年第 10 期。

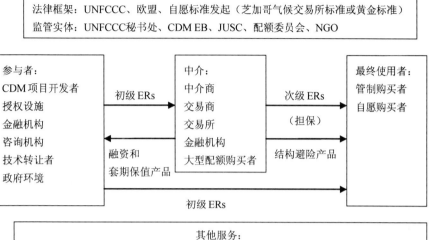

图 2—6 碳金融市场的参与者

资料来源：World Bank, *State and Trends of the Carbon Market 2008*, 2008.

注：CDM EB：CDM 执行理事会；JISC：联合履行监督委员会。

境与社会风险因素纳入评估和管理项目的融资因素中，具体制订了 9 项原则。此后，花旗银行、巴克莱银行、汇丰银行等世界知名金融机构承诺接受这项自愿性原则。目前，银行业已经开始积极推动绿色信贷业务的发展。绿色信贷是指将信贷申请者对于环境的影响作为决策依据的信贷经营制度，即优先向低碳、环保的信贷申请者或项目予以贷款，推迟或者取消无法达到环境标准的企业和项目信贷资金的发放，甚至收回无法达到环境标准的企业和项目已有的信贷资金。我国兴业银行于 2006 年5 月首次推出绿色信贷，截至 2011 年年末，已累计发放包含节能减排融资业务和排放权金融业务在内的绿色金融贷款 2325 笔，金额达 884.16亿元。[①]

---

① 数据来源：《兴业银行 2011 年年度可持续发展报告》，2012 年。

碳金融市场中有一部分风险资本和投资者以持有低碳公司股份或购买碳信用的方式，以营利为目的对碳金融市场进行投资，典型代表有：RNK资本公司，主要投资于全球范围的环境和排放权市场，也投资于环保相关产品，例如碳排放权信用和可再生能源信用等；Citadel投资集团，是美国本土的对冲基金，已掌控了150亿美元管理基金；Mission Point资本伙伴公司，倾向于投资技术型、能源服务型、碳金融服务公司等等。

（3）推动者。一些国际金融组织成为碳金融市场发展的推动者，主要代表有：世界银行碳金融部门，工作内容是促进全球碳市场的发展，降低交易成本，支持可持续发展，维护发展中国家的利益；国际金融公司，属于联合国的专门机构，为发展中国家私营部门的项目提供多边贷款和股本融资，致力于开发碳金融市场，通过设立专门机构开展可持续发展和减轻气候变化领域的金融服务；欧洲投资银行（EIB）及其他机构，与世界银行协议成立泛欧基金，以支持各地气候友好的投资计划。

（4）中介机构。碳金融交易市场的中介机构概括起来主要有以下几类：碳资产管理公司、碳信用评级公司、碳审计服务公司、碳交易法律服务机构、碳金融信息服务机构、碳保险服务机构等。①

3. 交易工具

随着全球碳减排需求和碳交易市场规模的迅速扩大，EUA、CER等碳金融现货产品的交易量不断增加，基于碳交易的金融衍生品包括远期产品、期货产品、期权产品及掉期产品不断涌现，碳金融工具可以划分为现货交易工具和衍生碳金融工具。

（1）现货交易工具。现货交易工具是指交易双方对排放权交易的时间、地点、方式、质量、数量、价格等在协议中予以确定，随着排放权的转移，同时完成排放权的交换与流通。在国际温室气体排放权市场中，最初出现的便是排放权的现货交易，主要包含EUA现货、CER现货和EUA/CER差价现货。表2—8对比了EUA与CER在内容、标准化程度、交易方式、产品形态、风险水平以及是否受价格差距的影响等六个方面的异同。

---

① 郇志坚、李青：《碳金融：原理、功能与风险》，《金融发展评论》2010年第8期。

表 2—8　　　　　　　　　　　　　　　　　　**EUA 与 CER**

	EUA	CER	
全称	European Union Allowance	Certified Emission Reduction	
内容	欧洲排放权配额，隶属于 EU ETS 市场	经核证的减排量，由 CDM 项目产生	
标准化程度	受法律保护价格为碳价格基准	非标准	
交易方式	场内和场外	更多是场外交易	
产品形态	期货、期权合约	远期合约	
风险	风险低	风险高，存在 1—10 欧元的风险折扣	
是否受价格差距影响	否	是，即 CDM 中获得 CER 的成本低于 CER 价格，确定实施 CDM 项目，CER 供应数量增加	
		CDM 初级市场 – pCER（primary CER）	CDM 二级市场 – sCER（secondary CER）
		合约不是特别标准	合约标准
		价格不够透明	价格透明
		流动性一般	流动性高
		两者之间存在高达 20%—25% 的价差	

资料来源：根据文献整理得出。

（2）衍生金融工具。衍生金融工具是在原生交易工具的基础之上派生出来的金融产品，碳金融衍生产品均以 tCO_2e 为单位，且不能跨市场交易，其价值取决于基础产品的价格，主要功能在于管理基础碳金融工具的相关风险敞口，包括碳远期交易，碳期货、期权和碳结构性产品等（见表 2—9）。

表 2—9　　　　　　　　　　　　　　　**衍生碳金融工具**

市场及框架	交易产品
《京都议定书》建立的 IET 市场	AAU 及其远期和期权交易
EU ETS	EUA 及其远期和期权交易
CDM 市场	CER 相关产品

续表

市场及框架	交易产品
JI 市场	ER 相关产品
自愿市场	自行规定的配额和 VER 相关产品

资料来源：根据文字资料整理。

本书将在本章第三节中详细分析碳金融产品的发展，归纳国际与国内碳金融产品的发展路径与现状，总结国际碳金融产品发展对我国的启示。

4. 价格机制

目前碳市场交易方式多样，已经形成了多种类型的碳交易价格机制。现货市场、期货市场和 OTC 市场价格影响因子的特征如表 2—10°所示。本书将在本章第四节中详述碳金融市场的定价机制。

表 2—10 　　　　　　碳金融三种市场交易价格影响要素的特征

	OTC 市场	现货市场	期货市场
流动性	最高	较低，其中最高的为欧洲气候交易所（European Climate Exchange，ECX）	低，但其中法国 BlueNext 较高
信息公开程度	不公开	公开	公开

资料来源：根据文字资料整理得出。

（二）海外碳金融交易市场发展现状

目前，全球已形成多个碳排放权交易市场，根据地理位置划分，具有代表性的交易平台主要分布在欧洲和北美。欧盟排放交易体系作为全球第一个温室气体排放配额交易体系，催生了许多活跃的碳排放权交易平台，如欧洲气候交易所（ECX）、欧洲能源交易所（EEX）、北欧电力库（Nord Pool）和 BlueNext 环境交易所等；2003 年成立的芝加哥气候交易所（CCX）是全球第一个自愿参与温室气体减排且对减排量加以法律约束的总量限制交易平台，ECX 是 CCX 在欧洲的分支机构。海外知名的碳交易所基本存在于发达国家，因而多采用基于配额的排放交易机制（IET），买卖双方在"总量限制交易（Cap-and-trade）"原则下交易初始分配后的碳配额；而一些没有承担《京都议定书》减排义务的国家或地区出于对全球生态环境的责任感，建立了如 CCX 和 BlueNext 等自愿参与的碳交易所。

不同的碳排放权交易所在构架与运行机制等方面会有所不同，本书将从参与主体、参与方式、交易品种、交易产品、计价货币、交易系统及参与 CDM 市场情况等七个方面对海外数家知名碳排放权交易所进行比较（见表 2—11），发现目前海外碳排放权交易所的发展具有以下特征：

（1）海外碳交易所与其他金融机构密切合作且融合趋势明显。经过数年的发展，海外碳金融市场先后涌现出多家碳排放权交易所，这些交易所在激烈的市场竞争下选择合并以壮大自身规模。2007 年 12 月，Powernext能源交易所鉴于 NordPool 的竞争压力将其碳交易市场卖给了纽约泛欧交易所集团（NYSE Euronext）和法国国有银行信托投资银行（Caisse des Dépots），更名为 BlueNext，通过资源整合，BlueNext 借助两家金融机构的全球资源和运作经验以及先进的专业技术，成为全球环境金融工具交易的主要平台；另外，部分交易所出于碳交易运行的需要，将监管及结算清算等工作转交给其他金融机构代理，如 ECX 将结算工作交给洲际交易所（ICE）；CCX 选择美国金融业监管局（FINRA）保证其公正性；EEX 则与欧洲商品结算所（ECC）合作，第三方监管或清算有助于及时披露市场信息，确保碳金融交易的公正透明。

表 2—11　　　　　　　　　海外碳排放权交易所基本特征对比

交易所	ECX	EEX	Nord Pool	BlueNext	CCX
参与主体	碳排放企业	所有市场 参与主体	所有市场 参与者	所有市场 参与者	碳排放者与碳补偿贸易提供商
参与方式	强制	自愿	自愿	自愿	自愿
交易品种	CO_2	CO_2、电力、天然气、煤炭	CO_2、电力	CO_2	6 种温室气体
交易产品	EUA CERs	EUAs	EUAs CERs	EUAs CERs	EUAs CERs
计价货币	欧元	欧元	欧元	欧元	美元

续表

交易所	ECX	EEX	Nord Pool	BlueNext	CCX
交易系统	由英国金融服务管理局（FSA）负责监管，ICE 负责结算	欧洲大陆参与交易商最多且交易量最大的能源交易所。与欧洲期货交易所合作拍卖排放权；ECC 负责结算；建立会员风险保障基金	欧洲最大的电力衍生品交易所、最大的 EUA 和 CER 交易所。Nord Pool Spot 负责结算，NPS 根据每日会员缴纳的抵押金通知，为新参与者预测净购买量	全球规模最大的碳排放信用额现货交易市场。NYSE Euronext 持 60% 股份，Caisse des Dépots 持 40% 股份	全球第一个自愿参与温室气体减排且对减排量加以法律约束的交易平台。由 FINRA 监管，交易系统包括交易平台、清算结算平台和注册系统三部分
参与 CDM 市场情况	CER 二级市场现货和期货交易		CER 二级市场现货和期货交易		CER 二级市场现货和期货交易

资料来源：各交易所网站。

（2）海外碳排放权交易所大多以欧元计价交易，美元次之。由于欧洲的碳排放权交易平台发展最为成熟且数量最多，因此碳现货及衍生产品场内交易的主要计价货币是欧元；以美元计价的北美碳排放权交易所的规模相对较小。

（3）海外碳排放权交易所已具备价格发现功能。近些年，碳排放权交易作为有效的减排手段在全球范围内得到普遍认可，碳金融交易获得了全面的发展。竞争激烈的碳金融交易市场逐渐形成了碳基准价格。目前，国际碳现货价格一般根据 BlueNext 的碳价走势，ECX 的碳期货合约价格则为全球碳期货市场价格提供了参考。

（4）海外碳排放权交易所影响力有限，全球碳金融发展前景未知。目前，交易所交易产品一般不涉及除 CO_2 以外的温室气体，且受金融危机冲击，全球碳价持续走低。由此可见，即便是全球知名的碳交易所，其对全球低碳经济的推动能力亦有限；另外，哥本哈根等多次气候变化会议并未就 2012 年后全球减排行动达成共识，碳交易平台在后京都时代的发展走向尚不明朗。

（三）我国碳金融交易市场发展现状

中国是全球 CDM 项目交易的主要参与国之一，在全球已签发的 CER 中占有近一半的市场份额。预计到 2020 年，我国潜在碳交易量约达 8 亿吨，居全球潜在供给国之首。随着我国碳排放权交易制度的不断完善、交易活动的活跃进行，各地的碳排放权交易平台陆续建立，其中上海环境能源交易所、北京环境交易所和天津排放权交易所已初见规模；同时，民间举办的碳交易峰会也逐步在全国范围内兴起。但由于起步较晚，各交易平台较海外各大交易所而言还处于初级水平，交易量和交易额都存在较大差距。

1. 我国碳交易所基本情况

（1）北京环境交易所（China Beijing Environment Exchange，CBEEX）。北京环境交易所是由北京产权交易所有限公司、中海油新能源投资有限责任公司、中国国电集团公司、中国光大投资管理公司等机构发起成立的公司制的环境权益公开、集中交易机构，于 2008 年 5 月正式挂牌，成为国内首家专业服务于环境权益交易的市场平台。

目前，北京环境交易所已经挂牌的项目主要分为以下五方面：第一，环境技术及设备交易的项目 36 项；第二，2008 年关于环境类股权资产交易的挂牌项目 27 个；第三，关于节能量交易挂牌的项目 4 个；第四，排污权交易，在环境保护部总量控制、合理分配、有效监督的前提下进行排污配额交易，交易的主要思路是：在一个流域性水域里（比如太湖流域）实行年排放 COD 总量控制，并合理分配给沿线企业，实行有效监督，获得指标的企业可进行指标转让交易。从 2009 年 8 月全国第一单节能减排交易至 2010 年 10 月，北京环境产权交易所已经成功完成了 21 项交易，从国内至国际，横跨了多个行业。[①] 第五，2013 年 11 月，正式试行碳排放配额交易。

---

① www.cbeex.com.cn/.

（2）上海环境能源交易所（China Environment & Energy Exchange, CEEE）。上海环境能源环境交易所于 2008 年 8 月挂牌成立，是集环境能源领域的物权、债权、股权、知识产权等权益服务于一体的专业化权益性资本市场服务平台，主要从事组织节能减排、环境保护与能源领域中的各类技术产权、减排权益、环境保护和节能及能源利用权益等综合性交易以及履行政府批准的环境能源领域的其他交易项目和各类权益交易鉴证等。

目前，已经进行的自愿减排项目有：第一，2008 年暑期艺术节，环保组织认购经过国际认证的"核准减排量"（VER）；第二，中国电力投资集团与美国 MGM 公司于 2008 年 3 月正式签订的两项 CO_2 自愿减排项目购买协议；第三，2007 年 10 月，湖南金大地化工有限公司和 VER 碳买家在长沙签署了 VER 项目售碳合同；第四，新疆华电小草湖风力发电有限责任公司与美国 MGM 公司在京签署了"新疆华电小草湖一期 49.5MW 风电场自愿减排量（VER）购买协议"。

上海环境能源交易所针对环境保护中的地表水、地下水、污水排放、环境空气质量、大气污染物、煤炭工业污染物等多个方面制定了标准。另外，还成功签订了福建省内 13 个 CDM 项目，年均减排量达 55 万 tCO_2e。[①]自 2013 年 11 月开始，上海环境能源交易所正式试行碳排放配额交易。

（3）天津排放权交易所（Tianjin Climate Exchange，TCX）。天津排放权交易所成立于 2008 年 9 月 25 日，首次开发了网上交易系统与电子竞价服务。TCX 通过整合数据，向交易用户和注册账户持有者提供实时的交易信息和账户信息，以便会员管理其温室气体排放基线、减排目标以及完成情况。TCX 交易平台以互联网为基础，为天津排放权交易所会员提供交易服务，包括递交买单、卖单，自动撮合交易，公示场外成交信息等。会员还可以通过市场行情窗口查看各类环境金融产品的价格情况。在 TCX 中，参与者可以获取市场上各类产品的价格，但买卖账户的信息不会公开。以标准化合同产品为基础，TCX 交易平台既保证了交易价格的透明性，也保证了客户资料的保密性。所有交易将通过清算结算系统进行买卖账户中配额的调整和资金的结算。通过 TCX 的电子竞价系统建立信用限额的方式，

---

① http://www.cneeeex.com/.

投标方可以有效地对其电子竞价投标环境进行管理和定制、监测投标历史记录并行使其他管理功能。

从 2008 年 12 月 23 日成功组织全国第一笔基于互联网的二氧化硫排放指标电子竞价交易开始，TCX 已经利用网络交易平台成功完成了多个项目。[①] 自 2013 年 12 月开始，天津碳排放交易试点方案正式运行。

2. 我国碳金融交易市场的主要特征

通过比较北京环境交易所、上海环境能源交易所以及天津排放权交易所，本书归纳出我国碳金融交易市场的四个基本特征（见表 2—12）。

第一，我国碳交易所主要实行自愿减排交易，碳配额交易刚刚起步。自愿减排是指《京都议定书》非附件一的发达国家政府、私募基金及金融机构等为解决气候变化问题或出于营利目的，自发性地认购我国 CDM 项目产生的 CER。对于 CDM 项目业主来说，自愿减排模式为其提供了项目开发的资金和途径；对于投资方而言，自愿减排模式使其用远比国内低廉的成本实现了减排目标。

第二，我国碳交易所通过吸引欧美资本，逐步与国际碳交易市场接轨。如表 2—12 所示，我国三大碳交易所分别与海外交易市场展开了项目合作，形成了战略合作伙伴关系，有助于我国碳交易所的壮大与成熟。以天津排放权交易所为例，CCX 的技术入股为 TCX 实现建立国际化交易平台的目标奠定了基础。

第三，我国碳交易所国际影响力较低，尚未完全发挥其价格发现功能。与欧美相比，我国碳交易市场中无论是自愿减排交易、CDM 项目交易，还是刚投入试行的配额交易，在项目类型、交易额和交易量等层面与发达国家都存在很大的差距，难以真正发挥价格发现功能；另外，我国处于全球碳金融价值链的底端，直接影响到我国在全球市场的定价权。虽然国家发改委规定了 8 美元/吨的 CER 最低指导价，但受全球金融危机影响，该政策难以保护我国项目业主的利益。

第四，我国碳交易所缺乏统一且具有公信力的登记系统。目前，我国已签发的 VER 被重复交易的情况屡次出现，究其原因，主要是缺少统一的

---

① http://www.chinatcx.com.cn/.

具有公信力的登记系统，使得已进行的碳交易丧失可信度。虽然 TCX 内部的自愿碳标准 APX 登记处已对国内首笔基于碳足迹盘查的碳中和交易进行了登记，但该登记处的公信度还有待商榷。

表 2—12　　　　　　　　　我国碳排放权交易市场主要特征

交易所	上海环境能源交易所	北京环境交易所	天津排放权交易所
参与主体	所有市场参与者	所有市场参与者	排放类会员、流动性提供商会员、竞争者会员
参与方式	自愿减排，生态补偿，配额交易	"绿色世博" 自愿减排交易机制，配额交易	企业自愿联合减排行动：自愿加入、强制减排，配额交易
交易标准	以杜克法则为基础的 "熊猫标准"；配额限制	配额限制	配额限制
项目类型	VER 项目；节能减排和环保资产交易类；节能减排和环保技术交易类；二氧化硫项目的技术交易类；污水处理项目的技术交易类；日本经产省技术支持项目；碳排放权交易	环境类股权资产交易；环境技术及设备交易；排污权交易；节能量交易；生态服务权益交易；排放权交易；可再生资源交易	承担约束性节能减排指标，用于合规的二氧化硫、化学需氧量及其他排放物直接排放单位的项目；竞拍项目；流动性项目；碳排放权交易
投资方	企业、非政府组织、自愿减排的零售商	欧洲碳资产管理公司；中、日、欧碳基金；电力公司等	发达国家政府；能源贸易公司；多边基金；金融机构
合作伙伴	联合国开发计划署南南合作特设局	BlueNext、澳大利亚金融和能源交易所集团（FEX）	CCX

（四）海外碳金融交易市场对我国的启示

碳交易平台是碳金融交易市场的晴雨表，市场的交易状况均会在碳交易所的相关数据中体现。纵观碳金融市场发展相对成熟的国家，均拥有规范的碳交易平台。基于我国巨大的市场潜力，碳交易所自 2008 年以来在全国各地陆续涌现，其中不乏数家已初具规模且发展势头迅猛，但与欧美国家相比，我国碳金融交易所并未真正充分发挥价格发现的功能和市场交易平台的作用。因此，我国有必要借鉴海外成功经验，从以下四个方面逐步完善我国碳金融交易平台，以促进碳金融交易市场的进一步发展。

第一，全面学习海外碳交易所的内部管理经验，完善我国碳交易运作流程。其一，实行会员制交易。资质和条件符合交易所要求的主体要成为会员之后方可进行碳排放权交易，非会员则需委托中介机构完成。其二，发展在线交易。随着电子技术的进步，方便快捷的在线交易系统可以代替传统有形席位的场内交易。其三，形成标准化的合约。经过严格设计的标准化合约有助于碳排放权交易的顺利进行以及维护交易主体的利益。其四，公开信息披露。碳交易所要本着"公平、公正、公开"的交易原则，健全信息披露机制，为交易主体的投资行为选择提供信息支持。

第二，加强海外学习与合作，提高我国碳交易所的国际话语权。一方面，大多数海外碳交易所选择利用期权、期货和远期等金融衍生产品来规避风险和发现价格，已有的实践活动为完善我国碳金融交易市场提供了先进的经验；另一方面，通过与发达国家的深入合作，形成规范的价格联动机制以准确把握国际碳交易市场的"脉搏"，维护我国碳交易项目的业主利益，促使我国碳交易所在国际市场占有一席之地。

第三，借助碳交易平台吸引海外资金，为国内企业节能减排及技术创新活动的开展提供良好的融资环境。CDM 项目申请耗时长、审批过程复杂、审批结果不确定性产生的前期成本为项目业主带来了压力，不利于 CDM 市场的长远发展。作为 CDM 的主要提供者，我国应通过搭建高效稳定的信息平台吸引海外风险投资，降低 CDM 成本和风险，鼓励国内企业积极参与 CDM 项目。

第四，建立统一的国家级碳金融交易所，充分发挥交易平台的功能。近年来，全国各地成立碳交易所成为一种风潮，除了初具规模的三大碳交易所外，目前至少有 100 家碳交易所在建，或列入当地政府规划，遍及全国各区域、各省市，甚至各区县，形成了平台割据的局面。然而，过多的交易所不但造成大量的人力、物力和财力的浪费，还会引致管理混论、监管不易的局面；另外，分散的交易平台难以形成一致的交易制度，不利于交易所规模的扩大。因此，我国应整合资源，建立统一的交易平台，推动交易机制的完善，充分发挥碳交易平台的功能。

三 国际碳金融产品发展分析

由于有了法律的界定，碳排放权开始由过去的无限走向了现在的稀缺，具有了一般商品的可交易性，进而产生了碳金融产品。碳金融产品的存在使得碳金融市场发挥了为低碳经济发展提供资金支持和风险管理的功能。发展低碳经济，碳金融是核心手段；发展碳金融，碳金融产品则是关键因素。碳金融产品以其强有力的杠杆作用，成为碳金融体系的重要组成部分。

（一）海外碳金融产品发展现状

《京都议定书》创造的 IET、CDM 和 JI 分别产生了相应的交易市场，其交易单位分别是 AUU、CER 和 ERU，再加上 EU ETS 的 EUA，均属碳信用范畴，是碳金融基础交易产品。在海外碳金融交易市场中，最早出现的是碳信用的现货交易，包括 EUA 现货、CER 现货和 EUA/CER 差价现货，随着其他行业的加入，产生了碳基金、碳保险、碳股票等多种碳现货金融产品；而碳期货、碳期权、碳远期、碳掉期和碳资产结构化票据等衍生碳金融产品则是由碳基础产品派生出来的新式碳金融产品。全球碳金融产品的分类状况如表 2—13 所示。

表 2—13　　　　　　　　　全球碳金融产品分类

碳金融现货交易产品				衍生碳金融产品			
碳信用			碳现货产品	碳远期	碳期货 碳期权	结构性 产品	其他
配额	项目	自愿	碳基金、绿色信贷、 碳保险、碳股票	远期 合约	标准化期货、 期权合约	与某标的挂钩 的结构性 理财产品	证券化产品、 碳债券、 套利工具
AAUs EUAs	CERs ERUs	VERs					

1. 碳金融现货交易产品

在现货交易中，碳信用现货交易拥有全球最大的交易量，其中 EU ETS 框架下的 EUA 交易是全球碳金融市场的大宗交易，且最初的碳金融衍生产品也由 EUA 派生而来，使得碳排放权可以像石油、大豆一样自由流通，增加了碳金融市场的流动性。BlueNext 2009—2011 年的现货交易情况如表

2—14 所示。随着碳金融市场规模的壮大，金融行业相继推出了碳基金、碳信贷、碳保险和碳股票等现货交易工具。

表 2—14　　　　BlueNext 碳金融现货产品和碳金融衍生产品交易量　　　　单位：吨

年份	EUA 现货	EUA 期货	CER 现货
2009	1,123,027,000	225,000	36,324,000
2010	267,595,000	50,000	46,265,000
2011	69,679,216	10,000	28,975,983

数据来源：Blue Next 网站，http://www.bluenext.eu/。

（1）碳基金产品。

碳基金是专门为减排项目融资的交易工具，连接了政府、多边机构和私人部门，成为全球碳金融市场最大的投资者。自 1999 年世界银行发行首只碳原型基金以来，碳基金在数量和规模上均呈现上涨趋势（见图 2—7）。根据发起及设立机构的不同，碳基金可以分为以下四大类。

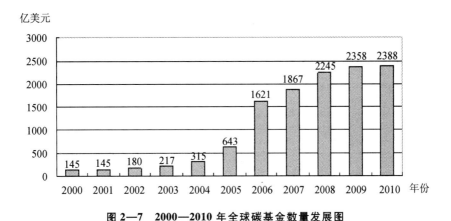

亿美元

图 2—7　2000—2010 年全球碳基金数量发展图

数据来源：世界银行网站，http://www.worldbank.org/。

第一类是国际经济组织发起和管理的碳基金。在碳基金市场中，起到碳减排先驱作用的是世界银行。世界银行推出了一系列促进低碳经济发展的碳基金，如原型碳基金（PCF）、生物碳基金（BioCF）、社区开发基金

（CDCF）和伞型碳基金，并成立了专门的碳金融部门发起和管理多家碳基金。碳金融部门并不开展项目贷款或赠款，而是利用碳基金以商业交易合同的方式出资购买 CER。

世界银行碳基金运作的初衷是希望带动减排项目东道国对低碳经济的投资。碳基金作为买方对其他资本方有示范和引导作用，当世界银行碳基金介入后，项目业主会更容易得到当地金融机构的贷款，也会有更多的企业对发展节能减排项目产生兴趣。世界银行是目前最大的 CDM 买主，旗下碳基金的 CDM 项目中，碳基金（占 21%）将节能减排项启动后，外国投资（占 17%）、当地政府（占 13%）和私营资本（占 49%）会相继跟进。[①]

作为世界级的金融机构，世界银行利用国际金融运行规则为国际碳金融交易提供资金，以实现环境与金融的"双赢"。1999 年，世界银行启动了原型碳基金，旨在了解和测试组建碳市场的程序。最近，世界银行又启动了一系列碳基金，以提高人们对组建碳市场的信心，降低市场准入风险，更好地应对市场失灵。目前，世界银行管理着总价值超过 20 亿美元的 10 个碳基金和融资机制。世界银行碳基金的特别基金包括原型碳基金（PCF）、社区发展碳基金（CDCF）、生物碳基金（Bio F）和伞形碳基金（UCF）；国别基金则包括荷兰欧洲碳基金（NECF）、荷兰清洁发展机制基金（NCDMF）、意大利碳基金（ICF）、西班牙碳基金（SCF）、丹麦碳基金（DCF）、欧洲碳基金（CFE）。面向 2012 年之后两个新的碳基金分别是林业碳伙伴基金（FCPF）和碳伙伴基金（CPF）。16 个国家的政府和覆盖各部门的 65 家公司已经为上述基金做出了贡献。

世界银行用系列碳基金实现多元化的目标。在上述系列碳基金中，4 个特别基金的主要功能在于培育京都机制下碳市场的形成和发展；6 个国别基金的主要功能在于帮助相关工业化国家和地区履行《京都议定书》约束下的减排目标；2 个面向 2012 年以后的碳基金的主要功能在于推广近年得到重视的"从减少采伐森林和森林退化中获得减排的机制（REDD）"以

---

① 鄢德春：《中国碳市场建设——融合碳期货和碳基金的行动体系》，经济科学出版社 2010 年版。

及为后《京都议定书》时期碳金融的发展进行示范和探索。

第二类是国家层面的碳基金。国家对碳金融市场的参与主要表现在协助交易机制的设定和交易平台的搭建，也可通过设立政府碳基金的形式直接参与，具有代表性的碳基金有：荷兰清洁发展机制基金、荷兰欧洲碳基金、意大利碳基金、丹麦碳基金、西班牙碳基金等，其中意大利碳基金由世界银行托管。

由政府设立的碳基金其运营方式、目标基本相同，主要是希望通过CDM项目购买的方式，缩小国内潜在减排量与本国《京都议定书》的目标之间的差距，帮助企业和公共部门减少 CO_2 的排放，提高能源效率，加强碳管理，并且投资低碳技术的研发。如芬兰政府外交部于2000年设立联合履约JI/CDM试验计划，在萨尔瓦多、尼加拉瓜、泰国和越南确定了潜在项目。2003年1月开始向上述各国发出邀请，购买小型CDM项目产生的CER。奥地利政府创立的奥地利地区信贷公共咨询公司（KPC）帮助奥地利农业部、林业部、环境部及水利部实施奥地利JI/CDM项目，现已在印度、匈牙利和保加利亚完成了数项CDM项目。

从国外碳基金运营管理的情况来看，由政府设立、企业化运作、吸收专业人士参与的管理模式，既能利用政府部门背景准确把握和执行宏观政策，又可发挥专业人士的专业技能和管理特长，保证基金运营的高效与合规。国外碳基金总体资金规模都很大，各国在基金筹集规模方面的经验表明，资金规模确定的出发点主要是考虑如何满足基金目标的需求。从众多国家碳基金的使用效果来看，碳基金可以对节能减排和清洁能源的发展产生巨大的推动作用。国际实践经验已证实了政府性碳基金的有效性和影响力。

第三类是非政府组织以及企业和个人层面的碳基金。部分非政府组织的碳基金由国际组织和政府合作创立，由国际组织管理。这部分CDM项目主要由世界银行与各国政府之间的合作促成。例如，世界银行的原型碳基金（PCF）在政府方面有加拿大、芬兰、挪威、瑞典、荷兰和日本国际合作银行参与，在企业层面有17家私营公司。此外，由政府设立采用企业模式运作的碳基金形式也屡见不鲜，此类碳基金的主要代表是英国碳基金和日本碳基金。英国碳基金是一个由政府投资、按企业模式运作的独立公司，成立于2001年。政府并不干预碳基金公司的经营管理业务，碳基金的经费开支、投资、碳基金人员的工资奖金等均由董事会决定。此外，该类碳基金还包括由企业出资并采取企业方式管理的碳基金，其规模不大，主要从事CER的中间交易。

非政府组织形式的"美国碳基金组织"，商业金融机构的瑞士信托银行"排放交易基金"等推动了碳金融市场发展。一些私人企业基于市场利益的驱动，为了获取更多的碳排放权或者出售富余的碳排放权自愿加入市场。交易所的设立或者碳金融产品的设计、流通，是政府和私人共同推动的结果。吸引企业投资林业碳汇项目，可以加快国家和企业在林业碳汇方面的合作，在充分发挥政府、企业各自优势的同时，让国家和企业共同支持并推进以植树造林、固碳减排为目的的林业碳汇活动。这必将为改善生态环境、缓解全球气候变化做出贡献。更进一步而言，随着公众对清洁发展机制认识的提高以及绿色生活方式的普及，公众参与造林增汇活动的热情将会高涨。个人出资将成为拓展绿色碳基金融资渠道的一种新形式。

第四类是商业金融机构层面的碳基金。商业银行和投资银行等金融机构最初只是作为企业碳交易的中介机构，赚取略高于1%的手续费。随着碳金融市场的逐步发展壮大，上述金融机构已经无法仅仅满足于小额的手续费收入。欧洲碳基金是商业银行设立碳基金的一个典型例子，该基金致力于在全球范围投资温室气体减排项目，以帮助减缓全球变暖。欧洲碳基金于2005年4月启动，由2家欧洲著名银行（法国信托银行和比利时/荷兰富通银行）投资设立，集合了环境保护方面的专业能力，目前已经成功向多家大型财务投资机构募集约1.43亿欧元。在亚洲地区的典型案例是日本碳基金。该基金于2004年11月启动，由日本国际合作银行与日本开发银行管理，总额约1亿美元，用于购买可再生能源、废物处置、燃料转换、提高能效、化工等项目产生的温室气体减排量。与之类似，亚洲开发银行于2006年11月22日宣布批准建立亚太碳基金（APCF），旨在推进亚太地区的清洁能源项目。APCF是一个碳市场信托基金，可为清洁能源项目提供"预先支付"的功能。

（2）碳信贷产品。

商业银行虽然加入碳金融市场较晚，但其开发的根据贷款者对环境影响来决定贷款与否或贷款多少的碳信贷产品对节能减排项目的实施具有重大的推动作用。目前，海外碳信贷产品包括低碳项目融资、绿色信用卡、运输贷款、汽车贷款、房屋净值贷款、住房抵押贷款和商业建筑贷款等七类。[1]

（3）碳保险产品。

目前国际金融提供的碳保险服务主要针对交付风险。2006 年瑞士再保险公司的分支机构——欧洲国际保险公司推出了全新的碳保险产品。该产品用于协助一家美国私募股权基金（RNK capital）管理其投资于 CDM 项目的支付风险。该产品覆盖了 CDM 项目进行中产生的项目注册及 CER 核定失败或延误的风险，即如果 RNK 因 CER 核定或发放问题而受损，保险公司将提供 RNK 预期获得的 CER 或等值的现金。澳大利亚的保险承保机构斯蒂伍斯·艾格纽（Steeves Agnew）于 2009 年 9 月推出了世界首例碳损失保险。该保险覆盖因森林大火、雷击、冰雹、飞机坠毁或暴风雨导致森林无法实现已核定的碳减排量（CER）所产生的风险。一旦上述事件发生使森林碳汇持有者受损，保险公司将根据投保者的要求为其提供澳洲联邦政府的在线国家碳核算产品或其他独立的核定单位。美亚保险（Chartis）和美国国际集团（AIG）也都在积极探索进入碳保险领域。

此外，作为市场化程度最高的资本市场也提出了"低碳证券"的概念，通过对上市企业设置环保门槛、实施环境信息公开化等手段来推动企业低碳经营，指导投资者进行低碳投资、规避环境风险等。

2. 碳金融衍生金融产品

目前，衍生碳金融产品创新方向正从传统衍生品向新型衍生品发展，新型衍生品包括碳资产证券化产品、挂钩碳资产的结构性证券和结构性低碳理财产品等。本书将对其中四类代表性产品进行介绍。

（1）碳资产证券化产品。

资产证券化是指将缺乏流动性但未来有稳定现金流入的资产经过结构性重组转化为可在金融市场上流通的证券的过程。由于 CER 表现出远期合约的特性，从签订 CDM 项目合约到产生碳信用，期间资金缺乏流动性。

---

[1]　关于碳信贷产品，本章第一节已详细介绍，此处不再赘述。

CDM 项目商为改变上述状况，将其项目卖给特殊目的机构（SPV），再由 SPV 将碳资产汇集成池，资产池产生的 CER 收益可用于发行证券进行融资，同时也向投资者进行还本付息，这便是碳资产证券化的大致过程。对于 CDM 项目开发商，该衍生碳金融产品在增强资产流动性同时又减少了风险；对于投资者，该类产品在扩大其投资规模的同时又来了高额收益。

（2）低碳理财产品。

低碳理财产品已经成为低碳时代商业银行开展理财项目的新方向，在提升各银行竞争力及企业形象的同时也起到了推动低碳经济发展的作用。海外各大银行通过出售理财产品向低碳消耗或环境友好型企业与项目提供资金援助，此类低碳理财产品形式众多，主要分为表 2—15 所列出的五种类型。

表 2—15　　　　　海外主要低碳理财产品类型与产品示例

类型	产品
挂钩环境友好型上市公司表现的产品	德意志银行：挂钩"德银气候保护基金"、"德银 DWS 环球气候变化基金"的机构性投资产品
	汇丰银行：挂钩"汇丰全球气候变化基准指数"基金
参与巨灾债券市场的产品	摩根大通：挂钩"摩根环境指数"基金
	瑞银集团：与全球巨灾债券挂钩的产品
参与碳交易市场的产品	巴克莱银行：挂钩"巴克莱全球碳指数"基金
	瑞银集团：挂钩"瑞银世界排放指数"基金
参与天气衍生品市场的产品	瑞银集团：挂钩"瑞银全球气候变暖指数"基金
挂钩可替代能源表现的产品	瑞银集团：挂钩"瑞士信贷集团全球可替代能源指数"基金
	荷银集团：挂钩"荷银生物燃料指数"基金

（3）碳债券。

碳债券基于不同的发行主体分为碳国债、碳企业债券和碳金融债券。前两者是政府或企业为筹集项目资金发行的挂钩于 CDM 项目收入或利率的债券，属于狭义上的碳债券；而碳金融债券更体现出衍生品的特性，是由投资银行或商业银行设计并发行的与减排单位价格挂钩的结构性碳金融产品，其挂钩标的主要包括无交付风险的碳现货价格、有交付风险的原始减排配额价格及特定项目交付量等。

（4）套利交易产品。

不同的市场、交易工具、价格及利率水平是套利交易的前提，全球大量碳金融交易市场的产生为套利交易及套利工具的创新提供了便利；另外，由于审批过程复杂、申请周期较长，基于项目的碳资产可能存在"流产"风险，加之项目的国别风险和种类风险，不同碳资产之间存在一定的差价，由此金融机构便设计出了多种套利工具，比如 CERs 与 EUAs 之间、CERs 与 ERUs 之间的互换产品以及基于 CERs 与 EUAs 差价的看涨/看跌期权等新型产品。

综上所述，海外碳金融产品具有以下三方面特征：

第一，多元化的交易主体催生多层次的产品需求。进行碳金融产品交易的主体广泛而多元化，不仅包括国际组织、政府部门、碳交易所等非营利组织，还包括投资银行、商业银行、证券、保险、私募基金及其他以盈利为目的的组织和个人。广泛的交易主体必然引致多样化的产品需求，催生更多的产品创新。

第二，各国政府通过设立的基金及一系列政策性机构成为发展碳金融产品的关键力量，为碳金融交易提供了丰富的交易工具（见表2—16）。同时，各国政府还制定了激励措施以鼓励金融机构开展碳金融业务及碳金融产品创新，例如英国在 2007 年对全国 100 多家按揭贷款机构提供激励政策，得到了苏格兰银行等大型商业银行的积极响应。

表2—16　　　　　　　　海外政府资助的主要碳金融产品

产品分类	产品特性	主要产品	发行金融机构
绿色房屋抵押贷款或节能抵押贷款	对于符合低碳相关标准或节能利用标准的房屋购买与更新提供优惠及灵活性条款	绿色房屋按揭贷款	荷兰银行等
		更新绿色房屋贷款	本迪戈银行等
		智能社区抵押贷款	花旗银行等
低碳项目融资	对于法律规定以及政府政策鼓励的清洁能源技术项目提供融资支持	清洁能源项目长期融资专业金融服务	法国巴黎银行、摩根大通等
		环保技术融资资产组合	Dexia（Wind）
		垃圾处理能源融资项目	国际金融公司等

续表

产品分类	产品特性	主要产品	发行金融机构
财政绿色基金	小企业能够获得更便宜的贷款，私人投资者能够在更具有吸引力的利率水平上进行投资	低碳封闭资本基金	荷兰银行
		低碳固定收益凭证	荷兰国际集团
		低碳开放式基金	ASN 银行
		低碳半开放式基金	荷兰 Triodos 银行
低碳发展基金	碳基金通过向投资者融资用于购买现有的碳减排项目的 CERs 与 ERUs 额度，或者对新的环保项目进行投资	CDM 原型碳基金	世界银行
		国家主权碳基金	各国政府
		政府多边合作基金	区域金融组织与各国政府
自然灾害债券基金	允许对气候相关的灾害风险在传统保险市场上难以承保的领域提供套期保值	Leu Prime 自然灾害债券基金	瑞信
低碳家庭与商业保险	产品涵盖了与可持续建筑有关的新能源、节能节水、绿色革新等升级改造风险以及气候变化风险	绿色建筑覆盖保险	加利福尼亚消防基金
		"气候中立者"房屋保险	美国 ETA 保险公司
		小企业绿色商业保险	美国 AXA 保险公司
		环境损害保险	荷兰拉博银行
低碳发展保险	对碳信用额度的价格波动、交易风险等进行保险与担保	碳减排交易	瑞士再保险
		碳排放信用担保	美国国际集团

资料来源：联合国报告《Green Financial Products and Services》，2007 年 8 月。

　　第三，海外碳金融产品结合政府减排计划，使企业乃至民众的金融理财行为与政府的减排目标相一致。上述举措既有助于提高个人与企业的环保意识，也有助于扩大低碳项目的资金来源。2000 年，国际金融公司（IFC）推出了一款碳金融按揭贷款产品，该产品可替购买者支付抵消房屋 1/5 的 CO_2 排放量的气候变化费用；2006 年开始，荷兰拉博银行"气候信用卡"的使用者在消费时将支付一定的资金用于支持世界自然基金会的项目。该类产品创新主要分为对公与对私两个方向（见表 2—17）。

表 2—17　　　　　　　海外与减排项目结合的主要碳金融产品

融资方向	产品分类	产品特性	主要产品	发行机构
对公	私人账户碳金融产品	受保人的存款将被用于低碳项目的贷款等融资安排	关注土地项目的存款账户	西太平洋银行
			生态存款	太平洋岸边银行
	低碳项目融资	对于法律规定以及政府政策鼓励的清洁能源技术项目提供融资支持	清洁能源长期融资专业金融服务	巴黎银行、摩根大通等
			环保技术融资资产组合	Dexia（Wind）
			垃圾处理能源融资项目	国际金融公司
	低碳项目风险投资基金与私募基金	私人资产可用于风能、太阳能、生物燃料、生物多样化、森林可持续化项目	可持续发展项目投资	花旗银行
			森林保护与生物多样化项目	美洲银行
	低碳投资基金	能源标准、具有高潜在回报、拥有高质量产品与服务的公司	生态绩效资产基金	瑞士联合银行
			清洁能源目标基金	瑞士联合银行
	低碳发展基金	碳基金通过向投资者融资用于购买现有的碳排放权，或投资新的环保项目	CDM 原型碳基金	世界银行
			国家主权碳基金	各国政府
			政府多边合作基金	区域金融组织与各国政府
对私	低碳排放交通工具贷款	为混合动力汽车的购买提供优惠贷款，项目涵盖所有的低排放汽车	低碳汽车优惠贷款	温室信贷储蓄
	绿色信用卡	当顾客购买低碳产品或服务时，将提供折扣或优惠借贷利率，或将一定比例的收益向绿色非政府组织捐款	气候信用卡	荷兰拉博银行
			绿色 Visa 卡	汇丰银行
			巴克莱呼吸卡	巴克莱银行
	绿色销售绑定产品	消费者能够抵消乘坐飞机旅行所产生的 CO_2 排放	绿色出行产品	巴克莱银行、汇丰银行

融资方向	产品分类	产品特性	主要产品	发行机构
对私	低碳汽车保险	通过将保费与实际的汽车使用相绑定，激励汽车所有者的低碳行为	"你的驾驶"保险	Aviva 保险
			低碳汽车保险	联合金融服务公司
			可再生能源保险	瑞士瑞信银行
	低碳家庭与商业保险	产品涵盖了与可持续建筑有关的新能源、节能节水、绿色革新等升级改造风险以及气候变化风险	绿色建筑覆盖保险	加利福尼亚消防基金
			"气候中立者"房屋保险	美国 ETA 保险公司
			小企业绿色商业保险	英国 AXA 保险公司
			环境损害保险	荷兰拉博银行

资料来源：联合国报告《Green Financial Products and Services》，2007 年 8 月。

（二）我国碳金融产品发展现状

我国作为全球温室气体排放大国，虽然在 2012 年之前无须履行强制的减排义务，但为了自身的生态环境与可持续发展以及在低碳时代拥有国际话语权，仍然背负着巨大的减排压力。因此，在完善碳金融运行机制和交易平台的基础上，开发适合我国市场的碳金融产品将为我国低碳经济发展提供动力。本书将对我国不同类型的碳金融产品发展现状进行分析。

第一，CDM 远期交易。随着我国碳金融市场的深化及温室气体减排量的增大，CDM 远期交易成为我国碳金融市场最主要的交易工具。据统计，截至 2012 年 3 月 26 日，我国在联合国已注册的 CDM 项目共 1867 个，约占全球已注册 CDM 项目总数的 47.2%，项目预计年均减排量达 368 MtCO$_2$e，占全球 CDM 项目总减排量的 65.75%，我国已成为全球最大的 CDM 项目提供国（见图 2—8 和图 2—9）。

尽管如此，我国在 CDM 市场中仍然面临着困境，一方面，由于全球主要碳交易市场位于国外，交易规则由少数发达国家制定，加之国内企业缺乏相关经验且专业服务机构缺失，我国仍处于碳交易产业链和价值链的最底端，议价能力较弱；另一方面，CDM 项目由于审批过程复杂、开发周期长将会面临较大的风险，交易成本过高。

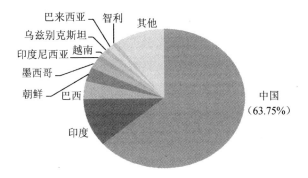

图 2—8　CDM 注册项目东道国分布（截至 2012 年 3 月 26 日）

资料来源：联合国气候变化框架公约网站，www.unfccc.int。

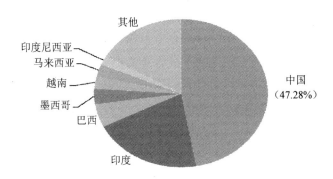

图 2—9　CDM 项目已签发核准减排量国家分布（截至 2012 年 3 月 26 日）

资料来源：联合国气候变化框架公约网站，www.unfccc.int。

第二，碳信贷产品。我国商业银行借鉴海外经验并出于企业社会责任与利益最大化两方面考虑，创造出了本土化的绿色信贷业务。2006 年 5 月，兴业银行最先与国际金融公司合作，推出节能减排项目贷款。截至 2011 年年末，兴业银行已累计发放包含节能减排融资业务和排放权金融业务在内的绿色金融贷款 2325 笔，金额达 884.16 亿元。[①] 兴业银行的成功经验，带动了北京银行、民生银行、浦发银行、工商银行、建设银行和农业银行等国内银行对节能减排项目的重视与支持。

----

① 数据来源：《兴业银行 2011 年年度可持续发展报告》，2012 年。

随后，全国各大商业银行相继推出了多种模式的新型碳信贷产品：项目企业融资模式满足了低碳项目企业引进技术、更新设备以实现能效提高或温室气体减排所产生的融资需求；节能服务商模式是银行通过为节能服务商融资使其为终端节能客户提供工程改造和能效服务；金融租赁模式则是合同能源公司通过与金融租赁公司签订节能设备租赁合同后向银行提出融资申请；此外，兴业银行还提出了将 CER 作为还款来源的 CDM 项目信贷模式。随着绿色信贷产品模式的增多，我国各银行机构的节能环保项目贷款规模也逐年扩大，具体数额如表 2—18 所示。

表 2—18   中国银行业金融机构节能环保项目贷款统计表

年份	节能环保项目贷款涉及项目数（个）	节能环保项目贷款涉及企业数（户）	节能环保项目贷款额（亿元）	节能环保项目贷款占总贷款比例（%）
2004	882	1395	885.28	1.86
2005	1334	1847	1323.06	1.87
2006	1999	2649	2028.94	2.65
2007	2715	3505	3411.00	2.10
2008	2983	3615	3710.16	3.11
2009	6412	4090	8560.46	8.93
2010	—	4558	10107.34	—

资料来源：《2007—2010 年中国银行业年度社会责任报告》。

第三，碳基金。由于我国排放权交易试点的碳配额交易 2013 年开始试行，因此，我国国内的碳基金还不是真正意义上的基金，但目前我国成立的碳基金已经为我国碳金融市场提供了强大的资金后盾（见表 2—19）。2006 年，中国碳基金的成立，旨在协助中国 CDM 项目进入海外碳交易市场，目前该基金已与海外政府及金融机构签约出售了 1000 万吨左右的潜在减排量；由中石油先期注资 3 亿元人民币成立的中国绿色碳基金则用于发展大型植树造林等固定 CO_2 的活动，据估计用 3 亿元造林所固定的 CO_2 量将达 500 万—1000 万吨；受国家财政部监管的中国清洁发展机制基金可以获得世界银行和亚洲开发银行等国际金融组织的资金捐赠；国有资产监督管理委员会设立的绿色能源技术基金以及我国政府设立的风险投资基金为清洁能源产业的发展、新能源与能源效率领域的技术创新提供了资金支持。

表 2—19　　　　　　　　　　　　　中国碳基金

基金	发起成立机构	目的
中国清洁发展机制基金	国家财政部	利用 CDM 项目收入促进支持低碳项目
中国绿色碳基金	中国绿色基金会	支持森林保护
中国碳基金	中国政府	资助 CDM 项目绿色能源技术
绿色能源技术基金	国有资产监督管理委员会	支持天津滨海高新技术园区清洁能源产业
风险投资基金	中国政府	投资于高技术部门，以支持新能源与能源效率发展为重心

资料来源：财政部网站。

第四，碳保险产品。中国的保险企业为响应政府节能减排号召，推出了绿色保险产品及服务，包括环境污染责任险、车险费率与环保指标联动的绿色车险、针对气候恶劣地区的小额保险等。以环保产品为例，2008年，平安作为首家中资保险公司推出平安环境污染责任险，该险种承保被保险人在被保险场所的区域内从事保单载明的业务时，因突发意外事故导致污染损害而造成的第三者损失，保险周期以一年为单位，2009 年该款保险保费收入约 500 万元。环境污染责任保险是一项国际上普遍采用的能够较为有效地应对环境污染问题的绿色保险。2009 年 11 月，天平保险开始尝试开发环保型车险产品，例如根据行车里程和区域设计产品，给予行车里程少、行车区域固定的客户更多的保费优惠，意在鼓励多乘公交、引导客户绿色出行等。在 2009 年"两会"（"全国人民代表大会"和"中国人民政治协商会议"）上，中国人寿提交了鼓励保险资金投资以新能源和节能环保为代表的新兴产业的提案。

第五，低碳理财产品。近年来，设计与环保有关或挂钩于碳排放权的理财产品成为我国商业银行业务创新的新方向。自 2007 年 4 月起，深圳发展银行先后与荷兰银行、德意志银行、汇丰银行和东亚银行合作发售了与气候指数、气候变化基金或与气候相关一揽子股票挂钩的结构性理财产品；同年 8 月还推出了挂钩欧盟第二承诺期 CO_2 排放权期货合约价格的理财产品——"聚财宝"飞越计划 2007 年 6 号；同期，中国银行也推出了美元"绿色环保"二氧化碳挂钩的理财产品——"汇聚宝 0801L"；2010年 1 月，兴业银行推出了持卡人可购碳排减量的低碳信用卡。

（三）海外碳金融产品对我国的启示

碳金融产品在为低碳项目提供资金、推动低碳技术创新的同时具有向公众宣传低碳理财观念的作用。由此，发展碳金融产品对于我国实施节能减排、应对气候变化，控制高排放行业、发展新能源产业、调整增长方式、优化经济结构均具有重要的现实和长远意义。我国碳金融产品推出较晚，无论是在品种还是功能上都不能广泛吸引投资者。海外碳金融市场凭借其多样化且功能齐全的碳金融产品成为我国金融机构学习的典范。

第一，在现货交易发展的基础上创新衍生产品。纵观海外碳金融产品的发展路径，都遵循着从简单到复杂、从基础到衍生逐步丰富碳金融产品种类的过程。对于我国碳金融市场，应该从发展如一级市场 CER 和一级VER 等基础交易工具开始，在场内市场完善后，逐步开发二级市场的 CER和 VER 相关产品；随着我国碳金融交易的不断成熟，投资者将出现规避风险、套期保值的需求，此时便是开发期货、期权、互换等碳金融衍生产品的好时机。

第二，吸纳多元化的碳金融产品参与主体。通过对海外碳金融市场的研究，可以发现碳金融市场的利益相关者众多，包括有减排任务的国家或企业、政府基金、国际组织、金融机构、碳交易所、CDM 项目开发商、私人企业和私募基金等。利益相关者出于社会责任与个体利益两方面考虑，多数都参与到了碳金融产品的设计与研发之中。政府部门通过设立政府碳基金、设定金融产品交易机制、搭建交易平台和社会宣传等方式直接或间接地参与碳金融产品市场；金融机构既创新性地设计碳金融产品以满足投资者获利避险的需求，又为其提供担保或咨询等中介服务；私人部门则是自愿减排市场的主要参与者。由此可见，碳金融产品的研发及运行是政府、金融机构和私人企业共同发挥作用的结果，因此，我国应更多地吸纳有关的参与主体，借助需求引导机制，丰富我国碳金融产品市场。

第三，开发专业且具有市场竞争力的碳金融产品。由于全球碳金融市场的兴起还不到 10 年的时间，碳金融产品较之传统的金融产品，在设计、运行和销售等方面都显露不足。为此，各国在对碳金融产品专业化设计的同时应注意产品的针对性及与其他产品的差异性，以使碳金融产品较传统金融产品更具市场竞争力。虽然我国碳金融产品种类还不够丰富，但换一个角度看来，这正是各机构创新产品的好机会，比如碳保理、信托类碳金融产品、碳资产证券化产品等在我国还处于萌芽阶段，需要相关机构通过专业性的方式大胆尝试；另外，金融机构在创新差异化产品的同时还可以为客户提供更有利的附加条款，比如减免手续费、降低贷款利率、延长贷款年限、提升贷款额度、提供现金补贴等。

第四，碳金融产品要与碳减排计划相结合。目前，将碳金融产品与碳减排计划相结合成为海外碳金融产品设计的趋势，该方式可促使政府、企业及个人在碳减排行动上达成一致。我国商业银行应通过对绿色信贷的进一步优化，创造出既为低碳企业发放贷款，又借助全球碳交易平台对 CER 收益进行贷款的低碳信贷。如此不但能吸纳发达国家的资金与技术，而且促进我国企业提高能源利用效率。例如，兴业银行通过能效贷款，在向节能减排项目及企业提供贷款的同时，也提供了项目咨询服务。该项创新不仅给银行带来了丰厚的报酬与良好的口碑，也为我国银行绿色信贷开辟了先河。

四 国际碳金融市场定价机制分析

法律界定下的碳排放权具有了可交易商品的性质，在交易过程中产生了碳排放权的定价问题。合理的碳排放权价格可以有效地控制环境滥用，促进环境资源的有效配置，在交易过程中实现碳排放权的环境价值。海外碳金融市场以其相对完善的碳金融定价机制享有国际碳金融市场的主导权，相较之下，我国处于价值链的末端，缺少话语权。鉴于此，我国应积极投身于定价机制的研究与构建，发挥我国碳金融潜力，更好地适应全球碳金融市场。

（一）海外碳金融市场定价机制分析

海外碳金融市场定价机制的定义有狭义和广义之分，狭义上专指碳金融产品的定价方法，而广义上则是指包括价格形成过程及其内在因素之间相互关系的完整体系。综合来说，完整的碳金融市场定价机制是合格的市场参与者通过成熟的交易平台，根据一定的交易规则进行交易，并在科学的交易机制中形成合理的碳交易价格的过程，包括市场参与者、交易平台、交易机制、法律政策和定价方法等要素（见图2—10）。

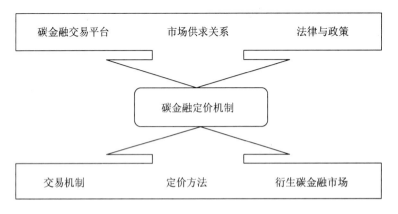

图2—10 碳金融定价机制要素组成

欧盟是《京都议定书》坚定的支持者之一，为了实现其成员国在2020年之前将温室气体的排放量较1990年减少20%的目标，做出了不懈的努力。美国碳金融定价机制的制度和法律建设也比较完善，尤其北美地区已经探索出一套较为完善的市场交易机制。当前，我国正处在制定碳金融定价机制的起步阶段，欧美的一些先进经验与方法值得借鉴。本文将对海外碳金融市场定价机制的要素逐一进行分析。

1. 碳金融交易平台

全球碳金融交易平台以碳交易所的形式出现，碳交易所的主要功能是为市场参与者提供交易的场所、设施及相关服务等条件，便于交易双方及时且准确地获得和使用市场信息，以高效进行交易活动。可以说，碳金融交易平台是整个定价机制的基础。欧盟地区在全球碳金融市场中占有主导地位，关键在于其对市场作用的重视，而碳金融交易平台的搭建是充分发挥市场机制的重要途径。

欧盟现有的交易平台包括 EEX、BlueNext、北欧电力库等，其交易量和交易额均居世界首位（见表 2—20）。

表 2—20 EU ETS 主要交易所 EUA 交易量一览表 单位：$MtCO_2e$

年份	ECX	NordPool	BlueNext	EXX	总计
2005	94	28	4	—	126
2006	453	64	31	13	561
2007	1038	97	25	31	1191
2008	2234	107	251	94	2686
2009 年上半年	2285	19	857	19	3180

数据来源：Thomson Reuters Carbon Market Community。

2. 市场供求关系

碳排放权价格主要受到碳排放权供求关系的影响，众所周知，商品价格能否真实反映市场供求状况是评价该商品交易体系能否有效配置资源的标尺。在海外一级市场上，碳市场供给直接由排放权初始配额构成，而市场需求量则由企业实际减排量和惩罚力度决定；二级市场的供给方主要来自于碳排放量较低或减排成本较低的企业、项目投资者和技术开发转让商，碳排放量或减排成本较高的履约买家、出于社会责任或营利目的的企业、政府及个人等自愿买家则是主要的需求方。从全球碳市场的角度来看，发达国家市场是主要的需求方，而供给方则集中在亚洲和非洲的发展中国家。

表 2—21 提供了 2008—2009 年京都市场的供给情况。碳资产的需求方主要是欧盟 15 国、日本和其余附件 B 国家的政府及私人部门，供给则来自乌克兰、俄罗斯、捷克和其他欧盟 10 国以及 CDM 和 JI 项目。总体来说，京都市场供不应求，超额需求主要来自于欧盟 15 国政府，势必会影响碳资产的价格。

除了碳排放权的供给方和需求方之外，中介机构也成为碳金融市场不可或缺的参与主体。碳金融中介机构既包括银行、基金和保险等传统金融机构，也涉及到碳资产管理公司、咨询公司等碳金融服务机构。中介结构通过投资、创新碳金融产品及中介服务参与到碳金融市场当中，促进碳金融市场的高效运行，间接地影响着碳资产的价格。

表 2—21   2008—2009 年京都市场供求情况表

国家及部门	潜在需求 （MtCO$_2$e）	已签发 CERs 和 ERUs		AUUs （MtCO$_2$e）	剩余需求 （MtCO$_2$e）
		名义量 （MtCO$_2$e）	调整量 （MtCO$_2$e）		
欧盟	1065	1868	883	54	129
政府	315	270	132	54	129
私人	750	1598	751	0	0（−1）
日本	300	372	180	191	3
政府	100	34	21	76	3
私人	200	338	159	115	0（−74）
其余附件 B 国家	27	40	22	1	5
政府	22	37	21	1	1
私人	5	3	1	0	4
总计	1392	2280	1085	245	136
政府	437	341	174	130	133
私人	955	1939	911	115	4

数据来源：World Bank. State and Trends of Carbon Market 2011. 2011。

3. 交易机制

全球碳金融市场根据交易机制的不同分为配额市场和项目市场。在配额市场当中，免费分配和公开拍卖是主要的分配方式，选择何种方式进行分配是一级市场定价的关键。公开拍卖的方式会涉及到对碳排放权定价的问题，具体的定价方式将在下一部分进行介绍。二级市场价格则是买卖双方竞价的结果。

京都市场的 CDM 和 JI 市场以及自愿减排市场共同构成项目市场。其中，CDM 市场的交易额和交易量在项目市场占比最大。CDM 一级市场大多由发展中国家提供，CDM 项目类型不同导致风险不同，加之交易双方承担风险各异，导致一级市场信息不透明，流动性较差，因此 CER 一级市场价格偏低。CDM 二级市场的交易发生在 CDM 远期合同签订与产生 CERs 之间，或者发生在 CERs 由联合国执行理事会（EB）签发之后，其合约标准、价格透明、交易效率高且拥有较高的市场价格。

4. 定价方法

海外市场对碳排放权的定价方法有很多尝试，其中最具代表性的方法有影子价格法和期权定价法。碳排放权的影子价格不是实际的市场价格，而是对碳排放权作为稀有资源的价值评估。估价原理是对碳排放权这种资源对生产做出的贡献进行评估，具体指每增加一单位碳排放权所带来的收益；运用期权定价法的典型案例是美国的"酸雨计划"：将期权机制引入碳排放权的初始分配当中，使购买者将购买行为看作权利而非义务，有效避免排放企业对有偿分配碳排放权的排斥心理，同时规避碳排放权价格波动所带来的风险，其具体操作方法是在已有的价格数据基础上，利用 B—S 期权定价模型对碳排放权进行定价。

5. 法律与政策

欧盟与国际环境委员会 2003 年 7 月通过《欧盟温室气体排放交易指令》要求能源业、冶金业、钢铁业、水泥业及造纸业的企业经许可后方可排放 CO_2，设置了温室气体排放上限，并于 2005 年起实施欧盟排放交易机制。随后，欧盟成员国在法令的基础上相继制定了各自的法律，比如英国于 2007 年颁布的《气候变化法案》开创了应对气候变化问题的国内立法的先河，该法案为英国制订了到 2020 年 CO_2 排放量较 1990 年减少 26%—32% 的目标，并要求成立气候变化委员会、建立排放报告制度及监督制度。虽然没有签订《京都议定书》，但美国仍是碳金融市场发展较早的国家之一。2009 年美国通过《2009 年美国复兴与再投资法案》，建立"总量控制与排放贸易"机制，碳排放配额拍卖所得用于投资新能源技术。同时，美国各州也在立法方面积极响应，加利福尼亚州的《全球温室效应治理法案》，设定了两阶段的减排目标，并致力于将减排活动推广至全国。各国在法律的层面上对发展碳金融市场寄予重视，对完善碳金融定价机制起到了保障作用。

6. 碳金融衍生产品市场

为迎合碳金融市场发展的需要，具有套期保值、规避风险作用的碳金融衍生产品在原生碳金融产品的基础上派生出来，其价值取决于相关联的原生碳金融产品的价格。碳金融衍生产品公开竞价的交易过程使得成交价格成为公平合理的"均衡价格"，对原生产品定价有指导作用，有助于消除市场垄断势力，培育良好的金融生态环境。

2005 年，EU ETS 推出碳排放权期货、期权交易，标志着碳金融衍生市场正式建立，作为国际碳金融定价机制的重要组成部分，碳金融衍生市场交易日渐活跃，影响力也逐渐扩大（见表 2—22）。

表 2—22　　　EU ETS 主要交易所 EUA 期货和期权交易量一览表 单位：$MtCO_2e$

年份	EXC	Nord Pool	BlueNext	EEX	总计
2005	94	28	—	—	122
2006	453	59	—	4	516
2007	1038	95	—	26	1159
2008	2234	107	2	93	2436
2009 上半年	2285	17	0	16	2318

数据来源：Thomson Reuters Carbon Market Community.

（二）我国碳金融市场定价机制分析

我国属于《京都议定书》非附件一国家，且国内配额市场起步较晚，目前大多碳金融活动都是围绕 CDM 项目展开，因此我国碳金融定价机制也主要针对 CDM 项目进行设计。目前，我国已将碳金融定价机制设计提上日程。

1. 碳交易平台

国内最早的碳交易所是北京、上海和天津的碳交易所，由于示范效应，各地纷纷效仿，目前，全国正在筹建的碳交易所近 100 多家。我国的碳交易所为 CDM 项目提供信息服务的同时，还积极进行碳排放权交易和自愿减排交易的探索，以北京环境交易所为例，其基于杜克法则推出的"熊猫标准"成为我国首个自愿减排标准，并对 SO_2 实行总量控制、配额分配。上海环境能源交易和天津排放权交易所也相继在自愿减排与配额交易方面做出了一些尝试。这些尝试使国内碳金融市场定价更为公平、合理；另外，我国的碳交易所也积极与 BlueNext 和 CCX 等国际能源交易所展开合作，既有助于我国在合作中吸取更多的先进经验来指导碳金融定价，也有利于提高我国在全球碳金融领域的影响力。

同时，我国碳交易平台还存在许多不足之处，如过于分散、数量繁多的交易所形成地方割据的局面，使得交易制度难以统一，阻碍信息的流动；我国 CDM 大多卖给国际买家，交易场地为欧美的交易所，在交易价格、交易程序上毫无决定权使得我国只能被动接受海外机构提供的低廉价格；此外，由于企业对碳金融交易经验匮乏，加之专业服务机构不到位，处于卖方市场的我国议价能力很弱。目前，我国的碳交易所主要业务是自愿碳减排交易与一定的配额交易，对碳交易所贡献有限，而其他碳金融衍生产品的交易暂未放开。

2. 市场供求关系

在《京都议定书》的框架下，发展中国家在全球碳金融市场中担任着碳信用提供者的角色。我国一直是 CER 的主要供给者之一，但由于金融危机，欧洲部分国家出现经济衰退，致使其对碳信用的需求量大幅减少；同时，联合国对于 CDM 项目的审批十分严格，过程复杂、耗时漫长且遭到拒签的概率较高使得我国的 CER 供应量下降；此外，我国 CDM 一级市场最低限价在 8 欧元（风电项目在 10 欧元），而 CDM 二级市场的价格大概在 7—12 欧元之间，可见一级市场的买家成本过高，继而会严重影响我国碳信用的供给。由于我国 2012 年之前无须承担减排义务，上到政府下到企业及金融机构都还没有充分意识到碳资源的价值以及碳交易市场的潜力，因此仅受制于政府强制性节能目标或以社会责任感推动碳交易的做法还将持续一段时间。

3. 交易机制

目前来说，我国主要参与碳金融的项目市场，主要采用"基线—信用"和自愿减排两种交易机制，相应的市场是 CDM 市场和 VER 市场。我国是全球 CDM 市场的主要提供者之一，因此 CER 价格与海外市场价格相一致；VER 市场与 CDM 有很多相似之处，交易的同样是基于项目的碳信用，并且项目分布的领域相同。另外这两个项目市场的衡量条件相似，例如均要获得真实减排量且项目要符合所在国可持续发展的要求等。二者的主要区别在于实施流程和周期不尽相同，VER 项目比 CDM 项目审批过程更为简单，节省了部分资金和时间成本，因此 VER 项目的交易价格普遍较低。

4. 法律与政策

我国的碳金融发展起步较晚，但对环境保护的关注却由来已久。1995—2009 年，我国政府陆续颁布、修订了多项法律与政策，用于支持节能减排活动的开展（见表 2—23）。

表 2—23 中国政府制定的相关政策

年份	政策内容	政策目标
1995	电力法	鼓励支持可再生能源和清洁能源发电
1997	节能法	刺激国内节能技术的研发，提高工业能源效率
2003	21 世纪初可持续发展行动纲领	鼓励调整能源结构优化，提高能源利用效率
2005	清洁能源发展机制经营管理办法	促进清洁发展机制项目实施
2006	可再生能源法	为可再生能源发展奠定基础
	"十一五"国民经济社会发展计划（2006—2010 年）	能源消耗占单位 GDP 的比重减少 20%
2007	中国应对气候变化计划	应对 2007—2010 年间的气候变化
	中长期可再生能源发展计划	2010 年消耗能源占比 10%，2020 年占比 15%
	中长期核电发展规划（2005—2020 年）	核电发展目标：到 2020 年达到 40GW
	修订节约能源法	设立国家能源优先保护程序
2008	"十一五"可再生能源发展计划（2006—2010 年）	设立具体的 2010 年可再生能源发展目标
	循环经济促进法	促进"循环经济"，提高资源利用效率，保护和改善环境，实现可持续发展
	中国应对气候变化的政策与措施	制定国家政策和行动计划，积极应对气候变化

年份	政策内容	政策目标
2009	中国应对气候变化政策与措施——2009年工作报告	考虑中国经济社会发展计划：从2005年到2020年减少温室气体排放量占单位GDP比重；发展可再生能源与核能，至2020年使非化石燃料比重占主要能源消耗的15%；大力发展森林碳汇；发展动态绿色经济，积极促进低碳经济和循环经济并推广环保技术
	修正可再生能源法，授权电力公司购买所有来自可再生能源的电能	政府提供税收优惠，建立一个新的国家可再生能源基金和优惠贷款，鼓励发展可再生能源

资料来源：International Emissions Trading Association（IETA），*Post Copenhagen and Climate Policy：Where Global Emissions Trading Goes from Here*，Greenhouse Gas Market Report，2010.

2012年6月出台的《中国温室气体自愿减排交易活动管理办法》，从交易产品、交易主体、交易场所、交易规则、登记注册、监管体系等各个方面对自愿减排交易市场进行了详细的界定和规范，有助于促成更为公平、合理的自愿减排交易价格。另外，我国还制定了一些政策来直接影响交易价格，比如金融危机导致全球碳价格大跳水，发改委为保护中国企业的利益，规定CDM项目碳价格每吨不少于8欧元，像风电这样成本小、回报高的项目，每吨定价要在10欧元之上。

（三）海外碳金融市场定价机制对我国的启示

碳金融实质上是以市场机制引导减排的一种制度措施，其定价机制的建设是发展碳金融的核心。目前，我国在国际碳金融交易中处于不利地位，一方面由于我国是发展中国家，不能直接将碳排放权出售到国际市场；另一方面源于我国不完善的碳金融定价机制。因此，在积极深入地研究海外定价机制基础上完善我国碳金融定价机制具有重要的理论和实践意义。

首先，急需探讨出台《碳排放权交易法》，为我国碳金融市场定价提供法律基础。《碳排放权交易法》的出台可以解决三方面的问题：其一，明确界定碳排放权的稀缺性和可交易性，为碳交易创造条件；其二，规定碳排放权的初始分配方式，不同的分配方式决定了一级市场的价格体系；其三，对碳排放配额进行核定和管控，碳排放权数量决定了碳交易市场价格的形成，对实际排放额的监测和报告是碳交易制度的核心。另外，为引导和规范金融机构参与市场，还应相继出台绿色项目融资类、碳基金类及银行绿色理财产品类的法律法规以规范碳金融衍生市场的运行。

其次，建立统一且国际化的交易平台。目前，建立碳交易所在我国形成一种热潮，北京、上海、天津三大碳交易所已初见规模，但由于交易所间缺乏信息交流，且交易制度、交易方式有所不同，形成了市场割据的局面，不仅不利于交易效率的提高，而且不利于碳金融交易规模的扩大。当务之急，我国需建立一个统一的全国性交易平台，适时引入竞价机制以形成公平、合理的市场价格，促成交易双方平等对话，降低交易成本，增强我国在碳金融市场上的议价能力。目前，可对我国现在的几大碳交易所进行统一化尝试，建立一个联动自动报价系统以增加区域间信息流动；随后可将各区域的交易所合并为类似于证券交易所、期货交易所的国家级交易平台。在注重统一性的同时，我国碳交易所还应考虑到与国际碳交易市场的对接，做到合约标准化、指标和制度与国际市场统一，以使我国在国际碳交易市场的价格博弈中占据先机。

再次，突破自愿减排，扩大强制减排的规模。纵观海外碳金融市场的发展历程，交易机制的最高形式是双强制，即强制加入、强制减排，中间形式是单强制，即自愿加入、强制减排，而最低形式则是自愿加入、自愿减排。双强制的好处在于保证了交易市场的稳定性，稳定的市场是形成合理的市场价格的前提。目前，我国碳金融市场处于由最低形式向最高形式的过渡阶段，虽然自愿减排试点交易频率低，但我国可以尝试对自愿减排主体实行税收优惠、价格保护、补贴等政策来培养其市场忠诚度，选择成熟时机扩大强制性减排机制涵盖的范围；另外，我国可以效仿美国芝加哥气候交易所的模式，实行会员制，对"自愿加入"的会员实行"强制减排"。随着单强制范围的扩大，可将更多的高排放企业集中地区列入总量控制实验区，对其实行双强制，总结发展经验和模式并向全国推广。

此外，加强碳排放权交易意识，吸引多方主体参与其中。"碳金融"对我国民众来讲还是一个新鲜概念，政府、企业及金融机构对这个新兴市场的认识不足，而高风险、高难度的碳金融产品要求投资者具备一定的专业知识，因此，在完善碳金融定价机制过程中，要适时对碳金融交易的理念及相关知识进行宣传，比如政府出面组织研究人员进行金融相关的研讨或公益讲座，如此一方面能够指导投资者科学规避风险，另一方面可以使更多企业或金融机构了解碳金融领域的发展潜能，丰富市场交易，推动我国碳金融定价机制的建立。为吸引金融机构参与交易，我国应通过税收减免政策提高金融机构开展碳金融业务的主动性，并鼓励金融机构到国际市场成立基金，参与国际 CDM 二级市场。另外，新兴事物的发展壮大离不开学术界的支持。我国研究人员应在理论框架研究方面加强国际沟通与合作，注重减排技术的交流，做到理论联系实际，使研究成果更具实践意义。

最后，科学探索碳金融定价方法。碳金融定价机制的核心是选择科学合理的定价方法。影子价格和期权定价的方法为我国继续深入探索碳金融定价机制提供了理论经验，我国在定价过程中还应注意以下两点：其一，深入发掘市场影响因素。随着我国碳金融市场的逐渐活跃，影响碳金融交易价格的因素会愈发复杂，甚至难以量化，有待我国专家学者的进一步研究；其二，时常更新数据。我国的碳金融市场即将进入快速发展阶段，随着参与者的增多和交易量的提升，研究数据随时更新，应用第一手数据的研究结果更具科学性和代表性。

五　碳货币及其选择

（一）碳货币的现状及其原因分析

碳货币的竞争在一定程度上是未来国际货币体系核心货币地位的竞争。从货币发展史来看，国际货币地位的确定往往意味着该货币是那一时代主流产品的计价和结算货币。纸币基于政府信用和国家立法强制推行，碳排放权与之相似，所不同的是其执行基础是国际协定和规则。假设美国决定发行一种新型货币取代美元，则美元的价值就会丧失。同样，如果美国、欧盟、日本等发达国家决定不再接受来自发展中国家的"核证减排额"（CER）用于满足其履约义务，CER 的价值将消失殆尽。这充分说明，不同种类碳信用的内涵价值基于《京都议定书》、后京都各阶段全球碳减排协议，以及各个强制型市场的内部减排规则而产生和变动。碳排放权作为一般等价物的商品属性是基于国内法和国际规则的信用秩序而建立，而非粮食、原油等商品不需要任何政府背书就天然拥有稳定的价值基础。由此，碳货币本位的设想也不同于金本位或其他一揽子商品本位等纯粹商品本位的货币体系改革方案，而近似于一种全新的"商品信用本位"。各国的目标减排量是基于自身减排能力、经济结构、减排行业重点和经济增速下限承受力等综合因素设置的。在满足全球减排目标的前提下，各国根据其自身情况承诺相应比例。根据实施的情况，每个阶段的分配方案可以适度进行微调，但总的来说约束将越来越严格。

各国如何赢得碳货币的发行权？根据《京都议定书》和后京都各阶段全球减排协议确定的排放总量、减排目标和交易规则，已承担减排目标的国家，其实际减排量超过其承诺减排量的超额碳减排量，或者尚未承担减排义务的发展中国家通过 CDM 等方式已经削减的碳排放量，为该国赢得了碳货币发行权，并构成碳货币的供给能力。值得强调的是，碳货币的发行权不仅取决于碳减排能力的大小，还在于受减排约束的程度和承诺减排数量的多少。典型的例证是，由于发展中国家在《京都议定书》第一阶段（2008—2012 年）不需承担减排义务，其通过 CDM 实现的所有减排量都可以作为商品向承担减排义务的发达国家出售，从而使发展中国家在现阶段拥有了更多的碳货币供给能力，赢得了碳货币的发行权。

碳货币成为财富，能够提供多余 CO_2 排放权的国家必定具有先进的制造业，不依赖数量和规模的扩张来实现经济增长，而是通过提高劳动生产率，提升产品附加值，改造工艺流程，以此节约更多的碳货币，出售给技术相对落后的国家。减排技术落后，而消费强劲的国家将因此受到双重打击，其制造业要购买碳货币才能生存，其消费者也要购买碳货币才能继续享受，由此必然造成国家财富的流失。

碳货币涉及世界货币发行的主权体系建设问题。现代国别性货币的发行是由国家主权力量支持的，这是世界性的货币发行所不能够比拟的，除非世界已经实现了大同、归为一个集合性的"主权体"。因此，碳货币实施面临一个重大难题，各国碳货币发行权取决于两个条件：一是设定减排目标，二是在既定减排目标之上的超额减排潜力。可见，目标约束的宽松程度直接影响到该国所享有碳货币发行权的大小。在这种情况下，减排目标的承诺将成为各国争夺国际竞争主导力的博弈重点。

从 19 世纪"煤炭——英镑","石油——美元",再到今天的"碳合约——X",演绎了一条国际主权货币的崛起路径。目前,欧元正凭借其定价碳交易的优势,带动相关金融服务并向全球进行金融渗透,挑战美元的优势地位。当前在碳交易计价结算货币上,欧元遥遥领先。2007 年全球碳基金已达 58 只,资金规模达到 70 亿欧元,其中来自政府投资者的资金93.3% 是欧元;混合购买者的资金 84.7% 为欧元;私人投资者的资金60.19% 为欧元。① 由此可见,EU ETS 在全球碳交易中的绝对优势,已使欧元牢牢把握住了国际碳交易的计价和结算权,而美元则稍显逊色,英镑能维持一定比例。现如今,越来越多的国家试图提升本币在碳交易市场体系中的地位。日元、澳元、加元、新元、港币等都具有提升空间。转型国家的货币如卢布,发展中国家的货币如卢比等也将有一席之地。在这样的形势下,中国如果不能及时追赶,人民币很可能会因为碳交易标价权的丧失而错过成为国际货币的历史机遇。

(二)能源货币演进的历史经验

从历史经验看,一国货币要想成为国际货币甚至关键货币,往往要遵循计价结算货币—储备货币—锚货币的基本路径,与国际大宗商品特别是能源贸易的计价和结算绑定往往是货币崛起的起点。例如,英国在成长为世界霸权国家的历史时期,一直是主要的煤炭出口国,保持着对煤炭的强力控制。在以美元为主导货币的时期,美国保持了对世界油源的强力控制。美国成长为霸权国家的历史时期,恰是世界能源图景中的"墨西哥湾时代"。尽管美国已不是世界主要石油出口国,但美国仍保持了对世界油源的强力控制。20 世纪 70 年代,美国和沙特阿拉伯签订了一系列所谓"不可动摇协议"的秘密协议,沙特同意将美元作为出口石油的唯一定价货币。由于沙特是世界第一大石油出口国,因此欧佩克其他成员国也接受了这一协议。任何想进行石油交易的国家都不得不接受美元这一交换媒介,石油与美元"挂钩"成为世界共识。上述一系列协议奠定了美元在国际石油交易货币中的不二地位,使得布雷顿森林体系崩溃以后,美元仍能通过垄断石油等大宗商品的交易媒介来维系其世界货币的职能。

---

① http://www.in-en.com/article/html/energy_1449144932525607.html.

此外，世界前两大石油期货市场——纽约商品交易所、伦敦国际石油交易所都以美元作为计价和结算货币单位，保证了美国对石油大宗商品的国际定价权。近年来，尽管美元币值不断下跌，伊朗改用欧元对石油进行计价，俄罗斯成立了卢布计价的石油交易所，但都未能撼动美元在全球石油贸易中的地位。正是凭借二战时期石油输出崛起而后延续至今对中东油源的强力控制，以及掌握国际石油期货市场的定价权，美元得以持续垄断石油贸易的交易媒介地位，并以此巩固牙买加体系下国际货币格局的美元本位制。"煤炭——英镑"和"石油——美元"的崛起展示了一条简单而明晰的关键货币地位演化之路。循此规律，不难发现，在低碳经济成为各国经济增长目标模式之后，新的能源崛起将超越以往单一能源主导的旧模式。新能源贸易——碳信用交易的计价结算货币绑定权将成为国别货币或者区域货币脱颖而出成为国际货币甚至关键货币的重要条件。

（三）人民币成为碳货币的可行性及对策

综合上述分析，在国际碳金融体系构建中，欧元、美元、英镑、日元、澳元等将通过碳相关资产交易的计价结算绑定权而强化地位；在碳领域没有作为的货币将被进一步边缘化。人民币现在虽未能作为碳货币，发挥其应有的作用，但仍存在机遇。

碳排放分配，表面上是应对气候变暖的手段，本质上则是各国根据自身经济实力和碳排放量所得到的额度，类似于国际货币基金组织创设的特别提款权。碳排放权，目前仅仅是大部分发达国家的主动承诺，未来世界各国必须遵循规定的碳排放指标和减排额度。西方国家借碳排放指标和减排额度的重新分配，旨在建立新的国际政治、经济秩序和利益格局。可以预见，在不久的将来，国际金融市场和金融体系将发生重大变化。日后，各国国际收支平衡、贸易摩擦、汇率问题都会与碳市场高度相关。在目前美元继续衰落、欧元难以担当重任的国际金融体系下，基于经济实力、地缘政治等诸多因素进行多方博弈所形成的碳排放量，有可能成为未来重建国际货币体系和国际金融秩序的基础性因素。对中国来说，这既是挑战，又是机遇。问题的关键在于，中国应当抓住机遇，利用自身优势发展低碳经济，尽快建立我国的碳金融制度，这是转变经济增长方式的需要，更是大国金融发展的需要。金融体系有责任，也有能力在低碳发展中扮演一个重要角色。

　　中国目前正处在加速工业化、城市化的进程之中，经济社会的发展需要能源驱动，能源成为影响小康社会的决定性因素。在此背景之下，中国如何实现经济发展与产业结构调整并举，走出符合国情的"低碳之路"，成为亟待解决的难题。2009 年 8 月 12 日，温家宝总理主持召开国务院常务会议，审议并原则通过《规划环境影响评价条例（草案）》。在此形势之下，金融业在我国低碳经济成长方面如何有所作为值得深思。对于中国来说，发展低碳经济是必然的选择。低碳经济属于朝阳经济，代表未来经济的发展方向，大力发展低碳经济，不仅将对我国经济结构的成功转型起到巨大作用，而且也有助于推动股市走强。

　　碳配额交易和减排融资与货币政策有一定关系，碳配额和减排融资既是未来经济的核心话题，也将是资本市场和金融市场重要的组成部分。我国将以培育低碳经济作为新经济增长点，将以碳交易催生一个新兴的、规模快速扩张的碳金融交易市场，包括直接投融资、碳指标交易和银行贷款等多个方面。

　　目前，国家的政策措施已经为我国低碳经济之路指明了方向。金融需找准支持低碳经济的着力点。在具体的发展过程中，想要形成完整而持续的低碳经济链，离不开银行等金融机构的大力支持。

　　首先，要树立为低碳经济服务的新理念。在国家大力提倡发展低碳经济的背景下，我国的金融业应该要树立低碳服务的意识，并尽可能地对相关企业进行扶持，使更多的资金流入与低碳经济相关的各个行业中去，进一步推动中国经济发展方式的转型和产业结构的调整。

　　其次，大力发展"绿色金融"。"绿色金融"本质就是低碳金融，是服务于旨在减少温室气体排放的各种金融制度安排和金融交易活动。金融机构应制定对研发生产环保设施、从事生态保护建设、开发利用新能源、从事循环经济、绿色制造和生态农业的企业提供倾斜信贷、保险等金融支持，而对污染企业进行金融限制的政策和制度，以达到有效引导资金向环境良好企业流动的目标。2007 年以来，由国家环保总局与金融业联手推出的"绿色信贷"、"绿色保险"、"绿色证券"三项绿色环保政策，使"绿色金融"制度初具框架，为我国金融业挺进环保主战场奠定了坚实的基础，下一步仍要具体贯彻落实。

总之，我国应利用丰富的碳减排资源和富有潜力的碳减排市场，积极扩大人民币在国际碳市场的影响。

六　碳金融框架下金融市场运行机制的前景

毋庸置疑，全球气候变化将是 21 世纪人类社会的重要议题之一。世界各国已就温室气体减排基本达成共识，正在通过发展"低碳经济"来实现《联合国气候变化框架公约》和《京都议定书》所确定的减排目标。与此同时，碳金融以其在世界经济中的广泛利益基础成为各国低碳化发展的重要经济手段。因此，建立成熟的碳金融市场、构建完善的碳金融市场运行机制已成为世界各国应对气候变化、发展低碳经济的有效途径。我国作为世界第二大经济体，同时也是世界最大的减排市场供给者之一，发展碳金融市场、研究碳金融运行机制具有提升我国经济地位，并依托碳金融市场实现生态重建双赢的现实意义。目前，我国对碳金融市场的认识尚不到位，碳金融市场的发展也不够成熟，急需吸纳海外先进理论与实践经验以完善我国碳金融市场体系。

在碳金融发行市场建设方面，我国应在完善法律的基础上合理确定减排目标，包括减排部门、温室气体种类、减排阶段划分、总体目标及阶段性目标等方面；在配额分配方式上，我国应在免费分配方式的基础上逐步向拍卖分配发展，并配合以统一的市场管理部门及惩罚机制，以提高我国碳金融发行市场运行效率。

在碳金融交易市场建设方面，我国应全面学习海外碳交易所的内部管理经验，完善我国碳交易运作流程，建立统一的国家级碳金融交易所，以便充分发挥交易平台的功能。

在碳金融产品设计方面，我国应注重与减排计划的结合，吸纳多元主体参与碳金融产品创新，由基础碳交易产品向新型衍生碳金融产品方向发展。

在碳金融定价体系建设方面，我国急需探讨出台《碳排放权交易法》，明确界定碳排放权的稀缺性和可交易性、规定碳排放权的初始分配方式，并对碳排放配额进行核定和管控；通过建立统一且国际化的交易平台，采用科学的定价方法，实现强制减排。

在全球碳市场规模不断扩大的趋势下，我国应抓住机遇、做好准备，积极构建并完善碳金融市场，建立开放的碳交易所，引导多方主体参与，开发碳金融产品、实现碳金融功能、提供配套服务，配合健全相关法律法规及风险评估体系，利用资本市场充分带动碳交易项目，实现提高能效、减少排放、改善环境的目标，在全球碳交易市场中争取定价权及话语权。

第三章
碳金融运行的制度设计

碳金融运行的制度设计分为两大部分：一是碳金融框架下货币政策安排，二是碳金融框架下金融监管变革。作为主要的、经常使用的政策工具，一般性货币政策工具可以通过对货币供应总量或信用总量进行调节和控制，促进低碳经济的运行以及碳金融的发展。碳金融创新和碳市场的出现已经使金融机构和金融系统的风险特征更加复杂。碳金融运作国际化的加强突出了监管的国际因素，对我国关于监管机构制度结构的传统假设形成了挑战。

第一节　碳金融框架下的货币政策安排

本节探讨西方国家与我国碳金融发展的扶持政策，进而探索促进我国低碳经济发展的金融政策选择。

一　西方国家发展碳金融的扶持政策

随着地球环境日益变化，在一系列气候巨变中诞生出的新概念"碳金融"，越来越多地进入了人们的视线。碳金融与环境金融的产生及其发展历程紧密联系。近几十年来，面对环境的挑战，以巨灾债券为代表的环境金融产品应运而生，并逐渐形成了"环境金融市场"。环境金融被界定为以市场为基础的所有用于提升环境质量和转移环境风险的产品和活动。

《安然错在哪里》一书的作者、被称为能源行业思想先驱的彼得·C. 福萨洛，在《能源与环境对冲基金——新投资范式》中提到，"金融模型现在已经发生了变化，包括更多的股权投资、商品交易，开始模糊了投资银行、风险投资和对冲基金的业务范围。推动金融市场发生变化的另一个原因是最近出现的'环境金融市场'，这既是导致金融市场变化的因素，也是新的投资机会"。这里，福萨洛所言的"环境金融市场"便是碳金融。目前全球范围内的 12000 家对冲基金，管理着约 20000 亿美元的资产，其中超过 5% 的对冲基金选择与环境和气候相关的金融产品作为投资对象，福萨洛认为这一数字还在快速增加。随着碳交易市场规模的不断扩大，与碳交易相关的金融创新会迅速发展。作为环境金融的一个分支，碳金融是对碳排放进行规制的一种新型金融运作模型。美国、日本、欧盟等国家和地区对低碳发展的支持政策值得我国借鉴。

1. 美国支持新能源研发和推广的政策选择

美国重视新技术新能源的研发和推广，利用技术创新来不断降低可再生能源的成本，使其与传统能源在价格上具有可比性，从而快速推广使用，成为未来能源的主力。2000—2010 年，美国计划内对可再生能源研发的费用达 150 亿美元以上。除研发资助之外，美国前总统克林顿在 1997 年制订了"百万屋顶太阳能计划"，建立了技术商品化示范项目。为了更加环保、高效地利用储量丰富的煤炭资源，自 2001 年开始，美国政府已投入 22 亿美元，用于将先进清洁煤技术从研发阶段向示范阶段和市场化阶段推进。此外，为促进可再生能源的开发与使用，美国联邦和州政府采取强制与激励相结合的政策，先后出台了《公共事业管制政策法》、《能源税法》、《大气清洁法修正案》、《能源政策法》等一系列强制性法案，同时采取减税、生产和投资补贴、电价优惠及绿色电价等激励措施，提高效率，降低成本和价格，提高可再生能源的竞争力，促进可再生能源的使用。

2006 年，美国政府发布《气候变化技术项目战略计划》，大力支持包括节能、减排、CO_2 的捕获与封存等低碳技术在内的各种前沿科技和应用技术的研究开发。政府通过"煤研究计划"支持能源部国家能源技术实验室进行清洁煤技术研发，例如开发创新型污染控制技术、煤气化技术、先进燃烧系统、汽轮机及碳收集封存技术等。2007 年 7 月，美国参议院颁布

《低碳经济法案》，对建立低碳技术合作与技术转移体系、关键性技术的突破，以及低碳经济的建设提供纲领性指引。2013 年 6 月，奥巴马政府推出"总统气候变化行动计划"，旨在建立一体化的减排市场。

2. 日本发展低碳技术的扶持政策

在发展"低碳技术"方面，日本投入了大量资金开发利用太阳能、风能、光能、氢能、燃料电池等替代能源和可再生能源，并积极开展潮汐能、水能、地热能等方面的研究。政府于 2007 年制订了《COOLEARTH 能源革新技术计划》，以巨资预算推动全新的炼铁技术、太阳能电池技术、提高发电效率等节能与新能源技术。日本通产省于 2007 年曾提出一项新计划，将在其后 5 年内投入 2090 亿日元，以降低燃料消耗和温室气体排放作为目标，发展清洁汽车技术。日本政府为了达到低碳社会目标，采取了综合性的措施，制订了长远的计划。通过改革工业结构，资助基础设施以鼓励节能技术与低碳能源技术创新的私人投资。日本对温室气体的捕捉及封存技术予以大力支持，提出从 2009 年开始大规模试验，并在 2020 年前投入使用的目标。在政策法规方面，日本早在 1979 年就颁布实施了《节约能源法》，并对其进行了多次修订，最近一次是在 2006 年。从 1991 年至 2001 年，日本先后制定了《关于促进利用再生资源的法律》、《合理用能及再生资源利用法》、《废弃物处理法》、《化学物质排出管理促进法》、《2010 年能源供应和需求的长期展望》，通过强有力的法律手段，全面推动各项节能减排措施的实施。2006 年，经济产业省编制了《新国家能源战略》。2008 年，政府通过了"低碳社会行动计划"，明确提出了积极推进低碳技术的开发，如 CO_2 回收储存技术、新能源应用技术、新能源汽车普及等，以支持低碳社会的建设。为了鼓励企业和社会节能，政府还实施了多项财税政策：一是税制改革，使用指定节能设备，可选择设备标准进价 30% 的特别折旧或者 7% 的税额减免；二是补助金制度，对于企业引进节能设备、实施节能技术改造给予总投资额的 1/3—1/2 的补助，对于企业和家庭引进高效热水器给予固定金额的补助，对于住宅、建筑物引进高效能源系统给予其总投资额 1/3 的补助；三是特别会计制度，即在国家预算中安排专门的节能资金，由经济产业省实施支援企业节能和促进节能的技术研发等活动，该预算纳入"能源供需结科目"，主要来源于国家征收的石油煤炭税。

日本政府的对低碳经济的引导力度较大：首先，开发新技术并普及现有的先进技术；其次，建立一套让整个国家朝着低碳化目标努力的机制，包括引入碳排放交易制度、进行税制改革以及实行个人消费碳排放可视化制度等；再者，提高农村和地方城市对实现低碳社会的贡献；最后，重视每一位国民的作用，让国民理解减排的意义、重要性、做法和可能伴随的负担，从而采取实际行动。

3. 欧盟推动碳金融发展的政策安排

欧盟对低碳技术的选择侧重点在清洁能源技术方面。为了发展低碳经济，欧盟成立了"欧洲能源研究联盟"和"联合欧洲能源研究院"，执行发展低碳经济的6项计划："欧洲风力计划"、"欧洲太阳能计划"、"欧洲生物质能计划"、"可持续核裂变计划"、"欧洲电网计划"和"欧洲 CO_2 回收与储藏计划"。在这6大计划中，4项计划与清洁能源技术直接相关。以2007年为例，法国、德国、意大利与英国是低碳投入的主要成员国，其在低碳技术上的总投入为15.8亿美元，其中绝大部分用于清洁能源技术。2010—2020年的10年内，欧盟将投入530亿欧元进行低碳技术的研发与应用研究，其中60亿欧元用于风能研究，160亿欧元用于太阳能技术研发，90亿欧元用于生物质能研究，70亿欧元用于核能研究，20亿欧元用于电网研究，130亿欧元用于 CO_2 捕捉和封存示范项目。欧盟国家在清洁能源上的大量投入使得欧盟的可再生能源技术和产业技术能力，水平明显高于日本和美国，在全世界居于领先地位。英国、德国政府调整产业结构，建设低碳发电站示范点，加大资助发展清洁煤技术、收集并存储碳分子技术等研究项目，以找到大幅度减少碳排放的有效方法。为了实现低碳经济目标，德国政府制定了 CO_2 分离、运输和埋藏的法律框架。英国政府一方面鼓励提高能源效率和发展可再生能源，另一方面确立了气候变化税、气候变化协议、排放贸易机制等多项经济政策，积极开发低碳技术。

二　中国碳金融的发展及相关政策

2007年以来，由国家环保总局与金融业联手推出的"绿色信贷"、"绿色保险"、"绿色证券"三项绿色环保政策，使"绿色金融"制度初具框架，为我国金融业挺进环保主战场奠定了坚实的基础。我国金融业积极推进绿色金融的机制创新：中国人民银行将企业环保信息纳入企业征信系统，督促企业提高环保意识；银监会出台指导意见，引导金融机构发展绿色新业务；证监会积极探索建立上市公司环境绩效评估制度和信息披露的监管机制；保监会积极开展环境污染责任保险制度的绿色金融试点工作和保险试点工作。2007年7月，中国人民银行、银监会联合发布《关于落实环保政策法规防范信贷风险的意见》。随后，北京、深圳等地方政府出台了绿色信贷补贴政策。在各项政策的推动和指引下，国内商业银行已经开始积极探索绿色金融的服务和产品模式。绿色产业发展和传统产业绿色改造的融资需求以及碳交易的金融服务需求，为绿色金融发展创造了空间，也为金融发展提供了新的方向和内涵。

三 支持低碳经济发展的金融政策选择

本书将分析一般性货币政策工具、选择性货币政策工具及直接信用控制等其他政策工具对碳金融发展的影响机理，并在此基础上为我国低碳经济发展的金融扶持政策选择提供建议。

（一）货币政策工具影响碳金融发展的机理

1. 一般性货币政策工具的作用机理

作为主要的、经常使用的政策工具，一般性货币政策工具可以通过对货币供应总量或信用总量进行调节和控制，对低碳经济的运行以及碳金融的发展发挥作用，其主要包括法定存款准备金政策、再贴现政策和公开市场业务三项具体的政策工具，俗称"三大法宝"。

（1）差异法定存款准备金政策对碳金融发展的助推。差异化的法定存款准备金政策是指中央银行对商业银行等存款机构的存款规定差异化的存款准备金，强制性地要求商业银行等存款货币机构按规定比率上缴存款准备金，以增加或减少商业银行的超额准备，进而引导碳金融的发展。

例如，对"赤道银行"采用较低的法定存款准备金率，一方面可以增加"赤道银行"的超额准备金总额，增加"赤道银行"创造派生存款的能力，即增加"赤道银行"提供绿色金融服务的供给能力；另一方面也可作为一种政策导向，促进商业银行采用"赤道原则"，推动商业银行的绿色转型。

法定存款准备金政策作为一种货币政策工具，其优点在于货币供应量对商业银行的信用扩张能力具有极强的影响力，力度大、速度快、效果明显，但也存在着不宜经常采用、难以随时调整的不足。

（2）再贴现政策对碳金融发展的支持与告示作用。中央银行可以通过再贴现政策，调整再贴现率或限定向中央银行申请再贴现的资格影响商业银行等存款货币机构从中央银行获得的再贴现贷款，以达到增加或减少绿色信贷供应量、促进碳金融发展的目标。

中央银行通过再贴现政策不仅能影响货币供应总量的增减，而且还可以调整信贷结构，使之与产业政策相适应，其方法有两种：一是中央银行通过规定再贴现票据的种类，决定何种票据具有再贴现资格，从而影响商业银行的资金投向；二是对再贴现的票据实行差别再贴现率，从而影响各种再贴现票据的再贴现数量，使货币供应结构与中央银行的政策意图相符合。为促进低碳经济发展，中央银行可以优先为节能环保产业的票据办理再贴现，或者禁止三高产业票据的贴现，这将有利于引导资金流向低碳产业，为低碳经济的发展提供金融支撑；也可以通过为低碳产业的贴现票据制定较低再贴现率，降低低碳产业的融资成本，促进其平稳快速发展。同时，再贴现政策可产生货币政策支持低碳经济发展的告示作用，从而影响和引导公众预期，吸引社会资金流向低碳产业，促进低碳发展。

再贴现政策已经成为中央银行调节信贷结构，引导社会资金流向的有效工具，但中央银行虽能调整再贴现率的结构，确定再贴现票据的种类，却不能强迫商业银行借款。随着金融市场的发展，市场工具日趋多样化且便利程度不断提升，商业银行等金融机构的市场筹资渠道将越来越多，而中央银行运用再贴现政策工具时只能被动等待借款者"上门"。相对于公开市场业务，再贴现政策的效果更难于控制，再贴现率不能经常反复变动，缺乏灵活性，从而限制了再贴现政策的效力。

（3）公开市场业务对低碳发展金融环境的稳定功能。公开市场业务是中央银行在金融市场买进或卖出有价证券，以改变商业银行等存款机构的准备金，进而影响货币供应量和利率，实现货币政策目标的一种政策措施。与法定存款准备金政策和再贴现政策相比，公开市场业务针对碳金融或低碳发展的激励作用较弱，但其作为大多数国家中央银行经常使用的货币政策工具，可以为低碳经济发展提供稳定的金融环境。

2. 选择性货币政策工具的作用机理

选择性货币政策工具，是指中央银行针对某些特殊的经济领域或特殊用途的信贷而采用的信用调节工具。例如，消费者信用控制、证券市场信用控制和不动产信用控制等。当对低碳产业或低碳商品实行优惠的信用控制措施时，就能够在一定程度上促进低碳经济的发展。

（1）以消费者信用控制引导低碳的消费模式。当中央银行对不动产以外的各种耐用消费品的销售融资予以控制，影响消费者对耐用消费品有支付能力的需求时，就可以发挥引导消费模式的功能。

低碳经济的本质是绿色经济，绿色消费是低碳经济在消费领域的具体体现。低碳经济促进绿色消费观的构建，绿色消费观推动低碳经济的发展。绿色消费观指导下的价值判断和内心信念，不仅影响消费者消费偏好的形成及消费物品的选择空间，而且制约着消费者具体的消费方式。低碳消费方式涉及到方方面面。在目前我国的经济社会条件下，广义的低碳消费模式包括五个层次的含义：一是"恒温消费"，消费过程中温室气体排放量最低；二是"经济消费"，即对资源和能源的消耗量最小、最经济；三是"安全消费"，即消费结果对消费主体和人类生存环境的危害最小；四是"可持续消费"，对人类的可持续发展危害最小；五是"新领域消费"，转向消费新能源，鼓励开发新低碳技术、研发低碳产品、拓展新的消费领域，更重要的是推动经济转型，形成生产力发展的新趋势，将扩大生产者的就业渠道、提高生产工具的能源效益、增加生产对象的新价值作为标准。

对低碳消费模式的引导可以从以下四个方面着眼。第一，规定用分期付款等消费信贷购买各种耐用消费品的第一次付款的最低金额。若提高以分期付款方式购买耐用消费品的首付，就可以抑制过度消费及"大量生产、大量消费、大量废弃"的资源耗竭型消费和环境污染型消费。第二，规定用分期付款等消费信贷购买各种耐用消费品借款的最长还款期限，最长还款期限越短，对超前消费的抑制作用越大。第三，规定用分期付款等消费信贷方式购买耐用消费品的种类，即规定哪些耐用消费品可用分期付款信用方式进行购买，哪些耐用消费品不能使用该方式购买。第四，建立并完善碳标识制度。例如，美国、英国等 10 多个国家已经出台了"碳标签"标识政策，要求今后上市的产品上必须有"碳标签"，即在包装上标明产品在生产、包装和销售过程中产生的 CO_2 排放量，方便居民选购。当地的居民在购物时，把 CO_2 排放量的多少作为是否购买该商品的主要参考因素。同时该标签也可以作为是否适用于分期付款的标准。高碳标签的商品如高能耗的 SUV 汽车不得申请分期付款，而新型充电汽车不仅能够分期付款，而且可以降低首付款比例，延长付款期限。以是否有助于促进节能环保为原则，进行消费信用控制将能有效引导 5S 消费，即简约性（saving）、耐久性（sustained）、共享性（sharing）、无害性（safe）、体恤性（sympathetic）消费。

（2）以证券市场信用控制推动碳证券的发展。证券市场信用控制，亦称垫头规定（margin requirements），指中央银行对有价证券的交易，规定应支付的保证金限额，目的在于限制用借款购买有价证券的比重。它是对证券市场的贷款量实施控制的一项特殊措施。称之为垫头规定是因为它实际上就是规定购买有价证券必须付出"垫头"，如果规定垫头为 60%，则买进证券时必须拿出 60% 的现款，其余的 40% 可以用向经纪人借款来支付。证券市场信用控制可以用于支持碳证券业的发展，例如，通过对碳证券或碳基金业制定较低的垫头标准，满足碳证券市场信贷资金的需求，稳定碳证券市场价格，同时调节信贷供给结构，引导资金流向碳证券或碳基金领域，进而间接支持低碳产业的发展。

（3）以差异化的不动产信用控制促进房地产行业绿色转型。不动产信用控制（control over mortgage），是指中央银行对商业银行等金融机构向客户提供不动产抵押贷款进行管理限制的措施，主要包括规定贷款的最高限额、贷款的最长期限和第一次付现的最低金额等。不动产信用控制的目标主要在于限制房地产投机，抑制房地产泡沫，同时影响总需求。差异化的不动产信用控制可用于引导房地产行业的绿色转型，如减少购买绿色环保住宅的首付并延长付清房款的年限，可以激励房屋需求者用抵押贷款来购买绿色住宅，从而带动建筑业绿色转型；反之，提高高能耗商品房的首付并缩短付清房款的年限可以限制人们用抵押贷款来购买高能耗非环保住宅，从而减少对该类住宅的需求。差异化不动产信用控制实行的前提是建筑技术的发展，以及商品住宅碳标签的标准化与普及。

（4）以优惠利率重点扶持低碳产业的发展。优惠利率是指中央银行对国家拟重点发展的某些部门、行业和产品规定较低的利率，以鼓励其发展，推动国民经济产业结构、产品结构的调整和升级换代。优惠利率可以配合国家低碳经济发展政策使用。为战略性新兴产业，如新能源产业、新技术、新材料、生化产业等，制定较低的优惠利率，提供资金方面的支持。实行优惠利率有两种方式：其一，中央银行对需要重点扶持发展的行业、企业和产品规定较低的贷款利率，由商业银行执行；其二，中央银行对上述行业的票据规定较低的贴现率，引导商业银行的资金投向和投量。

3. 其他货币政策工具的作用机理

中央银行还可以通过直接信用控制和间接信用指导的方式引导金融业的绿色转型，为低碳经济发展提供金融支持。

直接信用控制是指中央银行从质和量两个方面以行政命令或其他方式对金融机构尤其是商业银行的信用活动进行直接控制，其手段包括利率最高限额、信用配额、流动性比率管理和直接干预等。在促进碳金融发展方面，可以采取加大碳金融项目贷款利率的浮动范围，建立与绿色贷款相关联的信贷规模指导等政策促使金融机构的业务向碳金融倾斜。

道义劝告是指中央银行利用其声望和地位，对商业银行和其他金融机构经常发出通告、指示或与各金融机构的负责人面谈、交流信息、解释政策意图，使商业银行和其他金融机构自动采取相应措施来贯彻中央银行的政策。窗口指导则是中央银行根据产业行情、物价趋势和金融市场动向，规定商业银行贷款的重点投向和数量变动等。中央银行可以通过工作会议、"吹风会议"及窗口指导，使金融机构理解中央银行发展低碳金融的意图，引导资金流向低碳领域。

（二）促进低碳经济发展的金融政策

为进一步推动低碳经济的发展，我国应更好地发挥中国人民银行、银监会、证监会、保监会等部门的宏观指导作用，建立与节能减排项目贷款相关联的信贷规模指导政策；人民银行应积极采用差异化的法定存款准备金政策、差异化的再贴现政策，以及选择性货币政策工具为低碳经济发展提供金融政策维度的激励与支持；在外汇管理政策方面，相关部门应配合CDM机制研究并开通"碳金融绿色通道"，将跨境"碳资本"自由流动列为逐步实现资本项目可兑换的先行目标；鼓励地方政府成立碳基金或担保公司，为金融机构开展"绿色信贷"可能产生的风险提供保障；引导地方政府发挥政府项目的示范引导作用，在一些政府刺激经济的项目贷款方面向"绿色信贷"开展较好的商业银行倾斜。

第二节　碳金融框架下的金融监管变革

在碳金融产生并高速发展的今天，碳金融风险亦快速集聚。我国分业监管的金融监管模式已经不能适应碳金融发展的需要。为了更好地防范金融风险，有必要对我国现行分业监管模式在碳金融风险监管方面的问题展开深入的分析。任何金融监管模式都是结合金融体系的制度结构设计的。碳金融交易市场的出现和创新已经使金融机构和金融系统的风险特征更加复杂。碳金融运作国际化的加强更突出了监管的国际因素，我国一些关于监管机构制度结构的传统假设受到了挑战。本书从三个方面对碳金融框架下的金融监管模式展开研究。首先，本书从制度经济学的角度入手，研究是否应该对目前的金融监管制度进行改革，建立单一碳金融综合监管部门。随后，本书借鉴最早进行金融监管模式改革的斯堪的纳维亚国家的经验，提出我国建立碳金融综合监管机构的设想。最后，本书通过对多种子模式进行比较分析，探索我国碳金融监管模式的最佳选择。本节分为五部分，第一部分分析了碳金融监管现状；第二部分从制度经济学的视角，对碳金融监管模式展开分析；第三部分总结了斯堪的纳维亚国家的金融监管经验；第四部分研究了碳金融综合监管模式的可行性；第五部分对本节的研究进行总结并提出相关的政策建议。

一　我国碳金融监管模式的现状

在碳金融框架下，我国现行分业监管模式的弊端逐渐显现，无法及时准确地识别、防范和管理风险，难以为碳金融的发展创造良好的制度环境。

第一，分业监管模式导致监管机构的监管力下降，出现监管盲区，不利于及时发现并有效控制风险。

第二，分业监管不能形成规模经济，联合监管、信息、技术和经验的共享以及相互的支持成本高。同一机构不同部门之间的合作成本显然要低于不同机构联合监管的成本；不同机构同类或相近信息的采集、处理与分享存在成本的分担问题，容易产生机会主义倾向；一项碳金融业务可能涉及多家金融机构，监管技术和经验的共享以及相互支持异常重要，分业监管模式下跨机构的支持成本必定高于一个机构下不同部门之间的合作成本。

第三，分业监管不利于专业监管人员的培养和发展，从而不利于碳金融监管效率的提高和效果的提升。因为碳金融监管在分业监管条件下，只属于金融创新的一种，监管人员对碳金融知识和经验的积累动力不足，不利于监管人员专业技术和经验的积累，不利于专业人员的发展和晋升。专业人员的缺乏和技术经验的不足对碳金融监管的有效性形成挑战。

第四，目前的分业监管模式不利于监管外资金融机构的碳金融业务。外资金融机构多数是全能型金融机构，旗下部门涉及银行、证券、保险、基金、担保等多种金融业务，分业监管模式的高成本及监管盲点导致监管效率不足。

综上所述，我国现行分业监管模式可能出现碳金融监管盲区，不利于风险防范；分业监管模式不能形成规模经济，从而造成社会资源的浪费；不利于专业人员的培养和发展，无法提升监管效果和效率；不利于监管外资金融机构。因此，我国金融监管变革势在必行，探讨适宜的碳金融监管模式具有现实意义。

二 碳金融监管模式的制度经济学分析

（一）金融监管模式的比较

对我国来讲，可选择的碳金融监管模式主要有两种：一是保持目前的分业监管格局不变，将碳金融业务视为金融创新的一种，继续实行分业监管；二是对金融监管机构进行变革，实行专业化分工，另外单独建立一个专门的碳金融监管机构，即实行碳金融业务统一监管。这两种监管模式各有利弊，目前我国所采取的碳金融分业监管模式的优势体现在：第一，与现有的金融监管模式相一致。目前我国对金融行业采取的是分业监管模式，因此对碳金融实行分业监管能够更好地契合现存的监管模式，使各监管主体在各自的监管范围内实施监管。第二，与目前的法律体系相适应。由于我国目前采取的是分业监管模式，因此大部分金融监管的法律法规都是针对各个行业制定的，实施碳金融分业监管能够契合我国现有的法律体系。第三，避免由于碳金融监管模式改革造成的冲突。对碳金融监管进行改革必将涉及到权利资源的再分配，引发不同主体间的利益冲突，反而在一定程度上增加了监管的成本，降低了监管的效率。

与分业监管相比，专门的碳金融监管机构拥有诸多优势，主要包括：第一，监管更加有效。随着金融业的日益发展，不同金融行业之间的界限越来越模糊，对银行业、证券业、保险业的分业监管模式形成了挑战，而统一的碳金融监管更适用于金融领域混业经营的模式。第二，实现规模经济。统一的碳金融业务监管可以使信息流通更加通畅，避免重复劳动，实现规模经济。第三，增强问责制。统一的碳金融业务监管可以明确责任，避免由于分业监管造成的权责不清等问题。第四，提高碳金融监管机构的权威。统一的碳金融业务监管可以提高碳金融监管机构的权威，为实施有效的碳金融监管提供保障。

由此可见，两种监管模式各有所长，在具体选择监管模式之时，必须综合考虑我国法制环境、经济发展状况、金融规模等诸多因素。

（二）制度与金融监管

世界上存在着多种多样的金融监管的制度安排，很显然不存在一个最佳的制度结构模型（Carmichael et. al.，2004[①]；Llewellyn，1999[②]）。金融监管制度安排的理论基础是新制度经济学。新制度经济学本质上是一个跨学科的研究领域，包括产权理论、法律的经济学分析、公共选择理论、宪

[①] Carmichael J.，Fleming A.，Llewellyn D. T.，*Aligning Financial Supervisory Structures with Country Needs*，Washington：World Bank Institute，2004.

[②] Llewellyn D. T.，*How Countries Supervise their Banks*，*Insurers and Securities Markets*，London：Central Bank Publications，1999.

法经济学、集体行动理论和比较经济学体系等等。新制度经济学创始人诺斯将制度定义为人类沟通互动的约束，包括正式的约束（例如规则和法律）和非正式的约束（如行为规范、道德约束等）。

1. 制度和金融表现的关系

20 世纪以来，一些学者开始研究制度对国家间经济发展差异的解释能力。Acemoglu et al.（2001）[①] 以及 Easterly and Levine（2003）[②] 认为，只有在制度对经济发展具有协调与保障作用的前提下，资源的分配对于经济的增长才能起到积极的促进作用。Fukuyama（2006）[③] 研究发现经济增长的直接原因是制度。虽然目前对于"制度"的定义尚未统一，但是对于好的制度能够促进经济增长的结论已基本达成共识。

制度对于金融体系的影响是毋庸置疑的。Tavares（2002）[④] 认为国家的金融体系和制度特征深深地根植于国家的历史和政治文化之中。Girma and Shortland（2004）[⑤] 将造成很多国家金融发展缓慢的原因归为三类，其中最重要的一类就是制度的不发达。Girma and Shortland（2004）认为金融体系不能够在制度空白的情况下发展，金融体系的有效运转需要良好的制度条件，以降低交易费用、提高社会信用、保护私有财产，从而调动个人和企业的积极性，提高创新的动力和能力。一些国家金融欠发达可归因于国家制度的缺陷以及缺乏构建稳健的金融体系的制度基础。Haber（2006）[⑥]

① Daron Acemoglu, Simon Johnson, James A. Robinson, "The colonial origins of comparative development: An empirical investigation", *American Economic Review*, No. 91, 2001, pp. 369 – 401.

② William Easterly, Ross Levine, "It's not factor accumulation: Stylized facts and growth models", *The World Bank Economic Review*, No. 2, 2001, pp. 177 – 219.

③ Francis Fukuyama, *Development and the limits of institutional design*, Paper presented at the Seventh Annual Global Development Network Conference, St. Petersburg, 2006.

④ José Tavares, *Firms, financial markets and the law: Institutions and economic growth in Portugal*, Paper presented at the Conference on Desenvolvimento Econ ómico Português No Espaço Europeu: Determinantes E Political, Banco de Portugal, 2002.

⑤ Sourafel Girma, Anja Shortland, *The political economy of financial development*, Working Paper No. 04/21, Department of Economics, University of Leicester, 2004.

⑥ Haber Stephen, *Political institutions and financial development: Evidence from the economic histories of Mexico and the United States*, Paper presented at the Allied Social Science Associations Annual Meeting, Boston, 2006.

研究了美国和墨西哥从独立到1913年的发展，发现制度因素在其银行业的规模扩张和结构调整中扮演了重要的角色。

前人的研究成果表明，制度和金融表现之间有着重要的关系，意味着对金融体系的任何改革都需要制度作为支撑，否则改革的结果必将与最初的目标相去甚远，甚至背道而驰。要改革我国目前的碳金融监管体制，建立一个独立的碳金融监管机构，制度方面的支撑必不可少。

2. 碳金融监管改革的制度支撑

根据制度与金融表现之间的关系，对金融监管进行改革需要以下四方面的制度支撑。

第一，政府职能的有效发挥。政府在实施有效的碳金融监管改革方面发挥着重要的作用。一方面，政府须确保碳金融系统的稳定，任何改革都会遇到阻力，易引发各类问题，而政府的职能就是在变革的过程中掌控大局，保证金融系统的整体稳定和健康发展。另一方面，政府应避免过多地干预，鼓励私人部门参与，增强市场活力，从而促进金融发展。

第二，监管机构的独立性及问责制。Quintyn and Taylor（2002）[1] 定义了独立的监管机构所包含的四个方面：管理独立、监督独立、机构独立和财务独立。其中管理独立和监督独立是核心内容，机构独立和财务独立是前者的必要支持。

管理的独立性意味着监管机构在法律的框架内订立规范及开展管理活动有足够的自主性。这既是最重要的，也是在我国最难实施的，因为它所需要的支撑通常与法律传统中根深蒂固的制度相悖。监管的职能包括：授权、监督、制裁和危机管理，监管独立同样很难实现。机构的独立性是指独立于政府机构和立法部门的机构地位，包括三个重要因素：高级人才的任命与解雇、治理结构、决策制定的开放和透明。财务和预算的独立是指在决定机构预算规模和应用方面的独立性。财务和预算独立于政府能够确保金融监管独立于各方势力的控制。

制定并实施监管机构问责制，确保权责明确。只有权责分配合理，才

---

[1] Marc Quintyn, Michael Taylor, *Regulatory and supervisory independence and financial stability*, IMF Working Paper WP/02/46, 2002.

能够确保监管机构切实从社会利益的角度出发，明确监管目标，对碳金融业务实施有的放矢的监管。

第三，有效的法律和司法系统。由于碳金融业务的特殊性，使其在具有一般的市场风险、信用风险、流动性风险以及操作风险的同时，也具有极大的政治和法律风险。因此要进行有效的碳金融监管改革，建立独立的碳金融监管部门，就必须有强大的法律和司法体系作为支撑。

第四，有效的信息披露制度。要强化碳金融监管的效力，避免违规行为的出现，需建立有效的信息沟通和披露机制。我国现阶段，应建立统一的碳金融业务披露机制，全面、及时地发布碳金融业务的相关信息，提高信息的透明度，减轻不完全信息的影响。①

3. 监管模式改革的制度经济学分析

由制度与金融表现的分析可知，造成很多国家金融发展缓慢的首要原因是制度的不发达。碳金融体系的有效运转需要良好的制度条件，好的制度条件可以降低交易费用、提高社会信用，从而调动个人和企业的积极性，增加创新的动力，促进碳金融的发展，从而支持低碳经济的发展。

通过对比分业监管与建立综合监管机构可知，分业监管的主要优势在于无须增加成本，而建立碳金融综合监管模式从长期看优于分业监管模式，但是短期内需要付出改革成本。另外，对碳金融监管模式进行改革需要制度支撑。就我国的现状而言，要建立一个统一的碳金融监管机构，需要解决以下四个方面的制度支撑问题。

第一，明确政府职能，减少对市场干预。由于种种社会历史的原因，我国政府对于金融市场的干预过多。政府在金融市场中不仅仅充当了政策制定者和秩序维护者的角色，还对金融市场进行了过多限制规范以及政策的倾斜，有时甚至直接进行干预。政府的干预措施使得市场的作用不能够完全发挥，市场主体的积极性和创造性不能够被充分调动。

第二，增加监管机构的独立性，建立问责制。要使监管机构充分发挥其职能，对金融市场实施有效的监管，就必须确保监管机构的独立性并建

① 许光：《我国低碳金融发展的约束因素及对策研究》，《中共杭州市委党校学报》2011 年第 4 期。

立明确的问责制。我国监管机构的独立性虽然近年来不断提高，但是各种监管无效的情况依然存在。监管机构的问责制也有待加强，不能够只重视短期的监管效果，而忽视长期的影响。

第三，建立健全碳金融业务法律法规。在碳金融方面，我国参照和遵循的主要是"赤道原则"和联合国环境署发布的《金融机构关于环境和可持续发展的声明》。在具体的业务指导方面，我国环保总局和世界银行国际金融公司于 2008 年合作制定了《绿色信贷环保指南》，以规范国内碳金融的管理机制。但上述内容多为指导性的意见和纲要，缺乏规范性和可操作性文件，难以起到有效指导实践的作用。

第四，建立有效的信息披露制度。由于我国碳金融业务还处于初级阶段，无论是碳交易信息沟通机制还是碳金融业务披露机制都不够完善，无法保证监管当局、非政府组织、金融机构和媒体等方面的经常性沟通和互动，未对金融机构碳金融活动的开展状况进行动态追踪，不能及时通报金融机构实施碳金融业务以及风险管理等方面的情况。

综上所述，建立一个单独的碳金融监管机构对金融机构的碳金融业务进行统一的监管更有利于碳金融的健康发展。本书建议从如下三个方面着手，推动我国碳金融监管机制的变革。

首先，应提高对碳金融监管的重视。由于碳金融兴起和发展的时间较短，中国金融机构对其利润空间、运作模式、风险管理、操作方法以及项目开发审批等流程的认识存在不足。加之碳金融业务相关机构和人才的缺失及新型的碳金融业务风险，金融业并没有广泛而深入地介入其中，致使现有业务发展模式较为单一。为提高国际话语权，我国必须加强对碳金融监管的重视，从各个方面着手及早制定规范及标准，在碳金融领域抢占先机。

其次，应建立一个独立的碳金融监管部门。与分业监管相比，独立的碳金融监管部门具有成本优势。但就我国目前的情况而言，由于碳金融业务尚处于初级阶段，规模较小、业务形式较为单一，我国尚缺少建立一个独立的碳金融监管部门的必要的制度支撑。

最后，应加快制度建设。一个国家的制度是由历史、文化经济等各方面原因共同决定的，难以实现跳跃式的发展，只能够循序渐进。因此，我国应从以下四个方面加快制度建设：其一，明确政府在碳金融发展中的职能，为碳金融的发展提供一个良好的环境，同时避免对碳金融市场的过多干预，充分发挥市场的作用，调动市场参与者的积极性；其二，确保碳金融监管的有效性，保证碳金融监管机构能够尽责地进行审慎监管；其三，完善法律规范，规范碳金融发展。国家有关部委应加大协调力度，进一步制定和完善碳金融监管的操作方法和法律规范，确保中国碳金融业务的规范发展；其四，建立有效的信息披露制度，政府应建立统一的碳交易信息沟通机制和严格的监督与披露机制，为碳金融的发展创造良好的市场环境。

三 斯堪的纳维亚国家的金融监管经验

近年来随着金融创新和金融国际化、集团化的发展，银行、证券和保险监管的界限已经模糊，许多国家进行了金融监管结构改革，建立了金融监管局，实行综合金融监管。斯堪的纳维亚国家最先尝试并实行了综合金融监管，把银行、证券和保险的监管机构合并成一个综合性监管机构。丹麦、挪威和瑞典分别于 1986 年、1988 年和 1991 年实现了由金融分业监管向综合监管的变革。应对金融联合的发展是上述 3 个斯堪的纳维亚国家选择综合监管的主要原因。在金融联合中，银行、证券和保险的业务综合在一起，对金融部门产生重大的影响，借助综合监管，政府希望赢得协同效应和规模经济（Taylor，Fleming，1999）[1]。斯堪的纳维亚国家在综合监管方面的经验为我国碳金融监管改革提供了借鉴。

（一）斯堪的纳维亚国家综合监管的经验

斯堪的纳维亚国家的金融监管机构是随着金融结构的变化而变化的。只要金融结构发生变化，就会发生金融监管结构的调整。例如，银行和保险业相互渗透，就会发生银行业与保险业监管机构的合并，产生一个综合的金融监管机构。

斯堪的纳维亚国家的监管机构规模相似，均由两部分组成，一部分是

---

① Taylor M. , Fleming A. , "Integrated financial supervision: lessons of Scandinavian experience", *Finance & Development*, No. 4, 1999, pp. 42 – 45.

由国家财政资助的综合监管机构，专注于金融机构的审慎性监管，即确保受监管的金融机构具有偿付能力；另一部分是向被监管企业征税资助的各种申诉专员计划，这类机构有相似的人员编制。由于运营资金不是由国家财政承担，申诉专员计划独立于金融机构和政府，向政府提供报告，但不需要政府部门提供资助，从而保证了监管报告的质量。每个国家都设有独立的监事会，监事会负责监督监管机构和申诉专员计划的政策和运行。斯堪的纳维亚国家监管机构能够独立的基础是政策透明，监事会给监管机构的任何指示均对社会公众公开。

综合监管提高了联合监管、信息科技的收集和利用的效率，使各种支持作用倍增。同时，由于一个综合的组织可以给员工提供更好的职业发展机会与自我提升空间，故综合监管模式有利于吸引和培养具备专业知识的骨干力量。综合监管机构能够更有效地利用技术、人力等稀缺资源，提高了机构的监管能力。斯堪的纳维亚国家金融综合监管机构 10 年间所取得的成果得到了广泛认可。

（二）斯堪的纳维亚国家综合监管的启示

斯堪的纳维亚国家的经验证明了综合监管模式应用于小型金融系统的合理性。虽然我国人口规模比斯堪的纳维亚国家大，但是对碳金融系统而言，以资产和负债衡量，我国基本上属于小规模国家，人力资源不可避免地分散在不同的金融监管机构之中。碳金融综合监管模式可以对资源进行整合，吸引专业化的人才并提升专业人员的素质，为专业人才提供职业发展空间，更利于形成专业化的人力资源队伍。从斯堪的纳维亚的经验来看，采用碳金融综合监管的显性优势是允许一个相对强大的专业监管领导和专业监管资源的存在。

综合监管模式的合理性体现在三个方面：第一，综合监管可以获得规模经济，对于面临严重财政压力的主体更为重要。规模经济可以表现在人力资源开发与利用、信息收集与研究、部门间沟通与协调等多个方面。第二，综合监管模式适合于复杂性系统的监管。目前，我国碳金融活动依然以银行主导，碳市场、碳保险和碳基金尚不发达。但是碳金融涉及广泛的金融创新工具、金融市场和金融机构，是典型的复杂性系统。监管组织必须反映它所监管的行业，设立碳金融综合监管机构能够确保所有的碳金融活动都得到有效的监管。第三，综合监管适宜于正处于飞速变化和创新之中的金融部门。尽管金融监管很难追随金融中介和碳金融产品创新的步伐，但碳金融综合监管可以在一定程度上解决潜在的监管真空问题，通过缩小金融监管间隙减少金融风险。

综上所述，金融监管模式要因金融发展结构的改变而变化，我国现行将碳金融视为金融创新进行分业监管的模式已经不能适应碳金融发展和碳金融风险防范的需要，亟须进行变革。根据斯堪的纳维亚国家的经验，建立碳金融综合监管模式可以解决现行监管模式中显现的问题，有利于获得规模经济，并形成一支专业化的碳金融监管队伍，有利于减少碳金融监管真空，确保所有碳金融活动都得到有效监管。

四 碳金融综合监管模式的可行性分析

任何金融监管模式都依赖于金融体系的制度结构。在金融系统中，金融创新挑战了许多现行制度创立时的假设。碳金融创新和碳市场的出现已经使金融公司和金融系统的风险特征更复杂，而碳金融运作国际化的加强突出了监管的国际因素，我国关于监管机构制度结构的传统假设受到了挑战。

（一）现行监管机构制度结构面临挑战

金融监管体制一般有三种分类方式：按机构分类、按功能分类或按目标分类。按机构分类时，往往习惯将金融业务分为银行、保险和证券三大类型。我国现行金融监管模式便是按三大类型机构分类。我国将碳金融视为金融创新，按类型不同分别由不同的机构负责监管。实际上，还有许多其他类型（如基金管理、财务咨询等）的碳金融活动也需要监管，需要置于适当的制度结构之中。

不同功能由不同的机构进行管理存在弊端。一方面，不同类型的监管机构提供不同类型和强度的管理，将会导致竞争问题。另一方面，专注于功能意味着一家金融机构（尤其是金融集团）可能受到不同机构、不同类型的监管，必然造成监管效率的损失，同时也影响监管效果。

设计监管模式的最终标准是效果和效率。效果是指是否达到目标；效率是指是否在一个有效的途径上达到目标，同时并没有给对方和己方增加不必要的成本。碳金融的分业监管可能引发监管机构间的竞争和纠纷。无论是碳项目还是碳配额都可能涉及到多家金融机构的多个碳金融产品，甚至会涉及两个或两个以上的国家，多个监管机构往往存在多个监管目标，在共同面对同一客体时容易引发冲突。如果在单一机构不同部门之间内部解决，能够在很大程度上降低交易成本。

在监管模式设计中应该考虑规模经济，如果存在规模经济，机构数量越少制度成本越低。碳金融是一个新兴领域，综合监管模式凭借资源共享、信息技术系统和支持服务等方面的优势，效率更高。在综合监管机构中，员工部署的优化会比分业监管机构更容易实现。

综上所述，对于碳金融市场来说，采用综合监管能带来更高的监管质量。针对碳金融市场刚刚兴起、经济规模相对较小的特性，综合监管的规模经济性，能更好地保证碳金融监管的效果和效率。

（二）碳金融综合监管模式的选择

依据金融部门监管框架，金融监管分为宏观审慎监管、微观审慎监管、商业行为（消费者保护）监管和竞争政策四个方面。每一方面都对应一种类型的市场失灵（分别为系统性不稳定、信息不对称、市场不端行为和反竞争行为）。在大多数国家中，宏观监管由中央银行执行，竞争问题则通常由一个单独的机构通过规范竞争行为来解决。

Čihák and Podpiera（2008）重点研究了审慎监管和商业行为监管，并结合前人的研究把综合监管模式分为三大类：完全部门整合模式、部分部门整合模式、分业监管模式。[①]

1. 完全部门整合模式

该模式设计一个机构负责所有主要类型的金融机构和金融市场的审慎监管。完全部门整合模式有三种子模式：

（1）全部门和功能综合模式。一个监管机构不仅负责所有金融系统中次级部门的审慎监管，而且负责商业行为监管，以未改革之前的英国金融监管局（FSA）为典型代表。

---

① Čihák M., Podpiera, R., "Integrated financial supervision: Which model?", *North American Journal of Economics and Finance*, No. 19, 2008, pp. 135 – 152.

（2）双峰模式。该模式中一个监管机构负责金融系统中所有部门的审慎监管，另一个监管机构负责所有部门的市场监管、消费者保护和公司治理。换言之，存在两个功能不同的综合监管机构。澳大利亚审慎监管局和澳洲证券及投资监察委员会是典型的双峰模式。荷兰、法国和意大利也采取了类似的金融监管结构。

（3）全部门部分功能整合模式。设立一个综合监管机构，但是部分职能与中央银行共享。德国金融监管局（BaFin）是该模式的典型代表。德国中央银行与德国金融监管局共同对银行进行监管。

2. 部分部门整合模式

这一框架下的监管机构负责对三个主要部门中的两个进行监管。部分部门整合模式包括三种子模式。

（1）银行和保险公司综合监管模式，如加拿大、厄瓜多尔和马来西亚。

（2）银行和证券市场综合监管模式，如芬兰、卢森堡、墨西哥和瑞士。

（3）保险公司和证券市场综合监管模式，如保加利亚、智利和牙买加。

3. 分业监管模式

这一模式分业设立监管机构，即银行、保险、证券分别设立监管机构进行管理。分业监管模式一直是国际主流管理模式，以阿根廷、巴西、中国、法国、俄罗斯和美国为主要代表。

依据 IMF（2004）的评价方法，一种好的监管模式应该具备以下四个方面的特性：第一，可调整的管理，包括监管的目标、独立性以及问责制；第二，审慎的监管框架，如风险管理、资金充裕性、内部管理和公司治理；第三，监管实践，即监督、监管、强制执行、联合和批准；第四，金融诚信（安全网），包括消费者保护和惩戒经济犯罪。[①]

---

① International Monetary Fund（IMF），*Financial Sector Regulation: Issues and Gaps*, Washington: International Monetary Fund, available on the web at http://www.imf.org/external/np/mfd/2004/eng/080404.pdf.

以 IMF（2004）的评价方法为标准，Cihák and Podpiera（2008）认为双峰模式具有更加审慎的监管框架和更加有效的监管实践，实证检验结果亦表明双峰模式的监管质量平均高于其他监管模式。

双峰模式是对金融监管框架中的审慎监管、商业行为（消费者保护）监管两个方面分别建立独立的监管机构，分别对信息不对称和市场不端行为的市场失灵问题进行专门的监管，配合中央银行对系统不稳定问题和单独机构对反竞争行为的处理，健全了金融监管框架各方面的监管。同时双峰模式加强了商业行为（消费者保护）的监管，弥补了其他监管模式的空白，可以更好地进行市场监管、消费者保护和企业管理等方面的监管。

双峰模式的优点主要体现在：第一，两个机构监管目标明确且监管责任授权清晰；第二，明确的问责制；第三，不存在其中某个监管会占主导地位的威胁；第四，如果两个领域出现冲突，更容易外部解决；第五，权力不至于过度集中；第六，出现信誉风险的可能性更低。因而，双峰模式比其他综合监管模式表现出更高的监管质量。在我国分业监管的大背景下，建立双峰模式的碳金融综合监管，可以更好地发挥碳金融综合监管的效果和效率，同时缓和与其他分业监管模式之间的冲突，为建立健全新兴的碳金融市场的各种制度奠定基础。

五　强化我国碳金融监管的政策建议

碳金融产品不断创新，碳金融市场不断建立与扩大，我国碳金融活动已经逐渐渗透到金融体系的各个角落，碳金融风险随着碳金融的发展而不断积聚。我国现阶段对碳金融的监管采取的是分业监管的模式，将碳金融视为金融创新来处理。随着碳金融的发展，碳金融工具、碳金融市场和碳项目可能涉及到各种类型的金融机构，现有监管模式可能出现监管真空，不利于风险防范。同时，碳金融分业监管模式不能形成规模经济，可能造成社会资源的浪费，不利于专业人员的培养和发展，不利于提升监管效果和效率。此外，分业监管模式也不利于监管外资金融机构的碳金融活动。因此，我国金融监管变革势在必行。

斯堪的纳维亚国家的经验表明综合监管模式适合小规模的碳金融系统。综合监管模式不仅可以对资源进行整合，更利于形成专业化的人力资源队伍，而且能够获得规模经济，对存在较重财政压力的主体具有重要意义。从原则上讲，监管组织必须反映它所监管的行业。因此，设立碳金融综合监管机构不仅仅可以监管银行，还可以监管其他金融机构的碳活动，从而确保所有的碳金融活动都得到了有效的监管。斯堪的纳维亚国家的经验还表明，碳金融监管要因碳金融发展的需要而适时进行变革。碳金融综合监管可以使得潜在的监管真空问题得到解决，通过缩减金融监管间隙，减少金融风险。

通过对比不同的监管模式，本书结合现阶段碳金融发展的特征，建议我国采用双峰模式，对碳金融的相关活动进行监管，即针对金融监管框架中的审慎监管、商业行为（消费者保护）监管分别建立独立的监管机构，分别对信息不对称和市场不端行为的市场失灵问题进行专门的监管，配合中央银行对系统不稳定问题和单独机构对反竞争行为的处理，以提高监管的效率和效果。

第四章

碳金融体制实施的经济效应分析

碳金融体制实施的经济效应包括多个层面，本书将采用规范分析与实证分析相结合的方法，检验碳信贷的经济效应以及碳金融实施对产业结构调整、经济增长以及经济主体行为目标的影响。

第一节 碳信贷的经济效应分析

银行对环境治理的关注由来已久，基于政策压力与营利的双重考虑，银行贷款构成环境治理投资的主要来源之一。本节将运用向量误差修正模型、事件分析法等计量方法，检验碳信贷发放对环境质量的改进效应以及碳信贷产品发行对银行自身股价的影响。

一 碳信贷的外部效应分析

经济发展与环境问题似乎永远是跷跷板的两端，如何在低碳经济的背景下，协调二者之间的关系，实现经济增长与环境改善的双赢，已经成为世界关注的焦点之一。在发展经济的同时，加大对环境治理的投资不失为解决这一矛盾的良策，但是在投资之前，如果能够了解环境治理投资对环境质量的冲击路径，便可制定相宜的投资策略，选择合适的投资路径，以实现投资效应的最大化。

（一）我国环境治理投资对环境质量改进的实证分析

1. 指标与数据选取

由于工业是环境污染的重要来源，而目前低碳经济主要考虑的是工业废气的排放量，因此本书选择 1998—2008 年工业废气排放的年度数据作为样本。鉴于当前我国环境质量指标的统计都以城市为单位，同时为了消除量纲的影响，本书选用万元工业 GDP 的工业废气排放量的变化率 ln emi 来刻画环境质量，其中，工业废气包括工业二氧化硫、工业烟尘和工业粉尘。万元工业 GDP 的废气排放量越大，说明环境质量越低。需要注意的是，公布的排放量是经过处理的排放量，此处选用的是实际排放量，即公布排放量与处理量之和。本书选用工业废气治理投资完成额的变化率 ln inv 来刻画环境治理投资，其中包括来源于政府部门的补助，银行的贷款，以及企业的自筹资金。本节以《中国统计年鉴》公布的相关数据作为样本。

2. 数据处理和分析

在对时间序列数据进行建模的时候，通常情况下要求所用数据必须满足平稳性的假设，以便对其均值、方差和自相关系函数进行有效描述，刻画出变量之间的内在联系。因此，在建立时间序列模型的时候，首先需要通过 DF 检验、ADF 检验等对序列进行单位根检验，以验证其是否平稳。对于非平稳的时间序列数据，其某些数字特征随着时间变化而变化，即在不同时间点上存在不同的随机规律。处理非平稳时间序列数据的一般做法是通过差分等方法消除序列中包含的非平稳趋势，再使用得到的平稳数据进行建模。然而，现实中大多数的经济和金融数据都是非平稳的时间序列，为了使用传统的时间序列模型必须对原始数据进行处理转化成平稳序列。但问题也随之而来：变换后的时间序列可能限制了所讨论经济问题的范围，也可能不具备直接的经济意义，使得得到的模型不具备理论支撑和实践意义。

1987 年，Engle 和 Granger 为非平稳序列建模提供了一种新途径——协整理论及其方法。Engle 和 Granger 认为，即便某些经济变量本身是非平稳的时间序列，但是这些变量之间构成的某个线性组合有可能是平稳序列，并且构成的该平稳线性组合可以被理解为非平稳序列的长期稳定的均衡关系。协整的定义如下：

k 维向量的时间序列 $y_t = (y_{1t}, y_{2t}, \cdots, y_{kt})' (t = 1, 2, \cdots, T)$ 的分量序列被称作 d, b 阶协整，记为 $y_t \sim CI(d, b)$，如果满足：

（1）$y_t \sim I(d)$，既要求 y_t 的每个分量都是 d 阶单整；

（2）存在非零向量 β，使得 $\beta' y_t \sim I(d-b), 0 < b \leqslant d$。

特别的，(d, d) 阶协整是一类非常重要的协整关系，其经济意义是：虽然每一个变量都具有各自得长期波动规律，但是如果它们是 (d, d) 阶协整，则它们之间必然存在一个稳定的长期均衡关系；在短期中，由于某些季节影响或随机干扰，变量有可能暂时偏离长期均值，但是经过足够长的时间后则必然会回到长期均衡状态。

为了检验时间序列数据之间是否存在协整关系，Engle 和 Granger 在 1987 年提出了两步检验法，亦称为 EG 检验：

（1）若 $y_t \sim I(d)$，即每个分量都是 d 阶单整，则通过 OLS 方法建立回归方程

$$y_{1t} = \beta_2 y_{2t} + \beta_3 y_{3t} + \cdots + \beta_k y_{kt} + u_t, t = 1, 2, \cdots T \qquad (4\text{—}1)$$

模型估计的残差为：

$$\hat{u}_t = y_{1t} - \hat{\beta}_2 y_{2t} - \hat{\beta}_3 y_{3t} - \cdots - \hat{\beta}_k y_{kt} \qquad (4\text{—}2)$$

（2）检验残差序列 $\hat{u}_t$ 是否平稳，即判断序列 $\hat{u}_t$ 是否含有单位根。一般采用 ADF 检验判断残差序列的平稳性，若 $\hat{u}_t$ 平稳，则 $y_t \sim CI(d, d)$，存在协整关系。

首先，分别对时间序列 $ln\ emi$ 和 $ln\ inv$ 进行 ADF 检验，以判断其稳定性，结果如表 4—1 所示。

表 4—1   ADF 检验

Variable	ADF test statistic	Test critical values at 5% level	Prob.
lnemi	1.835984	− 1.982344	0.9743
lninv	2.109255	− 1.982344	0.9840
△lnemi	− 3.718137	− 1.988198	0.0021
△lninv	− 2.155553	− 1.988198	0.0367

注：单位根检验中选择的是无趋势、无截距的情况。

ADF 检验的结果表明，ln *emi* 和 ln *inv* 都是 1 阶单整序列，即 ln *emi* 和 ln *inv* 是同阶单整序列，因此，可以考虑 ln *emi* 和 ln *inv* 是否存在协整关系。

本书对 ln *emi* 和 ln *inv* 进行 Johansen 协整检验。表 4—2 显示了检验的结果。

表 4—2   Johansen 协整检验

Hypothesized No. of CE（s）	Eigenvalue	Trace Statistic（Prob.）	Max-Eigen Statistic（Prob.）
0 个协整向量	0.937791	31.99056（0.0076）	24.99528（0.0069）
至多 1 个协整向量	0.540334	6.995287（0.3450）	6.995287（0.3450）

注：序列有确定线性趋势和截距，但协整方程只有截距；一阶差分的滞后阶数为 1。

Johansen 协整检验的结果表明，ln *emi* 和 ln *inv* 在 5% 的置信水平下，存在且只存在 1 个协整向量，这意味着二者之间存在协整关系，具有长期的均衡趋势。

在协整关系的基础之上，本书建立 VEC 模型。VEC 模型的优势体现在能够将变量的水平值和差分值结合在一起，充分利用二者包含的信息。从短期看，因变量的变动是长期的均衡关系和短期波动共同作用的结果。从长期看，误差修正项 ecm_t 会将变量拉回长期的均衡状态。

VEC 模型的形式为：

$$D(\ln inv) = A(1,1) * (B(1,1) * \ln inv(-1) + B(1,2) * \ln emi(-1)$$
$$+ B(1,3) * @trend(98) + B(1,4)) + C(1,1) * D(\ln inv$$
$$(-1)) + C(2,2) * D(\ln emi(-1)) + c(1,3) \qquad (4—3)$$

$$D(\ln emi) = A(2,1) * (B(1,1) * \ln inv(-1) + B(1,2) * \ln emi(-1)$$
$$+ B(1,3) * @trend(98) + B(1,4)) + C(2,1) * D(\ln inv$$
$$(-1)) + C(2,2) * D(\ln emi(-1)) + C(2,3) \qquad (4—4)$$

其中，$A(i,j)$ 表示 VEC 模型第 i 个方程中的第 j 个协整方程的调整系数；$B(i,j)$ 表示第 i 个协整方程中第 j 个变量的系数；$C(i,j)$ 表示 VEC 模型第 i 个方程中第 j 个一阶差分回归量的系数。

估计得到模型参数的估计值为：

$A = (-0.909707925955, 0.0424442451953)$,

$B = (1, -2.55725942379, 0.300353005963, -4.98048102772)$,

$C = \begin{pmatrix} 0.178580168408, -2.05859989726, -0.0064390087017 \\ -0.0478064319749, -0.0444333631587, -0.0354237596933 \end{pmatrix}$.

VEC 模型的估计结果显示，$\ln emi$ 和 $\ln inv$ 在短期内会出现波动，暂时偏离长期的趋势，但协整向量 $B = (1, -2.55725942379, 0.300353005963, -4.98048102772)$ 会以 $A = (-0.909707925955, 0.0424442451953)$ 的速度，将其拉回长期均衡关系。

为了准确刻画 $\ln emi$ 和 $\ln inv$ 之间的关系，本书在 VEC 模型的基础之上，利用脉冲响应函数分析环境治理投资的变动对环境质量的冲击路径，以及环境质量的变动对环境治理投资的引致效应，结果如图 4—1—图 4—2 所示。

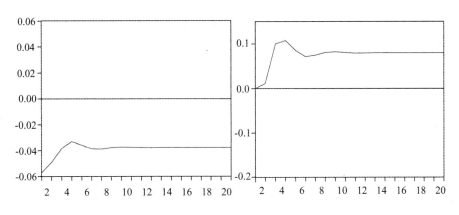

图 4—1　ln*emi* 对 ln*inv* 冲击的反应　　　图 4—2　ln*inv* 对 ln*emi* 冲击的反应

从图 4—1 可以看出，如果在本期给环境治理投资一个正向的冲击，如加大政府补贴等，万元工业 GDP 的工业废气排放量在期初迅速下降，但随后却又快速上升，第 3 期开始增速减慢，第 4 期又开始缓慢下降，此后有小幅波动，8 期之后回归平稳。这表明环境治理投资受外部条件的某一正向冲击后，会立即带来环境质量的大幅改善，但由于投资缺乏持续性，因此，随着投资的不断消耗，环境改善的程度会快速下降，第 4 期之后略有回升，直到 8 期之后，环境质量会稳定在略高于冲击之前的一个水平上。

从图4—2可以看出，在本期给环境质量一个冲击，如发生突发性的环境污染事件，环境治理投资额在前2期增幅较小，随后才迅速上升，第3期开始，环境治理投资的效应才逐渐开始显现，环境质量有所改善，此后环境治理投资增长甚微，4期之后，随着环境质量改善幅度的回升，环境治理投资开始下降，6期之后略有波动，直到10期之后达到平稳。这表明一旦环境质量受到外部条件的某一冲击，环境治理投资存在时滞，无法迅速就环境质量恶化做出反应，而且环境治理投资对环境质量的冲击幅度会因环境质量的变化而迅速发生改变。

3. 基本结论与政策建议

实证分析表明，环境治理投资与环境质量之间存在长期均衡的关系。环境治理投资期初对环境质量具有大幅正向的冲击，但持续期较短。这个结果与我国目前环境治理投资缺乏持续性以及以政府补助为主的环境治理投资结构密切相关。政府的补助会在一定程度上助长高污染、高耗能企业的惰性，无法充分调动它们的积极性，使得环境治理投资的效果甚微。同时，银行尚未进行贷款管理机制的创新，尚未形成有效的评估机制对不符合产业政策、违反环境法规的企业和项目进行评估，在一定程度上降低了环境治理投资带动环境质量改进的效率。

此外，发生环境污染恶性事件时，环境治理的投资存在时滞，投资额会随着环境质量的变化迅速变动，表明我国环境治理投资随环境质量变化的波动性较大，尚未形成持续治理的长效机制，其主要原因是我国对环境的重视度不够，尚未给予环境质量持续的关注，"临时抱佛脚"的间歇性的投资方式无法解决我国面临的环境问题。

鉴于此，本书建议从两个方面提升环境治理投资对环境质量的改进效应。

第一，在发展经济的同时，政府应该加大对环境的重视。政府要密切关注环境质量的变化，将环境因素纳入GDP的核算之中，纳入地方政府绩效评估的体系之中，健全并强化法律法规，加大对高污染、高耗能企业的惩罚力度，确保各项环保政策持续有效地运行，建立环境治理投资的长效机制。

第二，要改变环境治理投资的结构，提升环境治理投资改善环境的效力。

就政府而言，鉴于当前低碳经济发展的形势，我国政府应该充分实施政策倾斜，调动银行和企业加大环境治理投资的积极性，同时，应该改变投资策略，创新投资形式，避免污染企业滋生惰性。

就银行而言，要加强对环境风险的重视，建立与低碳经济发展相适应的信贷评价体系，加大碳信贷的发展，促进我国经济增长方式的转变。国内各个银行应该秉承绿色信贷的原则，加强碳信贷产品的创新，以期融入低碳经济的浪潮，带动我国环境质量的改进。

就企业自身而言，要树立社会责任感，积极主动地通过各种方式融资，不能单纯地依赖政府的财政补贴进行污染的控制。就目前的形势而言，企业要充分把握 CDM 机制的有利时机，通过引进发达国家的资金和技术，促进我国环境质量的提高。

（二）碳信贷对环境质量改进的计量分析

我国环境治理的投资主要来源于政府、银行与企业自筹。其中，政府投资占据了绝大部分。在 2005 年之前（包括 2005 年在内），我国政府环境治理主要通过国家预算内资金和环保专项资金两种方式进行投资。自 2006 年起，我国政府对环境治理的投资主要以排污费补助和其他补助的形式进行。来源于银行的投资所占的比重较小，企业自筹的部分更是凤毛麟角。本书采用主成分分析的方法，研究碳信贷对环境质量改进的贡献度。

1. 模型与指标选取

为了选择恰当有效的方式对工业污染治理进行投资，本书选用主成分分析（Principal Components Analysis，PCA）的方法对来自于政府、银行和企业的资金的贡献率进行分析，以期通过比较判断碳信贷，即来源于银行的资金能在多大程度上改善环境质量。

鉴于数据的可得性，本书着重分析的是广义的碳信贷产品，即评估银行业在事后对环境污染治理的投资。环境治理投资的范围宽广，这里选取工业污染治理投资来刻画。工业污染治理投资的来源有多种，目前，我国的对工业污染治理进行投资的主体主要集中在政府、银行和企业。具体而言，根据《中国统计年鉴》公布的 2000—2008 年的数据显示，2000—

2005 年，政府主要以预算内资金和专项资金的形式对工业污染的治理进行投资，国内银行的贷款会提供一部分的资金支持，企业自身会筹集一部分资金，除此之外，引入外资也是获取工业污染治理投资的一个渠道。从2006 年开始，我国政府调整了资助方式，改变了以往以预算内资金与专项资金为主的模式，转而以补助的形式对"双高"企业的污染治理进行资助，具体形式包括排污费补助和其他补助两种。企业自筹资金与银行贷款依旧是工业污染治理的重要资金来源。

由于中国统计年鉴有关工业污染治理投资来源的统计口径在 2006 年略微发生变化，为了分析碳信贷即商业银行贷款对环境质量改进效应的贡献度，本书将首先对 2000—2005 年工业污染治理资金来源进行主成分分析。随后将时间推进到 2008 年，将 2000—2005 年政府预算和专项资金以及2006—2008 年来源于排污费补助和其他补助的部分划分到政府这个主体，将 2000—2005 年的国内贷款以及 2006—2008 年的银行贷款归入银行名下，将剩余部分划入企业自筹，在此基础之上，对政府资金、银行碳信贷和企业自筹的效率进行分析。

2. 针对 2000—2005 年环境污染治理投资来源的分析

据 2000—2005 年国家统计年鉴显示，我国工业污染治理投资来源于政府的部分包括预算内资金和专项资金，来源于银行的主要是国内贷款，来源于企业的部分包括引入外资、内部自筹以及其他，各项指标的具体情况如表 4—3 所示。

表 4—3 　　　　　　　　　　　　　指标体系

政府（gov）	预算内资金（budget）
	专项资金（special）
银行（bank）	国内银行（dbank）
企业自筹（firmself）	企业（firm）
	引入外资（fasset）
	其他（reminder）

本书使用主成分分析的方法，考查预算内资金（budget）、专项资金

（special）、国内银行（dbank）、企业（firm）、引入外资（fasset）以及其他（reminder）中的主成分，结果如表4—4所示。

表4—4 主成分特征向量

Variable	PC 1	PC 2	PC 3	PC 4	PC 5	PC 6
SPECIAL	− 0.459838	0.156349	0.497464	− 0.045390	0.330921	− 0.636447
REMINDER	0.434215	0.399578	0.076952	0.747879	− 0.117359	− 0.269774
FIRM	− 0.491807	0.202740	0.141027	0.441383	0.302266	0.641054
FASSET	0.350977	0.368582	0.687428	− 0.375719	− 0.142123	0.327172
DBANK	0.003310	− 0.753897	0.502141	0.320331	− 0.274450	0.039349
BUDGET	0.484703	− 0.265663	0.044902	0.004686	0.830561	0.051149

结合表4—3建立的指标体系，表4—4的结果表明：

第一个主成分（PC1）主要与预算内资金（budget）、其他（reminder）和引入外资（fasset）正相关，且相关性较强，即主成分1反映了政府（gov）和企业自筹（firmself）的作用。

第二个主成分（PC2）主要与其他（reminder）、引入外资（fasset）和企业（firm）正相关，即主成分2反映了企业自筹（firmself）的作用。

第三个主成分（PC3）跟引入外资（fasset）、国内银行和专项资金（special）呈较强的正相关关系，即主成分3同时反映了企业自筹（firmself）、银行（bank）和政府（gov）的作用，同时相关程度依次递减。

第四个主成分（PC4）与其他（reminder）、企业（firm）和国内贷款（dbank）呈较强的正相关关系，即主成分4反映了企业自筹（firmself）和银行的作用。

第五个主成分（PC5）与预算内资金（budget）、专项资金（special）和企业（firm）显现出较强的正相关关系，即主成分5代表了政府（gov）和企业自筹（firmself）的作用。

第六个主成分（PC6）与企业、引入外资（fasset）和国内贷款（dbank）呈现出明显的正相关关系，即主成分6代表了企业自筹（firmself）和银行（bank）的作用。

表4—5 显示主成分 1 的贡献率为 62.16%，主成分 2 的贡献率为 32.74%，二者的累积贡献率达到 85.90%，此时应该选取两个主成分。

表 4—5 主成分特征值

Number	Value	Difference	Proportion	Cumulative Value	Cumulative Proportion
1	3.729594	2.305202	0.621600	3.729594	0.621600
2	1.424393	0.725928	0.237400	5.153987	0.859000
3	0.698465	0.582578	0.116400	5.852452	0.975400
4	0.115887	0.084226	0.019300	5.968339	0.994700
5	0.031661	0.031661	0.005300	6.000000	1.000000
6	$-3.84E-16$	——	0.000000	6.000000	1.000000

碎石图显示了同样的结果，在序号 2 处斜率发生明显的变化，如图 4—3 所示。

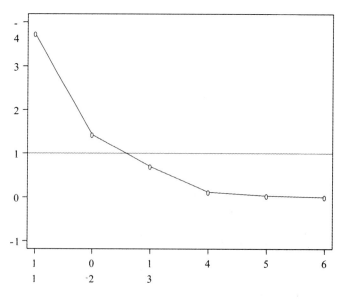

图 4—3 碎石图

综上所述，2000—2005 年，政府（gov）和企业自筹（firmself）是环境污染治理投资主要的资金来源，在此期间，国内银行的作用尚未充分发挥。

3. 针对 2000—2008 年环境污染治理投资来源的分析

依旧沿袭上文，用工业污染治理投资来源来刻画环境治理投资来源。为了在更长的时间区间内考察工业污染治理投资的主体，本书将时间推进到 2008 年。鉴于 2006 年国家统计口径发生变化，本书将 2000—2005 年政府提供的预算内资金（budget）与 2006—2008 年政府提供的排污费补助统一划为排污费补助（allowance）；将 2000—2005 年政府提供的专项资金与 2006—2008 年政府提供的其他补助统一划入其他（rest）；将 2000—2005 年企业（firm）、引入外资（fasset）和其他（reminder）与 2006—2008 年的企业投资部分统一划为企业自筹（firmself）；将 2000—2005 年的国内贷款（dbank）与 2006—2008 年的银行贷款统一划为银行（bank）。在上述指标的基础之上，本书建立表4—6 所示的指标体系。

表 4—6 指标体系

政府（gov）	排污费补助（allowance）
	其他（rest）
银行（bank）	国内银行（dbank）
企业（firm）	企业自筹（firm）

沿袭上文的处理方法，本书首先使用主成分分析的方法对数据进行处理。主成分的特征向量如表4—7 所示。

表 4—7 主成分特征向量

Variable	PC 1	PC 2	PC 3	PC 4
ALLOWANCE	− 0.583948	− 0.015531	0.333113	0.740134
REST	0.550223	0.319994	− 0.435252	0.636721
FIRM	0.560132	0.018109	0.825163	0.070929
BANK	− 0.206184	0.947119	0.136740	− 0.204343

表4—7的结果显示:

第一个主成分(PC1)与企业自筹(firm)和政府提供的其他资金(rest)呈较强的正相关关系,即主成分1反映了企业和政府的贡献。

第二个主成分(PC2)与银行(bank)呈显著的正相关关系,因此,可以认为主成分2代表了银行的作用。

第三个主成分(PC3)主要与企业自筹(firm)正相关,即主成分3在很大程度上代表了政府的作用。

第四个主成分(PC4)主要与来自于政府部门的排污费补助(allowance)与其他资金(rest)相关,因此,主成分4集中代表了政府的作用。

在分析了各个主成分所集中代表的指标后,本书将基于主成分的贡献率,并结合经验方法,选择最优的主成分个数。

表4—8   主成分特征值

Number	Value	Difference	Proportion	Cumulative Value	Cumulative Proportion
1	2.729029	1.751853	0.6823	2.729029	0.6823
2	0.977175	0.767110	0.2443	3.706204	0.9266
3	0.210065	0.126334	0.0525	3.916269	0.9791
4	0.083731	—	0.0209	4.000000	1.0000

结合表4—8,根据累积贡献率达到85%及其以上的主成分选取标准,此时,应该选用两个主成分,即主成分1和主成分2(二者的累积贡献率达到92.66%)来取代最初的指标体系进行分析。碎石图4—4显示了同样的结果。

基于上述的实证结果,应选取主成分1来代表政府和企业的合力,主成分2来刻画银行的作用。为了进一步分析银行碳信贷对环境质量改进的贡献率,本书使用万元工业GDP的工业废气排放量 emi 来刻画环境质量,需要注意的是,emi 越高表示环境质量越低,反之,emi 越低代表环境质量越高。基于主成分分析的结果,本书结合主成分1、主成分2构建了简单

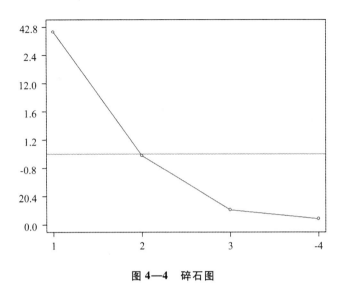

图 4—4 碎石图

的回归模型，着重考量银行碳信贷变化率对环境质量的改进效应。具体的模型形式为：

$$emi = c + \alpha \ln pc1 + \beta \ln pc2 + \varepsilon \qquad (4—5)$$

由于主成分的基本思想暗含了 PC1 与 PC2 不存在相关关系的假设，因此，本书直接对模型进行估计，系数估计的结果为：

$$emi = 0.900205732165 - 0.0395809173559 * \ln pc1 - 0.0774985377467 * \ln pc2$$

$$t = (6.459483) \qquad (-4.167586) \qquad (-2.345799)$$

$$(0.00007) \qquad (0.0059) \qquad (0.0574) \qquad (4—6)$$

$$R^2 = 0.760635 \qquad \text{Adjusted } R^2 = 0.680847$$

模型估计结果表明，$\ln pc1$ 与 $\ln pc2$ 的系数估计值在 10% 的显著性水平下有效。$\ln pc1$ 和 $\ln pc2$ 均与 emi 呈负相关关系，由于 emi 代表的是万元工业 GDP 的工业废气排放量，因此越小，表示环境质量越高，进而可以得出 $\ln pc1$ 的变化率和 $\ln pc2$ 的变化率均与环境质量呈正相关，即随着 pc1 和 pc2 增长率的提高，环境质量稳步上升。回顾上文中主成分分析的结果，$\ln pc1$ 代表了政府与企业自筹的合力，$\ln pc2$ 代表银行碳信贷的作用，因此，可以认为政府补助、企业自筹和银行碳信贷的增长均能在一定程度上改善环境质量。同时，模型估计的结果显示，$\ln pc1$ 的系数绝对值约为 0.03958，

ln$pc2$ 的系数绝对值约为 0.07750，这表明政府、企业和银行在环境改进方面效微力乏，而银行碳信贷对环境质量改进的贡献度在很大程度上高于政府和企业的合力。

4. 基本结论及政策建议

实证分析的结果表明，从 2006 年开始，银行迅速聚焦环境风险，广义的碳信贷对环境质量改进的效应快速提升，逐步超过了政府和企业的合力，但二者在环境质量改进方面的效率都不尽如人意。究其原因，可能存在以下三个方面。

（1）从政府的角度来看，其对环境问题的处理存在瓶颈。受制于"利益冲突"，即政府既需要获取"双高"企业基于高利润提供的税收，同时还需要对"双高"企业的环境问题进行监督，实时对公众披露其相关信息。"利益冲突"问题的存在，在很大程度上降低了政府治理环境的积极性，降低了信息披露的及时性和准确性，致使其难以为碳信贷的开展提供良好的信息中介服务。

（2）从企业的角度来看，其尚未形成可持续发展的理念，对社会责任的认知略显单薄。营利性是企业的本质，追逐利润最大化一直是企业竭力追求的目标，而目前粗放式的增长模式势必造成生态环境的超载。企业处于权衡经济收益与环境成本的两难境地。当前，多数企业都是短视的，未能从可持续发展的角度，建立企业的发展战略，在追逐自身经济效益的过程中，忽视了环境问题的恶化，加剧了碳信贷面临的逆向选择与道德风险，即在经济发展过程中，出现了个人理性与集体理性的冲突。

（3）从银行的角度来看，其尚未建立健全风险管理体系，事后治理投资的模式无法充分发挥碳信贷对环境质量的改进效应。同时，与政府部门类似，"利益冲突"的存在，使银行面临利润取舍的两难。一方面，银行期望从"双高"企业的贷款中获取利差；另一方面，银行面临着环境风险敞口。此外，在信息不对称的环境中，企业处于相对的优势地位，而政府未能充分发挥信息中介的作用，即环保部门尚未能准确披露相关企业的环境信息，导致银行在信息不健全的情况下频频出现逆向选择，对借款企业监督乏力，致使借款企业道德风险滋生，在很大程度上制约了银行碳信贷对于环境质量改进的功效。

本书认为在低碳经济的环境背景下，应从如下三个方面完善碳信贷的功效。

首先，认知决定行动。作为碳信贷的主体，银行应该在理念上加强绿色文化，将碳信贷纳入长期的战略规划之中。企业文化是贯穿企业日常运作的一种价值理念和行为规范，将绿色文化植入银行内部机构和员工的思想，能从根本上提升银行可持续发展的能力。

其次，银行应结合自身在金融市场的重要地位，建立一体化、多层次的动态风险管理体系，力争在保持收益增长的情况下实现环境风险的最小化。

在事前，银行应建立预警机制，从源头上遏制"双高"企业的扩张。要求借款企业详细地披露真实信息，认真贯彻银监会在《节能减排授信工作指导意见》①中提出的建议。根据借款项目对环境和社会带来的负荷对其进行分类，将严重改变环境初状并且所产生的环境和社会危害不易消除的项目划为 A 类项目；将虽然对环境和社会产生危害，但其后果可以通过挽救措施消除的项目划分为 B 类项目；将不会产生明显的环境和社会危害的项目划分为 C 类项目。对 A 类和 B 类项目要严格审查，对项目的环境风险须进行谨慎性评估，并要求相关企业就其可能对环境和社会造成的危害出具治理计划和措施，必要时，可以采取信用配给的政策，以降低逆向选择可能带来的损失。在事中，银行应该对借款企业进行动态监控，即要求借款项目的相关企业定期披露环境与社会风险的有关信息，并且不定期地对相关企业进行走访、调查和评估，以最大限度地降低道德风险产生的损失。除了对环境和社会产生危害的 A 类和 B 类之外，C 类项目由于申请贷款的难度系数相对较低，容易激发相关企业的道德风险。银行在发放贷款之后，需密切关注 C 类项目的发展状况，一方面要确保贷款的安全性，另一方面需预防 C 类项目滋生环境问题向 A 类和 B 类项目转化的倾向。在事后，银行应根据借款项目相关企业在环境治理中的表现，及时反馈并调整其信用信息，建立企业环境信息数据库。同时，银行应总结事前贷款审批和事中动态监控过程中显现出来的漏洞，不断完善风险管理体系，进一步

---

① 中国银监会：《节能减排授信工作指导意见》2007 年第 83 号。

提高自身识别、控制风险的能力。

最后，鉴于经济与社会中的各个主体均是系统不可或缺的一部分，因此，在银行推进碳信贷的过程中，政府和企业应充分发挥协同效应，共同致力于提升碳信贷对环境质量的改进效应。对政府而言，应加强对环境问题的重视，制定可持续发展的长期战略。通过将环境因素纳入各级政府的绩效考核、定期走访等措施，尽可能地降低"利益冲突"带来的相关问题。同时，政府应认真对待其作为信息中介机构的职能，为碳信贷的顺利开展保驾护航。对企业而言，其应充分发挥主观能动性，密切关注企业发展过程中可能带来的社会与环境风险，及时准确地披露相关信息，将社会责任纳入企业长期发展规划之中。

综上所述，政府、企业和银行应该从可持续发展的角度出发，秉承和谐一共赢的原则，建立相互影响、相互监督的长效体系，以推动碳信贷的发展，促进环境质量的改进。

二 碳信贷的内部效应分析

碳信贷的推出既具有外部效应，能够推动环境质量的改善，同时也具有内部效应，将影响银行业的绩效及行为选择。

（一）碳信贷产品与银行业绩效的实证分析

1. 模型与指标选取

本书选用事件分析法，运用"赤道银行"的相关数据，分析碳信贷产品的发行对银行经营绩效产生的影响。事件分析法主要是分析某事件对于时间序列是否有冲击作用，其有效性基于：在假设市场理性的前提下，一个事件（如某一碳信贷产品投放）的影响会立即体现为市场的相关指标变动。因此，利用某一事件发生前后一个相对短时期内市场相关指标的变动来分析和衡量该事件的影响，采用累计超额收益率（CAR）进行具体计算。

（1）样本股票和市场日收益率的计算。

关于日收益率的计算主要有单一收益法和复合收益法两种。由于后者考虑了收益和时间的连续性，使数据更为平滑也更为科学，因此，本书采用复合收益法计算样本公司股票和市场的日收益率。

$$R_{it} = In(P_{i,t}/P_{i,t-1}) \qquad\qquad (4—7)$$

$$R_{mt} = In(P_{m,t}/P_{m,t-1}) \qquad\qquad (4—8)$$

其中，R_{it} 与 R_{mt} 分别是 i 公司股票和市场证券组合在交易日 t 的日收益率，$P_{i,t}$ 和 $P_{m,t}$ 分别是在交易日 t，i 公司股票收盘价和市场收盘指数。

（2）估计正常收益率。

正常收益率（Normal Returns）是假设事件未发生时公司股价的期望收益，需要利用估计窗和事件窗的相关数据进行估计。在计算异常收益率的过程中，确定正常收益模型来估计正常收益率是关键环节。本书采用市场模型来估计正常收益率，在应用简便的同时，以期使估计的结果更为精确。

市场模型假定资产收益服从联合正态分布，认为单个证券收益率与市场证券组合收益率之间存在线性关系，其基本模型为：

$$R_{it} = \alpha_i + \beta_i R_{mt} + \varepsilon_{it}, \qquad t \in [T_0+1, T_1] \qquad (4—9)$$

其中，R_{it} 和 R_{mt} 分别是股票 i 和市场证券组合在交易日 t 的日收益率，α_i 是截距项，β_i 是股票 i 的 β 系数，ε_{it} 是随机误差项，并且

$$E[\varepsilon_{it}] = 0, Var[\varepsilon_{it}] = \sigma^2_{\varepsilon_i}$$

利用普通最小二乘法（OLS）将估计窗内个股日收益率与市场收益率的数据样本进行回归，得到参数估计值 $\hat{\alpha}_i$ 和 $\hat{\beta}_i$，再利用市场收益率 R_{mt} 预测股票 i 在事件窗的正常收益率 $\hat{R}_{it}$：

$$\hat{R}_{it} = \hat{\alpha}_i + \hat{\beta}_i R_{mt}, \qquad t \in [T_1+1, T_2] \qquad (4—10)$$

相对于均值调整收益模型而言，市场模型在一定程度上剔除了公司股价收益受到的市场收益波动的影响，使异常收益的方差减小，从而使其对事件发生的股价效应更敏感，并且这种敏感程度与回归模型的拟合优度 R^2 正相关。R^2 值越大，异常收益的方差减小得越多，证明该模型检验事件发生的股价效应的能力越强（A. Craig MacKinlay，1997）[1]。

---

[1] A. Craig MacKinlay，"Event studies in economics and finance"，*Journal of Economice Literature*，No. 1，1997，pp. 13 – 39.

对于无法获得事件发生前（即估计窗）的相关数据的事件研究，例如首次公开发行股票（IPO）的定价研究等，学者们引入了市场调整收益模型。该模型假设个体股票样本在交易日 t 的正常收益率等于此时的市场收益率，即令市场模型中 $\alpha_i = 0$，$\beta_i = 1$，具体表示为：

$$R_{it} = R_{mt}, \qquad t \in [T_1 + 1, T_2] \qquad (4—11)$$

在该模型的假设之下，不同样本公司股票的正常收益率是相等的，因此，在使用该模型时需要更加严格的限制，否则会产生较大的误差。

实证经验表明，在大多数情况下，上述三种模型估计的正常收益率结果近似。而在一系列条件下，无论是运用月度数据还是日数据资料进行事件研究，市场模型被认为是最佳选择（Brown，Warner，1980[1]，1985[2]）。

（3）异常收益率的计算。

异常收益率（Abnormal Returns）是指实际收益率与预期的正常收益率之差，具体形式为：

$$AR_{it} = R_{it} - \hat{R}_{it} = R_{it} - (\hat{\alpha}_i + \hat{\beta}_i R_{mt}), \qquad t \in [T_1 + 1, T_2]$$

$$(4—12)$$

为了考察事件发生对样本个体价格的总效应和对样本总体的平均效应，就必须将异常收益率进行加总；股票样本总体在事件窗某交易日 t 的平均异常收益率（Average Abnormal Return）为（按截面数据加总）：

$$AAR_t = \frac{1}{N} \sum_{i=1}^{N} AR_{it}, \qquad T_1 < t \leqslant T_2 \qquad (4—13)$$

股票 i 在事件窗（t_1，t_2）期间内的累积异常收益率（Cumulative Abnormal Return，CAR）为（按时间序列加总）：

$$CAR_{it} = \sum_{t=t_1}^{t_2} AR_{it}, \qquad T_1 < t_1 \leqslant t_2 \leqslant T_2 \qquad (4—14)$$

由于考察股票样本个体在事件窗某一天的异常收益率不能有效反映事

① Stephen J. Brown, Jerold B. Warner, "Measuring security price performance", *Journal of Fniancial Economics*, No. 3, 1980, pp. 205 – 258.

② Stephen J. Brown, Jerold B. Warner, "Using daily stock returns: the case of event studies", *Journal of Financial Economics*, No. 1, 1985, pp. 3 – 31.

件发生所产生影响的全貌，因此，需要引入样本总体在事件窗（t_1，t_2）期间的平均异常收益率，即累积平均异常收益率（Cumulative Average Abnormal Return），以考察事件发生对股票样本总体的平均效应：

$$CAR_t = \frac{1}{n} \sum_{i=1}^{n} CAR_{it} = \sum_{t=t_1}^{t_2} AAR_t, \qquad T_1 < t_1 \leq t_2 \leq T_2 \qquad (4\text{—}15)$$

2. 数据处理和分析

本书选取碳信贷产品发行的公布日期（或最先以新闻形式披露的时间，这里排除虚假信息的披露时间）作为事件"公告日"，即 $t = 0$；为了尽可能充分地反映碳信贷产品发行的股价效应，选取公告日前 10 个交易日至公告日后 10 个交易日，共 21 个交易日为事件窗，即 [-10，10]；以事件窗前 120 个交易日为估计窗，即 [-130，-11]。

样本选择的具体标准和方法如下：

（1）由于最早参与"赤道银行"的国家主要来自欧洲和北美等发达地区，其碳信贷产品的创新和发展处于领先地位，因此，本书从全球 71 家"赤道银行"中筛选了 49 家欧洲、北美地区以及澳大利亚的银行为重点考察对象。

（2）本书选取从 2003 年 6 月 4 日至 2011 年 10 月 31 日期间发行碳信贷产品的重点考察银行为基础样本。

（3）考虑到数据的可得性，我们剔除了欧洲一些并未上市的银行，以及虽是上市公司但其碳信贷产品的准确公布日期和发行日期无法获得的银行。

（4）对于同一事件有多个"公告日"的事件，则以第一次公告日为准。

（5）由于一家银行可能会短时间内发行两种或两种以上的碳信贷产品，为了避免其互相产生干扰，因此，要求两次事件公告日的时间间隔在一个月以上。

根据上述标准，本书最终选取了在纽约证券交易所上市的 6 家"赤道银行"，共 9 个事件样本，样本资料整理见表 4—9。

表 4—9   碳信贷产品发行事件样本资料

类别	产品或方案	发行银行	事件发生日
信用卡	"呼吸卡" (Barclaycard Breathe)	巴克莱银行 (BCS)	2007 - 04 - 23
	Gconomy 卡	巴克莱银行 (BCS)	2009 - 10 - 21
	向持卡人提供 可再生能源奖励计划	富国银行 (WFC)	2007 - 04 - 20
存款类	Landcare 定期存款账户	澳大利亚西太平洋银行 (WBK)	2006 - 02 - 23
	绿色存款账户计划	美洲银行 (BAC)	2006 - 10 - 02
零售贷款	Energy Saver 抵押贷款	加拿大皇家银行 (RBC)	2008 - 09 - 26
	绿色贷款计划	澳大利亚西太平洋银行 (WBK)	2009 - 11 - 09
项目融资	未来 10 年内出资 500 亿 美元支持可再生能源和 清洁技术的发展与市场化	花旗银行 (C)	2007 - 05 - 09
	美国最大住宅太阳能 工程融资项目	美洲银行 (BAC)	2011 - 09 - 07

资料来源：根据各银行网站整理。

根据样本公司与其上市的证券交易所一一对应的原则，选取标准普尔 500 作为市场指数。股票价格数据和市场指数数据均来源于 http：// finance. yahoo. com/。

3. 股价效应的实证检验

自 2003 年 6 月 4 日，最初的 14 家"赤道银行"承诺支付大约 145 亿美元用以支持环保项目贷款以来，各国银行都开始致力于碳信贷产品的开发。银行作为资金中介，不仅要履行企业社会责任，而且要实现自身的价值目标。为此，本文提出假设，并利用统计检验方法进行验证。

原假设 H_0：在碳信贷产品发行事件的事件窗内，发行银行股票的累积

异常收益率 CAR_t 等于零。

如果这一期间，累积异常收益率显著区别于零，说明银行发行碳信贷产品使其股价产生异常波动。如果累积异常收益率显著大于零，说明发行碳信贷产品有正的股价效应，有助于提升企业价值；如果累积异常收益率显著小于零，说明发行碳信贷产品有负的股价效应。如果累积异常收益率不能显著区别于零，则说明发行碳信贷产品没有产生股价效应。

本书对样本公司股票收盘价和市场收盘指数用对数法进行处理，得到样本公司日收益率和市场指数日收益率。然后，分别对各事件估计窗的数据进行回归，得到市场模型中各参数的估计值，回归结果见表4—10。

表4—10 正常收益模型参数估计

产品或方案	α （t-value）	β （t-value）	Adj R-square
"呼吸卡" （Barclaycard Breathe）	−1.41E−05 （−0.014663）	1.410346*** （9.354248）	0.420930
Gconomy 卡	0.000670 （0.256573）	2.476484*** （12.88284）	0.580938
向持卡人提供 可再生能源奖励计划	−0.000952 （−1.844806）**	0.963402*** （11.89019）	0.541208
Landcare 定期存款账户	0.000828 （0.796589）	0.661080*** （4.041861）	0.121610
绿色存款账户计划	0.000683 （1.145512）	0.897734*** （10.96229）	0.500361
Energy Saver 抵押贷款	0.000674 （0.512631）	1.147454*** （10.97316）	0.500861
绿色贷款计划	0.002418 （1.512165）*	1.375476*** （10.70022）	0.488160
未来10年内出资500亿美元 支持可再生能源和清洁技术 的发展与市场化	−0.000330 （−0.472576）	1.207299*** （11.06333）	0.504986

续表

产品或方案	α （t-value）	β （t-value）	Adj R-square
美国最大住宅太阳能 工程融资项目	− 0. 003921 （ − 1. 976929）**	1. 951710*** （14. 14999）	0. 626047

注："***"、"**"和"*"分别表示估计量在1%、5%和10%的显著性水平下显著。

利用上述参数估计值，可计算得到每个事件在事件窗内每日的正常收益率和异常收益率，最终计算结果见表4—11。

表4—11 总体样本事件窗内的 AAR_t 和 CAR_t

时间	AAR_t	CAR_t	时间	AAR_t	CAR_t
− 10	− 0. 0054	− 0. 0054	1	0. 0024	0. 0102
− 9	0. 0103	0. 0050	2	− 0. 0051	0. 0050
− 8	0. 0030	0. 0080	3	− 0. 0050	0. 0001
− 7	0. 0002	0. 0082	4	− 0. 0041	− 0. 0040
− 6	0. 0085	0. 0167	5	− 0. 0018	− 0. 0058
− 5	− 0. 0035	0. 0132	6	− 0. 0008	− 0. 0067
− 4	0. 0036	0. 0168	7	− 0. 0070	− 0. 0137
− 3	− 0. 0021	0. 0146	8	− 0. 0029	− 0. 0166
− 2	− 0. 0006	0. 0141	9	− 0. 0039	− 0. 0204
− 1	− 0. 0058	0. 0083	10	0. 0002	− 0. 0203
0	− 0. 0005	0. 0078			

（1）碳信贷产品发行的总体股价效应。

图4—5刻画了碳信贷产品发行事件的银行股票样本总体在事件窗内的平均异常收益率的变动路径。银行股票样本总体的平均异常收益率在 [− 0.7% ，1.03%] 区间内变动，特别是在发行公告日当天的平均异常收益率仅为0.05%，且统计上不显著，说明碳信贷产品发行事件并未在发行公告日当天产生股价效应。

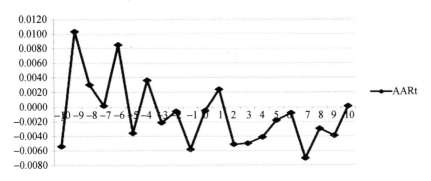

图4—5 股票样本总体的平均异常收益率 AAR_t 的变动

一般而言，造成信息公布没有迅速在证券市场上产生效应的原因有多种，首当其冲的因素是证券市场无效，而事件研究以市场有效的假设为基础。如果证券市场无效，那么即使公布的信息与公司价值有关，也不会引起股票价格的变动，事件研究的结果也不会显著。鉴于本节研究的是西方成熟的证券市场，具备一定的市场有效性，因此排除证券市场无效这一可能。此外，未立即引起事件公告的股价影响的原因还包括：在有效市场中公布的信息与公司价值无关、公布的信息未令投资者预期事件的发生会对公司未来价值产生影响、公布的信息因提前泄露而导致股价效应发生在公告日之前以及投资者行动的滞后性等。

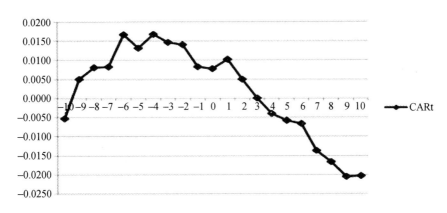

图4—6 股票样本总体的累积异常收益率 CAR_t 的变动

图4—6显示，在碳信贷产品发行的事件窗 [−10，10] 内，在公告日前第9天到公告日后第3天，银行股东获得了正的累积异常收益。其中，

从公告日前第 10 天到公告日前第 6 天，累积异常收益率连续上升，而后稳定在 1.5% 左右，直到公告日前一天累积异常收益率开始减少。虽然在公告日后第 1 天，累积异常收益率有微小回升，但从第 2 天开始呈现明显下降趋势，且仅在第 3 天就完全抵消了前 13 天内的正的超额收益。第 4 天以后，累积异常收益率均为负值，且在事件窗结束时达到 -2.03% 的累积异常收益率。总体来看，在整个事件窗内，后期股价下跌幅度大于初期股价上升幅度。

为了更加清晰地刻画碳信贷产品发行事件在事件窗内如何对股价产生影响，本书对事件窗进行分段考察，具体见表 4—12。

表 4—12 不同事件窗内 CAR_t 的 t 统计值

时间窗口	CAR_t	t_{CAR_t}	是否拒绝 H_0（10% 的置信水平）
[-10, 10]	-0.0203	-0.7774	接受
[-10, -1]	0.0083	0.5002	接受
[-5, 5]	-0.0225	-1.0154	接受
[1, 10]	-0.0281	-1.7554	接受

由表 4—12 可以看出，在 [-10, 10] 区间，碳信贷产品发行为银行带来了 -2.03% 的异常收益。期间，在碳信贷产品发行公告以前 [-10, -1] 区间，$CAR_t = 0.83\%$，而公告日当天却有所下降，其原因可能是事件发生的消息在公告日前发生了泄露，知情的投资者利用"内幕消息"推动股价短期内拉高，并选择较好时机卖出获利，而在公告日当天并未给投资者带来额外信息，因此未将股价进一步拉升；[-5, 5] 区间的 CAR_t 为 -2.25%，则表明公告日前后短期内的累积异常收益率出现负值，在公告日之后的 [1, 10] 区间内，累积异常收益率进一步减小，但不显著，因此，碳信贷产品发行在事件窗内无股价效应。

（2）不同类型碳信贷产品发行事件的股价效应。

虽然上文分析的结果显示，碳信贷产品的发行未在公告日当天产生股价效应，且在事件窗内也未产生股价效应，但不能就此得出发行碳信贷产品只是银行履行社会责任的行为，而不能提升银行企业价值的结论。究竟是发行所有种类的碳信贷产品都不能带给股东超额收益，还是不同类别的碳信贷产品的发行会产生不同的股价效应？本书将碳信贷产品按照表4—9中6家银行的9个碳信贷产品进行分类，研究不同类别的碳信贷产品发行事件所产生股价效应的差异。

本书对分类后样本事件窗内的平均异常收益率 AAR_t 进行了检验，以此考察各类碳信贷产品发行公告日当天是否存在显著的股价效应。分析结果表明，在四类碳信贷产品中，只有零售贷款类产品在发行公告日当天存在显著的异常收益率，在9个样本中占22%，而其他产品均不存在显著的异常收益率，这说明多数碳信贷产品发行事件在公告日当天不会产生股价效应，如图4—7所示。

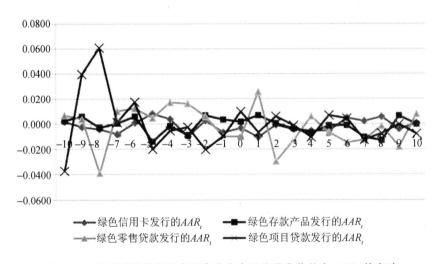

图4—7　各类碳信贷产品发行事件窗内平均异常收益率 AAR_t 的变动

图4—8刻画了事件窗内四种碳信贷产品发行的累积异常收益率的变动。各类碳信贷产品发行的股价效应之间的差异表明，发行碳信贷产品的类别不同，对应银行股票的累积异常收益率不同。在事件窗 $[-10, 10]$ 内，绿色项目融资发行的累积异常收益率最高，为0.85%；绿色零售业贷款、存款产品以及信用卡的累积异常收益率均为负，分别是 -3.44%、-1.83% 和 -3.14%。

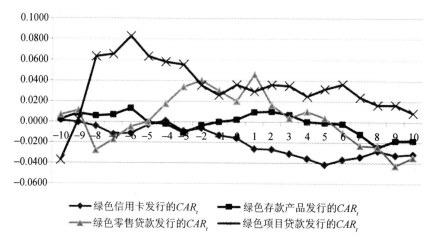

图4—8　各类碳信贷产品发行事件窗内累积异常收益率 CAR_t 的变动

就绿色项目融资而言，由于是商业银行和投资银行部门的业务范围，主要为大型企业、政府以及公共机构的客户提供单笔金额较大的融资方案，因此对投资者预期的影响力较大，产生的股价波动也较大。对 CAR_t 的统计检验显示，累积异常收益率在［-10，-3］期间显著大于零，而后在公告日前的两天里开始减少，表明存在信息提前泄露的现象。尽管在公告日后累积异常收益率有所增加，并在短时间内趋于平稳，但不及公告日前的股价波动，再次说明信息泄露对根据公开信息做出判断的投资者而言，减少了其异常收益。总体而言，绿色项目融资发行有正的累积异常收益率，但并未达到统计上的显著性。

绿色项目融资以外的其他三类产品的发行均不能给银行带来正的异常收益。比较而言，零售贷款类产品因面对个人和中小企业客户，所以对股价波动的影响空间较项目融资小。在公告前第8天开始，累积异常收益率出现持续上升，并在公告前第5天弥补之前负的累积异常收益率转为正值，而后在公告前两天开始减少，说明可能存在信息的提前泄露。公告日后第1天，累积异常收益率再次显著增加，且比公告前的最大值4.01%增加了14.76%，说明根据公开信息进行决策的投资者利用公告日的额外信息获得了超额收益。但随后，投资者减弱了绿色零售贷款对银行公司价值正向影响的预期，于是累积异常收益率开始下降，并最终表现为显著的负向股价效应。

绿色存款产品则始终在 0 轴附近波动，在公告日前 [− 10，− 1] 内，$CAR_t = 0.03\%$，而在公告日之后开始出现短期正的累积异常收益率，表明此类产品的发行公告信息短时间内在股价中得到体现，随后经过第 4 天至第 6 天维持在 0 轴的平稳走势后，最终表现为显著的负的股价效应。

绿色信用卡在发行公告前，累积异常收益率表现为 0 轴以下波动，但统计检验并不显著，表明投资者处于观望期间，无法准确判断绿色信用卡发行对银行的未来价值的影响。自公告日前第 2 天开始，累积异常收益率曲线呈现明显且持续下降的趋势，说明在公告前投资者已作出不好的预期，最终表现为显著的负的股价效应，其原因可能是信用卡的客户维护成本较高，收益较慢，不足以对银行公司价值产生较强的提升作用。

综上所述，碳信贷产品的类别不同对银行绩效的影响不同。其中，绿色项目融资能最终给银行带来正的异常收益，但不能弥补其他三类碳信贷产品在事件窗后期显著的负的异常收益。总体而言，现阶段碳信贷产品发行具有负的股价效应。

4. 基本结论及政策建议

对"赤道银行"发行碳信贷产品股价效应的实证检验表明，碳信贷产品的发行在事件窗内并未产生显著的股价效应。若不考虑信息泄露等因素，碳信贷产品的发行确实存在短暂的正向冲击，但并不具备持续性。碳信贷产品的发行能够通过资金供给对缓解环境和资源问题起到一定积极的作用，但其目前的发行额度和发行范围相对较少，尚不能对银行的公司价值产生显著的影响。

作为国际上一项自愿接受的标准，"赤道原则"在某些情况下可能不能得到金融机构的有效执行，而自身存在的不足也制约了其环保功能的发挥。但在实践过程中，"赤道原则"确实在银行承担企业社会责任和降低项目融资的环境风险方面起到了积极的作用。截至 2012 年年底，国际上接受"赤道原则"的金融机构共 77 家，其中，欧洲地区最多，有 32 家，其次是北美地区，有 14 家，亚洲地区只有 4 家，且 3 家是日本银行。[①] 我国

---

① 数据来源：http://www.equator-principles.com/index.php/members-and-reporting.

只有兴业银行于 2008 年接受了"赤道原则"，当前宜鼓励我国银行机构加入"赤道原则"。

首先，"赤道原则"为银行提供了更为科学和明确的环境与社会风险管理工具和内部管理流程，推动银行更为审慎、有效地评估融资项目的资料和风险，使相关利益者之间的信息披露更加完善，从而加强了相关利益者之间的信任和监督。虽然银行可能会因此放弃高污染高排放项目带来的高额收益，但也会大大降低其融资风险和交易成本，提高信贷成功比率。

其次，接受"赤道原则"可以加强银行的国际合作，促进碳信贷产品的创新和发展。如此不仅有助于增加银行的国际化程度，为银行引进更多优质客户和项目，而且能以银团贷款的形式提高银行业绩，分散融资风险。

再次，积极采纳"赤道原则"有助于建立银行自觉履行企业社会责任的良好形象，从而提升银行的品牌价值，赢得客户忠诚度和同业竞争优势，为银行长期目标的实现打下坚实基础。

最后，在低碳经济发展之初，"赤道原则"在银行间的普遍推广能够产生有助于一国产业调整的溢出效应，促使更多的企业向环境友好型项目和清洁能源项目加大投资。"赤道原则"在引导金融资源流向有利于环境和社会的优质项目和企业的同时，有助于更大范围、更大程度地实现环境和社会的效益目标，进一步深化银行业的碳信贷杠杆作用。相反，不采取"赤道原则"或碳信贷的银行将面临巨大的舆论和市场竞争的双重压力，银行发展会举步维艰。

虽然我国的"赤道银行"只有兴业银行，但在低碳经济的背景下，即使尚未接受"赤道原则"的银行也应制定类似的内部信贷准则，加强银行内部的信贷管理和环境风险管理，承担银行的企业社会责任，为绿色信贷产品的创新与发展提供标准和保证，以此响应国家当前的产业政策和倡导绿色信贷的号召，满足消费者日益增加的"绿色消费"需求，进一步推动金融可持续发展的实现。

（二）绿色金融对国有商业银行行为选择的影响

1. 发展绿色金融是银行业发展的内在要求

（1）适时地将环境和社会责任标准融入商业银行的经营管理活动中，

对环境和社会风险进行动态评估与监控，是商业银行管理或转移环境风险的需要。随着社会各界加强对环保的重视，"环境风险"逐渐进入商业银行的视野，成为一个不容忽视的风险因素。一方面，贷款企业或项目可能由于环境破坏引发直接或间接损失，从而造成银行的经营风险。另一方面，若商业银行并未将环保因素作为贷前调查的内容，贸然对存在环保隐患的企业或项目进行投资，则很可能由于违反国家相关环保政策而导致企业停产、项目搁置，使得银行陷入亏损境地，直接地削弱了自身的竞争力。

（2）发展绿色金融有利于降低不良贷款比率，调整金融资产结构。商业银行在以往的贷款决策中不需或很少考虑环保、生态因素，更多地将注意力放在业绩增长上，资金配置可能更多追求见效快，却带来高耗能、高污染的"双高"产业和项目。在当今环保政策约束不断增多的条件下，"双高"产业和项目逐步走向衰退，银行业按传统经营理念继续对此倾斜的结果，必然导致此类贷款无法偿还，形成新的不良贷款，降低流动性和价值增值空间。实施绿色金融理念下的银行经营管理，关注贷款主体的生态因子影响，对既不会产生大量碳排放和污染又有可持续发展潜力的低碳、清洁等环保产业和项目，优先给予信贷支持，意味着充分发挥了银行业绿色管理对产业结构调整与新兴产业发展的"金融导向"作用。[1] 如此，银行的资金链进入了良性循环，不但为银行拓展了业务范围，而且使得实施绿色金融的银行在激烈的市场竞争中占有一席之地，拓展了银行的市场份额。

（3）实施绿色金融是银行业加快金融创新的内在动力。没有金融创新或金融创新缓慢，就会制约金融业发展绿色经济。实施绿色金融，必然带动银行业进行包括金融产品、金融制度体系、技术手段和管理模式等一系列的金融创新。以银行业自身管理为例，绿色金融经营管理模式的选择要考虑商业银行外部环境的变化及人员素质的提高，这样就会强制地打破银行被动适应市场环境而对组织结构所做非自愿性调整及由此引起自身资源

---

[1]　张本照、刘吉鹏、陈剑锐：《绿色管理与我国金融业发展》，《经济体制改革》2003年第5期。

浪费的局面，积极主动实施适应绿色金融发展的创新，从而提高管理水平。[1] 绿色金融背景下持续的金融创新，必然使绿色金融不断拓展、市场份额不断扩大，使银行业的长期发展和竞争能力不断增强。

2. 绿色金融背景下国有商业银行评价体系

银行业竞争力的本质是其内在能力的外在表现。传统的商业银行竞争力评价体系主要由两个部分构成：一是外部环境因素，即环境竞争力；二是内部因素，即基础竞争力和潜在竞争力。基础竞争力是商业银行最为基本和直接的竞争力体现，主要依据市场控制能力、盈利能力、安全能力和流动性指标四大要素进行评价；潜在竞争力则包括业务及创新能力和管理能力两大要素，它们是商业银行竞争力形成的关键。除上述要素外，绿色金融还为国有商业银行履行社会责任并提升自身发展能力创造了新的评价标准：其一，对产业结构优化的贡献。绿色金融为国有商业银行资金的配置提供了标准，以此为标准，结合"赤道原则"开展金融业务是现阶段国有商业银行的必然选择。国有商业银行能否通过金融选择促进社会资源优化配置，引导社会资本流向绿色产业，实现产业结构优化的目标，是社会对国有商业银行贡献的重要评价标准。其二，对经济增长的贡献。国有商业银行能否通过绿色信贷、风险投资等形式，支持新能源、清洁技术的开发，培育自主创新能力，形成经济持续增长的内在动力，是社会评价其存在价值的重要标准。其三，经济人角色转换及相应的内在持续发展能力。绿色金融为国有商业银行由"自然经济人"向"环境经济人"转变制定了标准[2]，将绿色金融从宏观政策层面扩展到微观金融企业，是国有商业银行变革经营理念、拓展新的业务切入点、创新金融工具和技术手段以及提升竞争力的标准。近些年，绿色金融涵盖的"绿色信贷"等融资手段的相继实施，已经为我国国有商业银行的发展提供了新的增长点，为其提升经营业绩指明了新的方向，也为其在新的形势下提升发展能力提供了新的标准。

① 张福海：《提升我国银行业竞争力探析》，《河南金融管理干部学院学报》2003 年第 4 期。

② 李礼辉：《以创新思维推进绿色金融体系建设》，《金融时报》2010 年 9 月 4 日第 3 版。

绿色金融作为国有商业银行适应可持续发展、履行社会责任的新标准，弥补了传统银行业竞争力评价主要强调盈利能力的缺陷。绿色金融在传统金融竞争力体系的基础上融入了社会责任和环保因素，其优势在于可以督促银行提高对环境风险和机遇的识别能力，促使自身更好地处理社会责任和商业利益的关系，在激烈的竞争环境中谋求长期竞争力及长远发展的潜能。

3. 国有商业银行拓展绿色金融的行为选择

（1）在银行公司内部治理机制中拓展绿色金融内涵。公司治理是所有者对一个企业的经营管理和绩效进行监督和控制的一整套制度安排，[①] 它所涉及的诸多利益相关者的关系，决定着企业的发展方向和业绩。将绿色金融融入银行公司内部治理机制中，必将成为国有商业银行决策的新规则和新方法。

国有商业银行内部治理机制的设计必须体现绿色金融理念，依托内部组织结构的设置和权利安排，解决其内部的委托——代理问题，体现"三权分立、相互制衡"的公司治理理念，保证银行的良性运转。在众多的国有商业银行上市后，社会对其的要求不仅是在资金供给上支持实体经济发展，还要承担起社会责任，实现资源配置的外部正效应。为防止"三权"中的任何一方为股东和利益相关者的利益而将资金借贷给收益快，却高污染、高消耗的企业，国有商业银行必须将绿色金融作为衡量投资项目可行性的重要标准融入公司治理理念中，实现治理机制的激励约束功能。同时，国有商业银行还应继续研究"赤道原则"的宗旨，探索国际合作的途径，建立起在提供绿色金融服务过程中确保银行经营利益的机制。以银行资产质押贷款为例，一旦污染企业被国家取缔，则其质押的物资便毫无价值。而根据绿色金融理念的资源配置，银行可以引进贷款本金损失分担机制，向符合条件的节能、环保企业和项目发放贷款。一旦发生贷款本金损

---

① 林毅夫、李周：《现代企业制度的内涵与国有企业改革方向》，《经济研究》1997 年第 3 期。

失，银行和国际金融公司（IFC）将按约定比例进行分担。① 如此不但使银行在确保资金安全的前提下很好地履行了社会责任，而且创新性地实现了银行内部治理机制的完善。

（2）将绿色金融政策和规则内在化。在国有商业银行涉及的公共治理领域，相关绿色金融的融资要求必须使建立在市场原则、公共利益和合法性认同基础上的政企合作得以履行。绿色金融是政府监管的有力手段，是改变银行公司治理特性的重要外部力量和强制性约束。为此，国有商业银行必须依据国家有关发展绿色经济的政策和机制、指导目标、产业投向标准和环境风险评级标准等规则，制定自己的绿色金融服务操作办法和实施细则，使外在制度和规则内在化。国有商业银行还应将环保信息纳入内部信用信息基础数据库，以完善银企间的借贷信用体系，避免拥有良好环保措施的中小企业无法追求深层次、长期的技术创新和报酬递增，同时解决信息不对称问题并降低政府的监管成本。

（3）将绿色金融置于影响银行控制权和经营决策的特殊地位。在市场交易领域，国有商业银行要将绿色金融作为一种发展取向，融入其在市场上经过多次重复博弈所形成的规则，体现在并购市场、经理市场、产品市场等交易行为之中。随着全球金融一体化的加快，公司控制权市场的流动性正在加强。市场交易领域可能形成一个悖论：一个良好的金融市场将对银行决策产生约束效应，但来自企业控股权争夺的威胁和利益的驱使，将迫使银行决策按照股东或利益相关者的利益来行事。这种情况下，由潜在的高污染企业带来的巨额利润将导致银行控股权的流动，即最大受益者将拥有银行的实际控制权，从而将银行拖入有悖于实施绿色金融的恶性运行的境地。但我们必须注意到一个事实：全球主要银行都在提倡践行以"赤道原则"为主导的绿色金融。因而，作为低碳经济发展的资源配置核心，我国国有商业银行在市场交易过程中，不能仅将绿色金融当作一种理念，更要将其置于影响银行控制权流动的特殊地位，在经营决策过程中，将绿

---

① 兴业银行的实践就是典型成功案例。其在向存在节能减排潜力的企业发放贷款，帮助其进行节能减排改造后，若贷款发生损失，IFC将根据约定情形和补偿比例，分担兴业银行贷款本金的损失。

色金融作为检验决策团队和个体"道德风险"的屏障和约束其决策行为的准则，对破坏环境的产业和项目不予信贷支持。为确保银行控制权流动的正确方向，国有商业银行还需积极开展金融创新活动，创新和发展多样化的以绿色金融为主导的金融衍生产品，帮助企业开发和生产低污染、低能耗、低排放的项目和产品，支持以资源节约和生态效率为目标、以技术进步为前提的循环经济；支持在起步阶段受技术约束与市场规模限制，自身的资本积累能力有限，需要资金支持开发技术的新型资源再生产和环保产业。

（4）积极参与碳金融运行。碳金融是为了减少温室气体排放和转移碳交易风险而存在的各种金融交易活动和制度安排，既包括低碳产业项目的投融资、碳排放权及其衍生品的交易，也包括碳基金、碳保险及其他相关金融活动和制度安排。[①] 碳金融既给国有商业银行提供了承担社会责任的机会，也提供了拓展新业务和盈利空间的途径。

面对发展低碳经济的要求，国有商业银行应该借助其规模和范围经济优势，除了在业务结构上要增加第三产业、节能环保行业融资比重，加大创新力度，着力为绿色产业提供投资理财、财务顾问、结构化融资、融资租赁等金融服务外，还应积极开展基于 CDM 的信贷融资、挂钩海外碳排放权期货价格的金融理财产品业务以及节能减排项目财务顾问等业务。在发展碳金融业务过程中，由于碳金融产品的交易规模、工具要求、服务能级、风险评级都非常严格，因此，国有商业银行应成立专门机构，结合自身绿色金融产品的特点，有针对性地制定风险规避机制，确保交易系统正常运行。

（5）依托网络技术支撑实现自身金融服务"绿色化"。随着金融技术创新的推进，以网络等新技术手段为基础在国际互联网上开展的金融业务，诸如网络银行、网络证券、网络保险等网络金融发展空间越来越大。从本质上说，金融市场是一个信息市场，也是一个虚拟的市场。网络技术

---

① 王倩：《中国碳金融的发展策略与路径分析》，《社会科学辑刊》2010 年第 3 期。

的引进不但强化了金融业的信息特性，而且虚拟化了金融的实务运作。[1]
基于互联网的金融交易极大地节省了银行在办公场所和人力等方面所需耗
费的大量资源和客户的交易成本，符合低碳经济背景下绿色金融的发展
趋势。

网络金融正成为商业银行业务发展的又一方向，同时也为发展绿色金
融提供了良好的平台。我国已陆续建立相关机制推动开发网上绿色金融产
品。国有商业银行应借助其技术优势，规划自身业务发展的"绿色化"模
式，不断完善技术支持系统，积极拓展和完善自助银行、网上银行、自助
终端、银行卡、银证通、速汇通、电话服务中心等网络金融的功能，提供
更加便利、安全、高效的金融服务，使越来越多的金融服务网络化和"绿
色化"。

总之，发展绿色金融，支持我国经济结构调整和经济增长方式转变已
成为当今我国经济社会发展战略安排的题中应有之义。我国国有商业银行
应进一步将绿色金融作为自己特殊的运作方式，将社会责任与自己的核心
业务及竞争优势结合起来，在"绿色"道路上拓"金"，同步提升其社会
价值和经济价值。

第二节　碳金融实施的经济结构调整效应

全球气候恶化、能源资源的不稳定与稀缺、生态环境持续遭到破坏等
影响使人类的生存和发展遇到新的挑战。罗森茨韦克等专门委员会记录了
从 1970 年至 2008 年全球生物和地理的变化，在第四份报告中指出世界各
地的气候变暖已经引起了包括每个大陆冰川范围缩减，冻土融化，湖泊和
河流变暖等问题，陆地生物系统也已产生巨大变化，已经严重威胁到全球
气候的稳定。[2] 联合国政府间气候变化委员会（IPCC）在 2007 年气候变化
评估报告中表示："当前从全球平均气温和海温升高、大范围积雪和冰川

---

[1] 吴晓光、陆杨、王振：《网络金融环境下提升商业银行竞争力探析》，《金融发展研究》
2010 年第 10 期。

[2] UNEP Report, *Trade and Climate Change*, 2007.

融化、全球平均海平面上升的观测中可以看出全球气候系统变暖是明显的、毋庸置疑的。"[1] 在生态环境层面上,如何控制污染程度、减少废气排放,提高现有能源的利用效率,确保核能等能源的稳定安全,有效利用新能源和可再生能源已经成为亟待解决的问题。在历史发展层面,每一次科技革命都伴随着金融创新的支持。在后金融危机时代,重振全球经济的根本之道就在于技术创新的重大突破,进而催生新兴的产业——低碳产业,构建以碳金融为核心的经济发展形式,引领世界走向新的发展方向。

我国改革开放已经 30 余年,伴随着高速的经济增长和不断提高的产出水平,逐渐暴露了产业结构不合理的问题。经济增长过快造成区域经济发展不平衡,增长的效率降低。作为最大的发展中国家,要想保持长期的可持续发展,必须考虑如何转变经济发展模式,构建资源节约型社会。自 2008 年开始,我国 CO_2 总排放量已居世界首位。[2] 当前我国经济发展正进入工业化中后期,必须在保证长期高速可持续发展的前提下,构建"一高三低(高效率、低能耗、低污染、低排放)"的经济发展模式,以较少的温室气体排放获得较大的经济产出。低碳经济已经被人们视为继两次工业革命、信息革命、生物技术革命之后,第五次改变世界经济的革命浪潮。低碳经济时代,将以节能环保为技术先导,由金融辅助催生主导产业,再一次提高人们对资源的利用率,进而改变所有产业的运行模式,从而形成新型的经济制度。建立全新的低碳经济发展框架,加快我国经济发展与转型,离不开碳金融机制与制度安排的辅助。本书将对碳金融体制实施的产业结构调整效应进行机理分析和实证检验,并就完善碳金融的功能提供政策建议。

一　碳金融对产业结构调整的影响机理的规范分析

碳金融体制实施对产业结构的影响主要体现在以下四个方面。

第一,碳金融通过碳排放交易量对产业结构变动产生影响。

碳金融在相关政策的引导下,运用金融工具的杠杆作用,提高生产效

---

① IPCC Fourth Assessment Report, *Trade and Climate Change*, 2007.

② World Bank, *Carbon Finance Annual Report*, 2009.

率与资源利用率，减少产生污染源产业的废气排放，使产业结构发生变化。通过改变企业的融资模式与针对环保产业的政策扶持等手段，使技术水平不断提高，产业结构逐步走向多元化。经济发展的平稳性，要求产业结构维持在一个相对稳定的范围内。本书认为一国越倾向于售出碳排放量，表明该国的产业结构应该越合理、越稳定，因为该国应该已经在环保产业、节能减排产业的发展上取得了一定的成效，才会有额外的碳排放量可供出售；该国的产业结构趋于稳定，因为已经从"高能耗、高污染、高排放"的粗放型增长模式成功过渡到了节约型的经济模式。

第二，碳金融对三次产业占 GDP 的比例产生影响。

我国的产业结构不合理，废气排放量较高的第二产业比重过大且增速最快，第三产业比重不足，不利于可持续发展的实现。碳金融通过带动碳交易的发展，引导资金流入以低碳技术为核心的产业，包括：清洁能源技术产业，核能、风能、太阳能和水力发电等产业，推动低碳经济的发展。

第三，碳排放交易配额与实际排放额之比决定了产业中资源的使用和分布。

不同产业对能源的需求及自身的碳排放量存在显著区别。第一产业，即农业，对化石高碳能源消耗量相对较低，基本属于低碳排放产业，属于碳中性能源的生产主体，沼气、生物柴油等主要依赖农业提供。第二产业，即工业。整个生产过程对能源高度依赖。没有能源供给，工业所需的资源便无法开采，原料便无法转化成为产品，所以工业是高碳排放产业。第三产业，即服务业，主要包括信息、金融、保险等公共服务和高科技行业等。与第二产业相比，第三产业能耗低，碳排放量有限，属于低碳产业。通过碳排放交易等碳金融手段，能够带动第二产业碳排放额的减少及第三产业的加速发展，使产业结构得到优化升级，构建资源节约、环境友好的低碳环保社会。

第四，碳金融对产业链的连锁影响。

在经济发展的不同阶段，三次产业结构之间的地位与作用不同。三次产业结构之间有着客观必然的联系，如何测度碳金融发展对三次产业结构的影响是本节的主要研究内容。在我国现阶段的经济中，农业生产不仅是为了满足广大人民群众基本生活的需要，同时，也在某些方面为制造业提供材料；在第二产业中，能源行业（如石油、天然气、煤炭和电力公共事业等）和能源密集型产业（如航空、水泥等），以及消费能源的产业（如汽车业等）产生了大量的 CO_2 等温室气体。碳金融的发展，能够提高上述资源消耗的成本，推动低碳技术的研发，促进低碳项目的实施，推进碳交易市场的繁荣，从而实现资源向环保低碳产业流动，带动产业结构优化升级。

二 碳金融对产业结构调整效应的实证检验

（一）指标描述与数据选取

产业结构变化值：$ISV = \sum_{i=1}^{3} |Q_i - Q_{i0}|$。其中 Q_1、Q_2、Q_3 分别表示农业、工业、服务业各自产值占当年 GDP 的百分比，Q_{i0} 表示作为基期（2004 年）的农业、工业、服务业各自产值占当年 GDP 的百分比。

碳比值：CO_2R ＝碳排放权配额/实际排放额。由于各国碳排放权交易额的数据无法获得，本书采取该碳比值来代替交易额数据，间接地表示各国碳交易状况。如果 $CO_2R > 1$，说明配额大于实际排放额，即该国存在着到国际市场上出售碳排放权的倾向，且 CO_2R 越大说明该国出售碳排放权的倾向就越大；反之，$CO_2R < 1$，说明碳排放权配额小于实际排放权，即该国存在到国际市场上购买碳排放权的倾向，且 CO_2R 越小说明该国购买排放权的倾向就越大。

本书选取从 2005 年到 2009 年欧盟 18 个样本国家[①]的 GDP 增速、GDP 结构比重、碳排放权配额以及实际排放量，构建 Panel Data 模型识别 CO_2 排放权交易对一国产业结构的影响，相关数据来源于世界银行和欧盟统计局。

（二）计量模型选择

Klevmarken（1989）、Hsiao（2003）指出，采用面板数据分析具有四

---

① 18 个国家分别为奥地利、比利时、丹麦、爱沙尼亚、芬兰、德国、希腊、匈牙利、爱尔兰、意大利、拉脱维亚、立陶宛、荷兰、葡萄牙、斯洛文尼亚、西班牙、瑞典、英国。

个明显优势：第一，面板数据包含更多的信息量①；第二，面板数据模型能够有效地控制样本个体的异质性（Individual Heterogeneity），而一般的时间序列模型和截面数据模型则容易忽略对样本观测值异质性的控制，得出的估计结果存在偏误；第三，面板数据模型变量之间不易产生多重共线性问题；第四，面板数据具有更高的效率和自由度。面板数据模型基本形式如下：

$$y_{it} = \alpha + x_{it}^{'}\beta + u_{it} \qquad (4\text{—}16)$$

其中，i 表示横截面个体，t 表示观察值的时间，N 表示截面成员的个数，T 表示每个截面成员的观测时期总数。参数 α 表示模型的常数项，$x_{it}^{'} = (x_{1,it}, x_{2,it}, \cdots, x_{k,it})$ 是 $k \times 1$ 维向量，表示第 i 个个体在 t 时刻的 k 个解释变量的观测值，β 为系数向量。方程刻画了 k 个经济指标在 N 个截面成员及 T 个时间点上对因变量的变动关系。根据不同的形式，干扰项 u_{it} 的构成可以进行单因素分解和双因素分解。干扰项在截面个体上的单因素分解形式为：

$$u_{it} = \mu_i + v_{it} \qquad (4\text{—}17)$$

其中，μ_i 是一个时间恒定的变量，在不同的观测期间内取值相同，表示不能观测的个体特征对因变量产生的影响，用以解释回归中未包含的个体特征影响；v_{it} 表示剩余的扰动项，它随着观测个体和时间同时发生变化，被看作是一般回归模型中的误差项。若 $\mu_i = 0$，模型（4—16）系数估计方法就是普通最小二乘法（OLS），称为混合估计模型（Pooled OLS）。若假定 μ_i 为固定的非零参数，v_{it} 服从独立同分布，那么面板模型的构建将有效地解释 N 个样本自身观测不到的特征对因变量的影响，称为固定效应模型。若 μ_i 作为固定的参数，导致固定效应模型中参数过多，损失较多样本的自由度，这时则可以假定 μ_i 随机变化，并服从独立同分布，称为随机效应模型。对于随机效应模型和固定效应模型的选取问题，Hausman 于 1978年提出了一种严格的统计检验方法——Hausman 检验。该检验的原假设是：随机效应模型中个体影响与解释变量不相关，检验过程中所构造的统计量

---

① 贾彦东、张红星：《Panel Data 模型设定的新思路——固定效应随机效应的统一》，《数量经济技术经济研究》2006 年第 6 期。

W 形式如下：

$$W = [b - \hat{\beta}]' \hat{\Sigma}^{-1} [b - \hat{\beta}] \tag{4—18}$$

其中，b 为固定效应模型中回归系数的估计结果，$\hat{\beta}$ 为随机效应模型中回归系数的估计结果，$\hat{\Sigma}$ 为两类模型中回归系数估计结果之差的方差，即

$$\hat{\Sigma} = \mathrm{var}[b - \hat{\beta}] \tag{4—19}$$

Hausman 证明了在原假设条件下，式（4—18）所构造的统计量 W 服从自由度为 k 的 χ^2 分布，这里 k 为模型中解释变量的个数。

（三）模型参数估计及假设检验

本书首先研究碳排放权交易对一国 GDP 结构的影响。参数估计分别采用混合估计模型、横截面上的固定效应模型和随机效应模型进行统计分析，估计结果如表4—13所示。

表4—13 基于 Panel Data 模型的碳交易对 GDP 结构的影响

变量名称	混合估计			固定效应模型			随机效应模型		
	估计值	标准误	P 值	估计值	标准误	P 值	估计值	标准误	P 值
截距项	0.0600***	0.0166	0.0005	0.0631***	0.0095	0.0000	0.0630***	0.0197	0.0020
CO_2R	−0.0115	0.0135	0.3965	−0.0143*	0.0081	0.0821	−0.0141*	0.0078	0.0746
R2	0.0082			0.8875			0.0357		
调整 R2	−0.0031			0.8506			0.0247		
F 统计量	0.7259			24.0298			3.2545		
P 值	0.3965			0.0000			0.0746		
Hausman 检验							χ^2 统计量 = 0.0060		
							P 值 = 0.9384		
固定效应 检验				F 统计量 = 24.9420					
				P 值 = 0.0000					

注："*＊＊"、"＊＊"和"＊"分别表示估计量在1%、5%和10%的显著性水平下显著。

三种面板数据模型参数的估计结果，需要得到进一步的检验。关于固定效应模型和随机效应模型的选取标准，学术界并未形成一致见解，相关文献之间的争议较大。目前，Hausman 检验是使用较为普遍的检验方法，其原假设 H_0 为：应该采用随机效应模型。

在给定 10% 显著性水平下，自由度为 1 的 χ^2 统计量的临界值为 2.7055（＞0.0060）。理应接受原假设 H_0，即采用随机效用模型。但是考虑到 Hausman 检验的 χ^2 统计量 0.0060 的置信度偏低（$P = 0.9384$），并且采用随机模型得到的回归的拟合度（$R^2 = 0.0357$）和整体方程回归的显著性（$F = 3.2545$）偏小。因此，本书采用固定效应模型，并使用最小二乘方法对模型进行估计。

$$ISV_{it} = 0.0631 + \alpha_i - 0.0143CO_2R_{it} + \gamma_i \qquad (4\text{—}20)$$

其中，α_i 表示各国产业结构变化值对平均产业结构变化值的偏离，结果见表 4—14。

表 4—14　　　　　样本国家产业结构变化对平均变化值的偏离

地区 i	α_i 的估计值	地区 i	α_i 的估计值
奥地利（AT）	－0.0385	意大利（IT）	－0.0316
比利时（BE）	－0.0172	拉脱维亚（LV）	－0.0128
丹麦（DK）	－0.0182	立陶宛（LT）	0.0005
爱沙尼亚（EE）	－0.0125	荷兰（NL）	－0.0314
芬兰（FI）	0.2026	葡萄牙（PT）	0.0320
德国（DE）	－0.0272	斯洛文尼亚（SI）	0.0121
希腊（GR）	－0.0153	西班牙（ES）	－0.0191
匈牙利（HU）	0.0115	瑞典（SE）	－0.0267
爱尔兰（IE）	0.0232	英国（GB）	－0.0313

γ_i 为反映时期影响的时期个体恒量，反映时期变化所带来的 GDP 结构的变化，估计结果见表 4—15。

表 4—15　　样本国家 2005—2009 年产业结构变化对平均变化值的偏离

时间/年	γ_i 的估计值	时间/年	γ_i 的估计值
2005	－0.0175	2008	－0.0049
2006	－0.0138	2009	0.0455
2007	－0.0093		

下面对模型中的个体固定影响、时期固定影响，以及对个体、时期联合影响进行显著性检验，三个 F 统计量（$N=18$，$T=5$）分别为：

$$F_{\text{个体}}=25.6893 \qquad F_{\text{时期}}=20.4547 \qquad F_{\text{联合}}=24.9420$$

在给定 10% 的显著性水平下，得到相应的临界值：

$$F_{\text{个体}}(17,67)=1.5635 \qquad F_{\text{时期}}(4,67)=2.0307 \qquad F_{\text{联合}}(21,67)=1.5214$$

可见，模型中的个体固定影响和时期固定影响以及联合检验的 F 统计量值均大于相应的临界值，说明模型估计结果显著，模型形式合理。

模型估计结果表明，碳比值（CO_2R）的系数为负数，且回归方程的拟合程度较高（$R^2=0.8875$，$Adjust\ R^2=0.8506$），即产业结构变化值（ISV）与碳比值（CO_2R）呈负相关关系。碳比值越大（$CO_2R>1$），即配额大于实际排放额，说明该国到国际市场上出售碳排放权的倾向就越大，由于存在负相关性，产业结构变化值就越小；碳比值越小（$CO_2R<1$），即碳排放权配额小于实际排放权，说明该国到国际市场上购买碳排放权的倾向就越大，由于存在着负相关性，产业结构变化值就越大，即该国产业结构变化的程度就越大。由此可以得出的结论是，碳排放权交易对一国产业结构产生显著的影响。

接着，本书考察碳排放权交易对一国各个产业的影响。选取 2005—2009 年各国工业、服务业产值占 GDP 的百分比，并以 2004 年的相应数据为基期，计算各国 2005—2009 年工业比重变化值（$IWVi$ = 工业占 GDP 比重 i - 工业占 GDP 比重$_{2004}$）和服务业比重变化值（$SWVi$ = 服务业占 GDP 比重 i - 服务业占 GDP 比重$_{2004}$）。并记 $IWS=\dfrac{IWV}{ISV}$，表示工业变化占产业结构变化的比重，代表工业行业的变化。

我们尝试把 CO_2R 和 SWV_i 作为解释变量，分析工业行业的变化情况。参数估计分别采用混合估计模型、横截面上的固定效应模型和随机效应模型，估计结果如表 4—16 所示。

表4—16　　　　　　　基于 Panel Data 模型的碳交易对一国工业的影响

变量名称	混合估计			固定效应模型			随机效应模型		
	估计值	标准误	P 值	估计值	标准误	P 值	估计值	标准误	P 值
截距项	0.1852^{*}	0.1034	0.0768	0.3026^{***}	0.0976	0.0028	0.1968	0.1197	0.1036
CO_2R	-0.0853	0.0825	0.3043	-0.0871	0.0732	0.2385	-0.0406	0.0724	0.5760
SWV	-1.7261^{**}	0.7200	0.0186	-6.8883^{***}	1.5447	0.0000	-4.5039	1.0632^{***}	0.0001
R^2	0.0705			0.7760			0.1710		
调整 R^2	0.0492			0.6979			0.1519		
F 统计量	3.3018			9.9403			8.9732		
P 值	0.0412			0.0000			0.0003		
Hausman 检验							χ^2 统计量 = 19.1725		
							P 值 = 0.0001		
固定效应 检验				F 统计量 = 9.8972					
				P 值 = 0.0000					

注："＊＊＊"、"＊＊"和"＊"分别表示估计量在1%、5%和10%的显著性水平下显著。

在给定 10% 显著性水平下，自由度为 2 的 χ^2 统计量的临界值为 4.6052。因此，拒绝原假设 H_0，即应采用固定效用模型。估计结果为：

$$IWS_{it} = 0.3026 + \alpha_i - 0.0871CO_2R - 6.8883SWV_{it} + \gamma_i \qquad (4-21)$$

其中，α_i 表示各国工业变化比重值对平均变化值的偏离，结果见表 4—17。γ_i 为反映时期影响的时期个体恒量，反映时期变化所带来的工业比重的变化，估计结果见表 4—18。

表4—17　　　　　　样本国家工业变化比重值对平均变化值的偏离

地区 i	α_i 的估计值	地区 i	α_i 的估计值
奥地利（AT）	0.0926	意大利（IT）	-0.0868
比利时（BE）	-0.4123	拉脱维亚（LV）	-0.0968
丹麦（DK）	0.1696	立陶宛（LT）	-0.3469
爱沙尼亚（EE）	0.1775	荷兰（NL）	0.2157
芬兰（FI）	0.7998	葡萄牙（PT）	0.5625
德国（DE）	0.0310	斯洛文尼亚（SI）	-0.2461
希腊（GR）	0.0264	西班牙（ES）	-0.0202

地区 i	α_i 的估计值	地区 i	α_i 的估计值
匈牙利（HU）	− 0.2063	瑞典（SE）	− 0.0932
爱尔兰（IE）	− 0.3181	英国（GB）	− 0.2483

表4—18 样本国家2005—2009年工业比重变化值对平均变化值的偏离

时间/年	γ_i 的估计值	时间/年	γ_i 的估计值
2005	− 0.0008	2008	− 0.0202
2006	0.0559	2009	− 0.0934
2007	0.0585		

对模型中的个体固定影响、时期固定影响，以及对个体、时期联合影响进行显著性检验，三个 F 统计量（$N = 18$，$T = 5$）分别为：

$$F_{个体} = 9.5346F \qquad F_{时期} = 3.6062 \qquad F_{联合} = 9.8972$$

在给定10%的显著性水平下，得到相应的临界值：

$$F_{个体}(17,66) = 1.5651 \qquad F_{时期}(4,66) = 2.0320 \qquad F_{联合}(21,66) = 1.5231$$

模型中的个体固定影响和时期固定影响以及联合检验的 F 统计量值均大于相应的临界值，说明估计结果显著，模型形式合理。模型估计的结果表明，碳比值（CO_2R）和服务业比重变化值与工业变化占产业结构变化的比重（IWS）呈负相关关系。碳比值越小（$CO_2R < 1$），由工业比重的变化所引起的产业结构的变化就越大；反之亦然。

碳比值越小（$CO_2R < 1$），即实际排放额大于配额，说明该国到国际市场上购买该国碳排放权的倾向就越大。碳排放权的购买使得工业行业成本提升，进而导致了工业行业的利润率的下滑。因此，资本倾向于从工业行业流出转向其他两个产业，从而导致了一国产业结构变化中工业行业的变化最为显著。

实证分析的结果表明，一国碳排放权交易对一国产业结构具有显著影响；若一国需要购买碳排放权，那么这种碳排放权限制将导致资本从工业行业流向其他两个行业，最终表现为以工业比重变化为主导的产业结构的变化。

第三节　碳金融实施的协同效应

人类社会逐步开发与利用各种能源，从原始的农业文明社会逐步走向现代化的工业文明社会。然而随着全球人口数量和总体经济规模的不断增长，人类对各项能源的使用也渐渐趋于极限。近几十年中，化石能源、生物能源等传统能源的过度使用所导致的各类环境问题逐渐地进入人们的视野，并不断地为人们所认知。空气污染、光化学烟雾、水污染和光污染等，以及大气中 CO_2 浓度升高将带来的全球气候变暖问题，已经被确认为人类破坏自然环境、不健康的生产生活方式和常规能源过度使用所导致的严重后果。在当前全世界致力于降低 CO_2 排放的背景下，产生了一系列与节能减排相关的新概念和新政策，例如"低碳城市"、"低碳世界"、"碳足迹"、"低碳经济"、"低碳技术"、"低碳发展"、"低碳生活方式"、"低碳社会"等。关于能源和经济价值观的转变将有可能开辟出一条新的人类发展道路，即摒弃传统粗放的增长模式，直接运用当前最新最前沿的创新技术与创新机制，推动低碳经济模式与低碳生活方式的建立，实现人类社会的可持续发展。

中国政府始终致力于发展低碳经济，以应对日益严峻的全球气候变暖问题。然而，中国也是当今世界上最大的发展中国家，是人均 GDP 只有3000 美元的低收入发展中国家。按照联合国的贫困标准，拥有 13 亿人口的中国仍然有 1.5 亿人处于贫困线之下。中国面临着发展经济、消除贫困和减缓温室气体排放的多重压力。在处理发展经济和减少碳排放二者关系之时，中国处于进退两难的境地。一方面，中国作为一个负责任的世界大国，应自觉承担起减少温室气体排放、保护地球环境的责任；另一方面，中国作为一个处在起步阶段的发展中国家，必然需要消耗大量的能源以保证国民经济的健康发展，而在使用能源，特别是化石能源的过程中又必然会产生大量的温室气体。

因此，对于当前中国而言，低碳发展与经济增长两者之间是否能够共存成为事关国内民生和中国未来长期发展的关键问题。在此背景下，本书采用实证分析的方法，对碳金融实施的协同效应进行检验。

一 CO_2 排放和经济增长的实证研究

(一) 数据选取

本书选取中国 1961—2009 年 $T=49$ 的 CO_2 排放量、实际 GDP（以现价美元计算）以及三个产业（工业、农业、服务业）各自的实际增加值作为样本，为消除量纲影响，对相关数据进行了对数处理。

实际 GDP 取自然对数后如图 4—9 所示；CO_2 排放量取自然对数如图 4—10 所示；工业、农业、服务业各自的实际增加值分别取自然对数如图 4—11—图 4—13 所示。

通过对比实际 GDP 和 CO_2 排放量的走势图，我们发现 1961—2009 年间中国的 CO_2 排放量与实际 GDP 呈现同时上涨的趋势，二者之间的同时增长是因为某种巧合还是因为两者之间存在着内在的必然联系？如果二者间存在着内在联系，这种联系如何传导？针对上述问题，本书展开了深入的研究。

(二) 模型介绍

本书拟通过协整检验、误差修正模型（Error Correction Model，ECM），对中国经济增长与碳排放间的长短期传导效应进行实证检验。

图 4—9 实际 GDP（对数）的走势

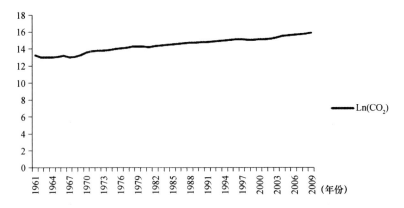

图4—10 CO_2 排放量（对数）的走势

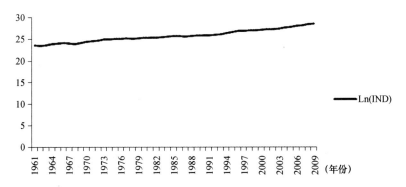

图4—11 工业增加值（对数）走势

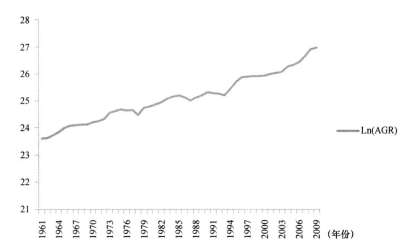

图4—12 农业增加值（对数）走势

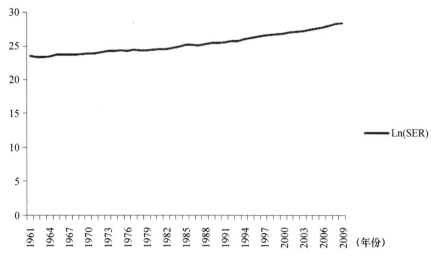

图4—13 服务业增加值（对数）走势

通过对数据进行平稳性检验和协整关系检验，可以判断数据之间是否存在长期均衡关系。对于动态的短期非均衡关系，可以用自回归分布滞后模型（Autoregressive Distributed Lag，ADL）和误差修正模型（Error Correction Model，ECM）进行刻画。

ADL模型考虑了变量滞后项出现的情况，以一阶自回归滞后模型为例，记为ADL（1，1）：

$$y_t = \beta_0 + \beta_1 y_{t-1} + \beta_2 x_t + \beta_3 x_{t-1} + u_t \qquad t = 1, 2, \cdots, T \qquad (4\text{—}22)$$

式中：$u_t \sim i.i.d.(0, \sigma^2)$；方程刻画了短期非均衡关系。

记 $y^* = E(y_t)$，$x^* = E(x_t)$ 上式两边取期望，整理得长期均衡关系：

$y^* = k_0 + k_1 x^*$，其中 $k_0 = \dfrac{\beta_0}{1-\beta_1}$，$k_1 = \dfrac{\beta_2 + \beta_3}{1-\beta_1}$，$k_1$ 刻画了 y_t 与 x_t 的长期均衡关系。进一步，将式（4—22）两端减去 y_{t-1}，在右侧加减 $\beta_2 x_{t-1}$，整理得

ECM模型：

$$\Delta y_t = (\beta_1 - 1)(y_{t-1} - k_0 - k_1 x_{t-1}) + \beta_2 \Delta x_t + u_t \qquad (4\text{—}23)$$

当处于长期均衡关系时，误差修正项 $(y_{t-1} - k_0 - k_1 x_{t-1})$ 反映了 y_t 关于 x_t 在 t 时点的短期偏离；调整系数 $(\beta_1 - 1)$ 表示了短期偏离回到长期均衡的调整速度。

由上文分析可以看出，ADL 模型和 ECM 模型是等价的，区别在于经济含义不同。相对于 ADL 模型，ECM 模型能够削弱 ADL 模型的多重共线性以及扰动项的序列相关性问题。在实际研究中，应结合具体情况选择建立何种模型。

Engle and Granger（1981）提出了 ECM 模型估计的两步法，其基本步骤如下：

（1）对存在协整关系的变量采用普通最小二乘法进行估计，又称协整回归，估计协整向量（长期均衡关系参数）。

（2）以前一步回归得到的残差项作为非均衡误差项添加到误差修正模型中，再运用普通最小二乘法估计相应参数。

（三）实证结果分析

本书选取中国 1961—2009 年 $T = 49$ 的 CO_2 排放量、实际 GDP（以现价美元计算）以及三个产业（工业、农业、服务业）各自的实际增加值作为样本，通过协整检验、ECM 模型和 Granger 因果关系检验，对经济增长和碳排放的长短期传导效应进行实证研究。对上述五个值取对数作为模型变量，分别记为 Ln（CO_2），Ln（GDP），Ln（IND），Ln（AGR），Ln（SER），其中各产业增加值代表了经济增长的结构。

1. 首先对 Ln（CO_2），Ln（GDP），Ln（IND），Ln（AGR），Ln（SER）进行单位根检验，检验其平稳性

（1）对 Ln（CO_2）的单位根检验。

对 Ln（CO_2）序列进行 ADF 检验，由 SC 准则确定最优滞后阶数（$p = 1$），检验结果（包含趋势项和常数项）见表 4—19。

表 4—19　　　　　　　　　　　ADF 检验结果

差分阶数	临界值（1%）	t-Statistic	Prob. *
0	− 4. 165756	− 2. 642557	0. 2643
1	− 2. 615093	− 3. 812635	0. 0003 ***

注："＊＊＊"、"＊＊"和"＊"分别表示估计量在 1%、5% 和 10% 的显著性水平下显著。

由表 4—19 第一行可知，在 1% 的显著性水平下，t = − 2.642557 >

-0.4165756，接受原假设，即 $Ln（CO_2）$ 非平稳。接着对 $\Delta Ln（CO_2）$ 进行 ADF 检验结果见表第二行，$\Delta Ln（CO_2）$ 在 1% 的显著性水平下拒接原假设，因此可以认为 $\Delta Ln（CO_2）$ 是平稳序列。另外通过其他单位根检验方法也得出相同的结论（见表 4—20），即 $Ln（CO_2）$ 是一阶单整序列，记为 $Ln（CO_2）—I（1）$。

表 4—20　　　　　　　　　　其他单位根检验结果

	差分阶数	临界值（1%）	Ad. t-Statistic	Prob. *
PP 检验	0	-4.161144	-2.711893	0.2367
	1	-2.615093	-3.812635	0.0002 ***
	差分阶数	临界值（1%）	LM-Stat.	Prob. *
KPSS 检验	0	0.7390000	0.904168	—
	1	0.7390000	0.105392	—

注："***"、"**"和"*"分别表示估计量在 1%、5% 和 10% 的显著性水平下显著。

（2）对 $Ln（GDP）$ 的单位根检验。

运用 ADF 检验，由 SC 准则确定最优滞后阶数，结果（0 阶差分时包含趋势项和常数项，1 阶差分时选择既无趋势项也无常数项）如表 4—21 所示：

表 4—21　　　　　　　　　　ADF 检验结果

差分阶数	临界值（1%）	t-Statistic	Prob. *
0	-4.161144	-0.110727	0.9933
1	-4.165756	-6.169771	0.0000 ***

注："***"、"**"和"*"分别表示估计量在 1%、5% 和 10% 的显著性水平下显著。

ADF 检验结果表明，$Ln（GDP）$ 接受原假设，即非平稳；$\Delta Ln（GDP）$ 拒绝原假设，即平稳。通过其他检验方法也可以得出相同的结论，即 $Ln（GDP）$ 是一阶单整序列，记为 $Ln（GDP）—I（1）$。

（3）对 Ln（IND）的单位根检验。

运用 ADF 检验，由 SC 准则确定最优滞后阶数，结果（0 阶差分时包含趋势项和常数项，1 阶差分时选择既无趋势项也无常数项）如表 4—22 所示。

表 4—22 　　　　　　　　　　ADF 检验结果

差分阶数	临界值（1%）	t-Statistic	Prob.*
0	−2.614029	6.602651	1.0000
1	−4.165756	−5.964973	0.0001***

注："＊＊＊"、"＊＊"和"＊"分别表示估计量在 1%、5% 和 10% 的显著性水平下显著。

从表 4—22 可以看出，Ln（IND）ADF 检验显示的 P 值为 1，说明 100% 存在单位根，即 Ln（IND）非平稳；ΔLn（IND）拒绝原假设，即平稳。通过其他检验方法也可以得出相同的结论，即 Ln（IND）是一阶单整序列，记为 Ln（IND）—I（1）。

（4）对 Ln（AGR）的单位根检验。

运用 ADF 检验，由 SC 准则确定最优滞后阶数，结果（0 阶差分时包含趋势项和常数项，1 阶差分时选择既无趋势项也无常数项）如表 4—23 所示。

表 4—23 　　　　　　　　　　ADF 检验结果

差分阶数	临界值（1%）	t-Statistic	Prob.*
0	−4.161144	−1.328666	0.8686
1	−2.615093	−4.146430	0.0001

注："＊＊＊"、"＊＊"和"＊"分别表示估计量在 1%、5% 和 10% 的显著性水平下显著。

从表 4—23 可以得出，Ln（AGR）ADF 检验的结果显示接受原假设，即非平稳；ΔLn（AGR）拒绝原假设，即平稳。通过其他检验方法也可以得出相同的结论，即 Ln（AGR）是一阶单整序列，记为 Ln（AGR）—I（1）。

（5）对 Ln（SER）的单位根检验。

运用 ADF 检验，由 SC 准则确定最优滞后阶数，结果（0 阶差分时包含趋势项和常数项，1 阶差分时选择既无趋势项也无常数项）如表 4—24 所示。

表 4—24　　　　　　　　　　ADF 检验结果

差分阶数	临界值（1%）	t-Statistic	Prob. *
0	-4.161144	-0.960072	0.9400
1	-2.615093	-3.308993	0.0014

注："＊＊＊"、"＊＊"和"＊"分别表示估计量在 1%、5% 和 10% 的显著性水平下显著。

从表 4—24 得出，Ln（SER）的 ADF 检验显示接受原假设，即非平稳；ΔLn（SER）拒绝原假设，即平稳。通过其他检验方法也可以得出相同的结论，即 Ln（SER）是一阶单整序列，记为 Ln（SER）—I（1）。

综上所述，Ln（CO_2），Ln（GDP），Ln（IND），Ln（AGR），Ln（SER）都是一阶单整。

2. 对 Ln（CO_2），Ln（GDP），Ln（IND），Ln（AGR），Ln（SER）进行协整检验

（1）已知 Ln（CO_2），Ln（GDP），Ln（IND），Ln（AGR），Ln（SER）都是一阶单整，因此直接对上述五个变量建立最小二乘回归（OLS）估计，得

$$Ln(CO_{2t}) = -5.00 Ln(GDP_t) + 2.65 Ln(IND_t) + 1.67 Ln(AGR_t) +$$
$$1.46 Ln(SER_t) + \hat{u}_t, t = 1, 2, \cdots T$$
$$t = (-6.60) \quad (9.61) \quad (5.98) \quad (5.24) \qquad (4—24)$$
$$R^2 = 0.978$$

需要说明的是，国内生产总值 GDP 和各产业增加值之间本身存在共线性问题，即 $GDP = IND + AGR + SER$，但是经济变量各自取对数形式之后，削弱这种共线性。观察式（4—24）发现，回归方程拟合度很高，并且各个对数形式的变量的 t 统计量都通过检验（给定 1% 的显著性水平，临界值 $t_{0.005}$（44）= 2.96），因此，可以认为不存在严重的共线性问题。

（2）对式（4—24）的残差项 $\hat{u}_t$ 进行单位根检验，根据 SC 准则确定滞后阶数，其结果如表4—25所示（不含常数项和时间趋势）。

表4—25　　　　　　　　　　　ADF 检验结果

	t 统计量	P 值
	−3.367805	0.0012
1% level	−2.614029	
5% level	−1.947816	
10% level	−1.612492	

残差 $\hat{u}_t$ 序列在 1% 显著性水平下拒绝原假设（$t = -3.367805 < -2.614029$），表明 $\hat{u}_t$ 为平稳序列，$\hat{u}_t$—$I(0)$，即 1961—2009 年中国的 $Ln(CO_2)$，$Ln(GDP)$，$Ln(IND)$，$Ln(AGR)$，$Ln(SER)$ 之间存在协整关系。此外，还可以运用 Johansen 协整检验来判定变量之间是否存在协整关系（如表4—26和表4—27所示）。

表4—26　　　　　　　　　　Johansen 协整检验结果 1

协整关系数	特征值	迹检验统计量	临界值（5%）	P 值
None	0.652405	118.7948	88.80380	0.0001 ***
At most 1	0.505790	70.18579	63.87610	0.0134 **
At most 2	0.342563	37.76518	42.91525	0.1489
At most 3	0.237203	18.47250	25.87211	0.3131
At most 4	0.122618	6.017369	12.51798	0.4581

注："＊＊＊"、"＊＊"和"＊"分别表示估计量在 1%、5% 和 10% 的显著性水平下显著。

表4—27　　　　　　　　　　Johansen 协整检验结果 2

协整关系数	特征值	迹检验统计量	临界值（5%）	P 值
None	0.652405	48.60901	38.33101	0.0024 ***
At most 1	0.505790	32.42060	32.11832	0.0459 **
At most 2	0.342563	19.29268	25.82321	0.2860

协整关系数	特征值	迹检验统计量	临界值（5%）	P 值
At most 3	0. 237203	12. 45513	19. 38704	0. 3740
At most 4	0. 122618	6. 017369	12. 51798	0. 4581

注："＊＊＊"、"＊＊"和"＊"分别表示估计量在1%、5%和10%的显著性水平下显著。

表4—26是用迹统计量检验的结果，表4—27是用最大特征值统计量检验的结果。表中第一列显示了在原假设成立条件下的协整关系个数；第二列表示的是按由大到小排列的特征值；第三列是迹检验统计量或最大特征值统计量；第四列是在 5% 显著性水平下的临界值；最后一列是根据 Michelis（1999）提出的临界值所得到的 P 值。为了确定协整关系的数量，依次从 $r = 0$ 到 $r = k - 1$ 进行检验直到被拒绝。

可以看出，迹统计量检验与最大特征值统计量检验得出了相同且与 ADF 检验一致的结论，即 $Ln（CO_2）$，$Ln（GDP）$，$Ln（IND）$，$Ln（AGR）$，$Ln（SER）$ 五个变量之间存在协整关系。

综上所述，$Ln（CO_2）$，$Ln（GDP）$，$Ln（IND）$，$Ln（AGR）$，$Ln（SER）'$—$CI（1，1）$。因此可以建立各变量之间的长期均衡关系。

3. 建立 $Ln（CO_2）$，$Ln（GDP）$，$Ln（IND）$，$Ln（AGR）$，$Ln（SER）$ 之间的长期均衡方程与短期动态非均衡方程

本书考虑通过 ECM 模型分析各变量之间的动态关系。ECM 模型估计采用 Engle and Granger（1981）两步法。

第一步，建立1961—2009 年中国碳排放与经济增长、各产业增加值的长期均衡方程，即协整回归：

$$Ln（CO_{2t}） = 5. 27 - 6. 01Ln（GDP_t） + 3. 32Ln（IND_t） + 1. 46Ln（AGR_t） +$$
$$1. 84Ln（SER_t） + \hat{e}_t, t = 1, 2, \cdots T$$
$$t = （2. 60）（- 7. 40）（9. 08）（5. 30）（6. 13） \tag{4—25}$$
$$R^2 = 0. 981 \qquad F = 569. 786$$

第二步，令 $ecm_t = \hat{e}_t$，即将（4—24）式的残差序列 $\hat{e}_t$ 作为误差修正项，建立 ECM 模型，回归得到短期动态非均衡方程：

$$\Delta Ln（CO_{2t}） = 0. 03 - 0. 15ecm_{t-1} - 2. 92\Delta Ln（GPD_t） + 1. 81\Delta Ln（IND_t） +$$

$$0.49\Delta Ln(AGR)_t + 0.82\Delta Ln(SER_t)$$

$$t = (2.19)(-1.78) \quad (-2.27) \quad (3.48) \quad (1.24)$$

$$(1.95) \tag{4—26}$$

$$R^2 = 0.4794$$

前文已经论述 $Ln(CO_2)$，$Ln(GDP)$，$Ln(IND)$，$Ln(AGR)$，$Ln(SER)$ 不存在严重共线性问题，考虑到 ECM 模型本身能削弱变量间的共线性，因此可以认为方程（4—26）不存在共线性问题。此外，对式（4—26）进行 LM 检验，结果显示不存在序列相关问题（见表 4—28）。因此，可以认为长期均衡方程（4—25）和短期动态方程（4—26）的设定合理。

表 4—28 　　　　　　　　　　　　　 LM 检验结果

LM 检验	统计量	自由度	临界值（1%）	Prob.*
F-statistic	2.738791	（2，40）	5.178508	0.0768*
Obs * R—squared	5.781396	（2）	9.21034	0.0555*

注："＊＊＊"、"＊＊"和"＊"分别表示估计量在 1%、5% 和 10% 的显著性水平下显著。

4. $Ln(CO_2)$，$Ln(GDP)$，$Ln(IND)$，$Ln(AGR)$，$Ln(SER)$ 之间的 Granger 因果关系检验

由于 $Ln(CO_2)$，$Ln(GDP)$，$Ln(IND)$，$Ln(AGR)$，$Ln(SER)$ 之间存在协整关系，故可进行 Granger 因果检验。此处以 $Ln(CO_2)$ 为被解释变量进行 Granger 因果检验，在给定显著性水平为 5% 的情况下，判断长期均衡方程（4—25）是否具有意义，结果如表 4—29 所示。

Granger 因果检验拒绝了 $Ln(GDP)$，$Ln(IND)$，$Ln(AGR)$，$Ln(SER)$ 不能够联合 Granger 引起 $Ln(CO_2)$ 的原假设，即 $Ln(GDP)$，$Ln(IND)$，$Ln(AGR)$，$Ln(SER)$ 能够联合 Granger 引起 $Ln(CO_2)$。由于长期均衡方程（4—24）等式右侧的解释变量能够 Granger 解释等式左侧的被解释变量，因此认为长期均衡方程（4—25）存在 Granger 意义。此外，本书还发现 $Ln(GDP)$ 能够 Granger 引起 $Ln(CO_2)$。

表4—29　　　　　　　　　　Granger 因果关系检验

原假设	统计量	自由度	临界值5%	是否接受
LnGDP 不能 Granger 引起 $LnCO_2$	6.73	2	5.99	拒绝
LnIND 不能 Granger 引起 $LnCO_2$	5.54	2	5.99	接受
LnAGR 不能 Granger 引起 $LnCO_2$	4.32	2	5.99	接受
LnSER 不能 Granger$LnCO_2$	7.15	2	5.99	拒绝
不能联合 Granger 引起 $LnCO_2$	18.93	8	15.51	拒绝

5. 碳排放与经济增长之间的长短期传导效应分析

（1）长期均衡关系。

前文已经验证 $Ln(GDP)$ 能够 Granger 引起 $Ln(CO_2)$，那么在长期均衡状态下，中国的经济增长是增加了碳排放量还是抑制了碳排放量？观察长期均衡方程（4—25），碳排放和经济增长之间的长期均衡系数为 -6.01，很容易草率地得出结论：在长期中，中国经济增长与 CO_2 排放量呈负相关，即随着中国经济不断增长，中国碳排放量会呈现出不断下降的趋势。该结论存在缺陷，原因在于：经济增长（对数值）和 CO_2 排放（对数值）之间本身不存在协整关系（通过 EG 协整检验可知，$(Ln(CO_2)$，$Ln(GDP))' \sim CI(1,0))$，而是通过其他三个产业增加值（对数值）一起构成协整关系，因此在分析经济增长对碳排放的长期影响时不能忽视等式右侧的另外三个经济变量。$Ln(IND)$，$Ln(AGR)$，$Ln(SER)$ 反映了经济的增长结构。因此，在长期均衡中，分析经济增长对 CO_2 排放的影响需要考虑产业结构问题。

由于一个国家的要素禀赋有限，任何一个产业都不可能无限扩张，因此我们认为在长期均衡中各个产业之间必定存在某个均衡，即可以认为长期中一国产业结构处于某一个稳定状态。假设工业增加值、农业增加值和服务业增加值占 GDP 的比重分别为常数 α，β，γ。把 $Ln(IND_t) = Ln(\alpha GDP_t)$，$Ln(AGR_t) = Ln(\beta GDP_t)$，$Ln(SER_t) = Ln(\gamma GDP_t)$

代入方程（4—25），整理得到等价的长期均衡方程，

$$Ln(CO_{2t}) = 5.27 + 3.32Ln\alpha + 1.46Ln\beta + 1.84Ln\gamma + 0.51Ln(GDP_t), t = 1,2\cdots T$$

$$(4—27)$$

其中 $\alpha + \beta + \gamma = 1$。

观察长期均衡方程（4—27），Ln（GDP）的长期乘数为 0.51，表明在长期中，以产业结构不变为基础的平衡性经济增长会导致 CO_2 排放增加。

需要说明的是，经济增长必然引致碳排放加剧的前提是产业结构处于某个确定的均衡状态。此时，对于确定的某个产业结构均衡状态，高的经济存量必然导致较高的碳排放量，即经济增长和碳排放量下降不能共存。但是，如果产业结构从一个稳定状态转移到另一个稳定状态时，经济增长和碳排放量下降就有可能同时实现。故可得出如下结论：长期中，只有通过调整自身产业结构，将产业结构从某个对应较高排放的均衡状态调整到另一个对应较低排放的均衡状态，才能在长期中既维持经济增长，又实现节能减排。

为便于理解，通过例子说明上述结论。假设产业结构均衡存在这样两个状态，状态 1：$\alpha = 0.4$，$\beta = 0.4$，$\gamma = 0.2$，状态 2：$\alpha = 0.5$，$\beta = 0.3$，$\gamma = 0.1$。长期均衡方程：

$$Ln(CO_{2t}) = 5.27 + 3.32Ln\alpha + 1.46Ln\beta + 1.84Ln\gamma + 0.51Ln(GDP_t), t = 1, 2, \cdots, T \tag{4—28}$$

假设中国起初处于状态 1 所表示的产业结构均衡状态，（$3.32Ln\alpha + 1.46Ln\beta + 1.84Ln\gamma$）的值为 -7.34；而当产业结构处于均衡状态 2 时，$3.32Ln\alpha + 1.46Ln\beta + 1.84Ln\gamma$ 的值为 -8.30。也就是说，面对相同的 GDP_t 存量，状态 2 比状态 1 的碳排放量要小。因此，只要将产业结构从均衡状态 1 调整到均衡状态 2，中国就能既实现经济增长，又维持较低的碳排放量。

进一步，上述结论所包含的另一层含义是，在长期中，面对相同的经济存量，CO_2 排放量可以处于一个高位水平，也可以处于一个相对较低的水平，即 CO_2 排放对经济增长并没有直接影响关系。

（2）短期动态非均衡关系。

将 Ln（IND_t）$= Ln$（$\alpha_t GDP_t$），Ln（AGR_t）$= Ln$（$\beta_t GDP_t$），Ln（SER_t）$= Ln$（$\gamma_t GDP_t$）代入方程（4—26），得到等价的短期动态非均衡方程：

$$\Delta Ln(CO_{2t}) = 0.03 - 0.15ecm_{t-1} + 0.20\Delta Ln(GDP_t) + 1.81\Delta Ln(\alpha_t) + $$

$$0.49\Delta Ln(\beta)_t + 0.82\Delta Ln(\gamma_t) \qquad\qquad (4-29)$$

碳排放量的短期变动出于两部分的原因：一部分是受到短期经济波动和经济结构变动的影响；另一部分出于偏离长期均衡趋势的影响。误差修正项 ecm_{t-1} 代表短期偏离长期均衡的程度，而其系数估计值 -0.15 表示当短期波动导致偏离长期均衡路径时，系统将以 15% 的调整速度从非均衡状态回到均衡状态。

经济波动和结构变动由 $(0.20\Delta Ln(GDP_t) + 1.81\Delta Ln(\alpha_t) + 0.49\Delta Ln(\beta)_t + 0.82\Delta Ln(\gamma_t))$ 表示。与长期情况类似，短期的经济增长对短期碳排放变动产生影响，但是影响程度需根据具体的产业结构而定。在长期均衡状态下，一国产业结构稳定不变的假定较为合理，但在短期中，假定产业结构不变显然不切实际。以中国为例，图 4—14 描绘了以 1960 年为基期计算得到的产业结构变化值（产业结构变化值为各个产业占 GDP 比重减去基期年份相应比重的绝对值之和），表明短期中产业结构绝大多数时间处于不稳定状态，但也有少数年份（1994，2008）出现短期均衡状态，故无法一概假定短期经济产业结构无变动，需要对其进行分别讨论。

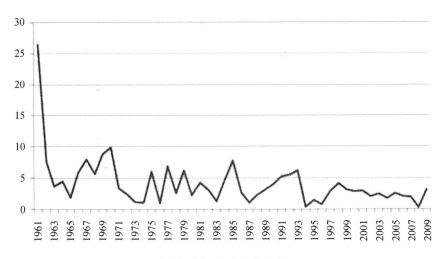

图 4—14 产业结构变化

观察方程（4—29），当产业结构暂时稳定时，即 α_t，β_t，γ_t 为常数时，经济增长率正向影响碳排放变化率，此时，经济增长 1%，CO_2 排放量增加 0.2%。而当产业结构不稳定时，经济增长率对碳排放量变化率的影响不明确（由于变量取成对数形式，其差分近似于增长率，故方程（4—29）的系数估计值可以近似看成弹性）。

在短期中，产业结构不稳定使得经济增长率对碳排放变化率的影响不明确，意味着可以通过调整产业的短期结构在不牺牲经济增长率的前提下，降低 CO_2 排放量的增长率。

仍通过例子说明上述结论。假设存在两个产业结构的短期状态，状态 1：$\alpha = 0.4$，$\beta = 0.4$，$\gamma = 0.2$，状态 2：$\alpha = 0.5$，$\beta = 0.3$，$\gamma = 0.1$。短期均衡方程：

$$\Delta Ln(CO_{2t}) = 0.03 - 0.15ecm_{t-1} + 0.20\Delta Ln(GDP_t) + 1.81\Delta Ln(\alpha_t) +$$
$$0.49\Delta Ln(\beta)_t + 0.82\Delta Ln(\gamma_t) \qquad (4—30)$$

假设中国起初处于状态 1 所表示短期的产业结构状态，$(1.81\Delta Ln(\alpha_t) + 0.49\Delta Ln(\beta)_t + 0.82\Delta Ln(\gamma_t))$ 的值为 -3.43；而当产业结构处于短期状态 2 时，$(1.81\Delta Ln(\alpha_t) + 0.49\Delta Ln(\beta)_t + 0.82\Delta Ln(\gamma_t))$ 的值为 -3.73，即在经济增长率不变的情况下，状态 2 比状态 1 的碳排放量增长率小。因此，只要调整产业结构，就能在不牺牲经济增长的情况下，实现碳排放量的下降。

本书通过建立误差修正模型分析了碳排放与经济增长之间的长短期传导效应，得出如下的三个基本结论。

第一，经济增长本身和碳排放不存在协整关系，但经济增长与其增长结构一起和碳排放构成协整关系。

第二，长期中，碳排放对经济增长无直接影响。反之，以产业结构不变为基础的平衡性经济增长会导致 CO_2 排放加剧。因此，在长期中只有通过调整自身产业结构，将产业结构从某个对应较高排放的均衡状态调整到另一个对应较低排放的均衡状态，才能既维持经济增长，又降低碳排放量。

第三，短期中，经济增长率对 CO_2 排放量的变化率存在影响，至于具体存在何种影响需要视产业结构情况而定：若产业结构恰好处在短期均衡位置，则经济增长率对 CO_2 排放量增长率产生正向影响；但大部分情况是产业结构并不稳定，无法明确经济增长率对 CO_2 排放量增长率的影响。因此，在短期中可以通过调整产业的短期结构实现在不牺牲经济增长率的前提下，降低 CO_2 排放量的增长率。

二　基于结构 VAR 模型（SVAR）的动态分析

（一）模型介绍

向量自回归（VAR）方法是基于数据的统计性质建立模型。在 VAR 模型中，每一个内生变量均作为因变量，同时所有内生变量的滞后值作为自变量。如此一来，传统的单变量模型便推广到了由多元时间序列变量组成的"向量"自回归模型。一般地，VAR 模型用于对相互联系的时间序列进行预测，并分析随机扰动项会对变量系统产生哪些具体的动态冲击，进而研究各种经济冲击对经济变量可能造成的影响。K 元 p 阶的 VAR（p）模型的数学表达式如下：

$$y_t = \Phi_1 y_{t-1} + \cdots + \Phi_p y_{t-p} + H x_t + \varepsilon_t \quad t = 1, 2, \cdots, T \quad (4—31)$$

式（4—31）中：p 是滞后阶数，y_t 是 k 维内生变量列向量，x_t 是 d 维外生变量列向量，T 是样本个数。$k \times k$ 维矩阵 $\Phi_1 \dots \Phi_p$，以及 $k \times d$ 维矩阵 H 是需要估计的系数矩阵。ε_t 是 k 维扰动列向量，扰动项不与自己的滞后值相关且不与等式右边的变量相关，但是扰动项之间可以存在同期相关关系。假设 Σ 是 ε_t 的协方差矩阵，并且是一个 $k \times k$ 正定矩阵，则（4—31）式可以展开为：

$$\begin{pmatrix} y_{1t} \\ y_{2t} \\ \vdots \\ y_{kt} \end{pmatrix} = \Phi_1 \begin{pmatrix} y_{1t-1} \\ y_{2t-1} \\ \vdots \\ y_{kt-1} \end{pmatrix} + \cdots + \Phi_p \begin{pmatrix} y_{1t-p} \\ y_{2t-p} \\ \vdots \\ y_{kt-p} \end{pmatrix} + H \begin{pmatrix} x_{1t} \\ x_{2t} \\ \vdots \\ x_{kt} \end{pmatrix} + \begin{pmatrix} \varepsilon_{1t} \\ \varepsilon_{2t} \\ \vdots \\ \varepsilon_{kt} \end{pmatrix}, t = 1, 2, \cdots, T$$

$$(4—32)$$

为便于阐述 VAR 模型原理，下文提到的 VAR 模型均是不含外生变量 x 的非限制向量自回归模型，Φ 仍然表示其系数矩阵，因此模型的具体形式变为：

$$y_t = \Phi_1 y_{t-1} + \cdots + \Phi_p y_{t-p} + \varepsilon_t \text{ 或 } \Phi(L) y_t = \varepsilon_t \quad (4—33)$$

如果行列式 $det[\Phi(L)]$ 的特征根全部落在单位圆外面，则满足平稳性条件，模型（4—33）可以被表示成无穷阶的向量平均移动模型形式：

$$y_t = \Theta(L) \varepsilon_t \quad (4—34)$$

其中 $\Theta(L) = \Phi(L)^{-1}$，$\Theta(L) = \Theta_0 + \Theta_1 L + \Theta_2 L^2 + \cdots$，$\Theta_0 = I_k$。

一般运用最小二乘法估计 VAR 模型的系数，假若不对 Σ 矩阵施加任何限制条件，则通过最小二乘法便可得出 Σ 矩阵的估计量为：

$$\hat{\Sigma} = \frac{1}{T} \Sigma \, \hat{\varepsilon}_t \hat{\varepsilon}_t' \tag{4—35}$$

式中：$\hat{\varepsilon}_t = y_t - \hat{\Phi}_1 y_{t-1} - \hat{\Phi}_2 y_{t-2} - \cdots - \hat{\Phi}_p y_{t-p}$。当 VAR 模型的相关参数被估计出来后，因为已知 $\Theta(L)\Phi(L) = I_k$，所以也能够得到相应 VMA (∞) 模型的参数估计。

传统的 VAR 理论要求模型中所涉及的每一个变量都必须是平稳的时间序列，对于非平稳时间序列需要通过差分，得到平稳的时间序列再建立 VAR 模型，这样一来通常会损失水平序列包含的信息。随着协整理论的发展，即便变量的数据本身非平稳，但只要各变量之间存在着协整关系也可以直接建立 VAR 模型。

观察式（4—31）可以发现，在模型的右侧只有内生变量的滞后值并不包含内生变量的当期值，也就是说上述 VAR 模型无法确切地刻画出变量之间的当期相关关系，致使变量之间的当期关系隐藏在扰动项的相关结构之中，无法通过上述 VAR 模型呈现出来。为了在模型中表现出内生变量之间的当期关系，需要进一步引入结构 VAR 模型（Structural VAR，SVAR）。SVAR 模型实际上就是 VAR 模型的结构式，而模型（4—31）也称 VAR 模型的简化形式。

为了表述简便，以两变量的 VAR（1）模型为例：

$$x_t = \Upsilon_{10} + c_{12} z_t + \Upsilon_{11} x_{t-1} + \Upsilon_{12} z_{t-1} + u_{xt}$$

$$z_t = \Upsilon_{20} + c_{22} x_t + \Upsilon_{21} x_{t-1} + \Upsilon_{22} z_{t-1} + u_{zt} \quad t = 1, 2, \cdots, T \tag{4—36}$$

在模型（4—36）中假设：

（1）变量 x_t 和 z_t 均为平稳随机过程；

（2）随机误差 u_{xt} 和 u_{zt} 是白噪声序列，且方差 $\delta_x^2 = \delta_z^2 = 1$；

（3）随机误差 u_{xt} 和 u_{zt} 之间不相关，$\mathrm{cov}(u_{xt}, u_{zt}) = 0$

式（4—36）称为一阶结构向量自回归模型，记为 SVAR（1）。其中，系数 c_{12}，c_{22} 表示了两个内生向量之间的当期相关关系。如果 $c_{12} \neq 0$，则表明对变量 z_t 的随机冲击 u_{xt} 也会对 x_t 产生间接的当期影响；如果 $c_{22} \neq 0$，则

表明对变量 x_t 的随机冲击 u_{xt} 也会对 z_t 产生间接的当期影响。冲击的相互影响体现了两个内生变量之间作用的双向与反馈关系。

将上述模型（4—36）表示成矩阵形式：

$$\begin{pmatrix} 1 & -c_{21} \\ -c_{12} & 1 \end{pmatrix} \begin{pmatrix} x_t \\ z_t \end{pmatrix} = \begin{pmatrix} \Upsilon_{10} \\ \Upsilon_{20} \end{pmatrix} + \begin{pmatrix} \Upsilon_{11} & \Upsilon_{12} \\ \Upsilon_{21} & \Upsilon_{22} \end{pmatrix} \begin{pmatrix} x_{t-1} \\ z_{t-1} \end{pmatrix} + \begin{pmatrix} u_{xt} \\ u_{zt} \end{pmatrix} \quad (4—37)$$

即　$C_0 y_t = \Gamma_0 + \Gamma_1 y_{t-1} + u_t$

其中，$y_t = \begin{pmatrix} x_t \\ z_t \end{pmatrix}, u_t = \begin{pmatrix} u_{xt} \\ u_{zt} \end{pmatrix}, C_0 = \begin{pmatrix} 1 & -c_{12} \\ -c_{21} & 1 \end{pmatrix}, \Gamma_0 = \begin{pmatrix} \Upsilon_{10} \\ \Upsilon_{20} \end{pmatrix}, \Gamma_1 = \begin{pmatrix} \Upsilon_{11} \Upsilon_{12} \\ \Upsilon_{21} \Upsilon_{22} \end{pmatrix}$

假设 C_0 可逆，则式（4.37）化简为：

$$y_t = C_0^{-1}\Gamma_0 + C_0^{-1}\Gamma_1 y_{t-1} + C_0^{-1}u_t$$
$$= \Phi_0 + \Phi_1 y_{t-1} + \varepsilon_t$$，其中 $\Phi_0 = C_0^{-1}\Gamma_0, \Phi_1 = C_0^{-1}\Gamma_1, \varepsilon_t = C_0^{-1}u_t$

通过式（4—37）不难看出，VAR 模型的简化式扰动项 ε_t 实际上是由结构式扰动项 u_t 线性组合而成，因此可以将简化式扰动项视为一种复合冲击。简化式扰动项 ε_t 的协方差为：

$$\text{cov}(\varepsilon_{xt}, \varepsilon_{zt}) = E(\varepsilon_{xt}, \varepsilon_{zt}) = \frac{c_{21}\delta_x^2 + c_{12}\delta_z^2}{(1 - c_{12}c_{21})^2} = \frac{c_{21} + c_{12}}{(1 - c_{12}c_{21})^2} \quad (4—38)$$

从式（4—38）可知，当 $c_{12} \neq 0$ 或者是 $c_{21} \neq 0$ 时，VAR 模型简化式中的扰动项之间就存在同期相关；当 $c_{12} = c_{21} = 0$ 时，变量之间没有当期影响。

当 VAR 模型从简化式转化成结构式时，需要考虑模型的识别性问题。对于 k 元 p 阶简化 VAR 模型利用极大似然方法需要估计的参数个数为 $(k^2 p + (k + k^2)/2)$，而相对应的 k 元 p 阶 SVAR 模型来说，需要估计的参数个数是 $(k^2 p + k^2)$。因此 k 元 p 阶 SVAR 模型需要施加的约束条件的个数是 $(k(k-1)/2)$，即两模型需要估计的参数个数之差。约束条件可以是同期的，也可是长期的。一般在矩阵 C_0 或 C_0^{-1} 上施加短期约束，表示经济变量在结构冲击发生时的当期反应；在累积脉冲响应函数矩阵 ψ 上施加长期约束，通常是对其第 i 行第 j 列元素施加 0 约束，表示第 i 个变量对第 j 个变量的累积乘数影响为 0。

脉冲响应函数分析的是系统中某个内生变量的冲击对系统的动态性影响。

脉冲响应函数的表达式为：

$$A_{ij}^{(q)} = \frac{\partial yi, t+q}{\partial \varepsilon_{jt}} \qquad\qquad (4\text{—}39)$$

$$q = 0, 1, 2, \cdots, \qquad t = 1, 2, \cdots, T$$

上式反映了在 t 时期，第 j 个变量的扰动增加一个单位，其他扰动不变，并且其他时期的扰动均为常数时，对 $t+q$ 时期第 i 个变量的冲击路径。由 y_j 扰动冲击引起 y_i 的累积反应则为 $\sum_{q=0}^{\infty} A_{ij}^{(q)}$。

由 VAR 模型结构式可以得到一系列相互正交的脉冲响应函数，故而可以单独考虑各变量的结构冲击对其他变量的影响。

（二）实证结果分析

前文已经验证，$Ln（CO_2）$，$Ln（IND）$，$Ln（AGR）$ 都是一阶单整序列，即 $\Delta Ln（CO_2）$，$\Delta Ln（IND）$，$\Delta Ln（AGR）$ 均为平稳序列。其中：

$$\Delta Ln（CO_{2t}）= Ln（CO_{2t}）- Ln（CO_{2t-1}）$$

$$\Delta Ln（IND_t）= Ln（IND_t）- Ln（IND_{t-1}）$$

$$\Delta Ln（AGR_t）= Ln（IAGR_t）- Ln（AGR_{t-1}）$$

因为对数函数的特殊性质，上述对数差分形式近似代表了各自的增长率，代表各自的波动状况。

1. 构建 SVAR 模型

首先构建 VAR 模型简化式。已知内生变量个数 $k = 3$，需要确定合适的滞后长度 p。在确定尽可能大的滞后阶数为 8 后，得到的滞后长度标准如表 4—30 所示。

表 4—30　　　　　　　　　　　滞后阶数确定

Lag	LogL	LR	FPE	AIC	SC	HQ
0	148.414	NA	1.40E-07	-7.270	-7.144*	-7.224*
1	157.345	16.076	1.40E-07	-7.2672	-6.760	-7.084
2	162.620	8.7033	1.71E-07	-7.0810	-6.194	-6.760
3	171.452	13.248	1.76E-07	-7.0726	-5.805	-6.614
4	179.891	11.393	1.88E-07	-7.044	-5.397	-6.449
5	187.383	8.989	2.18E-07	-6.969	-4.942	-6.236
6	193.536	6.460	2.79E-07	-6.826	-4.420	-5.956

续表

Lag	LogL	LR	FPE	AIC	SC	HQ
7	202.856	8.387	3.23E−07	−6.842	−4.056	−5.835
8	234.390	23.651*	1.33e−07*	−7.969*	−4.802	−6.824

注：＊表示估计量在 10% 的显著水平下显著。

由于设定的 VAR 模型没有外生变量，因此滞后阶数从 1 开始选择，故确定 VAR 模型的滞后阶数为 8。为了研究 CO_2 排放量变化和经济波动之间的影响，本书使用上述变量构建了 VAR 模型，估计结果如表 4—31 所示。

表 4—31　　　　　　　　　　VAR 模型参数估计结果

	DLNCO$_2$	DLNINDUSTRY	DLNAGRI
DLNCO$_2$（−1）	0.901845	0.365835	0.772787
	−0.2391	−0.38438	−0.52469
	[3.77191]	[0.95175]	[1.47284]
DLNCO$_2$（−2）	−0.31532	−0.08103	−0.93089
	−0.2974	−0.47812	−0.65265
	[−1.06025]	[−0.16948]	[−1.42633]
DLNCO$_2$（−3）	−0.39941	−0.33178	0.231467
	−0.22336	−0.35909	−0.49017
	[−1.78819]	[−0.92395]	[0.47222]
DLNCO$_2$（−4）	0.325367	−0.01784	0.319521
	−0.16985	−0.27305	−0.37273
	[1.91565]	[−0.06534]	[0.85725]
DLNCO$_2$（−5）	0.136547	0.000535	−0.3421
	−0.18077	−0.29062	−0.3967
	[0.75536]	[0.00184]	[−0.86235]
DLNCO$_2$（−6）	−0.29561	−0.51237	−0.31518
	−0.14538	−0.23372	−0.31903
	[−2.03337]	[−2.19230]	[−0.98794]
DLNCO$_2$（−7）	0.376485	0.597021	0.386602
	−0.17247	−0.27727	−0.37849
	[2.18288]	[2.15318]	[1.02144]

	DLNCO$_2$	DLNINDUSTRY	DLNAGRI
DLNCO$_2$ （-8）	-0.17504	-1.01503	-0.65959
	-0.15659	-0.25174	-0.34363
	[-1.11780]	[-4.03204]	[-1.91945]
DLNINDUSTRY （-1）	0.002782	0.000535	-0.31635
	-0.13488	-0.21683	-0.29599
	[0.02063]	[0.00247]	[-1.06880]
DLNINDUSTRY （-2）	0.071766	0.390792	0.730335
	-0.118	-0.1897	-0.25895
	[0.60819]	[2.06004]	[2.82039]
DLNINDUSTRY （-3）	0.079509	0.256832	0.040229
	-0.13981	-0.22476	-0.30681
	[0.56870]	[1.14269]	[0.13112]
DLNINDUSTRY （-4）	-0.22143	0.291624	0.30273
	-0.13646	-0.21938	-0.29946
	[-1.62268]	[1.32930]	[1.01092]
DLNINDUSTRY （-5）	-0.0685	0.05577	0.124891
	-0.1376	-0.22121	-0.30196
	[-0.49784]	[0.25211]	[0.41359]
DLNINDUSTRY （-6）	0.100189	0.003864	-0.06266
	-0.13723	-0.22062	-0.30115
	[0.73007]	[0.01752]	[-0.20805]
DLNINDUSTRY （-7）	-0.18484	0.009059	0.203606
	-0.12868	-0.20687	-0.28238
	[-1.43648]	[0.04379]	[0.72104]
DLNINDUSTRY （-8）	0.184856	0.548364	0.042245
	-0.12416	-0.19961	-0.27248
	[1.48880]	[2.74713]	[0.15504]
DLNAGRI （-1）	-0.00268	0.072631	0.377594
	-0.13721	-0.22058	-0.3011
	[-0.01950]	[0.32927]	[1.25405]

续表

	DLNCO$_2$	DLNINDUSTRY	DLNAGRI
DLNAGRI（-2）	0.137812	-0.33514	-0.54138
	-0.12672	-0.20372	-0.27809
	[1.08753]	[-1.64509]	[-1.94680]
DLNAGRI（-3）	-0.11818	-0.54162	-0.70773
	-0.13833	-0.22238	-0.30356
	[-0.85437]	[-2.43551]	[-2.33145]
DLNAGRI（-4）	-0.00573	-0.19461	-0.12424
	-0.15567	-0.25026	-0.34162
	[-0.03680]	[-0.77760]	[-0.36368]
DLNAGRI（-5）	0.39326	-0.40212	-0.38772
	-0.1295	-0.20819	-0.28419
	[3.03671]	[-1.93146]	[-1.36430]
DLNAGRI（-6）	-0.26778	-0.20317	-0.15819
	-0.1375	-0.22105	-0.30173
	[-1.94755]	[-0.91913]	[-0.52428]
DLNAGRI（-7）	0.068108	-0.22759	-0.23833
	-0.14639	-0.23535	-0.32125
	[0.46525]	[-0.96704]	[-0.74187]
DLNAGRI（-8）	0.097382	-0.81169	-0.45543
	-0.13659	-0.21959	-0.29975
	[0.71293]	[-3.69631]	[-1.51935]
C	0.010765	0.166061	0.127207
	-0.02687	-0.0432	-0.05898
	[0.40058]	[3.84362]	[2.15696]

随后，本书对估计出的 VAR 模型进行稳定性检验。因为如果模型不稳定，则可能导致某些结果无效。如果被估计的 VAR 模型的所有单位根的模都小于 1，则该 VAR 模型满足稳定性条件。

表 4—32　　　　　　　　　　　AR 特征根表

Root	Modulus
$0.845306 - 0.484102i$	0.974114
$0.845306 + 0.484102i$	0.974114
$-0.393771 + 0.875184i$	0.959689
$-0.393771 - 0.875184i$	0.959689
$-0.621040 + 0.703543i$	0.938437
$-0.621040 - 0.703543i$	0.938437
$0.012093 + 0.933285i$	0.933363
$0.012093 - 0.933285i$	0.933363
$0.558014 - 0.740210i$	0.926979
$0.558014 + 0.740210i$	0.926979
$0.358350 + 0.842383i$	0.915437
$0.358350 - 0.842383i$	0.915437
$0.613142 + 0.655948i$	0.897893
$0.613142 - 0.655948i$	0.897893
$-0.817320 + 0.369864i$	0.897113
$-0.817320 - 0.369864i$	0.897113
$-0.875154 - 0.102088i$	0.881089
$-0.875154 + 0.102088i$	0.881089
$0.826601 + 0.154042i$	0.840832
$0.826601 - 0.154042i$	0.840832
-0.83951	0.83951
$0.147148 + 0.824389i$	0.837419
$0.147148 - 0.824389i$	0.837419
0.812743	0.812743

　　表 4—32 表明，所有特征根的模都小于 1，因此本书构建的 VAR 模型稳定。此外，可以通过更直观的 AR 特征根图（见图 4—15）得到相同的结论。

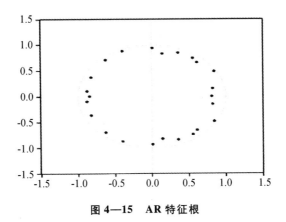

图4—15　AR特征根

ΔLn（CO_2），ΔLn（IND），ΔLn（AGR）三个方程调整后 R^2 分别为：0.52，0.54，0.24。由于简化的 VAR 模型右侧并不涉及各个内生变量的当期值，因此无法刻画变量之间具体的当期相关关系。因此，此处拟合优度不高的原因可能是内生变量 ΔLn（CO_2），ΔLn（IND），ΔLn（AGR）之间存在着较为明显的同期影响，而这种同期影响并没有被简化 VAR 模型刻画出来，只能表现在残差项中。

进一步，通过观察同期扰动项之间的相关系数来判断变量之间是否存在同期影响。残差项的同期相关矩阵如表4—33所示。

表4—33　　　　　　　　　　　残差项同期相关矩阵

	ΔLNCO₂	ΔLNINDUSTRY	ΔLNAGR
ΔLNCO₂	1	0.292795	−0.0632
ΔLNINDUSTRY	0.292795	1	0.593503
ΔLNAGR	−0.0632	0.593503	1

从表4—33中可以看出，CO_2 排放增长率方程和农业产出增长率方程的残差项之间相关系数较小，说明两者之间同期影响较弱；而工业产出增长率和 CO_2 排放变化率、农业产出增长率的相关系数较大（分别为0.293，0.594），说明三个内生变量之间的同期影响比较显著。由于 VAR 模型简化式无法估计变量之间确定的同期影响关系，因此需要进一步估计 VAR 模

型的结构式，即 SVAR 模型。

为阐述方便，以 AB 型的 SVAR 模型为例介绍 SVAR 模型基本原理。其中内生变量个数 $k=3$，滞后阶数 $p=8$，形式如下：

$$A\varepsilon_t = Bu_t \qquad\qquad (4\text{—}40)$$

其中，$\varepsilon_t = \begin{pmatrix} \varepsilon_{1t} \\ \varepsilon_{2t} \\ \varepsilon_{3t} \end{pmatrix}$，$u_t = \begin{pmatrix} u_{1t} \\ u_{2t} \\ u_{3t} \end{pmatrix}$

式中，ε_t 是原 VAR 模型的扰动项。u_{1t}，u_{2t}，u_{3t} 分别表示作用在 ΔLn（CO_2），ΔLn（IND），ΔLn（AGR）上的结构式冲击，且结构式扰动项 u_t 是白噪声序列。简化式扰动项 ε_t 就是由结构式扰动项 u_t 线性组合而成，因此可以认为其代表了一种复合冲击。

为了构建 SVAR 模型，需要施加约束条件使得模型可识别。k 元 p 阶 SVAR 模型需要施加 k（$k-1$）$/2$ 个约束。因此，此处的 3 元 8 阶 SVAR 模型需要再施加 3 个约束条件，才能保证模型可识别。由于并没有经济理论能够确定 ΔLn（CO_2），ΔLn（IND），ΔLn（AGR）之间的同期关系，因此做出如下三个长期约束假设。

（1）工业产出增长率对 CO_2 排放变化率的长期累积响应为 0；

（2）农业产出增长率对 CO_2 排放变化率的长期累积响应为 0；

（3）农业产出增长率对工业产出增长率的长期累积响应为 0。

通过前文 ECM 模型的构建和分析，我们发现 CO_2 排放与经济增长之间存在长期的均衡关系，短期中对长期均衡的偏离都会在一段时期后回归到长期均衡。工业产出冲击与农业产出冲击，虽然在短期中会造成非均衡波动，但不会影响长期的均衡路径。因此，可以认为上述假设（1）、（2）是合理的。另外，由于农业生产所需的肥料和生产工具均由工业部门提供，而农业部门发展对工业部门的促进并不直接和显著，因此，本书认为相对于假设"工业产出增长率对农业产出增长率的长期累积响应为 0"，此处的假设（3）更为合理。

记累积脉冲响应函数矩阵为 Ψ，$\Psi = \begin{pmatrix} \psi_{11} & \psi_{12} & \psi_{13} \\ \psi_{21} & \psi_{22} & \psi_{23} \\ \psi_{31} & \psi_{32} & \psi_{33} \end{pmatrix}$

根据假设（1）可知，$\psi_{21}=0$；由假设（2）可知，$\psi_{31}=0$；由假设（3）可知，$\psi_{32}=0$。因此，上述（1），（2），（3）三个长期约束条件变形为：

$$\Psi = \begin{pmatrix} \psi_{11} & \psi_{12} & \psi_{13} \\ 0 & \psi_{22} & \psi_{23} \\ 0 & 0 & \psi_{33} \end{pmatrix} \qquad (4\text{—}41)$$

引入上述长期约束条件，SVAR 模型估计结果如表 4—34 所示。

表 4—34　　　　　　　　　　SVAR 模型参数估计结果

	Coefficient	Std. Error	z-Statistic	Prob.
C（1）	0.059956	0.006703	8.944272	0.0000
C（2）	0.030566	0.010077	3.033212	0.0024
C（3）	0.093137	0.010413	8.944272	0.0000
C（4）	− 0.03534	0.01135	− 3.11307	0.0019
C（5）	0.148618	0.022203	6.693739	0.0000
C（6）	0.051087	0.005712	8.944272	0.0000
Log likelihood	175.5412			

Estimated A matrix：

1	0	0
0	1	0
0	0	1

Estimated B matrix：

0.026688	− 0.01693	0.025866
0.059636	0.021459	− 0.01714
0.032219	0.082768	0.011981

模型估计结果表明 SVAR 模型恰好识别。整理得到：

$$\begin{pmatrix} e_{1t} \\ e_{2t} \\ e_{3t} \end{pmatrix} = \begin{pmatrix} 0.027 & -0.017 & 0.026 \\ 0.060 & 0.021 & -0.017 \\ 0.032 & 0.083 & 0.012 \end{pmatrix} \begin{pmatrix} \hat{u}_{1t} \\ \hat{u}_{2t} \\ \hat{u}_{3t} \end{pmatrix} \qquad (4\text{—}42)$$

长期累积响应函数矩阵：

$$\Psi = \begin{pmatrix} 0.060 & 0.031 & -0.035 \\ 0 & 0.093 & 0.149 \\ 0 & 0 & 0.051 \end{pmatrix}$$

其中 e_{it} 是原 VAR 模型的估计残差 $\hat{\varepsilon}_{it}$。

2. 基于 SVAR 模型的脉冲响应分析

本书将运用脉冲响应函数分析工业产出增长率冲击和农业产出增长率冲击对 CO_2 排放量增长率的动态影响。在图 4—16 中，横轴代表冲击的滞后期数（单位：年），纵轴代表实际 CO_2 排放量增长率的波动，实线代表脉冲响应函数。

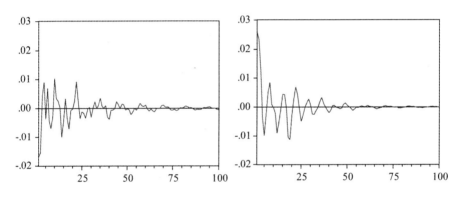

图 4—16　CO_2 排放量增长率波动的脉冲响应函数

图 4—16 左侧图形是工业产出增长率的结构冲击所引起的 CO_2 排放量增长率波动的响应函数。图 4—16 右侧图形是农业产出增长率的结构冲击所引起的 CO_2 排放量增长率波动的响应函数。由于图 4—16 所得出的是两个基于结构式分解的相互正交的脉冲响应函数，故能代表工业产出增长率和农业产出增长率各自单独的结构冲击所产生的影响。

从图 4—16 左侧图形可以看出，给工业产出增长率一个正的冲击，第 1 期对 CO_2 排放量增长率波动的负面影响最大，随后震荡变小，其影响持续到将近第 80 期之后逐渐趋于 0，表明工业产出的急剧增长会在最初的 3—4 年中降低 CO_2 排放量的增长率，系统恢复到均衡状态则需经历一个较长的阶段（大约 80 年）。

从图 4—16 右侧图形可以看出，给农业产出增长率一个正的冲击，在第 1 期对 CO_2 排放量增长率波动的正向影响最大，随后震荡变小，其影响持续到将近第 60 期之后逐渐趋于 0，表明农业产出的急剧增长会在最初的 3—4 年中提高 CO_2 排放量增长率，整个系统恢复到均衡状态也需经历一个较长的阶段（大约 60 年）。

工业产出增长率和农业产出增长率的结构冲击在 3—4 年之内对 CO_2 排放量增长率会分别产生一个负的影响和一个正的影响。但无论是哪一种结构冲击，整个系统都需要经历长时期的恢复才能够重新回到均衡状态，而前者所造成的结构冲击的影响时间更长。关于工业产出增长率的结构冲击在第一期对 CO_2 排放量增长率造成负的影响的一种可能解释是，工业产出值在当期的一个激增造成了产能的相对过剩，在下一期中为了消化过剩产能，工业产出相比于前一期会相对萎缩，从而降低了 CO_2 排放量增长率。关于农业产出增长率的结构冲击为何会呈现正的影响，目前还没有找到科学的解释。

另外，工业产出增长率和农业产出增长率的脉冲响应函数如图 4—17 所示。从图 4—17 中可以看出，CO_2 排放量增长率的结构冲击无论对工业产出增长率波动还是对农业产出增长率波动都会在第一期产生一个最大的正向影响。综合看来，该系统中的任何一个变量结构冲击的效果都需要在经过一个相当长的时期之后才会逐渐消失，系统才能恢复到均衡状态。

3. 方差分解

所谓方差分解是指通过分析各个结构冲击对某个内生变量变化的贡献程度，进而以此为依据评价不同结构冲击的重要性。前文已经用脉冲响应函数描述了内生变量工业产出增长率和农业产出增长率的结构冲击对 CO_2 排放量增长率的影响。本节将通过方差分解来评价工业产出增长率和农业产出增长率二者各自结构冲击的重要性。

方差分解的结果如图 4—18 所示，其中横轴代表冲击发生的滞后期间数（单位：年），纵轴表示工业产出增长率和农业产出增长率对 CO_2 排放量增长率的贡献率（单位：%）。

从图 4—18 中看以看出，在不考虑 CO_2 排放量增长自身贡献率的情况下，农业产出增长率对 CO_2 增长率的贡献度最高到达 40.1%（$RVC_{2\rightarrow1}$（1）= 40.1%），工业产出增长率对 CO_2 增长率的贡献度最高到达 21.3%

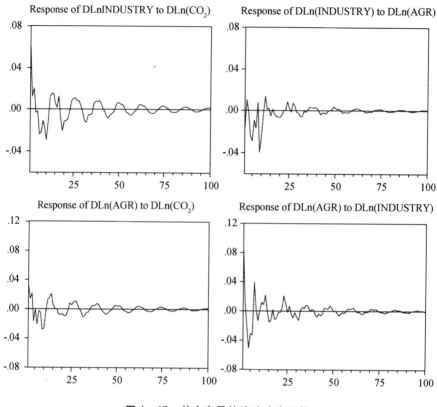

图4—17 其余变量的脉冲响应函数

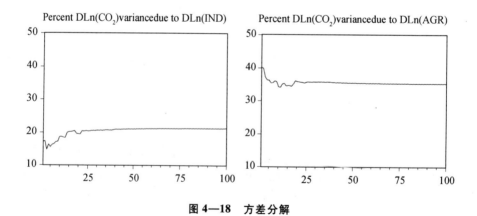

图4—18 方差分解

（$RVC_{3\to1}$（81）=21.3%），并且农业产出增长率的贡献率始终大于工业产出增长率。上述结果表明，相比于工业产出增长率的结构冲击而言，农业产出增长率的结构冲击对 CO_2 排放量增长率的影响更为重要。

4. Granger 因果关系检验

根据前文 SVAR 模型的分析可知，工业产出增长率和农业产出增长率的结构冲击会对 CO_2 排放量增长率产生显著的影响。为了排除模型所得的结果是数据本身偶然拟合的可能性，本节将对三个内生变量进行 Granger 因果关系检验（结果如表 4—35 所示），从而确保 SVAR 模型分析所得的结果真实有效。

表 4—35   Granger 因果关系检验

被解释变量	原假设	统计量	自由度	P 值
ΔLn（CO_2）	ΔLn（IND）不能 Granger 引起	11.72791	8	0.1638
	ΔLn（AGR）不能 Granger 引起	15.85196	8	0.0445
	联合不能 Granger 引起	23.87089	16	0.0924
ΔLn（IND）	ΔLn（CO_2）不能 Granger 引起	46.70396	8	0.0000
	ΔLn（AGR）不能 Granger 引起	26.92041	8	0.0007
	联合不能 Granger 引起	61.26011	16	0.0000
ΔLn（AGR）	ΔLn（CO_2）不能 Granger 引起	8.597431	8	0.3774
	ΔLn（IND）不能 Granger 引起	13.47797	8	0.0964
	联合不能 Granger 引起	24.56903	16	0.0778

表 4—35 中 ΔLn（CO_2）方程的检验结果表明：农业产出增长率在 5% 的显著性水平下拒绝原假设，说明农业产出增长率对 CO_2 排放量增长率有较为显著的 Granger 影响；工业产出增长率不能拒绝原假设，说明工业产出增长率对 CO_2 排放量增长率没有 Granger 影响。但联合检验在 10% 的显著性水平下拒绝原假设，表明农业产出增长率和工业产出增长率能够整体在 Granger 意义上解释 CO_2 排放量增长率。需要说明的是，Granger 因果关系是一种线性关系，代表的是变量 X 对未来的变量 Y 的线性影响。因此，工业产出增长率对 CO_2 排放量增长率没有 Granger 影响，并不能说明当期的工业产出增长率对未来的 CO_2 排放量增长率没有影响。通过前文脉冲响应函数分析可知，工业产出增长率对未来的 CO_2 排放量增长率存在着显著影响。

表4—35中ΔLn（IND）方程的检验结果表明：CO_2排放量增长率、农业产出增长率以及它们的联合检验在1%的显著性水平下都拒绝原假设，即CO_2排放量增长率和农业产出增长率显著的Granger影响工业产出增长率。

表4—35中ΔLn（AGR）方程的检验结果表明：工业产出增长率在10%的显著性水平下拒绝原假设，说明工业产出增长率对农业产出增长率有较为显著的Granger影响；CO_2排放量增长率不能拒绝原假设，说明CO_2排放量增长率对农业产出增长率没有Granger影响。但联合检验在10%的显著性水平下拒绝原假设，表明CO_2排放量增长率和工业产出增长率整体上能够与农业产出增长率构成Granger因果关系。

综合看来，CO_2排放量增长率、工业产出增长率和农业产出增长率三个变量在整体上存在Granger因果关系，因此三个变量所构建的SVAR模型及其分析结论均合理。

5. 基本结论

本书对碳金融体制实施协同效应的检验，得到2个基本结论。

第一，工业产出增长率和农业产出增长率的结构冲击在3—4年之内对CO_2排放量增长率会分别产生一个负的影响和一个正的影响。但无论是哪一种结构冲击，整个系统都需要经历长时期的恢复才能回归到均衡状态，工业产出增长率结构冲击的影响持续时间更长。

第二，相比于工业产出增长率的结构冲击对CO_2排放量增长率的影响，农业产出增长率的结构冲击对其的影响更大。

第四节　碳金融实施对经济主体行为目标的影响

长期以来，中国经济发展呈现粗放式的特点，对能源和资源依赖度较高，单位GDP能耗和主要产品能耗均高于主要能源消费国家的平均水平，同时中国"富煤贫油少气"的能源储备结构，决定了中国以煤炭等化石燃料为主的能源生产和消费格局在今后相当长的一段时期内不会发生根本性改变。中国正处在经济高度增长，工业化、城市化进程加快的阶段，人口增长、消费结构升级和城市基础设施建设使其对能源的需求与温室气体排放不断增长。近些年来国内以钢铁、房地产、汽车、水泥、电解铝等为代表的高能耗行业的迅速发展，进一步加大了对能源的需求。图 4—19 描述了 1980—2007 年我国的能源消费总量和由能源消费产生的 CO_2 排放量的趋势。

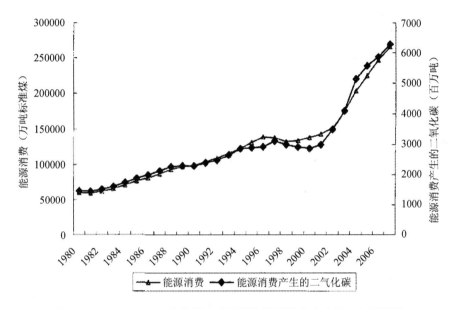

图 4—19　1980—2007 年能源消费总量和能源消费产生的 CO_2 排放量

从图 4—19 中可以看出，能源消费总量和能源消费产生的 CO_2 排放量均呈现出明显的增长趋势，且增长路径趋于一致。目前，减少贫困、发展经济、满足就业、提高全体人民的生活水平、实现国家的现代化仍然是中国面临的首要任务，经济的快速发展需要有能源作为支撑，而能源的高能耗又会导致温室气体排放量的增加。上文对碳金融体制实施协同效应的实证分析表明，通过调整产业结构，有望在长期实现经济增长与减排的双赢。

本节将运用博弈论的理论与方法，从微观主体的角度切入，研究发达国家与发展中国家、国内政府与企业在气候谈判与节能减排中的行为选择。

一 理论模型介绍

（一）博弈论思想介绍

1. 博弈论基本概念和分类

博弈论（Game Theory）又称对策论，是研究决策主体的行为发生直接相互作用时的决策以及这种决策的均衡问题。博弈论的基本要素包括参与人、行动、信息、策略、收益或支付以及均衡。

（1）参与人指的是一个博弈中的决策主体，他的目的是通过选择行动或策略以最大化自己的支付或效用水平。参与人可以是个体（包括自然人和企业、国家、国家集团等）、群体，也可以是自然；为分析方便，引入自然作为虚拟参与人，没有自己的支付和目标函数，即所有结果对它是无差异的；参与人决策的后果依赖于自然的选择。在不完全信息博弈中，自然选择参与人的类型。

（2）行动指的是参与人在博弈的某个时点的决策变量。一般用 α_i 表示第 i 个参与人的一个特定行动。

$$A_j = \{a_j\} \tag{4—43}$$

表示可供 i 选择的所有行动的集合。行动的顺序是区分静态博弈和动态博弈的标准。不同的行动顺序意味着不同的博弈类型。

（3）信息指的是参与人有关博弈的知识，特别是有关"自然"的选择、其他参与人的特征和行动的知识。"共同知识"指的是所有参与人都知道的知识。信息集是博弈论中描述参与人信息特征的一个基本概念。

（4）策略指的是参与人在给定信息集的情况下选择行动的规则，它规定参与人在什么情况下选择什么行动，是参与人的"相机行动方案"，包括参与人采取行动的完整描述。

（5）收益或支付指的是参与人采取某一策略所对应的结果，反映参与人的得失，一般指参与人得到的效用水平或期望效用水平。一个参与人的支付不仅取决于自己的策略选择，而且取决于其他参与人的策略选择，一般用 u_i 表示第 i 个参与人的支付。

（6）均衡指所有参与人的最优策策略组合，一般记为：

$$s^* = (s_1^*, \cdots s_i^* \cdots, s_n^*) \tag{4—44}$$

其中 s_i^* 是第 i 个参与人在均衡情况下的最优策略，它是参与人 i 的所有可能的策略中使 u_i 或 $E(u_i)$ 最大的策略。

博弈最基本的分类方法有两种。一是按照博弈各方是否同时决策，分为静态博弈和动态博弈，其中，静态博弈指参与人同时选择行动或虽非同时但后行动者并不知道先行动者采取了什么具体行动；动态博弈指参与人行动有先后顺序，且后行动者能够观察到先行动者所选择的行动。另一类是按照每个局中人是否都清楚各种对局情况下各自的得益，分为完全信息博弈和不完全信息博弈，其中，完全信息博弈指每一个参与人对其他参与人的特征、策略空间及支付函数有准确的知识；否则，就是不完全信息博弈。静态和动态博弈，完全信息和不完全信息博弈，组合起来一共有四大类博弈，即完全信息的静态博弈、完全信息的动态博弈、不完全信息的静态博弈和不完全信息的动态博弈，与上述四种博弈对应的均衡概念分别为：纳什均衡、子博弈完美纳什均衡、贝叶斯纳什均衡、完美贝叶斯均衡。除此之外博弈论还有很多分类，如按博弈次数或持续长短可分为有限博弈和无限博弈。博弈既可以采取博弈矩阵的正规型表示，也可以采用博弈树的扩展式表示。

2. 序贯决策博弈

序贯决策博弈是局中人先后采取策略或行动的一类博弈，后行动或决策的局中人可以观察到先行动的局中人已经采取的策略或行动。局中人需要根据他们对未来可能结果的权衡，决定当前的行动或者策略选择。对于序贯博弈的问题通常采取博弈树的表述方法。博弈树以枝把节点连接起来。节点包括初始决策节点、决策节点（做出决策）、末端节点（与一个支付向量相对应）；枝是从一个决策节点到它的直接后续节点的连线，表示在这个决策节点相应的博弈参与人可以采取的行动；信息集是一个参与者无法作出区分的最大决策点集合。当事件中有偶然因素介入时，在初始节点引入"自然"参与者，因为偶然因素等价于"自然"，在参与人之前行动但参与人不能观测到。完美信息是指参与者在选择行动时了解以前的历史，并且没有同时行动，即在博弈树的每个信息集处，每个参与者知道以前的所有信息集和在那些信息集所做的决策。如果博弈树的所有信息集都是单点集，该博弈称为完美信息博弈。

3. 相关均衡

相关均衡的概念首先由 Aumalm 提出，其基本思想是局中人通过一个大家都能观测到的共同信号来选择行动，由此确定博弈的最终结局。假设有两个局中人，参与者 1 和参与者 2，I 和 J 分别表示参与者 1 和参与者 2 的纯策略集合，a_{ij}（$i \in I$，$j \in J$）表示当两个参与者分别选择策略 i 和策略 j 时参与者 1 获得的支付；同理 b_{ij}（$i \in I$，$j \in J$）表示当两个参与者分别选择策略 i 和策略 j 时参与者 2 获得的支付，相关均衡是一个概率分布：

$$P = [P_{ij}], i \in I, j \in J, P \geq 0, e^T P e = 1 \tag{4—45}$$

其中 e 表示所有分量均为 1 的一个向量，P_{ij}（$i \in I$，$j \in J$）表示参与者 1 和参与者 2 分别选择策略 i 和策略 j 的行为概率。

相关均衡策略的实施步骤为：存在一个外部力量，如一个调解人事先根据概率分布选择一对纯策略 (i, j)，并暗示参与者 1 采取策略 i，参与者 2 采取 j，然后每个参与者决定是否接受调解人的建议，当每个参与者单独偏离这一建议不会带来更大的期望收益时，相关策略就是一个相关均衡，即满足：

$$\sum_{j \in J}(a_{ij} - a_{kj})p_{ij} \geq 0, i, k \in I, \qquad \sum_{i \in I}(b_{ij} - b_{ilj})p_{ij} \geq 0, j, l \in J \tag{4—46}$$

其中：

$$\sum_{j \in J}(a_{ij} - a_{kj})p_{ij} \geq 0, i, k \in I, \tag{4—47}$$

表示参与者 1 选择策略 i 的激励约束条件；

$$\sum_{i \in I}(b_{ij} - b_{ilj})p_{ij} \geq 0, j, l \in J \tag{4—48}$$

表示参与者 2 选择策略 j 的激励约束条件。

相关均衡还满足概率约束：

$$P_{ij} \geq 0, \sum_{i \in I}\sum_{j \in J}P_{ij} = 1, i \in I, j \in J \tag{4—49}$$

相关均衡集是一个凸集，根据相关均衡满足的条件，可以用（4—48）和（4—49）组成的线性不等式组来表示这一凸集。为了在这一凸集上选择一个特定的最优相关均衡解，可以把该线性不等式组构成的约束作为可行域，采用目标函数最优来实现，即把求解相关均衡转化为线性规划问题。

$$p_{ij} \geq 0, i \in I, j \in J, \qquad \sum_{i \in I}\sum_{j \in J}p_{ij} = 1 \tag{4—50}$$

$$\sum_{j \in J}(a_{ij} - a_{kj})p_{ij} \geq 0, i, k \in I, \qquad \sum_{i \in I}(b_{ij} - b_{ilj})p_{ij} \geq 0, j, l \in J \tag{4—51}$$

4. 博弈树相关均衡

相关均衡的概念是基于非合作博弈的正规型表示形式定义的，它适用于以正规型形式定义并且纯策略数目不太大的博弈。当博弈如气候谈判博弈以扩展式形式定义，并以博弈树形式给出时，把扩展式表示的博弈转化成正规型表示的博弈不仅会使博弈的规模增大，复杂性提高，而且正规型博弈中采用的复杂策略会在一定程度上影响相关均衡的意义。因此无论是从理论上还是从实践角度看，把相关均衡直接应用于扩展式表示的博弈是最可取的。

Forgó et al.（2005）结合相关均衡和博弈树表述的扩展式博弈模型，提出博弈树相关均衡的概念，这一概念适用于完美信息博弈（所有信息集都是单结的）。其基本思想为：假设给出一个完美信息下扩展式博弈的博弈树形式和每个非末端节点的概率分布。这些概率被称为行为概率并且每个局中人都完全获知。为简单化，不允许偶然行动，即每个节点都有一个参与者决定选择哪一枝。在每一个非末端节点，调解人选择一个枝作为他的建议，放到密封的红色信封中，其他各枝放到不同的没有标记的白色密封信封中。在每个节点，要采取行动的参与人，如局中人 i 知道调解人的建议在红色信封中，但是她并不知道里面是什么，她需要在不知道信封中是什么策略的情况下在红色和白色信封间做出选择，这便意味着局中人盲目地接受或拒绝调解人的建议。如果她选择红色信封，博弈将会按照信封中指定的行动枝进行。如果她选择白色信封，调解人会撤销调解，然后博弈会按照白色信封中指定的行动路径进行，从而实现子树的纳什均衡支付。

博弈树相关均衡还可以从末端节点概率角度定义，即行为概率给定的情况下到达相应叶子的概率。对完美信息博弈，从末端节点概率采用倒推法可以计算出每个节点的条件概率从而形成行为概率。因此，当每个参与者在任何节点单独拒绝调解人的建议不会带来更大的期望支付时，完美信息下扩展式博弈的博弈树叶子上的概率分布（或一组行为概率）就是一个博弈树相关均衡，等价地，如果对每个局中人来说，在每个节点上接受调解人的建议是一个子博弈完美纳什均衡，则概率分布是一个博弈树相关均衡。博弈树相关均衡可以通过线性规划的线性约束（即激励约束）来定义。

假设有两个参与者 A 和 B，采用二人序贯博弈模型，每个参与者都有两个纯策略 M，N 可以选择。博弈按照"参与者 A 决策—参与者 B 决策—参与者 A 决策"的顺序进行，每个参与者都按照提前规定的顺序采取行动，且在采取行动之前完全获知前面阶段博弈双方采取的行动。

图 4—20 刻画了该二人博弈的博弈树表述形式，其中每个节点处都有一个支付向量，其分量分别代表参与者 A、B 所获得的支付。根据博弈树相关均衡从末端节点概率角度的定义，图 4—20 有 8 个末端节点，其概率从左到右分别设为 p_1、p_2、p_3、p_4、p_5、p_6、p_7、p_8。

在博弈树的根处，参与者 A、B 的支付为 (a_0, b_0)；在第二阶段的两个节点处，参与者 A 和 B 的支付向量从左到右分别为 (a_1, b_1) 和 (a_2, b_2)；在第三阶段的四个节点处，参与者 A 和 B 的支付向量从左到右分别为 a_3，b_3，a_4，b_4，a_5，b_5 和 a_6，b_6。

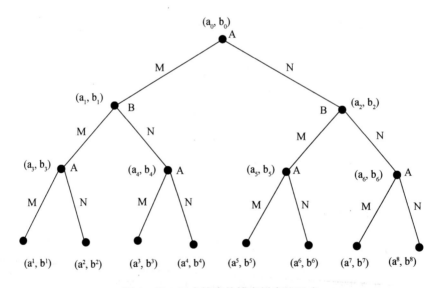

图 4—20 二人博弈的博弈树表述形式

在第一个节点处，参与者 A 采取行动。在以 A 为根节点的博弈树中，假设路径为 (M, M, M)，此时参与者 A 获得的支付为 a^1，若 A 偏离策略 M 而选择策略 N，则他得到支付 a^2，支付损失为 $(a^1 - a^2)$，同理可以计算出其他叶子的支付损失，从而得到参与者 A 决策的激励约束为：

$$(a^1 - a_2)p_1 + (a^2 - a_2)p_2 + (a^3 - a_2)p_3 + (a^4 - a_2)p_4 + (a^5 - a_1)p_5 +$$

$$(a^6 - a_1)p_6 + (a^7 - a_1)p_7 + (a^8 - a_1)p_8 \geq 0$$

$$(4—52)$$

接下来的两个节点处参与者 B 采取行动。最左边由 B 为根节点的子树中，若博弈路径为 $\{M, M\}$，则参与者 B 获得的支付为 b^1，若 B 偏离策略 M 而选择策略 N，则他得到支付 b_4，支付损失为 $(b^1 - b_4)$，同理可以得到路径 $\{M, N\}$，$\{N, M\}$，$\{N, N\}$ 达到的叶子处的支付损失，从而得到参与者 B 的一个决策均衡不等式。同样，对于最右边由 B 为根节点的子树也可以根据这一思路得出参与者 B 进行决策的另一个均衡不等式。因此参与者 B 的两个决策激励约束为：

$$(b^1 - b_4)p_1 + (b^2 - b_4)p_2 + (b^3 - b_3)p_3 + (b^4 - b_3)p_4 \geq 0 \qquad (4—53)$$

$$(b^5 - b_6)p_5 + (b^6 - b_6)p_6 + (b^7 - b_5)p_7 + (b^8 - b_5)p_8 \geq 0 \qquad (4—54)$$

第三阶段参与者 A 采取行动，可以得到四个以 A 为根节点的子树，同理，

得到参与者 A 决策的四个激励约束：

$$(a^1 - a^2)p_1 + (a^2 - a^1)p_2 \geq 0 \qquad (4—55)$$

$$(a^3 - a^4)p_3 + (a^4 - a^3)p_4 \geq 0 \qquad (4—56)$$

$$(a^5 - a^6)p_5 + (a^6 - a^5)p_6 \geq 0 \qquad (4—57)$$

$$(a^7 - a^8)p_7 + (a^8 - a^7)p_8 \geq 0 \qquad (4—58)$$

由概率的性质可得：

$$p_{ij} \geq 0, i = 1, 2, \cdots, 8 \qquad \sum_{i=1}^{8} p_i = 1 \qquad (4—59)$$

约束（4.53）—（4.59）构成一个凸集，凸集上的每一点都对应着一个博弈树相关均衡。根据相关均衡的思想，把由上面的约束构成的凸集作为可行域，设定一个目标函数使其在该可行域上达到最优，从而得到 $p_i(i = 1, 2, \cdots, 8)$ 的最优解，即使目标函数最优的博弈树相关均衡解。

（二）计量方法和 GHGAME 工具介绍

1. ADF 检验和 ARMA 模型

本文采用 ADF 检验对序列的平稳性进行检验。ADF 检验的检验式为：

$$\Delta y_t = c + at + \rho y_{t-1} + \sum_{i=1}^{k} \gamma_i \Delta y_{t-i} + u_t \tag{4—60}$$

其中，y_t 是待检验的时间序列，Δy_t 是 y_t 的一阶差分，c 是常数项，t 为时间趋势，k 是滞后期，u_t 是随机误差项，α，ρ，$\gamma_i(i=1,2,\cdots,k)$ 代表系数。原假设是 H_0：$\rho = 0$，即序列存在单位根，备选假设是 H_1：$\rho < 0$。对 y_t 取足够次数的差分，保证被检验序列为平稳序列，然后对每次用减少一次差分次数的序列依次进行单位根检验，一直至接受原假设为止，从而判断出 y_t 的单整阶数。如果序列 y_t 通过 d 次差分成为一个平稳序列，而这个序列差分 $(d-1)$ 次时却不平稳，那么称序列 y_t 为 d 阶单整序列，记为 $y_t—I(d)$。特别地，如果序列 y_t 本身是平稳的，则为零阶单整序列，记为 $y_t—I(0)$。设 y_t 是 d 阶单整序列，即 $y_t—I(d)$，

则：

$$w_t = \Delta^d y_t = (1 - L)^d y_t \tag{4—61}$$

为平稳序列，即 $w_t—I(0)$，其中 $\Delta^d y_t$ 表示 y_t 的 d 阶差分，L 为滞后算子。于是可以对 w_t 建立 $ARMA(p, q)$ 模型：

$$w_t = c + \varphi w_{t-1} + \cdots + \psi_p w_{t-p} + \varepsilon_t + \theta_1 \varepsilon_{t-1} + \cdots + \theta_q \varepsilon_{t-p} \tag{4—62}$$

其中，c 是常数项，ε_t 是期望值为零的随机干扰项，φ_i（$i=1,2,\cdots,p$）和 θ_i（$1,2,\cdots,q$）分别为 w_t 和 ε_t 滞后项的系数，p 和 q 为滞后期，其取值可以利用自相关系数、偏自相关系数图进行识别，也可以利用最小信息准则 BIC 进行识别。经过 d 阶差分变换后的 $ARMA$（p, q）模型称为 $ARIMA(p, d, q)$ 模型（自回归求积移动平均时间序列模型）。估计 $ARIMA$（p, d, q)模型同估计 $ARMA$（p, q）模型的具体步骤相同，不同之处在于，在估计之前要对 y_t 进行 d 阶差分获得平稳序列。

2. GHGAME 工具介绍

GHGAME 是 Forgó et al.（2005）在 SIADCERO 项目中开发出来的用于博弈论模型计算的 EXCEL 加载宏，适用于扩展式模型的数据计算，可以计算得到纳什均衡、反应函数均衡、不同假设下的相关均衡和讨价还价的纳什解与 K—S 解。安装 GHGAME 后，在 EXCEL 加载宏中便可以直接使用。在使用 GHGAME 计算博弈均衡解时需要新创建一个工作表，提供博弈的相关信息：参与者人数，博弈树水平数，每个叶子处除支付外的额外数据个数，参与者的名称，每个水平的名称，在该水平采取行动的参与人

的序号，在每一个水平的策略数量、名称、决策类型、额外数据名称、谈判破裂效用组合点向量，末端节点对应的各参与者支付，如果博弈树叶子处除了各参与者的支付之外，还有其他数据来构造目标函数，则需在新建工作表中给出相应数据。根据各种均衡解对应的选项来求解博弈均衡。

二 低碳经济不同主体行为的博弈分析

（一）中国等发展中国家与发达国家之间的博弈分析

1. 气候谈判博弈的模型介绍

发达国家和发展中国家在气候谈判中的博弈直接影响着发展中国家实现低碳经济的进程和路径。在研究我国低碳经济不同主体的博弈时，既要考量我国能源现状和实现低碳经济的国内条件，也要考虑到我国实现低碳经济所面临的国际压力，即从国际层面上分析发达国家的减排态度和措施对我国发展低碳经济的影响。哥本哈根协议新阶段的主要矛盾是发达国家和发展中国家两个集团之间的气候变化谈判问题。发达国家担心减排会加大经济发展成本、降低国际竞争力；发展中国家面临发展经济、改善人民生活的历史课题，要求发达国家为历史排放和当前高人均排放承担责任，需要发达国家提供技术和资金支持以实现低碳发展。本书把发达国家和包括中国在内的发展中国家作为博弈的两个主体，从国际气候谈判出发，采用建立在完美信息下序贯决策博弈基础上的博弈树相关均衡分析发达国家与包括中国在内的发展中国家在气候谈判问题上的博弈，分析发达国家的减排态度和行动对发展中国家尤其是中国发展低碳经济的影响。

本书结合 Forgó et al.（2005）建立的博弈树相关均衡的概念，把发达国家集团和发展中国家集团作为国际气候谈判的两个参与主体，用 $\{A，B\}$ 表示，其中 A 代表发达国家集团，B 代表发展中国家集团。假设博弈分为三个时期阶段进行，每个参与者都按照提前规定的顺序采取行动，且在采取行动之前完全获知前面阶段博弈双方采取的行动。博弈的三个时期分别为：京都议定书时期（2005—2012 年），参与者 A 先采取行动；哥本哈根议定书时期（2013—2020 年），参与者 B 采取行动；长久时期（2021—2200 年），参与者 A 采取行动。每个参与者都有两种决策选择：低减排（L）和高减排（H）。结合 Císcar and Soria（2002）的研究，本书将发达国家集团 A 的低减排策略的减排率设定为 5%，高减排策略的减排率设定为 10%；发展中国家集团 B 的低减排策略的减排率设定为 10%，高减排策略的减排率设定为 15%。因此，该气候谈判博弈共有 8 个路径选择：$\{L, L, L\}$, $\{L, L, H\}$, $\{L, H, L\}$, $\{L, H, H\}$, $\{H, L, L\}$, $\{H, L, H\}$, $\{H, H, L\}$, $\{H, H, H\}$，各自对应的减排率路径分别为 $\{5\%,10\%,5\%\}$, $\{5\%,10\%,10\%\}$, $\{5\%,15\%,5\%\}$, $\{5\%,15\%,10\%\}$, $\{10\%,10\%,5\%\}$, $\{10\%,10\%,10\%\}$, $\{10\%,15\%,5\%\}$, $\{10\%,15\%,10\%\}$。Císcar and Soria（2002）的研究分 5 个阶段进行博弈，采取到 2200 年的折现消费流总和作为每个参与者的支付。本书采用相同的方法，结合 Císcar and Soria（2002）研究中的支付矩阵，计算得出气候谈判博弈各个路径下两个参与者的支付向量分别为 $\{74.464, 27.082\}$, $\{34.963, 42.457\}$, $\{85.044, 27.335\}$, $\{72.120, 42.526\}$, $\{55.021, 33.052\}$, $\{51.476, 47.776\}$, $\{80.008, 32.545\}$, $\{65.150, 47.580\}$，其中第一个分量代表参与者 A 的支付，第二个分量代表参与者 B 的支付。

2. 气温变化数据的计算

本书采用气温变化期望值的最小化作为博弈树相关均衡的目标函数，根据 CO_2 浓度的预测值和各参与者的减排率计算各个减排路径导致的气温变化。本书以 1951—1980 年 30 年的气温平均值作为正常气温水平，图 4—21 描述了 1980—2005 年全球气温相对于正常水平的变化和全球 CO_2 浓度的变化趋势。其中 1980—2005 年全球气温相对于正常水平的变化数据来源于 Goddard Institute for Space Studies（2006）[①]，单位为摄氏度，数值为正，表示该时期气温高于正常水平下的气温；CO_2 浓度数据来源于美国国家海洋和大气管理局（National Oceanic and Atmospheric Administration，NOAA），单位为 ppm（即百万分之一），如 385.2ppm 表示一百万个空气分子有 385.2 个 CO_2。从图 4—21 可以看出，二者都呈现明显的上升趋势，2005 年气温相对变化达到 0.6℃，表现出全球变暖的趋势。

---

① Goddard Institute for Space Studies, *NASA GISS Surface Temperature Analysis*（*GISTEMP*）, New York: GISS, 2006.

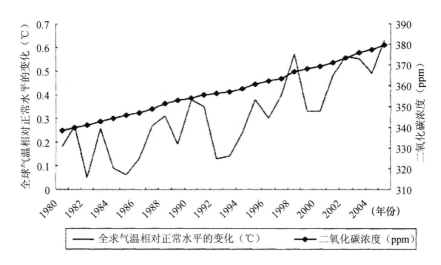

图4—21　1980—2005年全球气温相对正常水平的变化和 CO_2 浓度

本书把全球气温相对变化作为被解释变量，CO_2 浓度作为解释变量，通过线性回归来探寻二者之间的关系，回归结果如式（4—63）所示：

$$TC = -3.628310 + 0.011008ND$$

$$(-6.346087)　　(6.892855)　　　　　　　　　（4—63）$$

$$R^2 = 0.664389　　F = 47.51145　　prob = 0.0000　　plm = 0.3779$$

其中，TC 代表全球气温相对1951—1980年平均气温的变化，ND 代表 CO_2 浓度，括号中数字分别为截距项和自变量系数的 t 统计量，$prob$ 为 F 检验对应的 p 值，plm 为 LM 统计量对应的 p 值。t 统计量的绝对值均大于2，表明模型的估计系数通过了显著性检验；R^2 值较高，F 检验高度显著，表明模型拟合程度好；LM 检验对应的 p 值为0.3779，大于0.05，表明模型无残差自相关。根据模型的估计结果：CO_2 浓度每增加一个单位，全球气温相对1951—1980年平均气温的水平将上升0.011008摄氏度。本书旨在通过式（4—63）的回归方程得出全球气温相对1951—1980年平均气温的变化和 CO_2 浓度的线性关系，并没有对数据进行平稳性检验和变量形式处理。

为了考察2200年各种博弈路径导致的全球气温变化，本书对2200年的 CO_2 浓度进行预测。首先根据各种路径下的减排率得出不同情况下对应

的 CO_2 浓度，随后结合式（4—63）计算相应的气温变化数据。本书采用时间序列分析方法预测 2200 年的 CO_2 浓度。

首先采用 ADF 法对时间序列 ND 进行单位根检验，检验结果如表 4—36 所示。

表 4—36 CO_2 浓度的单位根检验结果

变量	检验形式	t 统计量	5% 临界值	平稳性
ND	（C，N）	1.931527	−2.986225	否
△ND	（C，N）	−3.812995	−2.991878	是

表 4—36 表明 CO_2 浓度 ND 的一阶差分 △ND 为平稳序列，即 CO_2 浓度 ND 是一阶单整序列。本书采用 SAS 软件利用最小信息准则进行模型识别，计算 △ND 可能满足的 ARMA（p，q）模型的 BIC 信息准则，选取 BIC 信息准则最小的模型，识别结果为 BIC（4，2）= −42.1456，即 ARMA（4，2）是最优的模型。

表 4—37 为 ARMA（4，2）模型的残差自相关检验，各个滞后期下的 χ^2 统计量对应的 p 值均大于 0.05，故其残差项不存在自相关。

表 4—37   ARMA（4，2）模型的残差自相关检验

滞后期	χ^2 统计量	自由度	p 值
12	7.08	6	0.3134
18	11.27	12	0.5059
24	14.05	18	0.7259

建立 ARMA（4，2）模型，采用 SAS 软件对 2006—2200 年的 CO_2 浓度进行预测，得到基准情景下 2200 年的 CO_2 浓度为 701.9136ppm，结合式（4—63）可计算得到 2200 年全球气温相对 1951—1980 年平均气温水平将上升 4.098355℃。

根据 2003 年世界、发达国家以及发展中国家的 CO_2 排放量可以得到，发达国家和发展中国家在 CO_2 排放上的贡献比例分别为：0.588191 和

0.383579。采用这一比例，2200 年的 CO_2 浓度中，发达国家贡献了 412.5593ppm，发展中国家贡献了 269.2392ppm。按照本书选取的减排率，通过计算每个路径下发达国家和发展中国家各自的总减排率，并分配到各自 2200 年的 CO_2 浓度贡献中，能够得到发达国家和发展中国家采取一定减排策略后对 2200 年 CO_2 浓度的贡献，然后二者相加得到按不同路径进行博弈得到的 2200 年的 CO_2 浓度，再根据式（4—63）得到各种博弈路径下对应的全球气温相对于 1951—1980 年平均气温水平的变化。计算可得 8 个博弈路径对应的气温变化分别为：3.13℃、2.90℃、2.98℃、2.75℃、2.90℃、2.67℃、2.75℃、2.53℃。

3. 发达国家和发展中国家的气候谈判博弈

图 4—22 是气候谈判的博弈树表述形式，该博弈共有 8 个路径选择：$\{L, L, L\}$，$\{L, L, H\}$，$\{L, H, L\}$，$\{L, H, H\}$，$\{H, L, L\}$，$\{H, L, H\}$，$\{H, H, L\}$，$\{H, H, H\}$，每个路径对应的末端节点处都有一个支付向量，其分量分别代表参与者 A、B 所获得的支付，数据来源于

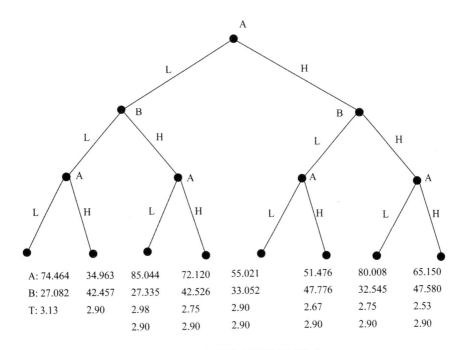

图 4—22　气候谈判的博弈树形式

Císcar and Soria（2002）的研究。在末端节点处第三个数据代表由于参与者的行动所导致的气温变化，由前面的计算得到，用来衡量气候状况，该值越高说明气候变暖越严重。

本书把《联合国气候变化框架公约》作为一个调解者。图 4—22 有 8 个末端节点，其概率从左到右分别设为 p_1、p_2、p_3、p_4、p_5、p_6、p_7、p_8。根据从末端节点概率角度定义的博弈树相关均衡理论，本书把气候谈判问题转化成线性规划求解问题。

气候谈判的目标是全球气温变化的期望值最小，故目标函数为：

$$T = \sum_{i-1}^{8} t_i p_i \tag{4—64}$$

其中 t_i，$i = 1$，2，$\cdots$，8 代表第 i 个末端节点对应的气温变化数据。本书基于博弈树相关均衡的思想，采用 EXCEL 加载宏中的 GHGAME 工具计算使目标函数达到最小时对应的博弈树相关均衡解。在本书设定的气候谈判博弈中，参与者个数为 2，博弈树水平数为 3，除支付外的变量个数为 1，即气温变化数据，参与者的名称分别为 A（代表发达国家集团）、B（代表发展中国家集团），在第一个水平处参与者 A 先采取行动，其策略选择有两个，即低减排和高减排，对应的减排率分别为 5% 和 10%；在第二个水平处参与者 B 采取行动，其策略选择也有两个，即低减排和高减排，对应的减排率分别为 10% 和 15%；在第三个水平处参与者 A 再次进行决策，谈判破裂效用组合点向量采用（0，0），最后给出效用支付矩阵和气温变化数据，把所有选项数据都输入 GHGAME 新建的工作表中，决策类型采用 Best Reply，即每个参与者在进行决策时都选择能使其期望支付最大的策略，使用 GHGAME 中的反应函数法，可以得出该气候谈判博弈的唯一纳什均衡路径为 $\{L, H, L\}$，即参与者 A（发达国家集团）先采取低减排策略 L，然后无论第二阶段参与者 B（发展中国家集团）采取什么策略，第三阶段参与者 A 都选择低减排策略 L，而参与者 B 总是不得不选择策略 H，以最大化自己的支付，于是得到纳什均衡解的最优支付向量为（85.044，27.335），纳什均衡导致的气温变化为 2.98℃。该纳什均衡解要求发展中国家承担更多的减排责任。为了避免更大的损失，发展中国家不得不选择高减排策略，而发达国家则搭便车。若参与者 B 在第二阶段也采取低减排策略的话,其支付为27.082,小于27.335。这一结果对发展中国家不利。

使用模型子博弈完美博弈树相关均衡选项即可得到使目标函数达到最小时对应的博弈树相关均衡解。子博弈完美博弈树相关均衡是四个叶子的组合,其路径、对应的比重(即末端节点的概率)和导致的气温变化分别为:$\{L, H, L\}$,即发达国家始终采取低减排策略,发展中国家在哥本哈根议定书时期采取高减排策略,这与发达国家要求当前高排放的发展中国家承担更多的责任的情况是一致的,其对应的末端节点概率为$p_3 = 0.173$,该路径导致的气温变化为2.98℃;$\{L, H, H\}$,即发达国家在京都议定书时期采取低减排策略,而在长久时期选择高减排,发展中国家一直采取高减排策略,发达国家以高减排对发展中国家的高减排行动作出回应,其末端节点概率为$p_4 = 0.173$,该路径导致的气温变化为2.75℃;$\{H, H, L\}$,即发达国家在京都议定书时期采取高减排策略,这符合京都议定书的规定,发展中国家在哥本哈根议定书时期以高减排努力作为回应,但是发达国家在长久时期减排积极性下降,采取低减排措施,此时发达国家多数已经进入后工业化时代,能源消耗回落,温室气体排放也相应减少,因此减排力度下降,其对应的末端节点概率为$p_7 = 0.327$,该路径导致的气温变化为2.75℃;$\{H, H, H\}$,即发达国家和发展中国家都采取高减排策略,发达国家为历史排放埋单,发展中国家考虑当前工业化温室气体排放量也以高减排策略作为回应,这种努力一直延续到长久时期,这种情况是气候谈判最好的结果,也是京都议定书和哥本哈根议定书的要求,其对应的末端节点概率为$p_8 = 0.327$,该路径导致的气温变化为2.53℃,在所有策略组合中气温变化最小。

气温变化的期望值为:$2.98p_3 + 2.75p_4 + 2.75p_7 + 2.53p_8$;

参与者 A 的期望支付为:$85.044p_3 + 72.120p_4 + 80.008p_7 + 65.150p_8$;

参与者 B 的期望支付为:$27.335p_3 + 42.526p_4 + 32.545p_7 + 47.580p_8$;

代入概率值可得气温变化的期望值最小为2.71789,优于纳什均衡下的2.98;参与者 A 的期望支付为74.656,小于纳什均衡下的85.044;参与者 B 的期望支付为38.287,优于纳什均衡下的27.335。即使目标函数最优的子博弈完美博弈树相关均衡解为:

$p_3 = 0.173$，$p_4 = 0.173$，$p_7 = 0.327$，$p_8 = 0.327$

与纳什均衡相比，该均衡使气温变化得到了改善，改善的代价是参与者 A 支付的减少，参与者 B 的支付相应增加。

该博弈树相关均衡要求发展中国家在哥本哈根议定书时期采取高减排策略，发达国家在京都议定书时期采取高减排策略，在长久时期等概率的选择低减排和高减排策略。这一均衡结果符合京都议定书的规定和哥本哈根时期美国在内的发达国家对发展中国家提出的要求。在京都议定书时期发达国家处于重工业化时期，相对于发展中国家，其温室气体排放量在全球温室气体排放量中占有较大比重，因此京都议定书规定到 2010 年，所有发达国家都要不同程度地削减 CO_2 等 6 种温室气体的排放量。在哥本哈根协议时期，包括中国在内的发展中国家正处于快速工业化进程中，不可避免地要消费大量能源和资源，未来经济发展存在较高的能源需求，需要较大的温室气体排放空间，而发达国家已经逐渐进入后工业化时代，能源消耗回落，温室气体排放也相应减少，发达国家以国家的排放总量为标准，要求处于工业化进程中的发展中国家承担更多的排放责任，而没有考虑到包括中国在内的发展中国家的人均排放情况和当前及未来发展需求，同时发展中国家从人均排放量和历史排放责任出发，要求发达国家承担历史排放责任，并向发展中国家转移资金和技术支持以减少温室气体排放和实现低碳经济发展。

4. 基本结论

发达国家与发展中国家应对气候变化行为博弈的纳什均衡解为 $\{L, H, L\}$，要求发展中国家承担更多的减排责任，这一均衡结果对包括中国在内的发展中国家不利。在子博弈完美博弈树相关均衡下，除了策略组合 $\{L, H, L\}$ 之外，另有三个博弈路径可以选择，其余三个策略组合中都要求发达国家在京都议定书时期和长久时期中至少一个阶段采取高减排策略，这四个路径组合推动了气温变化的改善，增加了发展中国家的支付。由此可见，发达国家在气候谈判中承诺的减排量与其实际减排努力直接影响着发展中国家减排获得的支付。因此，作为发展中国家，我国要发展低碳经济就需要进一步开展和加强国际合作，在国际气候谈判中坚持共同但有区别的责任，呼吁发达国家承担历史排放责任，考虑人均排放量和各国的发展水平，率先大幅量化减排并向发展中国家提供资金和技术支持。

（二）政府与企业之间的博弈分析

上节的分析表明发达国家的减排态度和努力程度直接影响着发展中国家低碳经济的发展。发达国家通过气候谈判对我国经济发展施加了减排压力。除了国际压力之外，我国国内政府与企业（尤其是高能耗企业）由于各自利益着眼点的不同，在节能减排、发展低碳经济的问题上亦存在冲突和矛盾。

1. 政府建立激励机制促进企业减排

政府是发展低碳经济的推动者，也是低碳经济政策的制定者，企业尤其是高能耗企业则是实现低碳经济的直接行动者。企业从事生产经营活动的目的是为了获得利润，而节能减排或者开发新能源都会在一定程度上增加企业的生产成本。企业拥有发展低碳经济政策的完全信息，但是缺乏节能减排的激励机制。为了实现自身利益最大化，企业往往会采取逆向选择。政府如何通过政策引导，采取鼓励性手段让绿色企业能够在行业中更好发展是解决问题的关键。政府为了实现低碳经济，需要在政策、信贷、税收等方面建立支持企业发展低碳经济的激励机制，通过税收等手段给予企业减排补贴，支持和鼓励企业开展清洁生产，提高能效，引导企业发展低碳经济，制定节能减排规划，推进能源结构低碳化。同时企业根据自身利益和公司的长远发展来选择是否采取节能减排措施或开发新能源。本节采用完全信息动态模型分析政府与企业就节能减排问题的博弈行为。

模型假设：设参与者1、2分别代表政府和企业，政府的策略集合为｛给予减排补贴，不给予减排补贴｝，企业的策略有四个，即｛减排，减排｝，｛减排，保持现状｝，｛保持现状，减排｝和｛保持现状，保持现状｝。假设政府的初始收益为 t_0，企业每减少一吨温室气体排放政府所获得的收益为 T，企业每减少一吨温室气体排放政府给予企业减排补贴 s；企业的初始收益为 t_1，企业每减少一吨温室气体排放需要付出成本 $c(c<s)$，当企业保持现状时，政府和企业都只获得初始收益。图4—23是政府与企业关于节能减排博弈的博弈树形式。

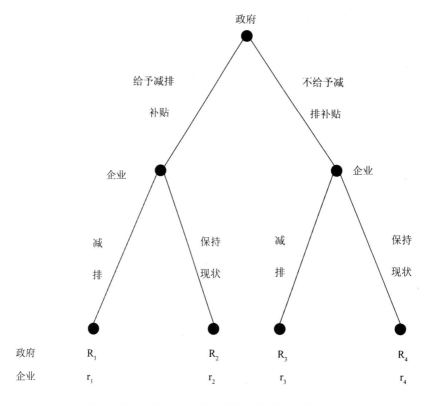

图4—23 政府与企业关于节能减排博弈的博弈树

假设企业减排量为 E 吨,图4—23中 R_i 和 γ_i($i = 1$,2,3,4)分别代表各种博弈路径下政府和企业所获得的收益。当政府通过信贷、税收等手段给予企业减少温室气体排放的补贴,而企业选择减排 E 吨时,政府可以获得减排收益 TE,同时要给予企业减排补贴 sE,而企业在得到补贴 E 的同时则需要付出成本 cE,因此:

$$R_1 = t_0 + TE - sE, \gamma_i = t_1 + sE - cE \quad (4—65)$$

若企业选择保持现状,则政府和企业仍然保持各自的初始收益不变,即:

$$R_1 = t_0, \gamma_2 = t_1 \quad (4—66)$$

当政府不给予减排补贴时,若企业自觉进行节能减排 E 吨,则政府可以获得收益 TE,而不需要给予补贴,同时企业要付出减排成本 cE,因此:

$$R_3 = t_0 + TE, \gamma_3 = t_1 - cE \quad (4—67)$$

若企业选择保持现状，则：

$$R_4 = t_0, \gamma_4 = t_1 \tag{4—68}$$

根据后推法，由于 $c < s$，所以：

$$t_1 + sE - cE > t_1 > t_1 - cE \tag{4—69}$$

即：

$$R_1 > r_2 > r_4 > r_3 \tag{4—70}$$

企业在第二阶段的博弈中会追求自身利益最大化而选择减排 E 吨的策略，从而博弈均衡结果为：政府通过信贷、税收等手段对企业减少温室气体排放给予补贴，企业进行节能减排。政府通过鼓励性手段，在信贷、税收等方面为企业节能减排提供补贴和优惠，以激励高能耗企业自觉地进行节能减排，而企业在降低能耗，减少温室气体排放的同时，不仅取得了声誉等社会效益，也获得了相应补贴以弥补节能减排带来的成本，从而提高了企业节能减排的积极性。因此，建立相应的激励机制促进企业进行节能减排对我国发展低碳经济具有重要意义。

2. 企业夸大减排量以获取高补贴

在政府提供减排补贴的激励下，企业会更加积极地进行节能减排，然而由于信息不对称，政府并不能观察到企业的真实减排情况，只能通过企业呈递的温室气体排放报告来判断企业是否进行了节能减排，同基准期相比的减排量是多少。企业为了获得更多税收等方面的优惠，往往会呈递虚假减排报告，夸大减排量，甚至并未采取任何减排措施却伪造减排报告来谋取减排补贴。鉴于此，政府会选择对企业呈递的减排报告进行审核，以获知其是否与该企业的真实减排情况相符，或者选择不审核，完全根据企业减排报告中的减排量给予减排补贴。审核可以避免企业虚报减排量骗取高额补贴的风险，但需要花费成本 C。一旦政府发现企业有欺骗行为，将取消对其的减排补贴。本书仍然采用完全信息动态博弈模型分析政府与企业的行为。假设企业的真实减排量为 E_t，企业夸大的减排量为 E_f（$E_f > E_t$）。政府对真实减排量的补贴为 G_t，对夸大的减排量补贴为 G_f（$G_f > G_t$）。博弈模型中参与者 1 为政府，其策略集合为 ｛审核，不审核｝，参与者 2 为企业，其策略集合为 ｛如实报告，夸大减排量｝。假设政府的初始收益为 t_0，企业每减少一吨温室气体排放政府所获得的收益为 T，企业每减少一吨温室气体排放，政府给予企业减排补贴 s；企业的初始收益为 t_1，企业每减少一吨温室气体排放需要付出成本 c（$c < s$），则：

$$G_t = sE_t, G_f = sE_f \qquad (4—71)$$

图 4—24 为双方博弈的博弈树形式。R_i' 和 γ_i'（$i = 1, 2, 3, 4$）分别代表各种博弈路径对应的政府和企业所获得的收益。当政府对企业提供的减排报告进行审核而企业如实报告其减排情况时，政府可以获得 TE_t 的收益，给予企业补贴 G_t，同时花费审核费用 C，企业在得到补贴 G_t 的同时，也要付出减排成本 cE_t，因此政府和企业的最终收益分别为：

$$R_1' = t_0 + TE_t - G_t - C, \gamma_1' = t_1 + G_t - cE_t \qquad (4—72)$$

若企业选择欺骗，夸大其减排量，政府经过审核后发现企业的欺骗行为，则不给予其任何减排补贴，此时政府只需花费审核费用 C，并获得减排收益 TE_t，而企业不仅得不到任何补贴，还要支付其真实减排量花费的成本 cE_t，即：

$$R_2' = t_0 + TE_t - C, \gamma_2' = t_1 - cE_t \qquad (4—73)$$

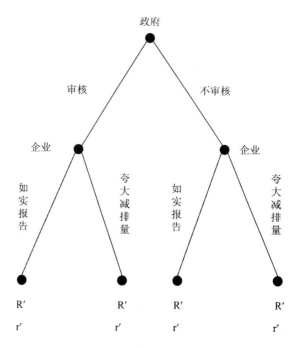

图 4—24 政府与企业的完全信息动态博弈

若政府不进行审核,单纯依靠企业提供的减排报告来评判企业的减排情况,给予相应的减排补贴,此时如果企业如实告知减排量则可获得减排补贴 G_t,支付减排成本 cE_t,政府可以获得 $TE_t - G_t$ 的减排收益,即:

$$R_3' = t_0 + TE_t - G_t, \gamma_3' = t_1 + G_t - cE_t, \quad (4\text{—}74)$$

如果企业选择夸大减排量 E_f,由于政府没有建立审核机制,仅根据企业提供的减排报告给予企业补贴 G_f,而实际上政府获得的减排收益只是 TE_t,此时企业只付出了成本 cE_t,却获得了补贴 G_f,即:

$$R_4' = t_0 + TE_t - G_f, \gamma_4' = t_1 + G_f - cE_t, \quad (4\text{—}75)$$

对企业来说,如果如实报告其减排情况,无论政府是否对报告进行审核其最终收益都是一样的,即为 $(t_1 + G_t - cE_t)$;而若企业夸大减排量,在政府不进行审核的情况下,由于

$$t_1 + G_f - cE_t > t_1 + G_i - cE_t \quad (4\text{—}76)$$

所以企业可以获得比如实报告时更多的收益,但是一旦政府进行审核发现企业的欺骗行为,企业就得不到任何减排补贴。

然而,在实际情况中,企业并不知道政府是否会对减排报告进行审核。假设企业获知政府以一定的概率 p_s 进行审核,此时企业在进行决策时会综合考虑如实报告和夸大减排量两种策略下的期望收益。本节采用非完全信息动态博弈模型对上述不确定性行为进行分析。

图 4—25 为双方博弈的博弈树形式。R_1' 和 γ_1'($i = 1$,2,3,4)同图 4—24 中的定义相同。由图 4—25 的博弈树可以得出企业选择如实报告时的期望收益为:

$$p_s(t_1 + G_t - cE_t) + (1 - p_s)(t_1 + G_t - cE_t) = t_1 + G_t - cE_t \quad (4\text{—}77)$$

企业选择夸大减排量策略时的期望收益为:

$$p_s(t_1 - cE_t) + (1 - p_s)(t_1 + G_t - cE_t) = t_1 - cE_t(1 - p_s)G_f \quad (4\text{—}78)$$

如果两种策略下企业的期望收益相等,即:

$$t_1 + G_t - cE_t = t_1 - cE_t(1 - p_s)G_f \quad (4\text{—}79)$$

等价于:

$$p_s = 1 - \frac{G_t}{G_f} \quad (4\text{—}80)$$

此时企业无差别地在两种策略中进行选择;如果企业在如实报告减排

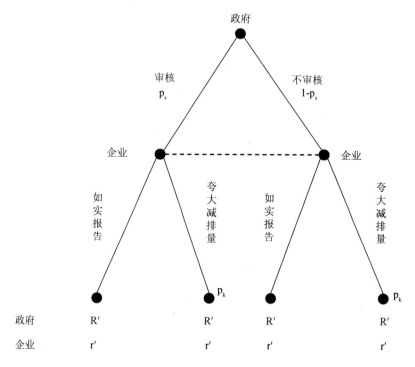

图4—25 政府与企业的非完全信息动态博弈

情况下获得的期望收益大于夸大减排量下的期望收益，即：

$$p_s > 1 - \frac{G_t}{G_f} \qquad (4\text{—}81)$$

则企业会选择如实报告其真实减排情况以获得更高的收益；否则企业将选择夸大减排量以获得高减排补贴。

同样，政府在做决策时并不清楚企业是不是会夸大减排量来骗取高额补贴，假设政府知道企业夸大减排量骗取高额补贴的概率为 p_k，由于对企业提供的减排报告进行审核需要花费一定的人力和财力，政府在决定是否对报告进行审核时要综合考虑两种情况下能够获得的期望收益。由图4—25可以得出政府对减排报告进行审核时的期望收益为：

$$p_k(t_0 + TE_t - C) + (1 - p_k)(t_0 + TE_t - G_t - C) = t_0 + TE_t - C - (1 - p_k)G_t \qquad (4\text{—}82)$$

政府选择不审核策略时的期望收益为：

$$p_k(t_0 + TE_t - G_f) + (1 - p_k)(t_0 + TE_t - G_t) = t_0 + TE_t - (1 - p_k)G_t - p_kG_f$$

$$(4\text{—}83)$$

如果政府选择审核和不审核两种策略下所获得的期望收益相等，

$$t_0 + TE_t - C - (1 - p_k)G_t = t_0 + TE_t - (1 - p_k)G_t - p_kG_f \qquad (4\text{—}84)$$

等价于：

$$p_k = \frac{C}{G_f} \qquad (4\text{—}85)$$

此时，政府是否对减排报告进行审核并无差别；如果政府选择审核时能够获得比不审核情况下更高的期望收益，即：

$$p_k > \frac{C}{G_f} \qquad (4\text{—}86)$$

则政府会选择对企业提供的减排报告进行审核以获取更高的期望收益；否则，政府将选择不进行审核。

3. 基本结论

由于存在信息不对称，政府并不能观察到企业的真实减排情况，只能通过企业呈递的温室气体排放报告来判断企业是否进行了节能减排以及同基准期相比的减排量，而企业为了获得更多税收等方面的优惠，有倾向选择虚报减排报告，夸大减排量，甚至并未采取任何减排措施却伪造减排报告来骗取减排补贴。对此情况，政府可以选择对企业呈递的减排报告进行审核，以辨别其是否与该企业的真实减排情况相符，或者选择不审核，完全根据企业减排报告中的减排量给予减排补贴。政府和企业在进行决策时会考虑到对方的行动对自己的影响。

假设企业知道政府对减排报告进行审核的概率 p_s，且政府也知道企业虚报减排量以谋取高额补贴的概率 p_k，双方都是根据自己掌握的对方行动概率来选择能使自己收益最大化的策略。对政府而言，当企业夸大减排量谋取高额补贴的概率 $p_k = \dfrac{C}{G_f}$ 时，政府选择对减排报告进行审核或不审核所获得的期望收益相同，即两种策略无差别；当 $P_k > \dfrac{C}{G_f}$ 时，政府在审核情况下会获得更高的期望收益，因此政府会选择审核策略；否则，政府将选择不审核策略；对企业而言，当政府选择审核策略的概率 $p_s = 1 - \dfrac{G_T}{G_f}$ 时，企业选择如实报告减排情况和夸大减排量两种策略获得的期望收益相等，两种策略并无差别；当 $p_s > 1 - \dfrac{G_T}{G_f}$ 时，企业向政府如实报告其减排情况能够获得更高的期望收益，因此企业会选择如实报告策略；否则，企业将选择夸大减排量策略。

三 低碳经济发展模式下国有企业行为目标的选择

鉴于传统经济模式下国有企业行为目标选择中存在的诸多问题，在向低碳经济发展模式转型过程中，有必要对国有企业微观经济主体行为目标作出适应时代发展需要的选择。

在低碳经济发展模式下，作为影响较大的微观经济主体——国有企业，其行为目标既应与宏观经济目标协调一致，还应体现利益相关者利益的长期价值导向，即经济主体行为目标的选择应既是自利的，又是利他的。基于此，我国国有企业的行为目标应界定为：价值的可持续增长。

第一，国有企业价值的可持续增长目标与行为经济学的经济主体双重动机论契合。亚当·斯密试图通过《国富论》和《道德情操论》来分别探讨人类本性的两个基本方面——自利与利他，并希望以此为依托构建一个能够解释人类诸多行为的统一理论。然而，后世的经济学家却逐渐丢弃了《道德情操论》的理论内涵，只从自利动机的角度来构建其理论，描述真实世界的运作过程，其所带来的问题是显而易见的：片面的立场只能对社会生活的某一侧面进行解释和预测，无法做到对现实世界的完整理解，这种片面的立场使得传统经典的西方主流经济学的适用范围和解释力大受局限。传统经济主体行为目标的界定，也恰恰反映了新古典经济学的自利假说。

行为经济学认为，新古典经济学建立在显示偏好的假定基础之上，亦即个体具有单一的自利动机，而显示偏好是这种动机的外在表现，因此只需观察个体显示出的选择行为，无须考察行为背后的内生动机和心理过程。但实际情形是，选择行为可能由不同的行为动机所导致，而个体的行为动机往往又是多元的，因此显示偏好无法完全反映个体行为的本质。自利与利他作为人类本性的两个基本方面，应当共同作为研究经济问题的逻辑起点，因为行为个体的本性是自利动机与利他动机的一种组合形式，无论是纯粹的自利还是纯粹的利他均是该组合形式中的极端特例。①

行为经济学重设了微观经济主体具有自利与利他的双重行为动机，它预设每个个体都是兼具自利与利他动机的混合体或矛盾体，认为自利与利他均属于"实然（what is）"问题，而非传统理论视利他为"应然（what should be）"问题。

第二，国有企业价值的可持续增长目标与体现低碳经济发展模式要求的"赤道原则"的基本精神契合。2003 年 6 月，花旗银行、巴克莱银行、荷兰银行和西德意志州立银行等 10 家国际银行宣布实行"赤道原则"，即参照国际金融公司（IFC）的可持续发展政策与指南制定的、旨在管理与项目融资有关的社会和环境问题的一套自愿性原则。"赤道原则"要求金融机构在项目融资中审慎考虑环境和社会风险，强调环境、社会与企业发展的和谐统一，推动商业银行公司治理目标从早期的"股东利益最大化"向"充分考虑多元利益主体诉求"的可持续发展方向转变。

"赤道原则"虽然局限于商业银行领域主体行为目标的重塑，但它体现的可持续发展的基本精神对整个低碳经济中微观经济主体的行为目标具有辐射和传递作用，反映了低碳经济对微观经济主体行为目标重塑的基本诉求和主导方向。

第三，国有企业价值的可持续增长目标与其可持续发展、价值增长和利益相关者价值最大化相辅相成。把可持续发展理念引入国有企业的行为目标，其实质就是要求国有企业以承担社会责任人的身份出现，首先带头树立环境保护和节约资源的思想，兼顾各利益相关者的远期利益，以追求国有企业的长效发展和总体价值的不断增加。在自利与利他的双重动机下，真正做到自身良性、自我增强的循环，直至最终形成整个经济社会的良性循环，真正实现全社会价值最大化。

在传统的行为目标下，微观经济主体的唯一目的就是实现自身经济效益的最大化，所考虑的成本也只是经济活动中所发生的经济成本。正是这

---

① 贺京同、那艺：《经济主体"双重动机论"及其经济学意义——基于行为经济学的讨论》，《光明日报》（理论版）2009 年 5 月 26 日。

种传统的、以短期经济效益为唯一目的的成本观和效益观导致了资源环境问题。而在价值可持续增长的目标下，国有企业成本和效益的范畴是指与其经济活动有关的社会总成本和社会总效益。因此，在低碳经济背景下，国有企业的可持续发展、价值增长和利益相关者价值最大化三种理念应该是相辅相成的。

首先，可持续发展是国有经济主体价值实现长效增长的前提。哈特和米尔斯泰因提出的"可持续发展价值框架"刻画了可持续理念与企业价值之间的联系，这一框架模型对于分析低碳经济下经济主体的价值增长脉络具有重要作用，为国有经济主体提供了启示，即通过将可持续发展作为核心目标，而不只是附加目标，实现价值创造的长久效益（见图4—26）。①

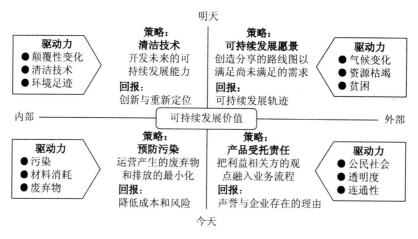

图4—26　可持续发展价值框架

其次，价值可持续增长目标是利益相关者价值导向的升华。Juergen（2002）提及，"在上世纪80年代初，40%的企业其市场价值超出其账面价值；到90年代末，这一比例增至80%。这意味着只有20%的企业价值是由财会系统反映"②。就国有企业而言，其价值的很大一部分，是基于品

---

① ［美］圣吉等：《必要的革命：可持续发展型社会的创建与实践》，李晨晔、张成林译，中信出版社2010年版，第112页。

② H. Daum Juergen, *Intangible assets and value creation*, New York：Wiley，2002.

牌和声誉。然而，影响品牌和声誉的是一个正在快速成长的外部利益相关者群体，一个从非政府组织到消费者，再到各级政府的群体，既有表达能力，也有势力。在上述群体关注低碳发展、关注环境和气候问题的条件下，品牌正急着去追随可持续发展的各种概念和努力，数量前所未有。可见，当包括国有企业在内的微观经济主体认识到现实世界中新的力量时，就能自发地从相关者利益出发，为所有利益相关者创造长期、可持续的价值，而低碳经济时代恰恰存在这样的新力量。此外，只有当所有相关者的利益得到保证并不断增长时，微观经济主体的经济活动才是公平有效的，才能达到"广义的帕累托最优"。

第四，碳金融的实施为国有企业选择新的行为目标提供了可能。当前，气候变化和生态问题使人们越来越深刻地认识到自然环境和自然资源的重要性。但在碳金融实施以前，由于没有商品化的碳，没有相应的碳交易市场，没有碳期货、碳期权等金融产品，加之自然资源定价困难，污染程度补偿度量难以确定，国有经济主体的外溢成本问题一直未能得到很好的解决，其选择价值可持续增长的内生动力不足。面临市场失灵，只能由政府干预提出可持续发展，故国有企业改变行为目标的自发意向不明显。目前随着碳金融理论和实践的不断探索和丰富，经济主体的外溢成本可以通过碳金融具体政策、手段的实施得以量化和内部化，对国有企业自发选择价值可持续增长的行为目标将起到促进和推动作用。

第五章
碳金融实施的配套政策安排

碳金融的发展需要碳财政政策、产业政策等多元政策体系给予配套支持。目前，政府对碳金融的配套政策，主要体现在政府为推动低碳经济发展而制定的各种激励性的财政政策和产业政策。

第一节　相关财政政策支持

低碳经济发展的各个阶段都离不开财政政策的强力支持。英、美、日等发达国家发展低碳经济的财政政策为我国提供了启示与借鉴。我国现行推动节能减排的政策主要以行政手段为主，缺乏对市场机制的利用。但推动低碳经济发展，既需要政府"看得见的手"来确定国家整体低碳发展战略，合理运用财政政策手段刺激低碳经济发展，同时也需要政府合理利用市场"看不见的手"的作用，构建市场机制引导企业加入低碳发展，最终建立与低碳经济发展相适应的政府制度和市场制度。

一　相关财政政策支持的工具及成效

近年来，财政部会同相关部门出台了多项支持新能源和节能减排的财政政策和措施，主要包括财政补贴及奖励、财政补助专项资金、政府采购、税收优惠等。

（一）财政补贴及奖励

1. 节能技术改造财政奖励资金

自 2007 年开始，中央财政安排必要的引导资金，采取"以奖代补"方式对十大重点节能工程给予适当支持和奖励。2010 年 1—9 月，已下达 43.3 亿元财政资金，预计带动企业投资 300 亿元，项目完工后可实现节能能力 1500 多万吨标准煤，"十一五"期间预计节能技术改造项目可累计实现节能能力 9000 多万吨标准煤。

2. "节能产品惠民工程"财政补贴

根据《国务院关于加强节能工作的决定》和《国务院关于进一步加强节油节电工作的通知》，中央财政安排专项资金，支持高效节能产品的推广使用，扩大高效节能产品市场份额，提高用能产品的能源效率水平。国家发展改革委员会（以下简称发改委）公布的信息表明，"十一五"期间，国家各部委联合推出"节能产品惠民工程"，从 2009 年 6 月至 2010 年年底，中央财政共安排 160 多亿元，推广高效节能空调 3400 多万台、节能汽车 100 多万辆、节能灯 3.6 亿多只。据初步测算，直接拉动消费需求 1200 多亿元，实现年节电 225 亿千瓦时，年节油 30 万吨，减排二氧化碳超过 1400 多万吨。

3. 财政对经济欠发达地区电力、钢铁、造纸等 13 个高耗能、高污染行业淘汰落后产能给予奖励

淘汰落后产能实行地方政府负责制、财政部会同有关部门根据淘汰落后产能的规模确定奖励金额，根据实际情况安排使用。2010 年 1—9 月，共安排 219.14 亿元奖励资金，带动地方投入 100 多亿元，支持淘汰小火电 3934 万千瓦、炼铁 7973 万吨、焦炭 10585 万吨、水泥 35510 万吨、造纸 1163 万吨、玻璃 5678 万重量箱等落后产能，促进了"十一五"淘汰落后产能任务提早超额完成。

4. 中央财政积极鼓励企业实施节能技术发行

借鉴国际碳交易制度，按技术发行后实际取得的节能量对企业给予奖励，节能量由第三方机构进行审核，政府主要对节能结果进行考核和奖励。2007 年以来，拉动企业和社会投资 1200 多亿元，同时，对企业实施的清洁生产新技术产业化应用示范项目、能源管理中心建设示范项目给予支持，促进先进成熟的节能技术迅速推广使用。

5. 2010 年 6 月，财政部与发改委联合印发了《合同能源管理财政奖励资金管理暂行办法》

2010 年安排中央财政资金 12.4 亿元，对采用合同能源管理方式为企业实施节能改造的节能服务公司给予支持，按年节能量和规定标准给予一次性奖励。奖励资金由中央财政和省级财政共同负担。2010 年 1—9 月已下达 12.4 亿元支持节能服务产业发展，以加快推行合同能源管理，预计可实现节能能力近 500 万吨标准煤。

（二）财政补助专项资金

1. 再生节能建筑材料生产利用财政补助

2008 年国家财政安排资金专项用于支持再生节能建筑材料的生产与推广利用。

2. 三河三湖及松花江流域水污染防治财政专项补助资金

2007 年中央财政决定设立三河三湖及松花江流域水污染防治专项补助资金。"十一五"期间，财政累计支持 1800 多个重点流域水污染防治项目。2010 年 1—9 月财政部已下达 59 亿元，支持三河三湖、松花江流域建设 231 个垃圾处理工程、污水处理及回用工程、规模化畜牧禽养殖污染处理工程等项目。

3. 中央财政主要污染物减排专项资金

2007 年，中央财政设立了主要污染物减排专项资金，重点用于支持中央环境保护部门履行政府职能而推进的主要污染物减排指标、监测和考核体系建设，以及对主要污染物减排取得突出成绩的企业和地区进行奖励。2010 年 1—9 月，中央财政已下达 110 亿元，采取"以奖代补"的方式，支持地方建设城镇污水处理设施配套管网 3.9 万千米；已下达 15 亿元，采取"以奖促治"方式，支持河南、湖北等 14 个重金属污染防治重点防控区开展铅、汞、铬、砷等重金属污染防治工作；已下达 20 亿元，支持污染源监控中心、水质自动监测站、污染源自动监控等监管能力的建设。2011 年 4 月，财政部、国家能源局和农业部日前联合发布《绿色能源示范县建设补助资金管理暂行办法》（以下简称《办法》），明确将设立专项资金支持绿色能源示范县建设，以利用可再生能源改善农村生活用能，推进农村能源清洁化和现代化。《办法》规定，示范补助资金由财政预算安排，将按照"政府引导、市场运作、县级统筹、绩效挂钩"的原则使用管理。中央财政对符合支持范围及条件的绿色能源示范县给予适当补助。

4. 国家财政支持实施"太阳能屋顶计划"，加快光电商业化发展

其一，对光电建筑应用示范工程予以资金补助；其二，鼓励技术进步与科技创新；其三，鼓励地方政府出台相关财政扶持政策，充分调动地方发展太阳能光电技术的积极性，出台相关财税扶持政策的地区将优先获得中央财政的支持。

5. 节能与新能源汽车示范推广财政补助资金

在北京、上海、重庆、长春等13个城市开展节能与新能源汽车示范推广试点工作，以财政政策鼓励在公交、出租、公务、环卫和邮政等公共服务领域率先推广使用节能与新能源汽车，对推广使用单位购买节能与新能源汽车给予补助。2009年，共示范推广各类节能与新能源汽车4700多辆，拉动消费和产业投资100亿元以上，实现年节省燃油300万升，减少 CO_2 排放1万多吨。

此外，为促进风力发电设备产业化，中央财政支持风能资源详查和测评，建立风力发电设备产业化专项资金、秸秆能源化利用补助资金、实施"金太阳"工程，支持98个示范项目。

（三）政府采购

2004年12月，财政部、国家发改委联合出台了《节能产品政府采购实施意见》，要求各级国家机关事业单位和团体组织使用财政资金进行采购时，在技术、服务等指标同等条件下，优先采购节能产品采购清单中的产品。

2007年7月，财政部要求在技术、服务等指标满足采购需求的前提下，优先采购节能产品，对部分节能效果、性能等达到要求的产品实行强制采购，以促进节约能源、保护环境，降低政府机构的能源费用开支。2010年，财政部继续加大节能环保产品政府采购力度，建立节能产品和环境标识产品优先采购制度，制定了"节能产品政府采购清单"和"环境标识产品政府采购清单"，并在此基础上对空调、计算机、照明等9类产品实现强制采购。同时许多地方政府和部门也积极在政府采购方面引入节能、环保导向。

（四）税收优惠

我国现行税制中与环保有关的税种主要包括：消费税、增值税、企业所得税、城市维护建设税、资源税和城镇土地使用税以及耕地占用税（2008 年开征）。上述税收措施采取"奖限结合"的办法，在减轻或消除污染、加强环境保护方面发挥了积极的作用。

据发改委初步统计，"十一五"期间我国中央财政投入 2000 亿元用于节能减排方面的投资，大约带动了将近 2 万亿元的社会投资。财政支持有效推动了我国节能减排活动的开展：促进了经济发展方式的转变和产业结构的调整；推进了能源利用效率的提高；促进了可再生能源的发展，优化了能源结构；引导增加了低碳经济发展的社会资金投入；增加了森林碳汇，促进了森林面积和蓄积量的增长，有效改善了生态环境。

二 相关财政政策实施中存在的问题

经济基础与上层建筑之间存在辩证关系，经济基础是上层建筑赖以存在的根源，是第一性的；上层建筑是经济基础在政治上和思想上的表现，是第二性的、派生的。经济基础决定上层建筑，上层建筑反作用于经济基础。因此，要推动低碳经济的发展，必须建立与之相应的政策为其提供保障。新公共管理理论将市场机制引入公共产品的提供当中，引导政府、私人、国际组织等多元主体提供公共产品。政府是公共部门的主体，为低碳经济的全面发展提供充足的财政政策支撑是低碳经济发展的自身需要。

（一）制约碳金融发展的财政问题

总的来看，我国已经开始运用财政手段促进低碳经济的发展，但受到诸多因素影响，我国还没有建立发展低碳经济的财政政策体系。目前我国正在努力建设服务型政府，社会主义市场经济体系已经基本确立。"十一五"节能减排目标的顺利完成，反映了我国政府的行政能力。但目前在推动节能减排的过程中，财政政策仅作为其他政策的辅助，且我国发展低碳经济的财政政策多以行政手段为主，并未充分发挥市场机制的功能。在推动低碳经济发展方面，我国现行财政政策存在以下七个方面的问题。

1. 财政投入政策不清晰

目前来看，我国在发展低碳经济中，财政直接投资运用较多，主要包括为落实节能中长期专项规划、实现"十一五"节能目标，中央财政以投资补助的方式实施十大重点节能工程的中央预算内投资；风力发电设备产业化专项资金；节能与新能源汽车示范推广财政补助资金；"节能产品惠民工程"财政补贴；再生节能建筑材料生产利用财政补助；节能技术改造财政奖励资金；中央财政主要污染物减排专项资金等等。从国家层面来看，我国并未将发展低碳经济列入国家战略，并为之建立系统的低碳经济财政政策。现已实施的财政政策分项较多，各政策相对独立，缺乏协作，且资金投入项目的分布差异较大，较多的资金用于淘汰落后产能、加速经济结构和能源结构的转变，对低碳技术的投资相对较少且分布失衡。

2. 未充分利用公共税收政策

在促进低碳经济发展中，为控制温室气体排放，税收是不容忽视的重要财政手段。虽然我国对于环境税的研究已取得阶段性成果，财政部、国家税务总局和环保部即将向国务院提交环境税开征及试点的请示，但目前我国仍未开始征收环境税。环境税是把环境污染和生态破坏的社会成本，内化到生产成本和市场价格，再通过市场机制来分配环境资源的一种经济手段。部分发达国家征收的环境税主要有二氧化硫税、水污染税、噪声税、固体废物税和垃圾税等 5 种，在减少环境污染和生态破坏、调节经济发展和自然环境的关系方面发挥了重要作用，为我国环境税的征收提供了启示与借鉴。目前我国对污染物的排放实行的是收费制度，环境税的缺失在一定程度上降低了高能耗企业的成本，减缓了低碳经济的进程。

3. 国内碳排放市场缺失

2008 年我国先后建立了北京环境交易所、上海环境能源交易所、天津排放权交易所，2010 年 10 月又成立了深圳排放权交易所。目前我国国内碳交易规则并未出台，国内的碳交易市场主要是为节能减排技术转让和国内排污权交易提供平台，并未形成成熟有效的市场交易机制。北京、上海、天津三地的环境交易所现在的主要业务集中于节能环保技术交易、二氧化硫排放权交易和排污权交易，并未发挥碳排放交易二级市场的作用。我国碳排放交易机制的缺失，制约了财政政策的功效发挥，阻碍了低碳经济的进展。

4. 未充分发挥市场机制的引导功能

我国发展低碳经济的政策以行政手段为主，强制进行节能减排工作。在财政政策的使用中，体现为过多的政府干预，缺乏相应的激励措施，致使国内企业节能减排动力不足。企业的营利性与节能减排项目的风险、收益属性之间存在的矛盾与冲突，制约了企业对低碳项目的选择。首先，节能减排项目一般一次性投入大、回收周期长，若没有政府财政政策的强力支持，企业在低碳方面的投资面临着投入大、风险大、收益小的困境。目前我国对于可再生能源投资项目的补贴面相对较窄，额度、比例相对较小，一般不到投资总额的10%，而发达国家该比例一般能够达到总投资额的40%以上。其次，国内低碳节能产品的标准认定不规范，产品良莠不齐、质量不一，阻碍了碳产品的推广。此外，低碳产品相对普通产品来说，技术含量较高，价格较为昂贵，不容易被广大消费者所接受，需要政府财政政策给予积极的消费引导、强力的资金支持与制度保障。

5. 管理与绩效有待提高

首先，资金投入效率不高。相关资金存在挪用浪费现象，在建设过程中浪费严重，如用于植树造林的资金，"年年造林不见林"。其次，存在购置设施的闲置现象。部分节能减排治理设施不能正常运转，未能发挥其应有的效果，从而影响了资金使用效率。政府补贴的太阳能光伏发电和风力发电设备制造能力出现产能过剩，造成了设备的闲置和浪费。再次，随着相关政策执行时间的延长，管理上的漏洞逐渐暴露。例如，2011 年年初在家电以旧换新政策中存在政策执行不力、监管不严、骗补等问题。最后，从预算具体支出项目而言，节能减排、环境保护财政支出事项多而复杂，支出事项在空间上存在较高的重叠性，在一定程度上限制了环境财政资金的集中使用效率。

6. 政府转移支付制度稍显滞后

2007 年之前，在反映政府活动范围的财政预算科目设置上，环境保护财政转移支付并未作为一个独立的支出科目，而是被寄托在基本建设支出、农林水利气象等部门事业费和三项费用专项支出等部门预算科目之下。2007 年开始，财政部在调整后的政府预算科目中将环境保护作为独立的功能支出科目单独设置。从政府间纵向关系的角度看，该科目属于中央预算专项转移支付范畴。然而，2007 年以来该转移支付科目的设置并未使此项制度得到较快发展，其对低碳经济发展促进作用的发挥存在诸多障碍。

政府财权与环境事权划分不对称是目前制约我国碳财政机制功效发挥的一个重要的体制性因素，致使转移支付制度的设计缺乏可靠依据。我国分税制改革的重点是财权的划分，并未考虑环境事权因素，中央、地方财税分配体制与中央、地方政府环境事权配体制反差较大。例如国有大中型企业利润上缴中央，生态修复和污染治理包袱留给地方，诸多历史遗留环境问题、企业破产后的生态环境恢复和污染治理问题都在事发多年后由当地政府承担，贫困地区、经济欠发达地区的财力难以承担污染治理和生态恢复工程的投入，相当一部分地方的财政环境保护科目处于"有渠无水、有账无钱"的状态，致使地方政府环境责任和财税支持条件不对等。另外，区域之间政府财政转移支付体制尚未建立起来，其必然导致经济发达地区地方政府公共环境职能逐渐增强，而欠发达地区则逐渐减弱。

此外，事权划分不明确，使环境保护投入重复和缺位并存，一些应当由中央政府负责、具有国家公共物品性质的环境保护事务，缺少中央财政的支持。同时，部分应当由地方政府负责、具有地方公共物品性质的事务，由于地方财权不到位，中央政府"寻租"的现象普遍发生。从主体行为目标的视角来看，地方政府更多的是追求本地区利益的最大化，因此在执行低碳政策时，地方政府在发展经济与节能减排之间往往偏好于前者，而将环境保护责任推给中央。支付转移制度的缺陷导致中央财政转移支付不能有效解决目前地方投入不足的问题。中央希望利用转移支付向欠发达地区和一些财力困难的地方政府输送更多的财力，但由于中央和地方事权和财力不匹配的根源问题没有解决，加之中央转移支付制度本身尚未建立明确的法律规范，使得中央转移支付支出结构不合理的局面难以快速扭转，从而难以解决地方政府碳财政投入的缺位问题。

7. 政策间的协调配合不足

财政政策与排放权交易等其他规定缺乏系统性，财政政策之间以及财政政策与金融政策、产业政策等其他有关政策之间缺乏协调配合，难以形成对能源和环境问题进行系统调控的合力，在很大程度上影响了财政政策的实施效果。

（二）低碳经济框架下财政问题的成因分析

走低碳发展道路是解决我国发展问题的有效手段，是我国实现经济和社会可持续发展的必经之路。我国社会主义初级阶段的现实国情决定了我国财政政策在推动低碳发展方面存在诸多问题。

1. 社会发展层面

从社会发展层面来看，中国已经是世界最大的制造业中心，被称为"世界工厂"，但与发达国家相比，存在生产技术相对落后、核心竞争力低下、产品利润率较低等问题。我国处于工业化发展的早期阶段，能源和交通体系尚未完全建立，工业化、城市化水平有待进一步提高。我国发展的特殊时期与自身国情决定了我国的首要任务仍是发展，这是我国发展低碳经济财政政策存在问题的根本原因。

从碳排放强度来看，与发达国家相比，我国单位 GDP 碳排放水平比较高，2007 单位 GDP 碳排放量为 2.22102 千克二氧化碳/美元，是英国的 9 倍（0.23459 千克二氧化碳/美元），为印度的 1.5 倍，是世界平均单位 GDP 碳排放量的 3.6 倍（0.6091 千克二氧化碳/美元）。我国碳排放强度显著高于西方发达国家，亦高于部分发展中国家（如印度）。我国所处的发展阶段以及以重工业为主的产业结构，是导致我国碳排放强度大的主导因素。

从能源消耗与结构来看，我国是一个能源消耗大国，中国的石油消费量占世界石油消费的 10%，居世界第二位，仅次于美国，同时，我国也是世界上钢铁消费量最大的国家，占世界钢产量的 1/4，煤炭消费量占整个世界煤炭产量的 40%。由于我国人口总量大，人均能源可采储量远低于世界平均水平。据能源机构统计，我国的人均石油、天然气、煤炭的可采储量分别是世界平均水平的 11.1%、4.3% 和 55.4%。目前，煤炭、石油、天然气是全球最主要的能源，在 2006 年全球能源结构中占 87.9%，而我国更是高达 93.8%。在节能减排方面，我国面临最大的挑战是以煤炭为主的能源消费结构。能源消费结构中，一次能源 69% 靠煤，发电 80% 以上来自于火电。我国的天然气储量产量近年来有所增加，预计到 2030 年，天然气产量可以达到 2500 亿立方米，但人均天然气储量仅相当于世界水平的 1/20。近年来国内出现的油荒、电荒现象暴露了我国能源结构不合理的弊端，凸显出经济发展的能源短缺问题。中国的能源危机已初现端倪，如果不加以重视并寻找对策，后果将不堪设想。

从产业结构来看，以第二产业尤其是工业为主导的结构制约了我国财政政策对低碳经济的倾斜。国家统计局公布的数据显示，2011 年我国三大产业对经济增长的贡献率分别为 4.9%、53.5%、41.6%，工业的贡献率达 46.3%，虽较 2010 年下降了 2.2%，但并未改变以工业为主的产业现状。目前我国的重化工业比重持续居高不下，产业增长表现出对投资和资源的高度依赖，经济发展呈现出高投入、高产出、高能耗的特征。此外，我国的产业组织形式是劳动密集型，在国际分工领域的竞争优势为加工组装环节，产品附加值较低且短时间难以提高，相应的经济增长的物耗、能耗高于发达国家，导致 CO_2 和其他温室气体排放量较高。

2. 公共财政层面

虽然我国 GDP 总量已经超越日本，攀升至世界第二位，社会经济得到了较快的发展，人民生活水平日益提高，但作为发展中国家的国情没有变。由于人口基数大，我国的人均 GDP 和人均收入与西方发达国家相比，仍存在显著差距。在公共财政的支出方面，我国财力有限，在集中人力物力促进我国经济高速增长的同时，需建立完善社会保障体系，调节收入分配、缓解社会矛盾，应对国内贫富差距日益扩大的难题。但我国社会保障体系建设起步晚，存在基本保障制度覆盖面窄、社会保障长期资金平衡和基金保值增值压力较大、统筹层次低、制度间衔接不畅等问题。由于我国人口众多，且公众对社会保障公共服务的需求日趋多样化，对服务项目和质量的要求越来越高，而我国社会保障管理公共服务体系总体上无法满足需要，故我国社会保障体系的健全急需大量公共财政资金的投入，对低碳经济的财政投入产生挤出效应。在财政收入方面，由于环境税和碳税尚未开始征收，我国公共财政在发展低碳经济方面面临财政资金不足的难题。此外，由于我国并未将低碳经济发展纳入国家战略，致使低碳经济的公共财政支持缺乏整体规划。而公共财政的运用手段相对单一，采用项目资金的形式以财政投入手段为主，且项目之间缺乏协调和连贯性，无法满足低碳经济发展多元化、复杂化的需求，制约了低碳领域公共财政政策的效力。再者，监管和绩效评估的缺位，也成为公共财政涉足低碳领域的阻碍。

3. 财政政策层面

在财政政策方面，我国缺乏系统的发展低碳经济的财政政策规划，现行的财政政策相对单一。由于低碳经济理论产生于西方发达国家，我国发展低碳经济起步较晚，在低碳技术创新、传统工业改造、低碳设施建设等低碳领域，相应的财政政策发展都处于起步阶段。

在传统工业改造方面，我国采用财政政策手段，设立专项资金，支持大型高能耗产业进行技术改造，淘汰落后产能，已经在"十一五"期间取得了显著成果，提前完成了节能减排的目标。但在低碳技术创新方面，我国发展相对落后，且受制于国际低碳技术转让的壁垒。目前，我国仍未出台鼓励低碳技术创新的财政政策，仍以行政手段的方式要求国内大型企业节能减排，在一定程度上阻碍了我国低碳发展的进程。

4. 市场机制层面

虽然我国的社会主义市场经济体制已经基本建立，但市场机制仍需不断完善。低碳经济的参与主体主要包括政府、企业、消费者、金融中介结构等。由于低碳经济发展有利于公共利益，故政府宜发挥引导功能，但低碳技术和制度的创新与实践需要由企业来完成，低碳产品的需求需要民众创造。当前，国内碳排放交易制度发展刚刚起步，国内碳排放交易市场尚未发挥其功效。从全国整体来看，市场机制缺失所诱发的民众低碳意识不足，低碳产品标准化水平低等问题是制约我国低碳发展的主要原因。

三 先行国家发展碳金融的财政政策借鉴

西方发达国家及少数发展中国家在低碳经济财政政策领域已经取得了诸多有价值的理论和实践经验，其中，英国、美国、日本是三个具有代表性的先行国家。结合我国经济发展所处的阶段，借鉴西方发达国家经验，对于探索我国低碳经济发展道路，解决发展中的现实问题具有重要的理论和现实意义。

（一）英国激励性的财政政策

英国是全球发展低碳经济的先行者。2000 年 11 月，英国颁布了《气候变化规划》，内容包括建立气候变化税收、英国排放贸易机制、碳基金、可再生能源强制条例和交通部门十年规划等政策条例。2009 年 4 月，布朗政府宣布："已经将碳预算纳入政府预算框架，应用于经济社会各方面。政府将出台具体刺激措施，如政府将投入 12000 万英镑用于大力发展海上风能，6000 万英镑用于刺激开发波浪能和潮汐能技术，6000 万英镑用于地热资源勘探。同时，政府将增加核能技术研究设施，对安装清洁能源设备的家庭进行补贴等。"

作为市场经济体系比较完善的国家，英国在发展低碳经济方面除提供明确的政策导向外，亦非常重视税收、基金等财政政策的调节作用。英国政府扶持低碳发展的特点集中体现在通过财政政策和经济工具来建立激励机制。

1. 气候变化税

气候变化税（Climate Change Levy，CCL）是英国政府在《气候变化计划》中提出的一种全国性税种，仅针对工业、商业和公共部门提供能源产品的供应商征收，旨在节能和保护环境。气候变化税实际上是一种"能源使用税"，其征收对象主要是为加热、照明或动能而消耗的电力、天然气、固体燃料或者液化石油气等。采用从量计征的方式，其中：电力每千瓦 0.43 便士；天然气每千瓦 0.15 便士；液化气每千克 0.96 便士；其他燃料每千克 1.17 便士。气候变化税的征收对象不包括使用石油产品、热电联产和可再生能源，且对家用和非营利性慈善事业供应的能源免征气候变化税，如对住宅、家庭旅行车和家庭游艇等供应电热能的任何数量均可免征。此外，凡每月供应电力量在 1000 千瓦及以下者；管道天然气每月在 4397 千瓦及以下者；家用煤在 1 吨以下者或罐装煤 2 吨以下均免征。对慈善事业供应的能源，只要是非营利事业任何数量均可免征。若有 60% 及以上系向家庭或非营利慈善事业供应，即可全额免征，如不到 60%，应分别计算征免。另外，对出口、铁路的供应和新能源发电（如风力）等也均有免征规定。耗能大户如炼钢、酿造、印刷等行业，如能与环境、食品和农村事务部签订协议，保证温室气体排放减少达标，同时提高生产效率者，其应征气候变化税税率可降至 20%。

英国政府征收气候变化税的目的并非扩大税源，筹措财政资金，而是为了鼓励提高能效及推广可再生能源。气候变化税收的大部分收入以减免税和保险税的方式返还给企业，剩下部分拨给碳基金或作为节能投资的补贴，具体用途主要有三个方面：一是通过财政投资补贴方式鼓励企业投资节能和环保的技术研发；二是把被征收气候变化税的企业员工缴纳的国民保险金调低 0.3%；三是用于碳基金的建立，为公共部门和企业提高能源效率提供免费咨询、设计建议等，并为中小企业提供用于提高能效的贷款。

气候变化税遵循"税收中立原则"，但气候变化税的财政收入，一直低于对征收对象减免的国民社会保险税数额，其成因包括两个方面：一是低碳技术使用率不断提高，气候变化税征收基础不断缩小，二是英国国民收入和就业率的增加，社会保险税的税基不断扩大。尽管如此，气候变化税的作用是明显的，首先，气候变化税为政府提供了调整税率的途径，鼓励企业提高能效，而且政府可以根据通胀因素调整气候变化税税率，以保证其环境激励效益。其次，对居民家庭免予征收，针对能耗大户确定减排目标，在达到减排目标的前提下给予适当的减免政策，维护了企业的竞争力。针对不同企业和部门的特征实行差异化的税收策略，实施效果良好，负面效果小，同时唤醒了企业的节能减排意识，并为其提供了良好的咨询服务。

2. 碳基金

2001 年，英国政府利用气候变化税的部分收入投资创立了碳基金。碳基金是以企业模式运作的独立公司，代替政府对公共资金进行商业模式的管理和运用，力图通过严格的管理和制度保障公共资金的最佳使用。碳基金的工作重点主要是保证企业和公共部门减少碳排放、提高能源利用率、加强碳管理以及投资低碳技术开发。碳信托基金每年筹资数额大约为 5000 万英镑，中短期目标是提高能源效率和加强碳管理，中长期目标是发展低碳技术。碳基金作为《英国气候变化计划》的重要措施，是对英国政府《能源白皮书》的补充。碳基金采用市场模式，清除了影响低碳经济发展的技术、经济和管理方面的障碍。英国的碳基金运作有许多优点：政府不干预碳基金的运作，基金公司每年上报执行报告，由第三方机构对碳减排的成本效率进行评估，保证资金的使用效率，其提供的免费碳管理服务能够帮助企业挖掘节能和减排潜力，识别投资机会，使企业从中受益。

3. 气体排放贸易

气体排放贸易是《京都议定书》引入的三个灵活机制之一。气体排放贸易是利用市场促进减排的重要手段，其基本原理是，确定一个群体的温室气体排放总量，规定群体中每个个体的允许排放量，允许每个个体进行排放量交易，各企业可以通过减排或者交易排放指标来完成排放目标，实现群体排放总量的控制。

英国温室气体排放贸易机制有四种参与方式：一是直接参与，参加者自愿承诺排放上限，在一定期限内达到绝对的减排目标；二是协议参与，加入政府和产业协会签署的气候变化协议并设定目标的企业，可以选择设定确定的减排目标或者选择单位排放量的相对排放目标，可以参与气体排放贸易，买卖排放配额；三是项目参与，为了鼓励未参加上述两种方式的企业节能减排，未参加企业可将自己投资某个节能减排项目实现的比正常情况减少的碳排放量，交予管理机构核实，获取减排信用并在排放市场销售；四是未承诺减排的企业、机构或者个人，可通过登记账户参与排放配额交易。

（二）美国以低碳技术为扶持重点的财政政策

美国是世界能源消费最大的国家，同时还是世界上人均温室气体排放量最大的国家，然而美国在应对气候变化问题上，一直消极对待国际气候变化谈判，设法逃避自己的历史责任。美国政府认为强制性要求美国企业削减温室气体排放量的经济代价太大，会阻碍美国经济增长，并以此为由宣布退出《京都议定书》。尽管如此，美国政府仍投入大量经费与资源开展温室气体减排的科学技术研究，力图凭借发展温室气体减排技术，使其国内在实现经济成长的同时，更有效率地使用资源。随着奥巴马政府的上任及对"绿色经济"理念的倡导，美国近年来在应对气候变化的立场上有所改变，开发新能源、发展绿色经济已成为经济危机后美国重振经济的主要动力。

1. 凸显技术创新

美国试图通过抢占低碳技术尖端，来抢占低碳经济发展的主导权。一直以来美国十分重视低碳技术的投入和研发，主要运用三种激励性政策推动相关技术的创新：一是政府出资鼓励太阳能、风能等可再生能源的创新，建立技术商品化示范项目，力求将研究成果快速推广使用；二是采用强制政策和财政激励政策相结合的方式，为支持可再生能源的研发与使用，美国政府出台了《能源税法》、《能源政策法》、《美国清洁能源安全法案》等强制性政策法案；为了提高新能源的市场竞争力，政府对新能源开发的项目和企业给予税收减免、投资补贴、绿色电价等激励政策，降低了新能源研发和使用的成本。

2. 奥巴马绿色新政

相对布什政府在应对气候变化方面的消极态度，奥巴马上台后，提出了以发展新能源为核心的"绿色复兴计划"（Green Recocery Program）。绿色新政以能源开发为核心。绿色经济复苏计划设定期限为两年，总投资1000亿美元，涉及六大领域的绿色基础设施项目，包括太阳能发电、风力发电、智能电网、节能建筑、公共运输系统和第二代生物燃料等。随后，在美国正式提出的7870亿美元刺激经济计划中，与开发新能源相关的投资总额超过400亿美元。按计划，美国可再生能源的产量在未来三年内将增长100%；在未来10年内，美国在可替代能源领域的投入将达到1500亿美元。

奥巴马绿色新政在形式上修改了竞选公约中的气候战略。关于排放总额度的分配方式，奥巴马政府决定通过额度拍卖来增加财政收入，使用这部分财政收入奖勤罚懒，促进低碳技术的开发与运用。上述政策举措突出了美国以市场机制为基础的特色，为美国主导全球气候之需奠定了必要的政治基础。通过引进额度拍卖制度，可以缓和本国的财政赤字现状，为确保长期战略的投资财源，提供可行的融资手段。美国众议院通过了《美国清洁能源法案》，法案引入了"总量控制与排放交易"的温室气体排放权交易机制，其主旨在于降低美国温室气体排放、减少美国对外国石油的依赖等。依据该机制，美国发电、炼油、炼钢等工业部门的温室气体排放配额将逐步减少，超额排放需要购买排放权。此外，美国为了确保本国产业的国际竞争力，通过《绿色能源法案》批准向某些产业的企业提供补贴和退税，以降低企业实施排放权交易带来的成本。

（三）日本发展低碳经济财政政策的实践

日本是当前世界第三大经济实体，由于国土面积限制，日本国内能源极度贫乏，95%的能源供应依赖进口。自 20 世纪 70 年代两次石油危机之后，能源问题一直是历届日本政府的工作重点，并在过去 30 多年采取了一系列政策措施。目前，日本是世界上节能最先进的国家之一，从 1973 年至 2003 年，日本单位 GDP 平均能源消费指数下降了 37%；同时，日本还是新能源开发最领先的国家，不仅太阳能发电世界第一，在风能、海洋能、地热、垃圾发电、燃料电池等新领域，也处于世界顶尖水平。2006 年日本出台了《国家能源新战略》，提出从发展节能技术、降低石油依存度、实施能源消费多样化等 6 个方面推行新能源战略，制定了 2030 年前日本能源使用效率提高 30% 以上的目标。2008 年，福田康夫首相发表了日本的低碳革命宣言，强调日本需要实现低碳社会转型，并以此作为日本经济的新增长点。日本发展低碳经济的四大核心政策为：技术创新、建立全国低碳基础框架、低碳社会建设、实现国民低碳化。日本将能源技术列为本国的研究重点，《第三期科技基本计划》的四个推进领域之一就是能源技术。2008 年，日本政府科技预算为 35708 亿日元，比 2007 年增加 592 亿日元，增幅 1.7%。日本政府在低碳经济发展中的财政政策运用主要体现在四个方面，包括试行碳排放交易制度、碳足迹制度、政府补贴与税收减免。

1. 试行碳排放交易制度

日本的碳交易制度建立较晚，目前还没有真正意义上的碳交易。2008 年，日本开始进行碳排放交易的尝试，旨在通过该制度实现碳排放的总量控制，并与国际接轨。该制度规定国内企业可以按照自愿制定减排目标的原则，自行设定排放总量。减排目标由企业自行设定并向政府提交申请，由政府相关部门对目标进行认定和审查。倘若企业进行减排行动效果较好，碳排放降至排放上限以下，可将剩余部分作为排放权出售，但对于没有达到减排目标的企业，必须从其他企业购买排放权进行弥补，否则将面临政府的巨额罚款。

2. 推广"碳足迹"制度

所谓"碳足迹"制度是指计算和标注出一项服务或者一个产品从生产、运输,到使用后丢弃整个生命周期的温室气体排放数值。企业和个人通过确定自己的"碳足迹",了解"碳排量",进而去控制和约束个人和企业的行为以达到减少碳排量的目的。为使消费者更加直观了解消费行为的碳排放量,鼓励企业和消费者减少制造温室气体,日本经济产业省于2008年8月20日决定在2009年度实行"碳足迹"制度,届时食品、饮料和洗涤剂等商品将标识从原料配料、制造、流通(销售)、使用、废弃(回收)等5个阶段排放的碳总量。日本不仅在企业,而且在家庭、消费等领域都实施了"碳足迹"制度,让国民在日常生活中时刻掌握自身活动的碳排放量,提升国民的节能减排意识。

3. 开展政府补贴与税收减免改革

在鼓励本国企业和社会节能方面,日本政府不仅加强低碳环保意识的宣传,而且实施了多项财税政策。首先,补助金制度,对于企业引进节能设备、实施节能技术改造给予总投资额的30%—50%的政府补助,并对补助金额设定上限:大规模项目补助上限不超过15亿日元,一般项目补助上限不超过5亿日元。在住宅、建筑物引进高效能源系统方面,政府按照其投资总额1/3的标准,给予企业和家庭引进高效热水器固定金额的补助。其次,从2009年开始,日本政府为了推动环保车辆的普及,对于购买清洁柴油车的企业和个人给予政府补助。此外,在税制改革方面,日本政府实行了灵活的税收优惠政策,使用指定节能设备的企业,可选择设备标准进价30%的特别折旧,即在正常折旧的基础上提取30%的特别折旧,对于中小企业在不享受特别折旧的前提下,可选择7%的税额减免。

除上述发达国家之外,印度作为亚洲的经济大国,低碳经济的发展上日趋成熟。无论是碳金融的发展机制,还是碳融资的政策环境,同为发展中国家的印度都为我国提供了经验与启示。

第一,清洁发展机制作为目前发展中国家参与碳交易的唯一方式,在我国尚局限于大企业圈子,印度的CDM已经发展演变为一种新的民间管理形式,形成了一股自下而上的推动力,促进了印度碳交易市场的发展。

第二,在场内碳交易和碳融资方面,印度国内已经形成较为宽松优越的环境，有力地支持了印度本地 CER 的出口。印度的碳交易所推出了碳金融衍生品交易，包括多种商品交易所（MCX）推出的欧盟减排许可（EUA）期货和 5 种核证减排额（CER）期货，以及印度国家商品及衍生品交易所于 2008 年 4 月推出的 CER 期货。印度所签发的 CER 与中国签发的相比，具有 2—3 欧元的溢价，流动性更高。印度企业在低碳经济发展中起到不可或缺的作用，在获取信贷支持开发单边 CER 的同时，自身愿意承担开发的成本以及风险。

四　我国促进碳金融发展的财政政策思考

根据宏观经济学的观点，市场不是满足人们需要的唯一系统，另一个保证居民生活和社会经济正常运行的系统是政府。政府主要通过财政以有区别于市场的方式来满足市场不能提供或不适于由市场提供的各类需要。

根据我国当前情况，公共环境和资源等产品无法由市场方式来满足，而低碳经济的发展迫切需要政府财政政策的强力支持。鉴于我国能源和环境的现状，以及经济社会飞速发展对能源大量需求的国情，我国有发展低碳经济的迫切要求。采取积极的财政政策有助于我国的节能减排行动，更有利于加速我国经济结构调整和经济发展方式的转型，因此，借鉴西方发达国家经验并结合我国特殊国情，本书建议我国应以低碳技术为突破点，采取积极的财政政策，合理利用财政支出、转移支付和税收等财政手段推动我国低碳经济的发展。

（一）树立科学发展的财政政策理念

1998 年，我国根据世界经济疲软和国内通货紧缩、国内需求不足的宏观经济形势，实施了扩张性财政政策，推动我国经济走出了周期性低谷。但积极主动的扩张性财政政策是不可持续的，一方面，随着经济周期的变化我国经济呈现持续增长的平稳局势，财政政策必须根据宏观经济周期的变化而调整；另一方面，过度扩张的财政政策导致财政收支失衡，产生不良后果。发展低碳经济符合科学发展观的要求。进入 21 世纪后，我国的发展已经进入了一个新的阶段，根据科学发展观，我国应结合社会主义初级阶段的现实国情，实事求是，与时俱进，不妄自菲薄也不自甘落后，以客观实际为出发点，在推动低碳经济发展中树立以人为本、统筹兼顾的财政政策理念。

1. 坚持以人为本的宗旨

科学发展观要求"坚持以人为本，树立全面、协调、可持续的发展观，促进经济社会和人的全面发展"。低碳经济是把双刃剑，一方面，西方发达国家鼓吹低碳经济理论，意图通过自身在技术和制度上的优势，继续掌握未来世界经济的主导权，通过各种手段压迫和盘剥发展中国家；另一方面低碳经济是我国转变增长方式，解决经济发展中环境和资源问题的良好契机。因此，我国不能盲目跟风，也不能视而不见，在低碳经济发展中，要树立以人为本的财政政策理念，始终把实现好、维护好、发展好最广大人民的根本利益作为一切工作的出发点和落脚点。

目前我国的主要矛盾仍是落后的生产力与人民群众日益增长的物质文化需求之间的矛盾，虽然我国的生产力得到了提高，人民群众的需求呈现了多元化和差异性拉大的发展趋势，矛盾的双方虽然发生了变化，但主要矛盾的性质没有改变。因此，我国的财政政策要以经济建设为中心。树立以人为本的财政政策理念，有利于我国在低碳经济发展中认清局势，保证支持低碳经济发展的财政政策制定和实施的科学性和合理性。进入 21 世纪，我国经济社会发展呈现新的阶段性特征，我国各项事业发展面临着新的问题。首先，我国经济发展已经由缺乏财力难以兼顾解决长期积压问题的阶段进入了一个拥有较为充裕财力开始能够解决长期积压问题的阶段。经济发展中环境和资源问题亟须解决。随着经济的发展，人民群众的环保意识逐渐增强，对生态环境的要求不断提高，发展低碳经济有利于解决我国经济社会发展中产生的环境和资源问题，为广大人民提供良好的生活环境和高质量的资源供给。采取积极主动的财政政策发展低碳经济符合科学发展观，体现了以人为本的宗旨。

2. 坚持统筹兼顾的原则

发展低碳经济涵盖众多领域，包括低碳技术、低碳产业、低碳社会、低碳城市、低碳生活等等。发展低碳经济的财政政策必须支持低碳经济全面发展，以强力支持低碳经济创新为中心和突破口，推动经济发展方式转变、产业结构调整、政治和企业制度创新、低碳城市建设和提倡低碳生活，实现低碳经济各方面的共同发展，在实现社会全面进步中促进人的全面发展。

我国粗放型经济增长方式已经进入无力支持我国经济发展的阶段，但低碳经济发展是一个长期的过程。首先低碳产业在短期内很难替代传统产业的地位，且低碳技术的研究和开发也非一朝一夕可以实现，因此我国财政政策必须树立统筹兼顾的理念，建立我国低碳经济发展财政政策的长期规划，明确阶段性目标，将技术创新贯穿于低碳经济发展始终。在近5—10年，我国应重点支持国内大中型企业的能源和技术改造，实现近期的节能减排目标，并逐步加大对低碳技术创新的投入力度，合理运用财政补贴和税收政策推动低碳产业发展。此外，应根据国内外发展情况，逐步建立和完善国内低碳市场，推动低碳产品的市场化，不断完善低碳市场的准入和标准认定制度，通过征收环境税和碳税，运用多种宣传手段增强广大人民的低碳意识，提倡低碳生活，最终以新能源技术创新为基础淘汰传统化石能源，实现以低能耗、低排放、低污染为特征的经济社会的可持续发展。

我国贫富之间、城乡之间、区域之间、经济社会发展之间的不协调问题已经越来越突出，树立统筹兼顾的科学发展的财政政策理念，就必须坚持协调的财政政策，协调好发展低碳经济和解决其他经济社会问题的关系。我国宜根据具体情况，牢固树立统筹兼顾、科学发展低碳经济的财政政策理念，统筹低碳经济和社会协调发展、统筹人与自然和谐发展，推进低碳经济发展与我国社会经济和政策的各个环节、各个方面相协调。

（二）健全财政支出政策

财政支出手段是推动低碳经济发展的有效手段，因而健全的财政支出政策是发展低碳经济的重要保障。财政支出结构与政府职能之间存在紧密的对应关系，低碳经济的发展要求我国政府发挥其经济管理和社会管理的职能。合理的财政支出规模和健全的财政支出制度是我国走低碳发展道路、实现可持续发展的基础。低碳经济的发展需要政府发挥其职能来引导，需要政府财政给予充足的资金支持，需要健全的财政支出政策来保证资金的有效使用。

1. 公共基础设施建设支出

加强公共基础设施建设是节能减排的必要途径，同时也是发展低碳经济的基础。无论是提高能源效率、减少温室气体排放，还是新能源的研发等活动，都需要完善的公共基础性建设来提供活动空间和设施保障。目前，我国基础设施建设依然滞后，距离经济社会加速发展的需求还有较大差距，环境建设的长效机制仍需完善，城乡低碳发展模式仍需继续探索和创新。公共基础性建设属于公共领域，是公共产品，公共产品的提供方式可以多元化，但主要依靠政府投入资金来保证。因此，政府必须发挥其职能作用，扩大财政支出，继续加强我国的公共基础性建设，特别是有关低碳经济发展的公共基础设施建设。我国应加强和扩大"十一五"节能减排工作重点工程项目，增加中央预算内投资和中央财政资金，完成基础设施的更新换代，重点支持十大节能工程建设、发展循环经济、淘汰落后产能，加快城镇污水垃圾处理、重点流域水污染治理，以及节能环保能力建设等。增加发展和推广低碳技术方面基础设施建设的财政资金投入，主要包括三个领域：一是化石燃料的低碳化领域，涵盖 CO_2 回收与储存、清洁煤与煤气复合发电、煤气液化燃料、煤炭甲烷等；二是可再生能源领域，包括太阳能发电与太阳热发电、风力发电、生物质发电、地热发电、海洋温差发电以及氢燃料电池；三是能源的效率化与低碳化消费领域，包括能源的传输与储存，如智能电网、长距离直流送点、冰储热、燃料电池以及能源的低碳化消费等。此外，我国低碳发展相关人力资源不足，需要大量财政资金投入人力资源培训。

2. 低碳技术研发与推广支出

低碳技术是发展低碳经济的核心，整个低碳经济发展的成败关键在于低碳技术的创新。西方发达国家走在低碳经济发展的前列，欧盟各国和日本都把低碳技术作为是国家低碳战略的核心，美国更是围绕着低碳技术来发展低碳经济。鉴于我国相关科学技术相对落后的实际情况，我国更应该迎头赶上，重点加强低碳技术方面的创新和突破。低碳技术是整个国家在低碳经济时代的核心竞争力，技术转移存在显性或隐性壁垒。总的来说，低碳技术可分为三个基本类型：减碳技术、无碳技术、去碳技术。我国目前的发展以高能耗、高污染为代价，必须依靠技术创新找出突破口，加快本国经济增长方式的转型。从我国煤多油气少的能源储备结构和现有的能源利用技术来看，国家应多方面筹措资金，增加财政投资，为低碳技术研发提供必要的资金保障。

低碳技术的研发是个长期的过程，需要政府资金长期有效的支持。政府资金的投入应该具有计划性，分清先后和主次，近期的工作重点应该置于提高能效，减少碳排放。目前，我国急需的是减碳技术的研究成果，政府资金要优先考虑。新能源和可再生能源是实现低碳发展的重要途径，是低碳技术的核心领域，但传统化石燃料在未来 20 年内在我国仍占主要部分，如何用新能源和可再生能源替代传统化石能源是实现低碳经济的核心问题。由于现有低碳技术存在研发成本和投资风险，加上低碳技术相关产品较传统产品价格高，很难被消费者所接受，因此政府需要运用财政政策，给予低碳产业必要的资金支持，加快低碳技术与低碳产品的市场推广。

3. 实施政府低碳绿色采购制度

政府采购，也称公共采购，是公共财政体系中的一个重要组成部分，是市场经济国家管理购买性支出的一项基本手段，也是国际上通行的政府加强财政支出管理和调控经济的重要手段。

在推动低碳经济发展中，相应的政府采购政策是一项重要的财政手段。我国政府应改革现有的政府采购制度，建立新的绿色采购制度来支持低碳技术的创新，进而推动低碳经济的发展。通过政府采购政策为低碳产品创造市场空间，对于实现低碳技术创新具有扶持和促进作用。首先应完善《政府采购法》，运用法律手段确立政府采购对低碳产品的保护和支持，由政府研究制定采购清单，扩大政府对节能减排产品的采购范围，定期对清单上的低碳产品进行增减、审核和认定，制定政府对清单上产品进行采购的相关实施细则，强制要求各级政府、事业单位和部分国企在使用政府资金进行采购时，优先对清单上的产品进行采购。同时，财政部门应加强对政府采购的指导工作，健全政府采购制度，完善节能减排产品清单，对节能产品的认定制定合理的标准，明确规定对节能产品的采购程序，并对采购制度的实施进行有效的监督，建立对应的采购评价机制。我国现有的政府采购制度存在资金利用率低和采购不公开、不透明的问题。实施节能产品政府采购制度，既是对我国政府采购政策的完善，亦是政府发挥财政政策手段，支持低碳技术研究和开发、增强低碳技术产品市场竞争力、实现低碳技术产品市场化的重要途径。政府采购具有较强的政策性，从采购决策到采购方式与程序的确定都由政府来制定。实施低碳产品政府采购制度是对政府节能减排政策的加强，是财政支出方式的市场化，有助于调节经济运行，促进低碳经济的市场化发展。

4. 加大公共财政转移支付力度

财政转移支付制度是由于中央和地方财政之间的纵向不平衡和各区域之间的横向不平衡而产生和发展的，是国家为了实现区域间各项社会经济事业的协调发展而采取的财政政策。中央政府通过加大转移支付力度，合理调配财政资金，为地方政府参与低碳经济的发展提供充足的资金支持，来保障低碳经济发展中地方政府职能的有效发挥。由于我国区域经济发展存在一定差异，现有的低碳城市试点数量有限，加大转移支付力度更有利于我国节能减排政策在地方的顺利实施。鉴于此，我国应加大向地方财政资金的转移，给予经济落后地区淘汰落后产能、企业的节能减排行为一定财政资金支持和奖励，以引导经济落后地区加快经济发展方式的转变，切实参与低碳经济的发展；应从中央设立专项资金用于支持地方政府发展低碳经济的转移支付，建立完备的财政预算制度，构建监督与绩效评估体系，以确保资金的有效使用。

5. 创新财政支持方式并合理选择政策手段

我国应该根据战略性新兴产业发展的不同阶段和环节给予支持，并选择不同的政策手段，提高财税政策的效率。具体措施包括以下三个方面：一是在研发阶段，应以财政拨款为主，加大对基础研究的财政投入，并合理采用激励企业技术创新的税收优惠、财政补贴、奖励等政策；二是在示范推广阶段，应采用企业投资方面的财政补贴、担保等投入政策，相关产品的财政补贴和奖励政策，引导产业加快发展；三是在应用和产业化阶段，应采用培育市场方面的财政补贴和政府采购政策等。同时，应抓住战略性新兴产业的关键领域和环节，着力支持重大产业创新发展工程、重大成果产业化示范、市场应用示范、创新能力建设和公共技术服务平台建设等。此外，还应该根据不同战略性新兴产业各自的特点，对新能源、新材料、信息通信、新医药、生物育种、节能环保、电动汽车等产业选择合理的财政政策手段。

公共服务业、流通业、物流业的生产性强、规模经济效益明显，其投资要求的初始资本大、风险高，且建设成本与上游能源、原材料联系紧密。因此，可以对上述行业运用灵活多样的财政投资和融资策略。除财政直接投资外，还可以综合运用 BOT（Build-Operate-Transfer）、BOO（Building-Owning-Operation）、TOT（Transfer-Operate-Transfer）等先进融资方式。

BOT，即建设—经营—转让方式。对于关系到国家安全的产业，如通讯业，为了保证国家信息的安全性，项目建成后，并不交由投资者经营，而是将所有权转让给政府，由经营通讯的垄断国有公司经营，或与项目开发商共同经营。

TOT，即转让—经营—转让方式。公有资本方把建好的公用事业项目有偿转让给民营资本经营，经营期满，民营资本再把该项目无偿转让给公有资本方。

BOO，即建设—所有—经营方式。民营资本不仅负责公用设施的建设、运营，而且享有该设施的最终所有权（形式上类似于独资经营），政府在融资上提供协助或直接支持，并对该项交易给予税收优惠。

此外，地方政府也应推动建立碳信贷担保制度，通过财政资金担保杠杆，放大低碳产业信贷的投入规模。

（三）改革现行税收政策

税收是财政收入的重要来源。为实现可持续发展，我国应实行有利于低碳经济发展的税收政策。通过选择性、差异化的税收政策，增加高污染、高耗能企业的排放成本，优化其行为选择，同时，对符合节能减排标准、有利于低碳经济发展的新兴产业适度实行税收减免，推动产业结构的优化及节能减排目标的实现。

1. 开征碳税

根据中国社科院财科所对未来碳税构想的研究，现阶段碳税征税范围和对象应为：在生产、经营等活动过程中因消耗石化燃料直接向自然环境排放的 CO_2；碳税纳税人为：向自然环境中直接排放 CO_2 的单位和个人；考虑我国目前缺乏碳税的制度设计和征收管理经验，在开征初期课征范围不宜太宽。我国应采取循序渐进的办法，先从重点排放源和易于征管的课征对象入手，待取得经验、条件成熟后再扩大征收范围。在税率设计上，应采用从量计征方式，即采用定额税率形式；关于税率的具体数额，应首先形成框架，由象征性的征收开始，逐步提高税率水平，以更好地引导企业实施技术改造，同时，在不同时期对受影响较大的能源密集型行业，通过税收减免与返还机制给予补偿。按照上述方式征收碳税，不仅能够有效降低 CO_2 的排放，而且能够提高我国工业的能效及其竞争力。根据目前我国各级政府间的事权划分情况，碳税应作为地方和中央共享税，由国家税务总局系统负责征收管理，并按照属地原则划分税收管辖权。

2. 逐步完善和调整现有税种

面对当前较为紧迫的节能减排任务以及严峻的国际金融环境，我国应减少税制变动对经济主体的负面影响，保证经济总量的持续增长。鉴于此，本书建议整合现行税制中具有低碳功能的税种，调整其税制要素，以此来构建我国的低碳税制，具体调整方案如下。

（1）增值税。

对关键性的、节能效益异常显著且价格等因素制约其推广的重大节能设备和产品，国家宜在一定期限内实行一定的增值税减免优惠政策。对个别节能效果非常明显的产品，在一定期限内，可以实行增值税即征即退措施，即全部或按一定比例退还增值税，以达到增加企业发展后劲的效果。对境外无偿捐赠的直接用于节能产品生产的仪器、设备和图书资料，免征进口环节增值税。在合理数量范围内，对进口国内不能生产的直接用于生产节能产品的设备，免征进口环节增值税。对部分资源综合利用产品的增值税实行即征即返等政策。例如，在对废旧轮胎综合利用企业进行规范管理的基础上，允许其在取得废旧轮胎时按10%的比率抵扣进项税，以调动相关企业的生产积极性。

在利用增值税优惠政策时要注意以下三个问题。第一，严格界定和限制优惠范围。利用增值税优惠政策支持的节能产品应是当前节能效果显著，同时市场占有率又很低的产品，政府利用税收优惠政策的意义在于帮助其启动市场。第二，严格限定优惠时限。节能是一个动态概念。随着技术的发展，原来认定为节能的产品，经过一段时间以后很可能变为一般产品，市场随之出现了更新的节能产品。因此，税收政策的优惠必须有一个时限，不宜长期化。第三，客观认识增值税优惠政策的效果。增值税是一种价外税，利用其优惠政策除了能够影响节能产品的生产外，短期内在最终产品的价格形成以及消费者行为的引导等方面的效果并不明显。

（2）消费税。

政府应将易对环境造成污染的消费品以及对臭氧层造成破坏的氟利昂产品等商品纳入消费税的征税范围；对资源消耗量小、循环利用资源生产的消费品以及不会对环境造成污染的清洁产品实行免征或减征消费税；对高能耗的享受型的交通工具实行较高的消费税税率。消费税的完善应从以下四个方面着手展开。

第一，将目前尚未纳入消费税征收范围的不符合节能技术标准的高能耗产品、资源消耗品纳入消费税征税范围。

第二，适当调整现行部分应税消费品的税率水平，如提高大排气量轿车的消费税税率，适当降低低排气量汽车税率等；调整摩托车的消费税政策，降低平均税率，并根据污染情况和销售地区，采取不同税率，鼓励生产、销售无污染的产品及适应农村需要的产品。

第三，适当调整消费税优惠政策。参照对达到低污染排放值的小轿车、越野车和小客车减征30%消费税的政策，对符合一定节能标准的节能产品，允许按照一定比例享受消费税减征的优惠。将来在实施对达到欧Ⅲ标准的汽车减征消费税的政策时，应考虑节能要求，以引导企业生产节能汽车。在继续实行对不同排气量的小汽车采用差别税率的基础上，应对排气量相同的小汽车视其是否安装尾气净化装置实行区别对待，以促使消费者做出有利于降低污染的消费选择。

第四，加大消费税的环境保护功能。将资源消耗量大的消费品和消费行为，如一次性木筷、饮料容器、一次性纸尿布、高档建筑装潢材料、高尔夫球具等，列入消费税的征收范围；对导致环境严重污染的消费品和消费行为，如大排量的小汽车、越野车、摩托车、摩托艇征收较高的消费税；应将煤炭、电池、一次性塑料包装物及会对臭氧层造成破坏的氟利昂产品列入消费税的征收范围。对污染环境的消费行为，可以通过对企业生产有害环境的产品征收环境保护税和消费税的方式，提高其生产成本，通过价格信号限制破坏生态环境的消费，鼓励健康消费和保护资源环境的绿色消费；对于资源消耗量小、循环利用资源生产的产品及不会对环境造成污染的绿色产品、清洁产品，应征收较低的消费税，如对无铅汽油可实行较低税率，对符合低排放标准的汽车产品给予消费税减收的优惠，对清洁汽车、清洁能源以及获得环境标识的产品减征消费税。

（3）企业所得税。

在企业所得税方面，政府对生产低碳新产品的企业，应视同高新技术企业给予税收优惠；对生产低碳产品的环保节能设备，应实行加速折旧、再投资退税或递延纳税等多种所得税优惠方式；应加大低碳设备、低碳产品研发费用的税前扣除比例，在适当情况下，可以允许企业税前据实列支。

对生产和制造节能设备与产品的企业，具体可从以下四个方面给予倾斜。第一，加大对节能设备和产品研发费用的税前抵扣比例，如可规定企业当年发生的用于节能设备、产品的研发费用可以在所得税前据实列支，并可按已发生费用的一定比例（如50%—100%）在所得税前增列，建立研发专项基金，用于以后企业节能设备、产品的开发与研制。第二，对生产节能产品的专用设备，实行加速折旧法计提折旧。第三，对购置生产节能产品的设备，可以在一定额度内实行投资抵免企业当年新增所得税的优惠政策。第四，对单位和个人通过技术转让、技术培训、技术咨询、技术服务、技术承包所取得的技术性服务收入，予以免征或减征企业所得税和个人所得税。

（4）资源税。

本书建议从以下四个方面完善资源税。第一，扩大征收范围。在现行资源税的基础上，将那些必须加以保护开发和利用的资源列入征收范围，如土地、海洋、森林、草原、滩涂、淡水和地热等自然资源。第二，调整计税依据。由现行的以销售量和自用数量为计税依据调整为以产量为计税依据，并适当提高单位计税税额，特别是对非再生性、非替代性、稀缺性资源征以重税，以此限制掠夺性开采与开发。第三，将现行其他资源性的税种如土地使用税、耕地占用税、土地增值税等并入资源税，并将各类资源性收费如矿产资源管理费、林业补偿费、育林基金、林政保护费、电力基金、水资源、渔业资源费等也并入资源税。第四，制定鼓励资源回收利用、开发利用替代资源的税收优惠政策，提高资源的利用率，使资源税真正发挥资源保护的功能。

（5）关税。

关税一般都包括出口税和进口税。与环境相关的出口税主要的征收对象是国内资源（原材料、初级产品及半成品）；进口税是对一些污染环境、影响生态环境的进口产品课以进口附加税，或者限制、禁止其进口，甚至对其进行贸易制裁，以强制出口国履行国际环境公约规定的义务。建立绿色关税的优势体现在：可以有效保护可能用竭的国内资源；可以改善我国的出口结构，鼓励高附加值的技术密集型产品出口；可以提高进口的质量，减少污染产品的进口；可以建立对外贸易的"绿色壁垒"；可以增加环境保护资金。

为推动低碳发展，我国应对环保节能设备、可再生新能源以及获得低碳标识的产品，给予关税优惠；对消耗本国大量自然资源或有可能对本国环境造成污染的产品和技术征收高关税；对境外捐赠人无偿捐赠的直接用于节能产品生产的仪器、设备和图书资料，免征进口关税；在合理数量范围内，对进口国内不能生产的直接用于生产节能产品的设备，免征进口关税；对国内确实不能生产或技术上达不到要求、将用于节能产品生产、节能效益非常显著的重大设备，可以免除关税，以有效降低企业的生产成本，推动节能产业发展；从出口税收方面看，应当考虑根据国家能源政策导向，调整出口货物退税率，对鼓励类的出口产品，适当提高退税率，对限制类出口产品的退税率，适当予以降低甚至取消；对清洁汽车、清洁能源以及获得环境标识产品减征关税。

（6）其他优惠税。

除上述税种之外，我国可选择其他的税收优惠政策包括三个方面。一是对符合一定标准的节能生产企业，在城镇土地使用税、房产税方面可给予一定的减税或免税优惠。二是对从事节能技术开发、技术转让业务和与之相关的技术咨询、技术服务业务取得的收入，免征营业税。三是调整车辆购置税、车船税政策。对以清洁能源为动力，符合节能技术标准的车辆，可按适当比例给予减征车辆购置税的优惠；改革车船税计税标准，对不同能耗水平的车船规定不同的征税额度，实行差别征收。

（四）改善节能财政政策的绩效评估

本书建议从以下四个方面着手改善节能财政政策的绩效评估：

1. 建立科学的绩效评估体系

明确各级政府和主管部门的绩效管理责任，研究建立节能专项资金使用绩效考评体系，对节能财税政策的实施效果进行动态评估，将考评结果作为下一年度节能专项资金分配的重要参考，研究建立按照节能工作成效和节能资金使用绩效进行资金分配的办法，强化资金使用单位的绩效管理意识。

2. 提高节能财政专项资金的透明度

按照透明财政要求，节能专项资金在使用方向上应征求各方面意见确定，资金分配应制定专门办法并事前公开，严格分配程序，增强利益主体的相互监督，杜绝"权利寻租"等行为。

3. 建立严格的财政专项资金使用管理制度

严格规定补贴产品信息录入、产品标识卡管理、补贴审核兑付以及日常监管办法，加强检查监督，堵塞监管漏洞。防止弄虚作假、骗取财政资金的行为发生，确保政策落实到位。建立第三方机构专职监督与节能主管部门日常监督相协调的工作机制，形成监管合力。发挥节能监察机构和专业技术服务机构的作用，确保资金专款专用。

4. 加大责任追究和处罚力度

建立企业黑名单制度，对查实有骗补等行为的相关生产企业、流通企业及销售网点，取消中标资格、投标资格、扣缴保证金、实行全国通报，违规企业5年内不得享受国家有关政策优惠，触犯法律的依法追究法律责任。对存在违规违纪的地方行政主管部门直接责任人，依法依规从严处理。对骗补等违规行为所在的地方政府，视情况核减中央对地方的相关经费补助。

（五）财政扶持企业参与

企业是实现经济发展向低碳经济发展方式转变的最终落脚点，是转变经济发展方式和自主创新的主角。我国正在建设服务型政府，加快转变政府职能，应尽可能为企业创造良好的制度与市场环境，通过促进建立创新型风险分担机制、制定实施激励创新的财政政策、提供透明开放的产业政策和信息等举措，调动企业参与低碳发展的积极性。关于政府角色转变，国内部分学者认为，不仅要从统治的角色转变为管理的角色，而且要从管理的角色转变到服务的角色。发展低碳经济是我国建设服务型政府的良好机遇，在推动低碳经济的发展中，我国政府应贯彻执行强制减排的政策，扮演好低碳经济发展中的管理角色，并逐步转变到服务的角色，为企业和民众参与低碳经济构建良好的市场机制，引导企业参与低碳经济的发展，培养民众的低碳生活理念，提高低碳产品的需求。

建立碳排放交易制度是最有效的引导企业参与低碳经济的方式。改革我国现行以行政手段为主的节能减排政策，合理利用市场机制，加强对碳排放交易市场的研究，借鉴日本和英国碳排放交易的先进经验，适时推出碳排放交易试点，对低碳经济的发展意义重大。虽然我国目前在国际上暂无强制的碳减排责任，但我国应充分认识到碳排放交易对经济可持续发展的重要意义，宜未雨绸缪，完善国内碳排放交易市场，确立本国碳排放总体目标，投入财政资金建立专门从事碳排放服务和标准认定的公共部门，逐步向市场中的企业发放碳排放许可证，允许企业在碳排放交易市场自由交易。

我国可综合运用财政手段，针对企业发展低碳经济的各个阶段给予资金支持和奖励：政府可在财政中设立专项资金或由政府带头建立碳基金，为企业的低碳技术研发和低碳设备建设提供资金；对节能减排工作实施较好的企业给予一定资金奖励，运用财政补贴和价格制度对经过相关部门认定的低碳产品提供补偿，降低企业生产低碳产品成本，提高低碳产品的市场竞争力；结合政府行政手段，加大对低碳理论的宣传和普及工作，加快公民低碳生活理念的建立，扩大低碳产品的市场需求，增强低碳产品的市场竞争力。

第二节　相关产业政策支持

经济增长和人类社会快速发展的同时，伴随着资源的大量消耗与生态环境的急剧恶化。日益频繁的自然灾害、不可再生资源的枯竭、大量生物物种的灭绝……为经济的可持续发展敲响了警钟。从《联合国气候框架公约》到《京都议定书》，再到哥本哈根、坎昆、多哈等气候大会的召开，全球气候问题已经成为世界关注的热点问题，发展低碳经济已逐步成为全球意识形态和国际主流价值观。在以低碳经济为核心的产业革命中，如何运用产业政策为市场主体的行为选择提供导向作用，对于我国这样一个正处于工业化、城市化关键时期的发展中国家来说具有重要的战略意义。

一 与产业发展相关的碳强度影响因素的实证分析

近年来，随着气候问题日益引起世界各国的关注，越来越多的学者把研究焦点定位于碳排放、碳强度及其影响因素等低碳发展的相关领域。碳强度是指单位国内生产总值所排放的 CO_2 数量。中国政府公布了 2020 年碳排放强度比 2005 年下降 40%—45% 的减排目标，充分体现了中国作为负责任大国的国际形象和我国政府发展低碳经济的决心，但同时也为我国这个世界上最大的发展中国家和最大的 CO_2 排放国提出了严峻的挑战。碳强度是衡量一个国家 CO_2 排放水平的重要指标，深入分析其影响因素，无论是对我国短期节能减排目标的实现，还是低碳经济模式的转变都具有至关重要的战略意义。碳强度的大小是由该国家或地区的技术水平、经济发展水平、产业机构、人口结构等众多因素共同作用决定的，但是每个影响因素对碳强度的贡献度不同。本书利用多元回归模型，对不同因素的贡献度进行分析。

（一）变量选择与数据选取

本书选取了碳强度、经济发展水平、产业结构、人口增长率、城市化进程、能源消费结构、能源强度和对外开放程度等八个可量化、可获得且可跟踪的指标，指标选择情况具体如下。

（1）碳强度（CP）：用 CO_2 的排放量与实际 GDP 的比值来刻画。由于目前尚没有 CO_2 排放量的公开统计数据，本书根据中国历年各类能源消费数量和各类能源的碳排放系数，计算得出历年的碳排放量。

（2）经济发展水平（$AGDP$）：用实际人均 GDP 来表示。

（3）产业结构（$EGDP$）：由于能源消费主要集中在第二产业，第二产业在国民经济中比重的变化一定程度上决定了碳排放强度的变化，故用第二产业产值与 GDP 的比值刻画产业结构。

（4）人口增长率（PG）：用人口年增长率来表示。

（5）城市化进程（UP）：用城镇人口占总人口的比重来表示。

（6）能源消费结构（CZR）：由于我国能源消费结构以煤炭为主，故此处用煤炭在能源消费中所占的比例来刻画能源消费结构。

（7）能源强度 RP：即单位 GDP 能源消费量，技术进步可以在一定程度上提高能源使用效率，能够在能源结构不变的前提下降低碳强度。

（8）对外开放程度 NX：用出口贸易额占 GDP 的比重来衡量对外开放程度。

上述数据来自《中国统计年鉴》（1982—2010 年）、《中国能源年鉴》（2010 年）及《新中国 60 年》。为了消除物价水平对 GDP 的影响，本文以 1978 年为基期，用 GDP 缩减指数计算实际 GDP，数据基本特征如表5—1所示。

表 5—1　　　　　　　　　　　　变量描述性统计

年份	CP	AGDP	EGDP	PG	UP	CZR	RP	NX
1980	35.43	428.39	48.20	1.19	19.39	72.20	14.25	5.98
1981	33.11	444.76	46.10	1.38	20.16	72.70	13.36	7.67
1982	31.70	477.28	44.80	1.58	21.13	73.70	12.79	7.93
1983	30.36	522.32	44.40	1.33	21.62	74.20	12.27	7.34
1984	28.47	593.81	43.10	1.31	23.01	75.30	11.44	8.40
1985	27.18	664.29	42.90	1.43	23.71	75.80	10.91	8.88
1986	26.37	712.04	43.70	1.56	24.52	75.80	10.56	10.40
1987	25.36	781.40	43.60	1.67	25.32	76.20	10.14	12.18
1988	24.46	855.93	43.80	1.58	25.81	76.10	9.79	11.76
1989	24.50	877.47	42.80	1.51	26.21	76.10	9.80	11.64
1990	23.95	898.12	41.30	1.45	26.41	76.20	9.61	15.87
1991	23.12	968.08	41.80	1.30	26.94	76.10	9.26	17.54
1992	21.25	1093.21	43.40	1.16	27.46	75.70	8.52	17.39
1993	19.72	1231.50	46.60	1.15	27.99	74.70	7.95	14.99
1994	18.38	1377.18	46.60	1.12	28.51	75.00	7.44	21.68
1995	17.64	1511.70	47.20	1.06	29.04	74.60	7.16	20.77

续表

年份	CP	AGDP	EGDP	PG	UP	CZR	RP	NX
1996	16.95	1645.85	47.50	1.05	30.48	73.50	6.90	17.90
1997	15.25	1780.64	47.50	1.01	31.91	71.40	6.26	19.41
1998	13.54	1902.64	46.20	0.92	33.35	70.90	5.57	18.32
1999	12.78	2031.16	45.80	0.82	34.78	70.60	5.24	18.24
2000	12.11	2185.52	45.90	0.76	36.22	69.20	5.00	21.05
2001	11.41	2350.60	45.10	0.70	37.66	68.30	4.77	20.38
2002	11.10	2547.75	44.80	0.65	39.09	68.00	4.64	22.63
2003	11.76	2786.36	46.00	0.60	40.53	69.80	4.86	26.83
2004	12.38	3049.35	46.20	0.59	41.76	69.50	5.13	30.77
2005	12.32	3374.34	47.40	0.59	42.99	70.80	5.09	33.59
2006	12.00	3781.97	47.90	0.53	43.90	71.10	4.95	35.51
2007	11.31	4295.48	47.30	0.52	44.94	71.10	4.68	34.58
2008	11.20	4685.44	47.40	0.51	45.68	70.30	4.68	31.42
2009	10.79	5086.52	46.30	0.51	46.70	70.40	4.52	23.90
2010	10.44	5468.84	46.80	2.68	49.68	69.95	4.34	26.62
最大值	35.43	5468.84	48.2	2.68	49.68	76.2	35.43	5468.84
最小值	10.44	428.39	41.3	0.51	19.39	68	10.44	428.39
均值	19.24	1948.71	45.43	1.10	32.16	72.75	19.24	1948.71

（二）建模与实证检验

多元回归模型要求解释变量之间不相关，即不存在多重共线性，且模型不能存在异方差。根据影响碳强度的主要因素，设计计量模型如下：

$$CP = \beta AGDP^{\beta 1} EGDP^{\beta 2} PG^{\beta 3} UP^{\beta 4} CZR^{\beta 5} RP^{\beta 6} NX^{\beta 7} e^{\varepsilon} \qquad (5—1)$$

其中 $AGDP$ 为经济发展水平，$EGDP$ 为产业结构，PG 为人口增长率，UP 为城市化进程，CZR 为能源消费结构，RP 为能源强度，NX 为对外开放程度，ε 代表随机误差项。公式中的 β_1，β_2，β_3，β_4，β_5，β_6 和 β_7 分别代表了碳强度关于经济发展水平、产业结构、人口增长率、城市化进程、能源消费结构、能源强度和对外开放程度的弹性系数。弹性系数反映了自变量变动1%引起因变量随之变动的百分数。

对公式（5—1）两边取自然对数，将模型转化为线性回归模型。

$$ln\ CP = \beta + \beta_1 ln\ AGDP + \beta_2 ln\ EGDP + \beta_3 ln\ PG +$$

$$\beta_4 ln\ UP + \beta_5 ln\ CZR + \beta_6 ln\ RP + \beta_7 ln\ NX + \varepsilon \qquad (5—2)$$

应用 Eview6.0 对数据进行统计分析，结果如表 5—2 所示。

表 5—2 影响碳强度因素实证检验结果

变量	系数估计值	标准误	P 值
LN（AGDP）	− 0.036621 ***	0.011679	0.0046
LN（EGDP）	0.059454 **	0.027931	0.0442
LN（PG）	0.004111 *	0.002017	0.0532
LN（UP）	0.057774 *	0.029670	0.0638
LN（CZR）	0.312103 ***	0.048271	0.0000
LN（RP）	0.988401 ***	0.009211	0.0000
LN（NX）	0.004981	0.004258	0.2541
C	− 0.589796 *	0.288006	0.0522
模型稳定性检验			
R^2	0.999957	D. W 值	1.311027
调整 R^2	0.999944	P 值	0.000000
F 统计量	75935.10		

注：" * * * "、" * * "和" * "分别表示估计量在 1%、5% 和 10% 的显著性水平下显著。

从表 5—2 可知，经济发展水平（AGDP）、能源消费结构（CZR）、能源强度（RP）对碳强度（CP）的估计系数在 1% 的显著性水平下显著，产业结构（EGDP）对碳强度（CP）的影响在 5% 的显著性水平下显著，人口增长率（PG）和城市化进程（UP）对碳强度（CP）的影响在 10% 的显著性水平下显著，对外开放程度（NX）对碳强度（CP）的影响不显著。从表 5—2 中可见，模型的拟合优度 R^2 和调整后的 R^2 均为 0.99，表明自变量对因变量的解释程度高，D. W. 检验值说明回归结果不存在自相关性，解释变量之间不存在异方差性。图 5—1 更形象地描绘了模型的拟合程度。

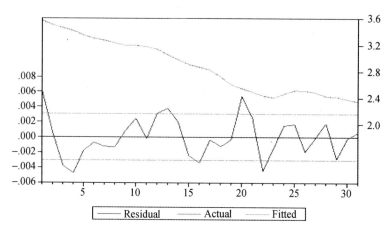

图 5—1　实际与模型拟合对比

经济发展水平、产业结构、人口增长率、城市化进程、能源消费结构和能源强度变动、对外开放程度每变动 1% 对碳强度的影响分别是 -0.037% 、0.059% 、0.004% 、0.058% 、0.312% 、0.988% 、0.005% ，表明除了经济发展水平对碳强度有负向影响外，其余变量都对碳强度有正向影响，其中，能源强度和能源消费结构对碳排放强度正向影响最大，对外开放程度对碳强度影响不显著。

（三）基本结论

2010 年全球能源消费比上年增长 5.6% ，达到 1973 年以来的最大涨幅。据美国能源部统计，2010 年全球 CO_2 排放量比 2009 年增加了 18.8 亿吨，创下历史新高。全年 CO_2 排放量为 335 亿吨，比上年增加 5.9% 。中国作为世界上最大的能源消费国和 CO_2 排放国，2000—2010 年，能源消费同比增长 120% ，占全球比重由 9.1% 提高到约 20% ，CO_2 排放占比由 12.9% 提高到约 23% ，人均 CO_2 排放量目前已经超过世界平均水平。从 20 世纪 90 年代以来，我国的碳强度呈下降趋势。本文以能源消费结构、能源强度变动、经济发展水平、产业结构、人口增长率等变量为研究对象，分析了碳强度的影响因子，得到以下结论。

第一，经济发展水平对碳强度有负向效应，即随着经济发展水平的日益提高，人均 GDP 不断增长，达到特定水平后，碳强度会随之下降。根据模型估计结果，人均 GDP 每提高 1% ，碳强度会降低 0.037% 。从世界上发达国家的经济发展和碳强度的演变趋势来看，碳强度与 GDP 并不是成比例增长，而是符合"环境库兹涅茨曲线"假说，即呈现出上升期—顶峰—下降期的"倒 U 形"曲线。实证分析结果表明，我国的碳强度在 20 世纪 90 年代初就达到了转折点，随后随着人均 GDP 的增加呈现下降趋势。

第二，能源消费结构变化对碳强度有显著的正向影响，即煤炭在能源消费中所占的比例每下降 1%，碳强度将下降 0.312%。与其他化石能源相比，煤炭的 CO_2 排放系数远高于石油和天然气，核能、太阳能、水力、风力等能源均属于清洁能源，其消耗过程不会产生 CO_2 排放。因此，能源结构的变化必然会对碳强度产生影响。同世界能源消费结构的"高效"和"清洁"特征相比，中国属低质型能源消费结构（见图 5—2—图 5—3 所示）。2010 年中国的煤炭消费占全球煤炭消费的 48.2%，约占国内能源消费总量的 70%，比国际平均水平高出 40 个百分点，这决定了短期内我国的碳强度仍将维持在一个较高的水平。

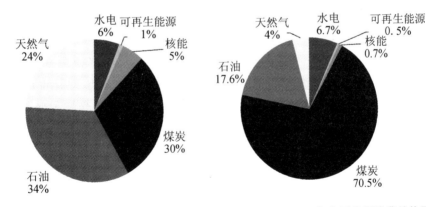

图 5—2　2010 年世界能源消费结构图　　图 5—3　2010 年中国能源消费结构图

第三，能源强度对碳强度的影响最为显著，是碳强度变动的决定性因素，能源强度降低 1%，碳强度将降低 0.988%。决定能源强度的关键是低碳技术的开发与应用。从中国当前的形势来看，低碳经济尚未成型，低碳技术研发水平相对落后，中国发展低碳经济 70% 的核心技术需要引进。低碳技术的研发和应用水平滞后，严重制约了我国能源效率的提高。中国碳强度在 20 世纪 80 年代中期以后趋于下降，但自 90 年代末又趋于上升，这与 90 年代后期能源效率下降有密切关系。

第四，产业结构对碳强度有正向影响，第二产业占 GDP 的比重每降低 1%，碳强度降低 0.059%。一般而言，由于工业所消耗的化石能源要远高于第一产业和第三产业，故工业比重高的国家或地区碳强度会偏高；而第三产业中的行业一般都属于低排放、低能耗行业，故服务业比重高的国家或地区，碳强度比较低。我国工业内部结构不合理，高耗能、高污染的重化工业比重偏高，由此导致能源消耗量和 CO_2 排放量较大。

第五，人口增长率、城市化进程对碳强度有正向影响，但是显著性不高。高人口增长率会导致能源消耗量的增加，从而导致 CO_2 排放量增加，碳强度增大。相对于农村而言，城市是工业、人口、交通等各种资源的集中地，对能源的需求与消耗较高，引致 CO_2 排放量增加，即我国的城市化进程伴随着碳强度的增大。

二 制约低碳经济发展的产业结构及产业政策因素

（一）缺乏完善系统的低碳产业战略规划

发展低碳经济已经成为世界各国的共识，受到各国政府的重视。欧盟各国、美国、日本等国都制定了发展低碳经济、低碳产业的系统战略规划，配套以专门的财政政策、金融政策等，并通过立法等强制约束手段制定具体目标和时间表，使低碳经济的发展更具可行性、操作性和保障性。以德国为例，在提出实施气候保护高技术战略之后，先后出台了 5 期能源研究计划，以能源效率和可再生能源为重点，为"高技术战略"提供资金支持。2007 年，德国联邦教育与研究部在高技术战略框架下制定了气候保护技术战略。该战略确定了未来研究的 4 个重点领域，即气候预测和气候保护的基础研究、气候变化后果、适应气候变化的方法与气候保护的政策措施研究，同时通过立法和约束性较强的执行机制制定气候保护与节能减排的具体目标和时间表。

2007 年，欧盟委员会通过了欧盟战略能源技术计划，其目的在于促进新的低碳技术的研究与开发，以实现欧盟确定的气候变化目标。2008 年 12 月，欧盟最终就欧盟能源气候一揽子计划达成一致，批准的一揽子计划包括欧盟排放权交易机制修正案、欧盟成员国配套措施任务分配的决定、碳捕获和储存的法律框架、可再生能源指令、汽车 CO_2 排放法规和燃料质量指令等，6 项计划中制定的具体措施可使欧盟实现其承诺的 3 个 "20%" 的目标，即到 2020 年将温室气体排放量在 1990 年基础上减少至少 20%，将可再生清洁能源占总能源消耗的比例提高到 20%，将煤、石油、天然气等化石能源消费量减少 20%。

中国政府虽然也制定了减排目标，在政协会议、政府工作报告等文件中提出了节能减排、发展新能源产业、开发低碳技术等规划，但是还没有形成完善的发展战略，尚未制定相关法律法规及科学合理的综合配套政策，缺乏有效的风险补偿、担保和税收减免措施，未形成支持产业结构由高碳向低碳转型的产业准入政策、产业投资政策、产业环境政策，没有形成明确的低碳产业标准，导致转型企业的经营成本大幅度上升，缺乏开发低碳技术的动力。

（二）缺乏统一的低碳产业认证标准

随着低碳理念越来越深入人心，"低碳"也越来越成为一个时尚词汇，低碳风潮席卷了汽车行业、房地产业、建筑业、家具业等众多行业，各企业在宣传中更是言必称"低碳"，但是低碳的标准到底是什么，各行业各产业低碳标准有什么不同，却缺乏一个统一的标准。在这种情况下，无论是银行对低碳产业的优惠贷款，还是政府对低碳产业的财政贴息、政府采购和补贴，都缺乏具体的操作依据和行动准则。

就中国目前的情况来看，既没有国家权威的认证标准和制度，也没有权威公正的第三方机构颁布不同行业、不同产品的"低碳"标准。各行业亦没有完善的低碳企业和低碳产品的具体量化指标。目前，只有家电和办公用品两类产品上有低碳认证制度。2010 年年底，环境保护部发布了家用制冷器具、家用电动洗衣机、多功能复印设备和数字式一体化速印机首批 4 项中国环境标识低碳标准，但该标准只能反映产品使用阶段的碳排放状况，无法反映产品整个生命周期的碳排放。房地产业、家具业、建筑业、汽车业等也在试图开展低碳产品认证，但是目前还未形成具体的量化标准。因此，"十二五"期间亟待解决的一个问题就是制定统一的低碳产业定量标准，建立碳标识等低碳认证制度。

（三）产业结构不合理

虽然近年来随着经济的发展，我国产业结构得到了进一步调整和优化，第一产业产值比重下降，第三产业产值比重上升，产业结构类型逐渐由原来的"二一三"模式转变为"二三一"模式。

但是，总体看来，我国产业结构仍不合理。当前发达国家的第三产业比重超过70%，第二产业比重在20%左右，而我国的三次产业比约为1：4.7：4.3，与发达国家相比，第二产业比重过大，第三产业比重不足。据统计，2011年第一产业增加值的年增长率为4.5%，第二产业为10.6%，第三产业为8.9%。三次产业中第二产业增加值的增速最快，加剧了产业结构不合理发展的趋势。

（四）工业内部结构失调

工业内部也存在着结构失衡的状况，高耗能、高污染的重化工业比重偏高，由此导致的能源消耗量和 CO_2 排放量大。在经济增长和城市化进程引起的大规模基础设施投资的推动下，重工业近几年经历了快速的发展，尤其是高耗能行业更为明显，如表5—3所示。

表5—3　　　　　2001—2007年高耗能行业在工业增加值中的比重

年份	工业增加值（亿元）	轻工业（%）	重工业（%）	高耗能行业（%）
2001	28329.4	37.1	62.9	36.6
2002	32994.8	37.4	62.6	36.3
2003	41990.2	34.2	65.8	36.7
2004	54805.1	32.4	67.6	——
2005	72187	31.9	68.1	37.4
2006	91075.73	22.7	77.3	37.1
2007	117048.4	22.5	77.5	37.8

资料来源：根据历年《中国统计年鉴》数据整理。

由表5—3可知，高耗能行业的增加值以及在工业增加值中的比重逐年上升，接近40%，近几年的比重甚至超过了整个轻工业的比重。电力、钢铁、机械设备、汽车、造船、化工、电子、建材等重化工业成为国民经济增长的主要动力。2008 年，我国工业能耗占全国一次能源消费的 71.3%，其中高耗能行业占工业能耗的 80% 左右（见图 5—4）。重化工产业具有资源消耗高、污染排放强度大等基本特征，成为制约低碳经济发展的重大阻力。

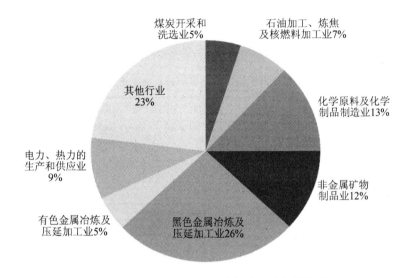

图 5—4　2009 年中国工业内部能源消耗结构图

在高耗能行业中，有色金属冶炼业的能耗年均增长 16.8%，黑色金属冶炼业能耗年均增长 16.2%，纺织业能耗年均增长 13.9%，均超过了高耗能行业的增长速度。化学原料业能耗年均增长 11.5%，非金属矿物能耗年均增长 10.5%，造纸业能耗年均增长 9%，石油加工业能耗年均增长 8.6%，电力蒸汽业能耗年均增长 8%。高耗能行业所消耗的煤炭、石油、天然气占能源总消费量的比重分别为 84.2%、96% 和 54%，是造成我国碳排放量高的主要原因。

（五）现有产业中能源利用效率低下

中国每年消耗的钢铁、煤、水泥分别占世界消耗量的 27%、30%、50%，而产生的经济价值仅占世界的 5%。据世界银行估算，中国每创造 1 美元产值所消耗的能源是美国的 4.3 倍、德国和法国的 7.7 倍、日本的 11.5 倍。中国部分行业存在一些工艺和装备落后、资源利用率低的中小企业，致使部分地区仍受制于突出的高投入、高消耗、低效率问题。这既反映了我国能源利用效率较低的现状，但同时也暗含了我国提高能源利用效率的巨大潜力。

与发达国家和地区相比，我国能源效率较低，能源强度排名靠后。根据国际能源署（IEA）的统计报告，2008年按汇率（2000年美元价格）调整的能源强度，中国为0.81吨标准油/千美元，居于第104位（见表5—4），是世界能源强度平均值的2—7倍。

表5—4　　　　　　　2008年代表性国家和地区的能源强度排序表

	GDP （单位：十亿美元）	碳强度 （单位：吨/千美元）	能源强度 （单位：吨标准油/千美元）	世界 排名
中国香港	241.34	0.18	0.06	1
瑞士	291.43	0.15	0.09	2
日本	5166.27	0.22	0.1	3
爱尔兰	136.54	0.32	0.11	4
印度尼西亚	247.23	1.56	0.8	103
中国内地	2602.57	2.5	0.81	104
土库曼斯坦	8.58	5.52	2.19	134
乌兹别克斯坦	22.93	5.01	2.2	135
乌克兰	53.47	5.79	2.55	136
刚果	6.33	0.45	3.52	137

资料来源：2010年世界能源统计年鉴。

据中石油质量管理与节能部领导在亚太能源效率2008年国际峰会上的介绍，中国目前能源利用效率仅为34%，低于发达国家的43%，相当于发达国家20年前的水平，相差近10个百分点。从能源开采率来看，全国煤矿平均开采率只有30%，比世界先进水平低20%；从能源使用效率来看，从煤炭开采到运输到发电，再到用电，煤的热量仅仅使用了不到1/4。

目前我国电力、钢铁、有色、石化、建材、化工、轻工、纺织8个行业主要产品单位能耗平均比国际先进水平高40%；钢、水泥、纸和纸板的单位产品综合能耗比国际先进水平分别高21%、45%和120%；机动车油耗水平比欧洲高25%，比日本高20%；我国单位建筑面积采暖能耗相当于气候条件相近的发达国家的 2—3 倍；中国矿产资源总回收率为 30%，比世界先进水平低 20%。

（六）低碳产业技术水平相对落后

总体来看，我国低碳经济尚未成型，低碳技术研发水平相对落后。虽然部分学者认为投资低碳技术的成本有限，但是对于发展中国家而言，低碳技术的成本仍然较高，特别是在低碳重大核心技术领域，氢能、生物质能、核能与新材料技术和国外相比，差距仍然较大。联合国开发计划署在北京发布的《2010 年中国人类发展报告——迈向低碳经济和社会的可持续未来》证实了上述观点。该报告指出，中国实现未来低碳经济的目标，至少需要 60 多种骨干技术支持，其中 42 种是中国目前尚未掌握的核心技术。这意味着中国发展低碳经济需要引进 70% 的核心技术。

此外，国内外的低碳技术合作还处于低级合作状态。尽管《联合国气候变化框架公约》规定发达国家有义务向发展中国家提供技术转让，但实际进展与预期相去甚远，而"清洁发展机制"项目对发展中国家的技术转让也十分有限。在许多情况下，中国只得通过国际技术市场购买引进。实践证明，真正的核心技术和关键技术必须依靠自主创新。此外，应谨防在引进西方所谓"先进"技术时，陷入用西方传统高碳技术所带来的更深层次的技术锁定，避免深陷石油能源技术与经济系统的"碳锁定"。

（七）碳金融产业发展刚刚起步

我国低碳经济的发展尚未成型，碳金融更是刚刚起步，对低碳产业和低碳经济发展的支持力度远远不够。世界银行对我国节能减排市场投资规模的调研结果显示，我国节能减排市场在"十一五"期间每年有一万亿元左右的投资市场，但每年的投资规模尚未达到 1000 亿元。

从银行的绿色信贷来看，商业银行的传统信贷体制与信贷品种不适合低碳发展的特征。银行传统的信贷投放依赖于企业过往的信用记录，但低碳项目往往是用未来收益做抵押。银行对低碳型企业信用风险的判定存在技术上的困难，绿色信贷缺乏具体的信贷指导目录、产业投向标准和环境风险评级标准等信贷指引，使商业银行难以制定相关的内部实施细则和考核评价办法。尽管银行已经积极推进业务创新，开展节能减排项目贷款，但是规模相对较小，尚未充分发挥银行业在我国金融体系中的主导作用。

从碳交易市场来看，虽然近年来全国各地成立了不少碳交易所，但2013年才开始真正意义上的碳交易。2008年，中国相继成立了北京环境交易所、上海环境能源交易所、天津排放权交易所，2010年10月新成立深圳碳排放权交易所，迈出了构建碳交易市场的第一步。2013年以来，北京、上海等排放权交易试点已正式开展碳配额交易。中国国内的碳市场起步较晚，虽是清洁发展机制（CDM）项目供应大国，却并不具备话语权，处于国际碳市场及碳价值链的底端。

我国碳排放权交易市场定价机制缺失，中介市场有待健全与完善。碳减排额是一种虚拟商品，在CDM机制下，其交易规则十分严格，开发程序也比较复杂，销售合同涉及境外客户，合同期限较长，需要专业的中介机构来执行。我国本土的中介机构与第三方核准机构尚处于起步阶段，难以进行CDM项目评估及排放权出售等相关工作，在一定程度上制约了国内碳交易的发展。例如，按照联合国规定的碳交易流程，企业递交的碳排放必须经过指定的第三方机构认证后才能生效，目前联合国委任的第三方机构总共有18个，而我国只有一家。此外，中国作为碳排放权的出售方，与欧洲碳基金、国际投资银行等碳排放权购买方之间开展交易时缺乏经验，买卖双方信息不对称导致中方在交易中遭受损失，如2008年，美国投行雷曼兄弟与国电集团签署的购买碳减排额度的协议，400万美元买62万吨的碳排放指标，每吨只合6.5美元，远远低于当时每吨10欧元（约15.9美元）的国际通行价格。

此外，对低碳技术的风险投资支持力度不足，成为制约我国低碳经济全面发展的瓶颈。一项低碳技术成果从开发出来到大规模推广应用，存在多种风险。科研单位和高等院校在低碳技术研究过程中投入了大量人力、物力、财力，无力继续承担后续风险，而企业也投入了大量成本，不愿承担更多风险。低碳技术创新与产业化的高风险性，已成为制约低碳技术产业化发展的重要因素。据中国风险投资研究院对556家风投机构的调查，2009年风险投资对能源环保领域共投资了35亿元；风险投资的项目中，每10元钱中有1.1元投向了能源环保领域，宜进一步引导风险投资资金对节能减排活动的支持。

三　支持碳金融发展的产业政策选择

同等规模或总量的经济，在产业结构不同的情况下，碳排放量可能大相径庭。第一产业——农业（包括林业、牧业、渔业等）的发展主要依赖于阳光、土地、雨水等自然因素，能源类的使用仅是辅助性的，而且农业、林业、渔业等蕴含丰富的碳汇资源，碳排放量相对较低。第二产业——工业（包括制造业、建筑业和交通运输业等）需要消耗大量的能源和资源，必然带来 CO_2 的高排放，因此，第二产业比重高的国家，其 CO_2 的排放量往往也会较大。第三产业如旅游业、金融业等一般都属于低排放、低能耗行业，并具有强大的产业关联效应，对发展低碳经济意义重大。

虽然从发达国家产业结构变迁的历程来看，降低第二产业比重，提高第三产业比重，能够有效降低碳排放，但是产业结构是与一定的经济和社会发展阶段相适应的，发达国家在充分工业化之后，以"外购"的形式，把高能耗的制造业转移到发展中国家，而由第三产业——服务业来主导国内国民经济。当前，包括我国在内的处于工业化和城市化进程中的发展中国家，工业将于相当长的时期内在国民经济中持续占据主导地位，难以像发达国家那样，靠发展高端服务业来实现低碳发展。在当前工业甚至是重化工业仍将长期存在的经济背景下，如何以系统的低碳产业发展规划为战略导向，以科学合理的产业规制政策、产业结构政策、产业布局政策、产业技术政策为依托，形成全局性的有特色的低碳产业布局，是目前亟须解决的重点问题。

（一）产业规制政策

产业规制是政府或社会为实现某些社会经济目标，而对市场经济中的经济主体作出的各种直接的和间接的具有法律约束力的限制、约束、规范，以及由此引出的政府或社会为督促产业经济主体活动符合这些限制、约束、规范而采取的行动和措施。低碳产业作为新兴产业，研发难度大、风险大、所需资金量大，其环境效益和社会效益往往大于经济效益，而且目前我国还没有针对发展低碳产业形成完善的、规范的、统一的、具有前瞻性的总体战略、政策规划、法律法规、配套支持等制度安排，各省市对低碳产业的发展还处于摸索、尝试的过程，不少企业在缺乏长效预期的前提下还处于观望状态，因此，在一定时期内，要使市场对低碳经济和低碳产业发展自觉作出反应的可行性较差，国家的当务之急就是立足于长远发展，尽快制定促进和保障低碳产业发展的法律法规、战略规划，形成对低碳产业发展的激励约束机制，从规制的角度建立低碳产业发展的长效机制。

1. 完善法律规制

法律以国家强制力为后盾，具有强大的约束力，对于低碳经济和低碳产业发展具有巨大的保障、引导和推动作用。纵观世界发达国家，在低碳经济发展方面无不是立法先行，如美国 2007 年 7 月提出《低碳经济法案》，2009 年 2 月出台《美国复苏与再投资法案》，2009 年 6 月通过《美国清洁能源与安全法案》；英国 2007 年 6 月出台《气候变化法案》；德国 1986 年修改 1972 年的《废弃物处理法》出台《废弃物限制及废弃物处理法》，2002 年推出《循环经济与废弃物管理法》；日本是低碳经济立法最为完善的国家，不但专门制定了《环境基本法》，还于 2000 年颁布了《循环型社会形成推进基本法》、《促进建立循环社会基本法》和《促进资源有效利用法》，并根据各种产品的性质，分门别类建立了《绿色采购法》、《食品回收法》、《家用电器回收法》等等。

从我国法律制度的建设情况来看，近年来我国相继修订并出台了与生态环境保护、资源保护、低碳经济的开发利用等相关的法律法规，如《水土保持法》（1991）、《电力法》（1995）、《煤炭法》（1996）、《固体废物污染环境防治法》（1996）、《节约能源法》（1998）、《清洁生产促进法》（2002）、《清洁生产审核暂行办法》（2004）、《可再生能源法》（2005）、《循环经济促进法》（2008）等，初步形成了低碳经济和低碳产业的法律框架。但是总体看来，我国有关低碳经济发展的法律法规密度不够，分散在能源、环境、产业、财税等部门法或单行法中，系统性不足，在总体框架原则下缺乏更为细化的具体规定，操作性较差。而且，目前我国关于低碳经济的规制大多采用政策的形式，缺少强制性的标准，其约束力和法律效力较低。因此，我国必须采取框架立法的形式将有关低碳经济的相关制度予以原则性、纲领性的规范，为各种政策的制定和实施提供法律依据，为低碳产业的发展提供更加有利的政策环境和制度保障。本书建议从以下五个方面来完善低碳经济的法律制度建设。

第一，制定低碳发展的基本法——《低碳经济法》。概括各种部门法和各种行政法规，将低碳经济的法律制度体系化，从宏观上明确低碳发展的目标，建立低碳生态发展的基本制度措施，统领能源发展、能源利用、能源节约等方面的法律法规。将《低碳经济法》设计为统领社会经济发展和资源环境保护的纲领性的法律文件和综合性的法律规范，作为促进和保障低碳经济发展的基本法律制度。

第二，完善我国应对气候变化的法律体系。2007 年，国务院颁布了《气候变化应对国家方案》，但是该方案并未上升至法律层次。2008 年 8 月，全国人民代表大会常务委员会颁布了《关于积极应对气候变化的决议》，按照中国立法的传统，该决议具有临时性。2010 年 10 月 1 日，中国第一部应对气候变化的地方政府法规——《青海省应对气候变化办法》颁布实施。我国应制定《气候变化应对法案》，通过法律来确认国家应对气候变化的基本方针、基本政策、基本原则、管理体制，明确政府、企业、个人在气候变化应对中的权利和义务等内容。

第三，我国应进一步完善能源法体系。一方面，应尽快出台一部综合性的能源基本法，即能源法。从能源立法结构上看，我国虽已出台《节约能源法》、《可再生能源法》、《煤炭法》等单行法，但是这些单行法只是对能源问题的某些方面加以规定，并未涵盖所有的能源问题。从单行法调整范围的角度出发，也存在立法规定不够详细、缺乏足够操作性等问题。另一方面，应进一步的研究制定石油、天然气、原子能等主要领域的能源单行法以及能源公用事业法等相关法律。

第四，我国应形成发展以低碳技术创新和引进为目标的法律促进机制。政府间气候变化委员会（IPCC）在《减排情景特别报告》和《第三次评估报告》中强调：在解决未来温室气体减排和气候变化问题上，技术进步是最重要的决定因素，其作用超过其他所有驱动因素之和。我国应建立低碳技术资金投入、知识产权保护、技术成果转化及技术引进的法律促进机制，从根本上提升低碳经济的发展水平。

第五，应完善低碳立法的配套实施机制。通过低碳经济立法建立起完备的低碳经济法律体系后，最关键的是法律的实施。为此，我国必须建立低碳经济法律的配套实施机制，包括建立推进低碳经济发展的管理、考核与督察机制；建立低碳领域的技术创新机制；在价格、财税、金融等方面建立有利于节能减排的机制；建立碳平衡交易机制；建立对高能耗高排放等中小企业员工再就业的保障机制，鼓励他们参与低碳经济建设；建立促进低碳经济发展的多元投入机制；建立低碳经济相关法律的宣传教育机制，积极培育全民低碳意识，大力倡导低碳生活方式；建立立法效果评估机制，在低碳经济法律、法规实施后，遵循一定的原则和程序，运用科学和可行的方法，进行评估和跟踪问效，从而使立法进一步贴近低碳社会建设，以实现立法价值的最大化。

2. 构建低碳认证标准体系

就中国目前的情况来看，低碳经济发展刚起步，既没有国家权威的低碳经济和产业的评价指标体系与认证标准，也没有权威公正的第三方机构颁布不同行业和不同产品的"低碳"标准与具体的量化指标。在此背景下，无论是银行对低碳产业的优惠贷款，还是政府对低碳产业的财政贴息、政府采购和补贴，抑或是市场对低碳产业的自发支持，都缺乏具体的操作依据和行动准则。市场上鱼龙混杂、难辨真伪的现象极易打击低碳企业的生产积极性与消费者的信心，必将影响低碳经济健康有序的发展。规范、科学的低碳产业和低碳产品认证制度不仅能够保护消费者权益、规范市场和生产秩序，而且能够引导资金流向、促进低碳产业发展、引导健康消费。因此，"十二五"期间我国亟待解决的问题是构建中国低碳经济的认证标准体系，探索实践低碳产品、低碳产业、低碳技术的评价及认证工作，建立生产企业和消费者的激励机制，发挥职能部门和公众的监督作用。

从国外关于低碳产品认证的经验来看，许多国家开展了评估和披露产品生命周期内的碳排放行为的实践，通过开展低碳产品认证，鼓励企业生产低碳产品和提供低碳服务。部分国家由政府推动和支持开展低碳产品认证项目，如日本、德国、韩国等。此外，也有个别企业基于市场营销的目的和社会责任，自发地进行产品碳足迹的评估和披露，如法国 Casino 超市连锁公司和 E. Leclerc 公司，瑞士 Migros 超市连锁集团等。

　　国外开展低碳产品认证，普遍采用第三方认证机构实施评价、权威的认可机构对认证机构的能力进行审核和监督、政府和社会采信认证结果的机制。英国环境、食品和乡村事务部与碳信托和英国标准协会（BSI）合作制定一个计算产品碳排放量的评价规范，即 PAS 2050 标准草案。2008年 10 月英国 PAS 2050 标准正式发布，它是一个开放性的碳排放量计算测量标准，其开放性有力地提高了 PAS 2050 的接受程度和英国碳削减标识的市场权威性，目前很多国家或私人企业所进行的产品碳排放评估活动在不同程度上参考了该标准。1992 年，美国建立"能源之星"认证，1994 年设立《节能法案》，为各种各样的节能产品制定能效标准。目前已有 1200家企业通过"能源之星"认证。美国的"联邦采购要求"规定，所有的联邦机构必须采购高能效产品，高能效产品的占比要求达到 25%。目前"能源之星"涉及的建材产品包括：绝热材料、屋面和墙体材料、门窗、节水设备等。美国加利福尼亚州在 2008 年通过了"2009 年碳标识法令（The Carbon Labeling Act of 2009）"，通过立法确定建立碳标识制度，于 2009 年年中生效。欧盟推行 GEA（Group of Efficient Appliances）标识和 EU 能源标识认证，目前建材部分已纳入 GEA 标识管理。日本对能耗效率采取的是"最强者方式"，即在空调等家用电器、汽车、新建住宅及其配套设备等行业内，将能源效率最好的产品作为整个行业的标准。

　　目前，我国国内也有认证机构开展了各类产品的节能认证，如针对建筑业、家具业、瓷砖业、家电业、办公用品的碳排放认证，但缺陷很明显，或者只能反映产品使用阶段的碳排放状况，无法反映产品整个生命周期的碳排放，或者缺乏权威性、认证混乱，让消费者难以准确判断。

　　为了在低碳经济发展中占得先机，打破发达国家的绿色贸易壁垒，我国必须根据自身低碳经济、低碳产业及低碳产品的发展情况，建立与国际标准接轨、符合中国实际的低碳认证标准体系，为我国低碳经济的全面开展提供关键技术支持和操作依据。低碳认证标准体系包括温室气体排放核算标准、低碳产品认证制度、低碳产业评价指标、低碳技术标准等内容。我国环保部于 1994 年开展环境标识认证，经历了近 20 年的发展，环境标识不断完善。随着低碳经济和节能减排的深入发展，环保部将低碳产品的环境特性进一步明确化，提出了国内首个低碳产品认证标准体系——中国环境标识低碳产品认证。2010 年 11 月，完成并公布了包括家电和办公用品两类产品在内的认证标准。该标准不仅对产品的 CO_2 排放量做出了要求，而且对产品的有毒有害物质、回收利用、污染排放、人体健康等综合环境指标做出了规定。此外，我国可以选择与发达国家进行合作，借鉴国际先行国家低碳产品认证的做法，依托已有成熟的环境标识产品认证系统开展低碳认证工作，如 2011 年 11 月，中国最大的民营测试、检验、认证机构 CTI 华测检测旗下的华测认证机构与英国碳信托公司开展合作，CTI 华测认证将根据碳信托的标准为中国企业提供审核及认证服务。

3. 制定产业战略规划

在缺乏统一总体战略规划的情况下，各个地方政府各自为政地发展低碳产业容易出现试错成本高、规模不经济、重复建设严重等问题。低碳产业战略规划对于低碳产业的持续健康发展具有重要意义。纵观欧美西方发达国家的经验，在低碳经济发展之初应积极制定低碳经济发展的总体战略规划，如英国于 2003 年发布的能源白皮书《我们能源的未来：创建低碳经济》；欧盟于 2006 年 3 月发布的《欧洲能源战略绿皮书》；德国政府2007 年提出的实施气候保护高技术战略。

我国应在更高更广的视角，以各地方政府现存的低碳产业发展规划为基础并加以延伸扩展，制定全国性的低碳经济总体发展规划。规划可以契合我国的国民社会经济发展规划，以 5 年为一个阶段，明确阶段发展目标、标准和措施，详细设定经济指标、温室气体排放量指标、节能目标等约束性指标，根据全国各个地区的资源禀赋和区位优势，制定有指导性的发展规划，为低碳经济发展提供指引。除了总体战略发展规划外，我国还应制定能源发展规划、各行业低碳发展规划、低碳城市发展规划等战略性文件，推动低碳经济快速有序地发展。

在制定和完善战略规划的同时，我国应为低碳经济发展提供相应的配套政策。在财政政策方面，其一，可设立财政专项资金，主要投向低碳或无碳能源的开发、碳中和技术的推广、能源的高效利用与开发等领域。其二，可利用财政补贴引导和促进企业开展节能减排方面的技术开发、设备升级改造等活动，如对实施低碳技术的企业产品实施价格补贴；对秸秆还田、养殖废物处理和新肥料使用等技术推广给予补助和扶持；对农民应用太阳能、沼气给予适当的财政补贴；对需要大量低碳研发支出的企业进行前期投资补贴等等。其三，在政府采购中进一步增加节能和环保产品的采购力度，规范采购实施过程，政府作为国内市场上重要的消费者，以法律形式完善采购制度，既能实现直接调节的功能，又具有示范效应。其四，应按资源的稀缺程度相应提高单位税额，对非再生、稀缺性强的资源课以重税，以限制掠夺性开发，提高资源利用效率；以关税政策抑制高能耗、高污染、资源型产品出口，支持高附加值产品出口，鼓励企业对其产品和技术进行升级。其五，在金融政策方面，商业银行应秉承"联合国环境规划署金融倡议"、"赤道原则"的精神，为应用节能减排技术、开展低碳技术创新和环境保护的企业与项目提供信贷支持，提高新能源、节能减排等产业贷款的比重和市场份额，同时，政府可以对这部分信贷提供担保或贴息支持。在直接融资方面，可以将能耗量和 CO_2 排放量作为企业发行股票和债券的强制性指标，对企业节能减排形成硬约束。

（二）产业结构政策

1. 发展低碳农业

从表面上看，农业以种植、养殖为主，与温室气体排放及低碳经济的发展相关性似乎不大，但实质上农业对碳排放具有重要的影响，同时，温室气体的增加、极端气候的频繁出现对农业发展的不利影响也日益凸显。农业与低碳发展的相关性具体表现在：第一，土壤本身就是一个巨大的碳库，土壤圈是碳素的主要储存库和转换器，它含有的有机碳量占整个生物圈总碳量的 3/4，是生物圈中最大的碳库。土壤碳库减少 1%，大气 CO_2 浓度将增加 7ppm。第二，农业生产是温室气体的第二大排放源，据科学统计，人类活动所放出的温室气体中，农业系统的贡献约占温室气体排放总量的 30%，主要有 CO_2、CH_4、N_2O 等，仅次于化石燃料的燃烧。其中，全球范围内农业排放的 CH_4 占由于人类活动造成的 CH_4 排放总量的 50%，N_2O 占 60%。第三，间接的农业排放量增多，如农田的开垦引发自然植被的减少，降低了碳汇的排量；农业机械的制造与使用，消耗了化石能源；农产品的加工、流通、产品销售等也需要消耗一定能源。第四，因温度升高、农业用水减少、干旱及洪涝自然灾害增多等影响，世界粮食产量下降，以中国为例，据估算，2050 年的粮食总产水平将较 2000 年的 5 亿吨下降14% —23% 。因此，农业的可持续发展必须实现由高碳经济向低碳经济转变。

低碳农业是指以减少大气温室气体含量为目标，以减少碳排放、增加碳汇和清洁能源技术为手段，实现高效率、低能耗、低排放、高碳汇的农业发展模式。低碳农业是低碳经济的有机组成部分。发展低碳农业，并不是要农业回归到"刀耕火种"或完全"原生态"的阶段，而是变过去高投入、高消耗、高污染的生产方式为依靠现代新技术、新设备、新工艺以及新产品支撑的新型农业发展模式，尽可能地减少农业能耗，减少碳排放，实现农业生产发展与生态环境保护的"双赢"，促进我国经济结构和农业结构的优化升级。历数发达国家的农业现代化过程，并未有建立在低碳经济模式之上的先例，中国目前探索的低碳农业发展之路将是我国乃至世界农业发展方式的重大创新。

（1）发挥农业固碳吸储的特性。

耕地土壤碳库是陆地生态碳库的重要组成部分，也是最活跃的部分之一。我国农田土壤的有机碳含量普遍较低，远低于欧美，因此增加或保持耕地土壤碳库的碳储量有很大的潜力。发挥土壤固碳吸储的作用可从以下两个方面着手：

第一，科学合理施肥。农业施肥不但可以通过影响地上植被的生物量来影响土壤碳源的供应量，而且能够影响土壤微生物活性，决定土壤呼吸强度。因此，农业施肥必然会引起土壤碳库的变化。通过对土壤增施有机肥，减缓土壤有机质腐烂，缩短有机粪肥的田间暴露时间，减少土地耕作活动，改善土壤水分管理，可以减少大气中 CO_2 的排放量。此外，还可通过测土配方施肥，根据作物需求施肥，减少化肥的使用数量，避免农田土壤中氮肥过剩；增加有机肥使用数量，改善农田土壤的通气条件和酸碱度；尽量减少农田土壤耕作，大力栽培地面覆盖植物；使用氮肥硝化还原抑制剂等，减少氧化亚氮排放量。

第二，垄作免耕。过度耕作使土壤中的碳素释放，是农业排放碳的主要途径。垄作免耕可以从保存土壤中的碳含量、减少耕作动力投入、提高土壤肥力等多个方面减少温室气体排放。

无须生产工业化肥每年可为世界节省1%的石油能源，不再把这些化肥用在土地上还能降低30%的农业排放，要想抵消其他的农业排放——如牲畜肠道发酵、稻田、生物质燃烧和粪肥处理——要求耕地的固碳率达到400千克/公顷/年，牧场则需达到200千克/公顷/年，若有机农业系统能够达到这一水平，即可降低80%的因农业导致的全球温室气体排放量。

（2）推行养殖——种植立体化模式。

养殖——种植立体化模式是以循环经济为基础的一种低成本高收益、低排放低污染、科学合理的农业经营模式，它充分利用了土壤、空气、水、阳光等自然因素，以多层次立体化的方式拓展了生物的成长空间，充分利用各种生物的特性，变废为宝，循环再利用，以较低的成本提高产出收益。当前，我国各个地方省市都因地制宜地进行了试点运作，并取得了一定的经验和成绩。

在我国南方地区，常见的杨林套种小麦、棉花等农作物的农林结合，稻田养鱼、虾、蟹和鸭、鹅的农渔和农牧结合等都是养殖——种植立体化模式的典型代表。在江苏的江海冲积平原，常见的有农作物合理间种、套种的立体种植模式，如：桑田秋冬套种蔬菜、桑田夹种玉米的农桑结合；苗木合理夹种的花卉林木结合；稻鱼共生、菱蟹共生、藕鳖共生、藕鳝共生的农渔结合；以及水网地区的林草渔牧结合等。贵州省从江县的少数民族，经常在稻田里养鸭，鸭吃农田里的杂草和有害动物，粪便回田又成为作物的肥料。鸭可刺激水稻，减少甲烷排放，还可使水稻矮化，减少倒伏。河北省枣强县农民安金磊实行"生态棉田"：棉田中心种一点小米，在棉花外围种一圈玉米，玉米外再种一圈芝麻。种小米是为了引鸟吃粟吃害虫，种玉米是为了引诱飞蛾，种芝麻是为了驱赶蚜虫，从而最大限度地保护棉花的生长。

上述地区已经积累了一田多用与一地共用的丰富经验。我国应在此基础之上，进一步探讨在多因素共生的生态系统内，物质循环利用的合理途径与能量转变效率，并据此建立标准化的生产流程，配套相应的设施，实现传统农业向标准农业的产业化转变与跨越，提高资源利用效率。

（3）在农业生产及生活中应用清洁能源。

我国应充分利用农村丰富的资源发展清洁能源。目前已取得一定进展的有：风力发电、秸秆发电、秸秆气化、沼气、太阳能利用等。近几年，各地积极实施的"一池（沼气池）三改（改厕、改厨、改圈）"生态富民工程，既净化了环境，又获取了能源，还增加了收益。

首先，充分利用沼气技术。目前农村微生物运用最广泛最有成效的是沼气，沼气的残留物——沼液可以代替农药、沼渣可以代替化肥，是农村发展安全优质农产品必不可少的重要条件。农村沼气工程能在一定程度上解决农村燃料能源问题，节约了大量薪柴、煤炭资源，减少了温室气体的排放量。沼渣可作为有机肥在农田中施用，代替常规化肥，节省农民对能源和肥料等的支出，而减排量经过认证之后，可以通过碳交易增加农户收入。因此，在新农村建设中推行"一池三改"，把沼气建设与改厨、改厕、改圈结合起来，既变废为宝，获取了资源，净化了环境，又节省了开支，增加了收入，是一项有效的富民利民的举措。

截至2010年，全国户用沼气达到4000万户，占沼气适宜农户的30%左右，规模化养殖场大中型沼气工程达到4700处，达到适宜畜禽养殖场总数的39%左右，相当于替代2420万吨标准煤的能源消耗和1.4亿亩林地的年蓄积量。沼渣、沼液的使用将减少20%以上的农药和化肥施用量，降低农产品农药残留1个百分点，改良土壤5000万亩，农民年增收节支200亿元。

其次，充分利用太阳能。我国西部地区日照时间长，太阳能资源相对丰富，在西部农村大量推广太阳能灶，能大大减少因燃柴（草、木）、燃气、燃煤而产生的 CO_2 等温室气体。

最后，秸秆再利用。我国每年农作物秸秆产量约7亿吨，其中一半可作为能源使用，折合1.5亿吨标准煤。目前，农作物秸秆多数被"付之一炬"，既污染环境，又浪费资源。焚烧秸秆不仅直接释放碳，还会加快土壤有机碳的分解，而秸秆还田则可以缓解土壤有机碳的下降，培肥地力。此外，秸秆饲用、秸秆发电、秸秆碳化等是继秸秆还田之外，适合我国的高效资源化利用方式。

（4）发展林业、渔业等碳汇产业。

"碳汇"是指从大气中清除 CO_2 的过程、活动或机制。增加碳汇是实现碳减排的重要途径，主要涉及森林、耕地和草地3个领域。森林是陆地生态系统中最大的碳库，全球森林面积虽然只占陆地总面积的1/3，但森林植被区的碳储量几乎占到了陆地碳库总量的一半。据科学测定，一亩茂密的森林，一般每天可吸收 CO_2 67 千克，释放氧气 49 千克，可满足 65 人一天的需要。

从 1980 年到 2005 年，中国通过植树造林、森林经营、控制毁林等工作，减少碳排放累计达 51.1 亿吨，为应对气候变化作出了重要贡献。2005 年年底，全国森林面积为 1.75 亿公顷，我国的目标是到 2020 年森林面积比 2005 年增加 4000 万公顷，森林蓄积量比 2005 年增加 13 亿立方米。

林业是适应范围较广的碳汇产业。2009 年 11 月国家林业局发布《应对气候变化林业行动计划》，提出到 2020 年年均造林育林面积达到 500 万公顷以上，全国森林覆盖率增加到 23%，到 2050 年，比 2020 年净增森林面积 4700 万公顷，森林覆盖率达到并维持在 26% 以上，稳定森林的碳汇能力。在具体实践中，可以通过大力推进全民义务植树，实施重点工程造林，扩大封山育林面积，加强森林资源采伐管理，加强林地征占用管理，提高林业执法能力等途径，为林业碳汇功能的发挥提供保障。

此外，有条件的地方还可以发展草原碳汇产业。保持和增加草原碳汇的关键在于防止草原的退化和开垦，具体措施包括降低放牧密度、围封草场、人工种草和退化草地恢复等。另外，通过围栏养殖、轮牧、引入优良的牧草等畜牧业管理方式也可以在一定程度上改善草原碳汇。

（5）发展创意农业。

发展创意农业，是利用现代科技、知识、文化和艺术创意改造传统农业的有益尝试。创意农业是以农村的生产、生活、生态为资源，把农业技术、农产品、文艺活动和传统农耕活动、市场需求有机连接起来，将农业的产前、产中和产后各环节联结为完整的产业链条，创造出具有科技、生态、文化和服务高附加值的创意农产品，突破以往传统农业致力于人类生理和生存需求的形象，从稀缺性、艺术性、趣味性等方面满足城乡居民的精神文化需求。

从投入与产出的角度来看，创意农业撬动的巨大市场需求，将为农业、农村、农民带来显著的效益，如北京市近年来大力发展创意农业，带动一批产业的兴起，创造出超过传统农业几十倍的价值。2009 年创意农业产值达 22 亿元。发展创意农业，既能满足日益细分的市场需求，提高城乡居民的生活质量，又能充分挖掘农业潜力，实现农村劳动力就业，增加农民收入，带动区域经济发展，同时也能在一定程度上降低 CO_2 排放，推动我国低碳经济的发展。

我国应鼓励建立绿色农业基地和观光休闲区。近年来，东北地区农村建立的无公害农产品、绿色食品、有机食品基地，因其品质好、无农药残留或微农药残留而深受消费者欢迎。建立农业观光休闲区，可以发展农村天然景观、休闲农庄、农业高新技术园区、特色农业产区、特色产品专业市场等新型旅游农业。

2. 重点改造第二产业——工业

当前中国的第二产业比重过高，且多为资源型行业或者高能耗、高排放行业，导致工业的能源消费量占能源总消费量的 70%，是能源消费的绝对主体。处于工业化进程中的发展中国家，在相当长的时期内，工业在国民经济中会占据主导地位。只有完成了工业化进程之后，才可能由服务业来主导国民经济。因此我国当前不可能盲目地降低工业比重、全部淘汰高能耗产业、大幅度提高第三产业比重。在当前的条件下，要降低能源强度，关键是要改造传统工业的内部结构，大力发展附加值高、能效高的行业，坚决淘汰污染严重、能源利用效率低下的产能。

我国目前正处在工业化和城市化发展进程的关键阶段，而传统工业是经济发展的基石，提供的是人们生产和生活的必需品和耐用消费品，市场需求比较稳定，潜在市场需求较大，在经济不景气时市场波动幅度较小，抵御危机的能力较强，故部分高耗能和高污染的重化工业在未来一段时间内还将存在。因此，中国经济的重心由制造业向服务业转型之时，不能放弃传统工业的发展，而是要在淘汰落后产能的同时，运用高新技术改造提升传统产业，降低能耗和碳排放，推进高碳能源的低碳化利用。

一方面，要加快淘汰落后产能的步伐。同样的能源投入，对于技术水平不同、规模效应不同的产能来说，效率截然不同。小钢铁厂、小水泥厂、小化工厂、小造纸厂能源投入成本高，具体运用中能源损耗较大，废气、废水等废弃物污染严重，导致能源强度居高不下，能源利用效率低下。我国"十一五"期间关停小火电机组 7200 万千瓦，淘汰落后炼铁产能 12172 万吨、炼钢产能 6969 万吨、水泥产能 3.3 亿吨等，在关闭造纸、化工、纺织、印染、酒精、味精、柠檬酸等重污染企业方面都取得积极进展。[①] 只有淘汰污染严重、能源利用效率低下且缺乏规模效应的落后产能，给优势企业让出市场空间，才能使产业结构得以优化调整，构建发展潜力大、附加值高、能效高的现代工业体系，进而大幅提高能源利用效率，降低 CO_2 排放量。

另一方面，要抑制高耗能、高排放行业过快增长，推动传统产业改造升级。目前我国部分地区仍存在重化工业生产能力扩张迅速、高耗能高排放产业盲目投资和重复建设严重等问题，为实现节能减排目标必须坚决抑制上述行业的过快增长。严格控制钢铁、水泥、电解铝、平板玻璃等高耗能、高排放和产能过剩的行业新上项目，进一步提高行业准入门槛，在银行贷款、上市等方面强化节能、环保指标约束。加快运用高新技术和先进技术改造提升传统产业，促进信息化和工业化的深度融合，推动高消耗高污染型产业向资源节约和生态环保型产业转变，以科技创新推进节能减排，通过生产的规模效应和产业的集聚效应来降低成本。

3. 发展可再生能源产业

虽然实证分析结果表明，能源结构的调整对碳强度的影响程度较大，但是由于各国的能源结构从根本上受制于资源禀赋的差异，我国"多煤贫油少气"的能源储备结构决定了我国在未来很长的时间内都无法改变能源消费以煤炭为主的格局。因此，短期内中国通过调整能源结构来减少 CO_2 排放量和降低碳强度的潜力有限。长期而言，我国能源缺口和对能源进口的依赖度将不断增加。

随着经济增长，到 2030 年我国能源需求总量将达到 55 亿—60 亿吨标准煤当量，是 2007 年的两倍多，能源缺口越来越大。2010 年煤炭进口总量 16478 万吨，比上年增长 30.9%。目前我国石油的进口依赖度达到 50% 左右，预计 2050 年将高达 75%，未来面临着能源供应与安全的挑战。我国 90% 的温室气体排放来自碳基能源的燃烧。相较之下，可再生能源具有效率高、环保无污染的特性，因此把握全球产业变化的趋势，及时制定可再生能源产业发展战略，改变能源消费结构相对单一的局面，开发利用新

---

① 发改委网站：《淘汰落后产能成效显著——"十一五"节能减排回顾之二》。

能源、替代能源，将燃料电池、可再生能源等领域作为产业发展的重点，优化能源结构、大力发展新能源对于有效降低 CO_2 排放、保障我国未来的能源安全具有重要的战略意义，是促进能源供应多样化、减少煤炭消费、降低对进口石油依赖程度的必然选择。

（1）发展生物能源。

首先发展生物柴油、生物乙醇，重点发展纤维素、木薯、红薯、甜高粱等非粮原料乙醇（纤维素乙醇也称第二代生物液体燃料），利用先进技术从包括玉米秸秆、麦秆、干草、木材等农林业废弃物中获取燃料乙醇。但是该项技术研发及推广难度大，国际上已研究几十年，因成本过高，至今未能实现大规模工业化生产。目前中国生物柴油的原料以废弃油脂为主，虽然原料来源相对广泛，但是来源地分散，收集成本高，并不适合工业化大规模生产，所以许多投资者正在考虑以木本油料作物作为替代。其次，充分利用沼气，既可节能增收，又可改善生态环境。2010 年，全国户用沼气达到 4000 万户，规模化养殖场大中型沼气工程达到 4700 处，相当于替代 2420 万吨标准煤的能源消耗和 1.4 亿亩林地的年蓄积量。沼渣、沼液可作为有机肥在农田中施用，代替常规化肥，大约能减少 20% 以上的农药和化肥施用量，间接减少石油消耗 10%。最后，在秸秆再利用方面，可采用秸秆饲用、秸秆发电、秸秆碳化、秸秆还田处理等方式。我国每年农作物秸秆产量约 7 亿吨，其中一半可作为能源使用，折合 1.5 亿吨标准煤。

（2）重点发展新能源的"三驾马车"。

目前在新能源领域，光伏、风电和核电占据了大部分份额，号称新能源的"三驾马车"。国家《可再生能源中长期发展规划》（以下简称《规划》）并没有给太阳能提出很高目标，到 2020 年规划的光伏发电量为 180 万千瓦。究其原因，主要是太阳能的能量分布十分分散，并且制造太阳能设备能耗较高。因此，我国可以选择在有条件的地方充分利用太阳能，如我国西部地区日照时间长，太阳能资源相对丰富，最适宜大量推广太阳能灶，成本较低，节约能源且清洁环保。

《规划》提出 2020 年全国风电装机容量目标为 3000 万千瓦，不过《规划》只提到了陆上风电。考虑到中国可开发的陆上风能只有约 2.53 亿千瓦，而海上风能则达到 7.5 亿千瓦，因此假如将海上风电的发展计算在内，到 2020 年中国的风电规模将远远不止 3000 万千瓦。2012 年 2 月，国家能源局和国家海洋局联合下发了《海上风电开发建设管理暂行办法》。目前我国已经有企业掌握了国际风电主流机型 1.5MW 机组的核心技术，但多数企业仍为进口——组装企业，适合海上环境的核心组件仍依赖进口，行业整体技术水平亟须提高。

在核电方面，我国是全球在建核电规模最大的国家。不过核电的进一步发展受到铀资源储量的限制。预计到 2020 年，我国核电产业年消耗铀燃料为 7500 吨左右，与产量上限大致持平。解决铀资源量不足的关键环节在于快中子反应堆（简称"快堆"）技术的突破，由于快堆具有"铀 238 越烧越多"的性质，有望缓解铀资源数量有限的问题。目前我国第一个快堆的示范堆已经建成，预计 2015 年之后可以推出商用堆方案。核电除了部分核心环节外，大部分配套环节都具有民间资本进入的空间。

（3）发展潜力巨大的其他新能源。

除"三驾马车"外，还有一些新能源具有很大的发展空间，潜力甚至超过"三驾马车"，只是目前受重视程度不够，如可燃冰、非常规天然气和海水温差发电等。据粗略分析，我国陆域可燃冰的储量相当于 350 亿吨油当量，海洋可燃冰储量尚没有可靠估计数据，但肯定超过陆域。我国第一份可燃冰勘探开发方案研究报告已经出台，进一步开发还需要具体的规划。非常规天然气具有比可燃冰更大的潜力，其中，赋存于泥页岩中、以吸附及游离状态存在的非常规天然气——"页岩气"的潜力被认为超过常规天然气。2009 年年底，国际能源署（IEA）在其发布的《2010 年国际能源展望》中对页岩气给予了高度评价，并认为若能突破页岩气的开发技术，美国的能源可以实现自给。中国的页岩气开发目前处在试探阶段，不过据估计中国的页岩气储量可能达到 30 万亿立方米，具有极大的开发空间。海水温差发电技术，是以海洋受太阳能加热的表层海水（25℃—28℃）作高温热源，而以 500—1000 米深处的海水（4℃—7℃）作低温热源，用热机组成的热力循环系统进行发电的技术。事实上，海水温差发电方面的技术发展很早，已有上百年历史，开发难度也不大，但是标准化程度较低，应用并不广泛。究其原因，海水温差发电要求的条件是海面与深层海水之间的温差越大就越有利，而世界上主要的发达国家都位于中高纬度地区，不具有这方面的地理条件，因此发展该技术不积极。而我国恰恰拥有大面积纬度低于北纬20度的海域，并且临近高用电负荷地区，海水温差发电发展空间大。

4. 发展资源回收利用的"静脉"产业

静脉产业（Venous Industry）一词最早由日本学者提出，把废弃物排出后的回收、再资源化等相关领域形象地称为静脉产业，就像人体的血液经过动脉为身体各部位输送养分和能量以后，经过静脉回收再流回心脏参加下一轮循环一样。"静脉产业"又称"静脉经济"或"第四产业"，其实质是运用循环经济理念，协调"垃圾过剩"和"资源短缺"的矛盾，把传统的"资源—产品—废弃物"的线性经济模式，改造为"资源—产品—再生资源"的闭环经济模式，使人类生态系统真正进入良性循环的状态。

据统计，目前全世界每年生产的钢铁、铝、锌、纸张等的总产量中，由垃圾中提取再生资源加工而成的产品分别占到45%、22%、30%和35%。发达国家静脉产业的产值规模已达6000亿美元，未来30年内，静脉产业为全球提供的原材料在原材料总量中的占比将由目前的30%提高到80%。据相关统计数据显示，美国的静脉产业规模达2400亿美元，已超过汽车行业，成为美国最大的支柱产业。专家预测，未来30年的"十大新兴技术"中，垃圾处理新技术将位居第二，静脉产业将是21世纪最具发展前途的产业。

但是与发达国家相比，我国的静脉产业无论从技术角度还是产业发展规模的角度都还处于起步阶段。第一，垃圾产量大，容纳设施少。目前我国垃圾累计堆放量已达60多亿吨，占用土地空间5亿立方米，我国有200多座城市已陷入生活垃圾的包围之中，对土壤、地下水、大气造成了严重的现实和潜在污染。第二，对垃圾处理过于简单。对垃圾的处理，很多地方还停留在简单的卫生填埋、焚烧层面。我国垃圾处理企业普遍规模较小，工艺、技术落后，产业化水平低。目前全国专业从事垃圾处理设备生产的企业仅128家，大量垃圾无法及时处理。第三，回收利用及再资源化效率较低。二次资源利用率仅相当于世界先进水平的30%左右，大量的废旧家电和电子产品、废有色金属、废纸、废塑料、废玻璃等，没有实现高效利用和循环利用。我国每年产生的固体废弃物可利用而未被利用的资源价值达 300 亿—350 亿元。第四，静脉产业呈现无序、低质竞争的状况。我国静脉产业存在技术水平不高、科研成果转化率低、经营分散、规模小、资源回收渠道不畅通等问题。此外，作为典型的政策法规驱动型产业，相关法律、法规以及静脉产业的激励机制亟待完善。

大力发展静脉产业既可以解决由动脉产业废弃物产生的环境污染，又可以把动脉产业产生的废弃物作为二次资源进行利用。若要促进静脉产业发展，一方面，应该在产品设计和生产中使用可降解材料及可回收利用材料，以减少垃圾，降低其处理难度及对环境的污染程度；另一方面，应实行垃圾分类减量策略，实现垃圾及废弃物的资源化和无害化。

首先，应完善法律法规及相关制度，明确废弃物回收、处理以及再生资源利用的主体、责任和权力。目前相关政策激励措施的缺位，既限制了企业处理公共废弃物的积极性，也限制了公众投资进入静脉产业的热情。在今后 10—20 年中，应将静脉产业作为发展低碳经济的战略重点。制定中长期规划，将与静脉产业有关的科技攻关纳入中国科技创新的战略体系进行重点攻关。按照"谁污染谁付费"原则，征收城市工业生产和生活垃圾处理费，推进废弃物回收、处理的法制化，保障骨干企业的原料来源，减少或避免二次污染。

其次，借助财政、税收、用地等政策引导骨干企业做大做强，加大静脉产业技术的研发投入，提升科研成果产业化力度，通过科技进步拓展其赢利空间。静脉产业目前仍"本大利微"，有些项目可以盈利，有些项目却持续亏损，需要经常性的财政补贴。但专家指出，静脉产业的发展仅靠政府投资远远不够，只有根据"谁污染谁付费"的原则建立收费制度才能缓解资金不足的压力。同时，可以对物质再生行业采取减免增值税等措施，以优惠政策进行扶持。

再次，形成静脉产业的环保产业链条。将动脉产业生产过程中产生的废物通过静脉产业集群模式进行回收再利用，形成完整的环保产业链条。通过产业集群模式的集聚效应和基础设施共享模式，不断促进再生资源行业的发展壮大，可在一定程度上解决资源短缺问题。

（1）低碳——物质循环链。一个产品的物质循环一般经历以下六个环节，每个环节都伴随着碳的循环：产品设计与开发、从自然系统获得自然资源、将自然资源转化或加工为社会产品、产品的运输、社会产品的消费、向自然系统排放废弃物。对该物质循环链的资源进行深加工或者综合利用，逐步形成其他产业进而形成循环经济型产业链条，是一种环保的产业发展模式。

（2）低碳——能源循环链。在传统经济增长方式中，能源开发采用的是"能源资源—能源产品—能源废弃物"的单向模式。在低碳——能源循环链中，要力求能源消费尽可能少，以能源资源循环来解决资源短缺问题，对生产过程产生的可利用温室气体及余热、余能资源的利用进行优化，如推进碳捕捉和封存技术的研究与应用，形成二次能源循环链，提高余热、余能回收利用水平。

5. 大力发展高新产业和第三产业

高新技术产业和第三产业凭借其极低的能源消耗和强大的产业关联效应，能够在低能源消耗的条件下有效地带动我国的经济发展。我国应加大对新能源、节能环保、电动汽车等高新技术产业的支持力度，一方面制定产业战略发展规划，使其在低碳经济的发展中发挥领军作用；另一方面加大投资和税收的优惠力度。

鉴于当前中国第三产业过于依赖"生活型"服务业的低质结构，今后应加快发展金融、保险、咨询、物流等知识型服务业，致力于服务业的结构升级，增强服务业的竞争力，如应该积极发展物业管理、旅游、社会服务、教育培训、文化、体育等需求潜力大的行业，培育新的增长点。此外，还应大力发展信息、金融、保险、会计、咨询、法律、科技服务等中介服务行业，提高服务水平和技术含量。

（三）产业布局政策

产业布局政策是指政府机构根据产业的经济技术特性、国情、国力状况和各个地区的综合条件，对若干重要产业的空间分布进行科学引导和合理调整的意图及其相关政策措施。在当前发展低碳经济的背景和趋势下，必须前瞻性地制定科学合理的低碳产业布局政策——大力发展低碳产业集群，这既是立足于全球低碳经济发展的宏观背景，立足于中国新型工业化、新型城市化道路的必然要求，也是低碳经济时代产业发展的主要导向模式。

产业集群是指一组在地理上靠近的相互联系的公司和关联的机构，它们同处或相关于特定的产业领域，由于具有共性和互补性而联系在一起。低碳产业集群是指通过技术创新与制度创新，实现清洁能源结构和提高能源效率的产业集群。

当前我国产业集群的主要特征是——高碳、低端、单向。所谓高碳主要体现在我国产业集群的快速增长很大程度上依靠消耗大量物质资源实现，存在着严重的高排放和高污染问题。低端体现在我国产业集群大多集中于制造加工环节，研发和流通环节比较落后，处于全球价值链的底部。单向体现在许多地区的集群发展是一种单向流动的线性经济，即"资源—产品—废物"，高强度的开采和消耗，造成资源的紧缺和集群的污染。典型的集群污染如山东省的造纸业集群在促进造纸工业规模化、现代化过程中引起的资源紧缺和同类污染加倍等问题。优化产业布局需从以下五个方面着眼。

1. 打造低碳的集群生产和消费理念

产业集群具有低碳生产和消费的先天优势。产业集群更易使经济主体之间形成一种相互依存的产业关联和共同的产业文化，并且创建一套群内共同遵守的规范。在这一规范指导下，人们相互信任和交流，从而加快了新思想、新观念、信息和创新的扩散速度，有利于集群内部低碳理念和低碳技术的传播；集群在地理位置上的相对集中，有利于集群内企业共享技术，有效提高资源的配置效率；群内有分别位于产业链上游、中游和下游的企业，可以采用废物交换、清洁生产等手段把一个企业生产的副产品或废物作为另一个企业的投入或原材料，实现类似于自然生态系统食物链的工业生态系统，使资源得到高效和循环利用，实现污染的低排放甚至是零排放，达到经济发展和环境保护的"双赢"。

2. 制订全国性综合开发规划

当前我国的产业集群主要是在地方政府力量的推动下形成的，产业集群规划常常见诸各地方政府的规划之中。运用政府的力量能人为地造成产业的地理集中，创造全新的产业集群，逐步培育本地的产业集群网络，能够获得更高的生产率和持续的竞争优势。但是，政府主导的发展方式也容易造成重复建设、产能过剩、资源浪费，显然不符合低碳理念。例如，随着国家新能源开发战略的实施，沿海具备发展海上风电场条件的地方政府，几乎都在大手笔开建风电产业园区。

在低碳经济所带来的新一轮产业结构调整过程中，有必要制定全国性的综合开发规划来实现更大范围内资源的有效配置和合理利用。日本产业集群发展的成功为我国提供了启示与借鉴。20世纪90年代，日本《第五次全国综合开发规划》从长远观点、全球化角度及在亚太地区的定位等方面，全面推进区域集群发展。通产省、文化科学省在推进产业集群、知识集群发展的基础上，将两省事业相互配合，形成区域集群，从而构筑起各地区连锁的科技创新体制。目前，日本已形成关东广域地区集群、近畿地区集群等9个地区集群。在各地区集群中，分别设置了"地区集群推进协议会"，负责推动各个地区集群的高效发展。

3. 加强对传统高碳产业集群进行低碳化改造

第一，对传统产业集群中高碳产业部分进行技术改造，加大研发投资力度，与高等院校及研究所开展全面合作，将低碳技术应用到高污染、高消耗严重的环节，减少资源浪费和CO_2的排放，提高高碳产业知识含量、技术含量和产品附加值，逐步形成以研发、制造、认证、测试、培训、配件供应、服务为一体的低碳环保产业集群。

第二，对高碳产业的引申产业进行价值链升级。缩短能源、汽车、钢铁、交通、化工、建材等高碳产业所引申出来的产业链条，将上述产业的上、下游产业"低碳化"，进行价值链升级。向前端延伸，从生态设计入手形成自主知识产权；向后端延伸，形成品牌与销售网络，瞄准构建高端制造业的目标和方向，提供高技术含量、高附加值的产品。

第三，建立适应低碳发展的企业经济和管理制度，把技术创新的外部效益内部化，调整现行的市场经济体制，重新调整技术创新的利益分配机制，把资源利用与低碳需求纳入企业的创新活动之中。综合运用财政政策、金融政策和产业政策，支持各产业部门顺利过渡到可持续发展模式。建立绿色产业的技术支撑平台，提供绿色产业建设中所必需的基础性、共同性技术并提供技术咨询和指导，通过财政补贴、税收减免、信贷和技术支持等政策手段激励企业的生态建设。通过弥补企业的生态建设成本，引导企业特别是中小企业的生态化建设。

在美国，专门有一些为低碳经济发展提供服务的公司，通过帮助传统工业提高能效获得收益，称为工业资源管理 IRM（Industry Resource Management），为低碳环保做出了重要贡献。中国虽然目前也出现合同能源管理 EMC 等模式，但发展尚不成熟，应用范围较窄。

4. 大力发展服务产业集群

现代服务业属于能耗低、污染小、就业容量大的低碳产业，包括金融、保险、物流、咨询、广告、旅游、新闻、出版、医疗、家政、教育、文化、科学研究、技术服务等。服务产业集群是各类服务企业在专业分工和协作生产与组织的基础上实现的柔性集聚，即通过引入服务企业，建立基础设施，规模化开展服务活动，服务产品链式生产及平行扩张，延伸至上下游服务企业和最终顾客，形成服务网络和相对稳定的集群机制，并以其自身的创新能力、独特文化、合作方式及对外界市场的应变能力，来获取快速成长的发展空间和竞争优势。

相对于工业产业集群，我国服务产业集群发展明显滞后。目前我国服务产业集群存在着产业结构雷同、产业链不完善、产业组织化程度低、缺乏创新能力等问题，因此各地在发展服务产业集群过程中要因地制宜突出特色和重点，提升产业链且发展壮大集群产业内的服务部门和功能，加强集群的创新制度建设，吸收和培养高素质服务专业人才，促进服务产业集群的优化及发展。

5. 以产业园区为核心打造低碳产业集群

我国应紧跟环保和节能产业快速发展的主流，以产业园区为核心，以绿色产业增长为突破口，积极发展具有低碳概念的产业集群，引导产业集群发展，促进区域经济协作。根据产业的经济特性，促进专业化分工和相关企业所在地域的相对集中，注重培育集群的形成、发展机制、吸引要素集聚的机制以及促进产业集群不断创新的机制。

在低碳产业园中大力发展循环经济，通过物流或能流传递等方式把不同工厂或企业连接起来，形成共享资源和互换副产品的产业共生组合，使一家工厂的废弃物或副产品成为另一家工厂的原料或能源，模拟自然系统，在产业系统中建立"生产者—消费者—分解者"的循环途径，寻求物质闭环循环、能量多级利用和废物生产最小化,进而减少能源消耗和碳排放。

(四) 产业技术政策

产业技术政策是指国家制定的用以引导、促进和干预产业技术进步的政策的总和。它以产业技术进步为直接的政策目标,是保障产业技术适度及有效发展的重要手段。在当前低碳经济模式下,减缓温室气体排放的关键在于低碳技术的创新。关于低碳技术的定义和范围目前尚无明确界定,Pacala et al. (2004) 将人类可利用的碳排放减缓技术归类为能效提升、燃料替换及碳集存、可再生能源、核电和林地固碳等 5 类。[1] 国际能源署 (IEA) 将低碳技术分为太阳能、先进交通工具、建筑与工业节能、生物能源、风能、高效与低排放煤技术、智能电网、碳捕捉与封存和其他能源等 9 类。[2] 以减少能源消耗和 CO_2 排放量为目标的低碳产业技术政策既包括具体低碳技术的研发,也包括促进低碳技术研发和应用的激励政策,还包括低碳技术的国际合作等等。具体来说,可以从以下五个方面着手。

1. 发展碳捕获和封存技术

CO_2 是对气候变化影响最大的气体,且在大气中留存期最长,可达 200 年。当前全球 CO_2 排放主要是由化石能源的消费引起,因此化石能源低碳化和无碳化技术的开发和应用对于降低碳排放量具有直接效用。在我国的化石能源中,煤炭占 94%,石油占 5.4%,天然气占 0.6%,由于石油与天然气供应受外部市场制约严重,故能源消费以煤炭为主。目前,国内新能源技术及其大规模商业化尚不成熟,能源使用效率不高,能源强度处于较高水平。在中短期内,能源消费结构调整对中国低碳发展的贡献十分有限,但是降低化石能源尤其是煤炭的碳排放意义重大。CO_2 捕获与封存技术为国际社会减少温室气体排放提供了途径,已经成为减排领域各界人士关注的焦点。

碳捕获与封存技术是一项新兴的、前沿的、具有大规模减排潜力的碳

---

[1] Pacala S., Socolow R., "Stabilization wedges: Solving the climate problem for the next 50 years with current technologies", *Science*, No. 305, 2004, pp. 968 – 972.

[2] 王勤花、曲建升、张志强:《气候变化减缓技术:国际现状与发展趋势》,《气候变化研究进》2007 年第 6 期。

零排放技术,有望实现化石能源使用的CO_2近零排放。该技术将工业生产过程中产生的CO_2捕集并存储于特定地质结构中,减少向大气的排放,以减少温室气体在大气层中的聚积,从而减缓全球气候变化。碳捕获与封存包括地质碳捕获和封存与海洋碳捕获和封存。由于海洋碳捕获和封存目前主要处于研究阶段,因此本书主要探讨地质碳捕获与封存。

人为CO_2地质存储概念可以追溯到20世纪70年代,于20世纪90年代得到广泛认可。目前,地质存储的示范性和商业性项目已初步取得成功。我国华能集团下属公司2008年7月建成首个碳捕获示范工程,CO_2回收率高达85%以上。

碳捕获与封存技术主要由CO_2捕获、CO_2运输和CO_2存储三个环节构成。由于分散型的CO_2排放源难以完成碳收集,因此,该技术的应用对象主要是火力发电厂、钢铁厂、水泥厂、炼油厂等CO_2集中排放源。目前用于CO_2封存的场所主要有深度含盐水层、枯竭或开采到后期的油气田、不可开采的贫瘠煤层和海洋。碳捕获与封存技术可在现有框架约束下运作,即在现有能源消费结构及配套设施,如电网、出产和传输装备及终端技巧等基础之上,实现碳减排。

我国对CCS技术发展给予了高度重视,已将其列入国家中长期科技发展规划。但整体而言,国内的CCS技术仍处于试验阶段,技术不成熟所导致的高成本致使CCS难以大规模的推广。麦肯锡估计捕获和处理每吨CO_2的成本大概在75—115美元,与开发风能、太阳能等新能源相比并不具备成本优势。在未来一段时期,应继续强化对CCS技术的研发与应用。首先,应结合碳捕获成本和捕获规模对CCS应用部门进行定量研究。目前我国在该领域的研究以定性研究为主,定量研究成果较少,尤其缺乏结合技术成本和应用规模的量化分析。一种技术能否在现实生活中得到推广,成本及规模方面的可操作性至关重要,因此,加快该层面的研究是CCS技术应用的第一步。其次,应加强与国际社会的积极合作,共同开发或引进发达国家关于CCS的成熟技术,降低研发成本。目前国际上关于CCS的研究已比较成熟,尤以美国为首。再次,应扩大技术应用范围和规模,对应用CCS技术的产业和企业给予一定财政补贴,鼓励其对低碳技术的应用。最后,还应进一步利用CO_2封存提高煤层气采收率。煤层因其表面微孔具有不饱和能而产生吸附气体的能力，由于 CO_2 比甲烷对煤更具亲和力（一定温度和压力下，煤体表面吸附 CO_2 的能力大约是吸附甲烷能力的 2 倍），因此将 CO_2 注入煤层，CO_2 将吸附于煤层，趋替出甲烷，从而提高煤层气采收率。

2. 大力发展节能和提高能效的技术

在各种低碳技术中，节能技术不仅能在相对较短的时间内收回成本，还能通过减少能源消费支出而相对获益，因此节能技术是当前中国最具市场发展潜力和经济效益的碳减排技术。在发展低碳经济的背景下，应充分利用当前中国大规模新建基础设施的机会，借助于合理的政策措施，大力推广各种节能技术，争取在 2020—2030 年使中国工业用能效率在可比基础上达到世界领先水平。

一方面，要大力发展煤炭的高效清洁燃烧技术。从能源效率来看，从煤炭开采到运输到发电，到最终用电，煤的热量仅仅使用了不到 1/4。因此，除了要减少煤炭燃烧中碳的排放之外，还要大力提高煤炭的利用效率，在能源的开发和利用中尽可能做到"吃干榨尽"。加快研究煤的高效洁净燃烧技术，包括工业炉窑蓄热式高温空气燃烧技术，分布式能源、能源梯度利用和多联产技术等。开发推广循环流化床锅炉、工业余热锅炉、生物质发电锅炉等新型锅炉。通过采用高效燃烧技术和应用新型锅炉，大幅提高工业领域的燃煤效率。

另一方面，利用工业节能技术、建筑节能技术等，提高能源在利用过程中的效率。利用工业节能技术包括加强余热余压回收利用、大功率变频调速等工业节能核心技术的研发及其在化工、冶金、建材、造纸等行业的应用，降低工业单位产出的能耗；加强 IGCC 工程示范及相关燃气轮机、气化炉、电站系统集成等方面的开发与应用。利用建筑节能技术包括加快既有公共建筑节能改造专用材料、应用技术、运行管理、能效测评等关键节能技术的研发和集成示范；推动新建建筑采用与建筑物同寿命的新型保温隔热材料、体系、配套产品、设计、施工和验收标准体系。在建筑部门，应大力推广节能建筑，在城市实现建筑节能的国家目标，在农村普及各种低成本节能建筑，力争到 2030 年使建筑能源利用效率提高 30%—50%。在交通部门，争取到 2030 年之前，使公共交通成为大型城市的主流交通工具，强混合动力汽车成为汽车的标准配置，纯电动汽车有较大幅度的发展。

3. 发展新能源技术

低碳经济的崛起与发展，使世界各国充分意识到推动新能源技术发展的重要性与紧迫性。目前，诸多国家已先后投入大量资金开展新能源技术的研发，如已在可再生能源技术、纳米染料敏化太阳能薄膜电池技术、太阳能光伏发电控制/逆变装置与并网发电关键技术、风力发电变流器关键技术等方面加大了研发投入和研发力度。我国应从以下四个方面着手积极发展新能源技术。

首先，应加快太阳能系列技术的研发与应用。我国太阳能光伏产业已初具规模，未来将成为我国主导产业集群之一。市场主体应充分利用国家对太阳能光电产业的扶持政策，依靠科技进步全力做大做强光伏产业，不断拉长产业链，最终形成较为完整的太阳能光伏发电系统产业链；积极实施金太阳示范工程，推进光伏发电的规模化示范应用；在城市推广普及太阳能集中供热水工程，建设太阳能采暖和制冷示范工程；在农村和城镇推广户用太阳能热水器、太阳房和太阳灶等。

其次，应加快风电开发和建设，努力在风电建设领域取得新的突破；大力推进兆瓦级大功率风力发电装备的研发和产业化，提升我国大型风力发电装置的核心竞争力。

再次，应加快生物质发电焦油控制、农作物秸秆成型等关键技术的研究开发。加快推广秸秆气化发电、垃圾焚烧发电、农村沼气与有机污泥焚烧发电、填埋气发电、生物柴油等生物质能利用技术。

最后，应逐步完善智能电网技术。智能电网设备标准化框架可分成核心、通用和领域三大类，其中核心部分包括通信和安全，是整个智能电网设备标准化需要考虑的重点；通用部分包括电磁兼容 EMC、设备安装、产品标识、鉴定、工程、设计等；领域部分包括发电、输电、配电等。中国国家电网公司计划分三阶段逐步推进智能电网建设，到 2020 年全面建成智能电网，相关技术和装备全面达到国际先进水平。完善智能电网的首要步骤是大力发展实体电网，使实体电网在架构上、技术上、装备上满足未来智能电网的需求。智能电网的装备不仅涵盖了传统二次系统的测控、保护、安全稳定控制等装置，还包括传统一次系统的智能电器、静止补偿装置、固态开关、优质低价和高容量的储能装置等。

4. 制定促进低碳技术发展的激励政策

低碳技术前期研发投入大、难度系数高，低碳技术创新与应用仅靠企业的独立行动难以实现，需要政府低碳产业政策的引导以及一系列激励政策的推动。政府应充分发挥宏观调控的作用，为低碳技术发展创造一个引导、激励、促进和保护的制度环境，推动低碳技术的创新、引进、扩散和应用。

第一，由国家制定低碳技术发展规划，引导社会投资方向，集中社会研究力量，进行低碳技术研发。

第二，政府应大力支持"低碳技术"的研发活动，整合市场现有的低碳技术，对具有市场前景的共性技术产品加大产业化推广力度。在资金投入方面，需要出台一系列的法律法规，就资金的投入方式、投入途径、不同项目的投资标准制定具备可操作性的实施细则，谨防政府为企业低碳技术研发提供的资金支持被挪作他用。我国应在现有资金来源的基础之上，积极拓展可用于支撑低碳技术的资金渠道，包括国家公共财政的科研经费拨款、补贴、政府向民众征收碳税等。

第三，应建立健全可靠的低碳技术数据库。既可分享各类低碳技术的最新研究进程，避免研发的重复性和盲目性，也能为企业获取技术信息提供便利，充分发挥低碳技术的正外部性。

第四，应保护低碳技术的研发成果。在实现低碳技术共享的同时保障低碳技术成果研发人的利益，为技术研发人员创造良好的工作氛围，充分调动专家学者开展低碳研究的积极性与主动性。

第五，应调动各类市场主体的力量，为低碳技术创新提供资金支撑及制度支持。应为投资低碳技术创新的企业提供贷款优惠、调整低碳技术创新项目的审核标准以及投资补贴；减免或抵消投资低碳技术创新项目的企业的税收；通过政府采购方式，优先保障低碳技术产品的市场需求；实施企业技术改造贴息贷款政策，帮助企业对设备进行改造升级或购置新设备；鼓励企业采用先进设备和技术，引入精致制造、即时生产等先进的生产方式；政府还可以通过减少企业先进技术投资的资本收益税额度、设立专项投资税收基金、鼓励风险投资资金进入等各种方法来促进私人部门对低碳技术的投资。

5. 加强低碳技术的国际合作

目前我国的低碳技术与世界先进水平差距较大。若期望在短时间内寻求突破，既要依靠国内的自主创新，也要加强与先进国家的交流、合作及转让，使全球共享技术发展的成果，减缓气候变化带来的危机。

为推动低碳技术的国际合作，我国应加强能源科技界与外交政策界的联系，鼓励中国能源科学家参与国际研究项目，支持政府和社会行为主体之间的互动；提高中国在清洁能源领域的科技能力，创设以我国为主导的国际能源机构、组织或者联盟；积极争取国际组织资助的项目，开展能源科技合作的双边、多边正式协定；尽快搭建低碳经济发展的信息平台，举办国际、国内能源科技节或能源科技展览，提供宣传科学之普世性和共同文化利益的有效平台；创造良好的低碳发展软环境，吸引国际社会对中国清洁能源发展进行投资，吸引国际相关能源科技机构和组织落户中国，吸引国际研发资金、人力资本流入中国。

第六章
结论与政策建议

自《联合国气候变化框架公约》及《京都议定书》签订以来，已有大量国内外学者集中研究碳金融问题，但现有相关研究不够系统和深入，尤其缺少机制与制度安排视角的全面研究。课题组致力于采用规范分析与实证分析相结合的方法，研究碳金融的运行机制、制度设计、实施的经济效应及配套的政策安排，并从理论和实践上总结国际碳金融机制与政策的经验及其对我国的启示。

本书系统地研究了碳金融的运行机制与制度安排，包括碳金融框架下我国银行业、保险业、债券业及金融市场的运行机制，分析了财政政策、货币政策影响碳金融发展的机理，阐述了碳金融监管的现状及进行金融监管变革的可行性，运用实证分析方法检验了碳信贷的内外部效应、碳金融实施的产业结构调整效应、协同效应及对经济行为主体目标的影响，论述了扶持碳金融实施的财政政策和产业政策选择。经过理论研究与实证检验，我们得到了一些研究结论，并基于此提出了一些政策建议，能够为政府和企业的科学决策提供理论依据和数据支持。

第一节　研究结论

一　关于我国碳金融运行机制的研究结论

（1）"赤道原则"作为一项自愿性准则，已经成为低碳经济背景下，银行业发挥资源配置比较优势，推动节能减排活动的行业规范。

（2）保险业本身就是低碳产业，是碳金融的重要组成部分。碳保险能够针对碳金融发展过程中暴露的信用风险、市场风险、流动性风险等传统风险，以及法律风险、项目风险等新型风险设计保险产品，为低碳技术的研发、CDM 等低碳项目的运行提供保障。在碳金融体制架构下，保险业亟须建构内外部运行机制，建立保险业的评价指标体系，完善碳保险集聚分散风险的功能。

（3）碳债券依据发行主体的不同，可以分为碳国债、碳企业债券、碳金融债券。碳债券能够契合低碳项目资金缺口大、回收期长的特征，为新能源产业的发展提供资金支持。但资金所有权与使用权的分离，容易滋生道德风险，损害政府和投资者的利益。因此，应建立健全监管体系，加强惩罚力度，构建诚信道德氛围，为碳债券的发展创造良好的社会环境和制度环境。

（4）"强制加入，强制减排"的双强制模式是我国碳交易市场发展的趋势。在碳金融发行市场，我国应完善相关立法，合理确定减排目标，在免费分配方式的基础上逐步向拍卖分配方式转变，建立统一的市场管理部门及惩罚机制；在碳金融交易市场，我国应加强海外学习与合作，积极吸引海外资金，建立统一的国家级碳金融交易所；在碳金融产品层面，我国应沿着由基础产品到衍生产品的路径，积极发展基础产品交易，在场内市场完善后，逐步开发二级市场的 CERs 和 VERs 相关产品，并随着我国碳金融交易的不断成熟，开发期货、期权、互换等衍生碳金融产品；在碳金融市场定价方面，我国应深入挖掘碳价格波动的影响因子，科学探索碳金融的定价方法。国际主权货币崛起的路径表明，碳货币有可能成为全球下一个主导货币。我国应抓住机遇，积极发展低碳经济，推动人民币成为碳交易的计价结算货币，加快人民币国际化进程。

二　关于碳金融运行制度设计的研究结论

（1）一般性货币政策工作、选择性货币政策工具以及直接信用控制、道义劝说等其他货币政策工具能够与碳金融发展紧密结合，通过对货币供应总量或信用总量进行调节和控制，推动低碳经济的运行。

（2）我国现行金融监管将碳金融视为金融创新，形成了以银监会为主的分业监管模式。但分业监管模式存在监管真空、规模不经济等不足，监管效率低。建立碳金融综合监管模式已成为碳金融发展的必然要求，"双峰模式"是适合我国的首选模式。

三 关于碳金融体制实施经济效应的研究结论

碳金融体制实施的经济效应体现在碳信贷的内外部效应、经济增长、产业结构调整以及微观主体行为选择等多个层面。

（1）对碳信贷内部外效应的实证检验表明：我国环境治理投资能够推动环境质量的改善，但随环境质量变化的波动性较大，尚未形成持续治理的长效机制，其主要原因是我国对环境的重视度不够，尚未给予环境质量持续的关注，间歇性的投资方式无法解决我国面临的环境问题。绿色信贷是环境治理投资的重要组成部分。绿色信贷活动主要包括碳信贷额度的发放及碳信贷产品的开发等方面。对内而言，碳信贷产品开发并投入市场，将对银行业自身的价值产生影响，现阶段碳信贷产品发行的效应集中体现在负的股价效应。碳信贷的外部溢出效应体现在碳信贷对环境质量的影响。虽然自 2006 年开始，碳信贷对环境质量改进的效应逐步增强，但其贡献度仍旧较小，即我国银行业尚未充分发挥碳金融中介的功能。

（2）对碳金融体制实施协同效应的实证检验结果表明：长期中，碳排放对经济增长无直接影响。反之，以产业结构不变为基础的平衡性经济增长会导致 CO_2 排放加剧。因此，碳排放目标的制定并不会必然限制经济的增长。如果是制定短期内的减排目标，可以通过调整产业的短期结构使得在不牺牲经济增长率的前提下，降低 CO_2 排放量的增长率；如果是制定长期碳排放目标，只有通过调整自身产业结构，将产业结构从某个对应较高排放的均衡状态调整到另一个对应较低排放的均衡状态，才能既维持经济增长，又实现节能减排。

（3）对碳金融体制实施产业结构调整效应的实证检验结果表明：一国碳排放权交易对一国产业结构具有显著影响；若一国需要购买碳排放权，那么这种碳排放权限制将导致资本从工业行业流向农业和第三产业，最终表现为以工业比重变化为主导的产业结构变迁。

（4）对碳金融框架下微观主体行为选择的分析结果表明：发达国家与发展中国家关于气候变化议题存在博弈。博弈模型的纳什均衡解要求发展中国家承担更多的减排责任，而发达国家则更多地表现为搭便车。子博弈完美博弈树相关均衡下，气温变化得到了改善，改善的代价是发达国家支付的减少，而发展中国家的支付相应增加。由博弈结果可以看出，发达国家在气候谈判中承诺的减排量及实际减排努力直接影响着发展中国家减排行动获得的支付。

在国内政府与企业的博弈中，双方会综合考虑各种策略下的期望支付，以追求自身的最大收益，即政府和企业在进行决策时会考虑到对方的行动对自己的影响。在低碳经济背景下，我国国有企业的行为选择应充分考虑"利己"与"利他"两个方面，应将行为目标界定为：价值的可持续增长。

四　关于碳金融实施配套政策的研究结论

（1）我国目前所采取的支持碳金融发展的相关财政政策，存在财政投入政策不清晰、未利用公共税收政策、碳排放机制缺失、市场引导不够、管理与绩效有待提高、政府转移支出制度稍显滞后、与其他政策协调配合不够等多方面问题，英国、美国、日本等发达国家对低碳经济发展的财政支持政策为我国提供了启示与借鉴。我国应坚持以人为本、统筹兼顾的科学发展观，健全财政支出政策，改善现行税收政策，完善节能财政政策的绩效评估，积极扶持企业参与，以推动我国碳金融的发展。

（2）通过对与产业机构有关的能源强度影响因子的实证检验，本书得到如下五个结论：第一，经济发展水平对碳强度有负向效应，即随着经济发展水平的日益提高，人均 GDP 不断增长，达到特定水平后，碳强度会随之下降；第二，能源消费结构变化对碳强度有显著的正向影响；第三，能源强度对碳强度的影响最为显著，是碳强度变动的决定性因素；第四，产业结构对碳强度有正向影响；第五，人口增长率、城市化进程对碳强度有正向影响。

我国目前实施的与碳金融相关的产业政策，存在低碳产业战略规划缺位、低碳产业及低碳产品认证缺位、产业结构不合理等问题，健全并完善与碳金融发展相契合的产业规制政策、产业结构政策、产业布局政策以及产业技术政策是解决现存问题的关键。

第二节 政策建议

一 构建科学合理的碳金融运行机制

（1）针对银行业而言，政府应制定明确的具有方向性、指引性和强制性的规制措施。第一，要制定银行业绿色信贷准则；第二，要推动政策性银行与环保非政府组织合作；第三，要支持商业银行发展绿色项目融资；第四，要加强金融市场碳信贷产品的创新。

（2）针对保险行业，要建立低碳保险发展的宏观纲要与规划，尽快出台保险资金支持和促进保险业低碳发展战略的有关规划纲要，有效发挥保险业支持经济社会发展特别是战略新型产业发展的作用。监管部门应出台相应政策和实施细则，鼓励保险资金以股权投资、债权投资或其他适合方式积极参与和促进战略新兴产业的发展。

（3）针对债券行业，应积极发展以碳国债为代表的碳债券，为新能源企业的发展提供资金支撑。针对碳债券运行中信息不对称的难题，政府、市场应通过加强对新能源企业资金运营情况的监督；合理使用激励机制，促使新能源企业自我完善；运用法律手段，加强惩治力度；在全社会树立良好的诚信道德氛围等举措减轻道德风险发生的概率，降低道德风险可能带来的损失。

为推动碳债券市场的发展，我国应积极整合现有资源，打造统一、国际化的碳交易市场；引导商业银行、保险公司、信托公司等金融机构参与碳债券交易；健全市场交易制度，完善保障新能源企业发展的相关法律法规。

（4）针对碳金融市场运行机制，本书认为应该从四个方面进行改进。

首先，应建立起国内的碳排放权发行市场。第一，要完善碳排放权发行市场的法律基础。建立一部专门性法律来确定碳排放权发行市场的参与主体、温室气体种类、配额分配原则、管理和监督部门等方面的内容。第二，根据立法，合理确定减排目标。本书建议我国可以将减排阶段目标纳入"五年计划"当中，以便与其他政策配合执行，充分发挥政策的协同效应。第三，在免费分配方式的基础上逐步向拍卖分配方向转变。

其次，应建立并完善我国碳金融交易市场。第一，全面学习海外碳交易所内部管理经验，通过实行会员制交易机制、发展在线交易、形成标准化的合约、公开信息披露等举措完善我国碳交易运作流程。第二，加强海外学习与合作，提高我国碳交易所的国际话语权。一方面，学习大多数海外碳交易所如何选择利用期权、期货和远期等金融衍生产品来规避风险和发现价格；另一方面，通过与发达国家的深入合作，形成价格联动机制以准确把握国际碳交易市场的"脉搏"。

再次，应推动碳金融产品的设计与创新。在碳金融产品设计方面，我国应注重与减排计划的结合，吸纳多元主体参与碳金融产品创新，由基础碳交易产品向新型衍生碳金融产品方向发展。

此外，应科学探索碳金融定价机制。我国急需出台《碳排放权交易法》明确界定碳排放权的稀缺性和可交易性、规定碳排放权的初始分配方式，并对碳排放配额进行核定和管控。通过建立统一且国际化的交易平台，深入挖掘碳交易价格的影响因素，实时更新数据，探索科学合理的碳金融定价机制，实现强制减排。

最后，新能源贸易——碳信用交易的计价结算货币绑定权将成为国别货币或者区域货币脱颖而出成为国际货币甚至关键货币的重要条件，我国应通过树立低碳服务新理念、大力发展"绿色金融"，积极争取人民币作为碳交易的计价结算货币，加快人民币的国际化进程。

二　合理完善碳金融运行的制度设计

（一）借助货币政策，推动碳金融发展

中央银行应积极采用差异化的法定存款准备金政策、差异化的再贴现政策，以及选择性货币政策工具为低碳经济发展提供金融政策的激励与支持。强制性地要求商业银行等存款货币机构按规定比率上缴存款准备金，以增加或减少商业银行的超额准备，进而发挥引导碳金融发展的功能。同时，中央银行要充分利用"窗口指导"，引导银行加大对 CDM（清洁发展

机制）项目的信贷支持，为低碳经济的发展创造稳定的货币政策环境。

外汇管理部门应配合 CDM 机制研究并开通"碳金融绿色通道"，将跨境"碳资本"自由流动列为逐步实现资本项目可兑换的先行目标。鼓励地方政府成立碳基金或担保公司，为金融机构开展"碳信贷"可能产生的损失进行分担；鼓励地方政府发挥政府项目引导作用，在一些政府刺激经济的项目贷款方面向"碳信贷"开展较好的商业银行进行倾斜。

（二）改革碳金融监管模式，提高监管效率

我国宜采用双峰模式，对碳金融的相关活动进行监管，即针对金融监管框架中的审慎监管、商业行为（消费者保护）监管两个方面分别建立独立的监管机构，分别对信息不对称和市场不端行为的市场失灵问题进行专门的监管，配合中央银行对系统不稳定问题和单独机构对反竞争行为的处理，以提高监管的效率，改善监管的效果。

三　补充完善碳金融实施的配套政策

（一）健全碳金融实施配套的财政政策

科学发展观要求"坚持以人为本，树立全面、协调、可持续的发展观，促进经济社会和人的全面发展"。在碳金融财政政策层面，应坚持以人为本、统筹兼顾的原则，树立科学发展的财政政策理念。通过优化公共基础设施建设支出、支持低碳技术研发与推广、实施政府低碳绿色采购制度、加大公共财政转移支付力度、创新财政支持方式并合理选择政策手段等举措健全财政支出政策；通过开征碳税、逐步完善和调整现行的增值税、消费税、企业所得税、资源税、关税等税种，改革现行的税收政策；通过建立科学的绩效评估体系、提高节能财政专项资金的透明度、建立严格的财政专项资金使用管理制度、加大责任追究和处罚力度等举措改善节能财政政策的绩效评估；通过建立碳排放权交易制度，积极扶持企业参与碳金融活动，推动碳金融活动的开展以及低碳经济的发展。

（二）完善碳金融实施配套的产业政策

产业政策的选择对碳金融发展意义重大，主要包括产业规制政策、产业结构政策、产业布局政策及产业技术政策四个方面。在产业规制政策方面，应建立法律规制、构建低碳认证标准体系、制定产业战略规划等。在产业结构政策方面，应通过发挥农业固碳吸储的特性、推行养殖—种植立体化模式、在农业生产及生活中应用清洁能源等举措，大力发展低碳农业；通过加快淘汰落后产能等举措重点改造第二产业，尤其是工业；通过发展生物能源、光伏、风电和核电等新能源，积极推进可再生能源产业；通过废物再利用，大力发展"静脉"产业；通过积极培育，大力发展高新产业和第三产业。在产业布局政策方面，应打造低碳的集群生产和消费理念；制定全国性综合开发规划；加快对传统高碳产业集群进行低碳化改造；大力发展服务产业集群；以产业园区为核心打造低碳产业集群。在产业技术政策方面，应大力发展碳捕获和封存技术；大力发展节能和提高能效的技术；积极开发新能源技术；制定促进低碳技术发展的激励政策；加强低碳技术的国际合作等。

本书的研究团队历时两年，对低碳时代银行、保险、债券、碳金融市场的运行机制以及货币政策与监管模式的制度设计进行了规范分析，综合运用向量误差修正模型、向量自回归模型、博弈论、脉冲响应函数、方差分解等多种实证分析方法，检验了碳金融在宏观经济增长、中观产业结构调整以及微观主体行为选择等层面的实施效应。研究团队的研究成果为我国碳金融运行机制的设计及配套政策的选择提供了科学依据与数据支持。由于经济发展的动态性及碳金融体系的创新性和复杂性，现有满足低碳发展需求的制度设计在若干年后可能不再是推动经济可持续发展的最佳选择，鉴于此，研究团队未来将在本项目研究的基础之上，密切关注国内外低碳经济发展的最新动态，对现有的研究成果进行拓展和完善。

参考文献

1. Abdul Jalil, Syed F. Mahmud, "Environment Kuznets curve for CO_2 e-missions: A cointegration analysis for China", *Energy Policy*, No. 12, 2009.

2. A. C. Christiansen, A. Arvanitakis, K. Tangen, H. Hasselknippe, "Price determinants in the EU emissions trading scheme", *Climate Policy*, No. 1, 2005.

3. A. Craig MacKinlay, "Event studies in economics and finance", *Journal of Economice Literature*, No. 1, 1997.

4. Adam Rose, Brandt Stevens, "The efficiency and equity of maretable permits for CO_2 emissions", *Resource and Energy Economics*, No. 1, 1993.

5. Andreas Ziegler, Michael Schröder, Klaus Rennings, "The effect of environmental and social performance on the stock performance of european corporations", *Environmental and Resource Economics*, No. 4, 2007.

6. Andrew Hardenbrook, "The equator principles: The private financial sector's sttempt at environmental responsibility", *Hein On Line*, 2007.

7. Anthony C. Fisher, *On measures of natural resource scarcity*, 1977.

8. Ariel Dinar, Shaikh Mahruzur Rahman, Donald F. Larson, Philippe Ambrosi, *Factors affecting levels of international cooperation in carbon abatement projects*, World Bank Policy Research Working Paper, No. 4786.

9. Bank Track, *Principles, profits or just PR? Triple P investments under the Equator Principles*, Bank Track, Amsterdam, 2004.

10. Beetsma R. M. W. J., Bovenberg, A Ls., *Inflation targets and debt accumulation in a monetary union*, CERP Discussion Papers, 1999.

11. Benjamin J. Richardson, "The Equator Principles: Voluntary approach to environmentally sustainable finance", *European Environmental Law Review*, 2005.

12. Berek W. Bunn, Carlo Fezzi, *Interaction of European Carbon Trading and Energy Prices*, FEEM Working Paper, No. 63, 2007.

13. Bert Scholtens, Lammertjan Dam, "Bank on the Equator, are banks that adopted the Equator Principles different from the non-Adopters?", *World Development*, No. 8, 2007.

14. Blondell J. "Pollution could slow Asia's growth", *Asian Business Review*, 1996.

15. Bwo-Nung Huang, M. J. Hwang, C. W. Yang, "Causal relationship between energy consumption and GDP growth revisited: A dynamic panel data approach", *Ecological Economics*, No. 1, 2008.

16. Carmichael J, Fleming A, Llewellyn D. T., *Aligning Financial Supervisory Structures with Country Needs*, Washington : World Bank Institute, 2004.

17. Charles Van Marrewijk, Federick Van der Ploeg, Jos Verbeek, *Is growth bad for environment? Pollution, abatement, and endogenous growth*, Working papers, World Bank, 1993.

18. *Chile finance: Agrosuper sells US $ 25m in "carbon bonds"*, The Economist Intelligence Unit. http: //proquest. umi. com/pqdweb? did = 710928691&sid = 3&Fmt = 3&clientId = 26486&RQT = 309&VName = PQD&cfc = 1.

19. Christopher Wright, Alexis Rwabizambuga, "Institutional pressures, corporate reputation, and voluntary codes of conduct: An examination of the Equator Principles", *Business and Society Review*, No. 1, 2006.

20. Christoph Böhringer, Andreas Lange, "On the design of optimal grandfather schemes for emission allowances", *European Economic Review*, No. 8, 2005.

21. Christoph Böhringer, Jesper Jensen, Thomas F. Rutherford, "Energy market projections and differentiated carbon abatement in the European Union",

ZEW Discussion Paper, No. 99 – 11, 1999.

22. Čihák M., Podpiera, R., "Integrated financial supervision: Which model?", *North American Journal of Economics and Finance*, No. 19, 2008.

23. Čihák M., Podpiera, R., "Experience with integrated supervisors: Governance and quality of supervision", In D. Masciandaro & M. Quintyn (Eds.), *Designing financial supervision institutions: Independence, accountability and governance*, Cheltenham: Edward Elgar, 2007.

24. Čihák M., Podpiera, R., "Is one watchdog better than three? International experience with integrated financial sector supervision", IMF working paper no. 06/57. Washington: International Monetary Fund, 2006.

25. Dallas Burtraw, Karen Palmer, Ranjit Bharvirkar, Anthony Paul, "The effect of allowance allocation on the cost of carbon emission trading", *Resources for the Future*, http://www.rff.org.

26. Daron Acemoglu, Simon Johnson, James A. Robinson, "The colonial origins of comparative development: An empirical investigation", *American Economic Review*, No. 91, 2001.

27. David I. Stern, "Energy and economic growth in the USA: A multivariate approach", *Energy Economics*, No. 2, 1993.

28. Dennis Anderson, *Economic growth and the environment*, Background paper for World Development Report, World Bank, 1992.

29. Edward L. Glaeser, Matthew E. Kahn, "The greenness of cities: Carbon dioxide emissions and urban development", *Journal of Urban Economics*, No. 3, 2010.

30. Emilie Alberola, Julien Chevallierb, Benoît Chèze, "Price drivers and structural breaks in European carbon prices 2005 – 2007", *Energy Policy*, No. 2, 2008.

31. Eva Benz, Jördis Hengelbrock, *Price discovery and liquidity in the european CO_2 futures market: An intraday analysis*, Finance International Meeting AFFI, 2008.

32. Ferda Halicioglu, "An econometric study of CO_2 emissions, energy

consumption, income and foreign trade in Turkey", *Energy Policy*, No. 3, 2009.

33. Ferenc Forgó, János Fülöp, Mária Prill, "Game theoretic models for climate change negotiations", *European Journal of Operational Research*, No. 1, 2005.

34. Fiona Harvey, *Trade off*, [2008 – 09 – 15], http: //www. ft. com/ cms/s/0/3add4666 – 7b0e – 11dd – b1e2 – 000077b07658. html # axzz1Ja8Rsh24.

35. Francesco Bosello, Roberto Roson, "Carbon emission trading and equity in international agreements", *Environmental Modeling & Assessment*, No. 1, 2002.

36. Francis Fukuyama, "Development and the limits of institutional design", Paper presented at the Seventh Annual Global Development Network Conference, St. Petersburg, 2006.

37. Franck Amalric, "The Equator Principles: A step towards sustainability?", CCRS Working Paper Series, Working Paper, No. 01/05.

38. Franklin G. Mixon Jr. , "Public choice and the EPA: Empirical evidence on carbon emission violations", *Public Choice*, No. 1 – 2, 1995.

39. Franklin G. Mixon, Jr. , "What can regulators regulate? —The case of the urban heat island phenomenon", *American Journal of Economics and Sociology*, No. 4, 1994.

40. George Daskalakis, Dimitris Psychoyios, Raphael N. Markellos, "Modeling CO_2 emission allowance prices and derivatives: Evidence from the european trading scheme", *Journal of Banking & Finance*, No. 7, 2009.

41. G. Grossman, A. Krueger, "Economic environment and the economic growth", *Quarterly Journal of Economics*, 1995.

42. Goddard Institute for Space Studies, *NASA GISS Surface Temperature Analysis (GISTEMP)*, New York: GISS, 2006.

43. Goodhart, C. A. E. , *Financial regulation: Why, how and where Now?*, London: Routledge, 1999.

44. *Green bond fact sheet*, http：//treasury. worldbank. org/cmd/pdf/World-Bank_ GreenBondFactsheet. pdf.

45. *Green Bonds：A Public Policy Proposal*, http：//www. greenbonds. ca/.

46. Grzegorz Peszko, Tomasz Zylicz, "Ennvironmental financing in European economies in transition", *Environmental and Resource Economics*, No. 11, 1998.

47. Guo Ru, Cao Xiaojing, Yang Xinyu, Li Yankuan, Jiang Dahe, Li Fengting, "The strategy of energy-related carbon emission reduction in Shanghai", *Energy Policy*, No. 1, 2010.

48. Haber Stephen, *Political institutions and financial development：Evidence from the economic histories of Mexico and the United States*, Paper presented at the Allied Social Science Associations Annual Meeting, Boston, 2006.

49. H. Daum Juergen, *Intangible assets and value creation*, New York：Wiley, 2002.

50. Heike Reichelt, "Green Bonds：A Model to Mobilise Private Capital to Fund Climate Change Mitigation and Adaptation Projects", *The EuroMoney Environmental Finance Handbook*, No. 10, 2000.

51. Hengwei Liu, Kelly Sims Gallagher, "Catalyzing strategic transformation to a low-carbon economy：A CCS roadmap for China", *Energy Policy*, No. 1, 2010.

52. *IFC Issues its first Renminbi Bond in Hong Kong, Supporting Clean Technology Project in China*, ［2011 – 01 – 25］, Hong Kong SAR, http：//www. ifc. org/ifcext/media. nsf/content/SelectedPressRelease? OpenDocument&UNID = 714A4071B5FFC59D85257823004F0729.

53. International Monetary Fund (IMF), *Financial Sector Regulation：Issues and Gaps*, Washington：International Monetary Fund, available on the web at http：//www. imf. org/external/np/mfd/2004/eng/080404. pdf.

54. IPCC First Assessment Report, *Climate Change*, 1990.

55. IPCC Fourth Assessment Report, *Trade and Climate Change*, 2007.

56. James B. Ang, *Economic development, pollutant emissions and energy*

consumption in Malaysia, *Journal of Policy Modeling*, No. 2, 2008.

57. Jan Jaap Bouma, Marcel Jeucken, Leon Klinkers, *Sustainable banking: The greening of finance*, Sheffield: Greenleaf, 2001.

58. Janet Peace, Timothy Juliani, "The coming carbon market and its impact on the American economy", *Policy and Society*, No. 2, 2009.

59. Jeffrey Carmichael, Alexander Fleming, David Llewellyn, *Aligning financial supervisory structures with country needs*, World Bank Institute, Washington, 2004.

60. John C. V. Pezzey, Andrew Park, "Reflections on the double dividend debate: The importance of interest groups and information costs", *Environmental and Resource Economics*, No. 11, 1998.

61. John A. Mathews, "How carbon credits could drive the emergence of renewable energies", *Energy Policy*, No. 10, 2008.

62. John M. Antle, Gregg Heidebrin, "Environment and development: Theory and international evidence", *Economic Development and Cultural Change*, No. 3, 1995.

63. José Tavares, "Firms, financial markets and the law: Institutions and economic growth in Portugal", Paper presented at the Conference on Desenvolvimento Económico Português No Espaço Europeu: Determinantes E Political, Banco de Portugal, 2002.

64. Juan Carlos Císcar, Antonio Soria, "Prospective analysis of beyond Kyoto climate policy: a sequential game framework", *Energy Policy*, No. 15, 2002.

65. Kate Miles, *International investment law and climate change: Issues in the transition to a low carbon world*, Society of International Economic Law (SIEL) Inaugural Conference, 2008.

66. Keith J. Crocker, Arthur Snow, "The efficiency effects of categorical discrimination in the insurance industry", *Journal of Political Economy*, No. 2, 1986.

67. Kim Keats Martinez, Karsten Neuhoff, "Allocation of carbon emission

certification in the power sector: How generators profit from grandfathered rights", *Climate Policy*, No. 1, 2005.

68. Koji Shimada, Yoshitaka Tanaka, Kei Gomi, Yuzuru Matsuoka, "Developing a long-term local society design methodology towards a low-carbon economy: An application to Shiga Prefecture in Japan", *Energy Policy*, No. 9, 2007.

69. Llewellyn D. T. , *How Countries Supervise their Banks, Insurers and Securities Markets*, London: Central Bank Publications, 1999.

70. Mainelli M. , Onstwedder J. P. , Parker, K. , Fischer W. , *Index-linked Carbon Bonds-Gilty Green Government*, http://www.zyen.com/component/content/article/231 - index-linked-carbon-bonds-gilty-green-government. html.

71. Marc Germain, Vincent Van Steenberghe, "Constraining equitable allocations of tradable CO_2 emission quotas by acceptability", *Environmental and Resource Economics*, No. 3, 2003.

72. Marc Quintyn, Michael Taylor, *Regulatory and supervisory independence and financial stability*, IMF Working Paper WP/02/46, 2002.

73. Marcel Jeucken, "Banking and sustainability: slow starters and gaining pace", *Ethical Corporation Magazine*, 2002.

74. Michael Spence, Richard Zeckhauser, "Insurance, information, and individual action", *The American Economic Review*, No. 2, 1971.

75. Michael Waggoner, *Why and how to tax carbon*, CU-Energy Initiative Research Symposium, 2008.

76. Milton Harris, Artur Raviv, "Optimal incentive contracts with imperfect information", *Journal of Economic Theory*, No. 20, 1979.

77. Montgomery W. D. , "Markets in licenses and efficient pollution control programs", *Journal of Economic Theory*, No. 5, 1972.

78. Nemat Shafik, "Economic development and environmental quality: An econometric analysis", *Oxford Economic Papers*, No. 46, 1994.

79. Pacala S. , Socolow R. , "Stabilization wedges: Solving the climate

problem for the next 50 years with current technologies", *Science*, No. 305, 2004.

80. Paul Thompson, Christopher J. Cowton, "Bringing the environment into bank lending: Implications for environmental reporting", *The British Accounting Review*, No. 2, 2004.

81. Peter Cramton, Suzi Kerr, "Tradeable carbon permit auctions: How and why to a auction not grandfather", *Energy Policy*, No. 4, 2001.

82. Pierre Courtois. The status of integrated assessment in climatic policy making: An overview of inconsistencies underlying response functions. Environmental Science & Policy, No. 1, 2004.

83. Pierre Courtois, Tarik Tazdaït. Games of influence in climate change negotiations: Modelling interactions. Ecological Modelling, No. 3 – 4, 2007.

84. *Pilot Green NAMA bond could be issued this year*, [2011 – 03 – 15], http://www. carbon-financeonline. com/index. cfm.

85. P. Watchman, "Beyond the equator", *Environmental Finance*, No. 6, 2005.

86. Robert N. Stavings, "Transation costs and tradeable permits", *Journal of Environment Economics and Management*, No. 2, 1995.

87. Robert W. Hahn, "Market power and transferable property rights", *The Quarterly Journal of Economics*, No. 4, 1984.

88. Robin Grove-White, Bronislaw Szerszynski, "Getting Behind Environmental Ethics", *Envrionmental Values*, No. 4, 1992.

89. Sam Nader, "Paths to a low-carbon economy—The Masdar example", *Energy Procedia*, No. 1, 2009.

90. Severin Borenstein, James Bushnell, *An empirical analysis of potential for market power in California's electricity industry*, NBER Working Paper, No. 6463, 1998.

91. Sonia Labatt, Rodney R. White, *Carbon Finance*, New Jerscy: Hoboken, 2009.

92. Sonia Labatt, Rodney R. White, *Environmental finance: A guide to en-*

vironmental risk assessment and financial products, Wiley, 2002.

93. Sourafel Girma, Anja Shortland, *The political economy of financial development*, Working Paper No. 04/21, Department of Economics, University of Leicester, 2004.

94. Stef Proost, Denise van Regemorter, "Are there cost efficient CO_2 reduction possibilities in the transport sector? Combning two modeling approaches", *International Journal of Vehicle Design*, No. 2 - 3, 2001.

95. Stephen J. Brown, Jerold B. Warner, "Measuring security price performance", *Journal of Fniancial Economics*, No. 3, 1980.

96. Stephen J. Brown, Jerold B. Warner, "Using daily stock returns: the case of event studies", *Journal of Financial Economics*, No. 1, 1985.

97. Stefan Felder, Reto Schleiniger, "Domestic environmental policy and international factor mobility: a general equilibrium analysis", *Swiss Journal of Economics and Statistics*, No. 3, 1995.

98. Stefan Weishaar, "CO_2 emission allowance allocation mechanisms, allocative efficiency and the environment: a static and dynamic perspective", *European Journal of Law and Economics*, No. 1, 2007.

99. Taylor M., Fleming A. "Integrated financial supervision: lessons of Scandinavian experience", *Finance & Development*, No. 4, 1999.

100. Thomas D. Crocker, "The structuring of atmospheric pollution control systems", *The Economics of Air Pollution*, 1996.

101. Toke Skovsgaard Aidt, Vania Sena, "Unions: Rent creators or extractors?", *The Scandinavian Journal of Economics*, No. 3, 2005.

102. Ugur Soytas, Ramazan Sari, "Energy consumption and income in G - 7 countries", *Journal of Policy Modeling*, No. 7, 2006.

103. Ugur Soytas, Ramazan Sari, "Energy consumption, economic growth, and carbon emissions: Challenges faced by an EU candidate memben", *Ecological Economics*, No. 6, 2009.

104. Ugur Soytas, Ramazan Sari, Bradley T. Ewing, "Energy consumption, income, and carbon emissions in the United States", *Ecological Econom-*

ics, No. 3 – 4, 2007.

105. Ulrich Oberndorfer, "EU Emission Allowances and the stock market: Evidence from the electricity industry", *Ecological Economics*, No. 4, 2009.

106. UNEP Report, *Trade and Climate Change*, 2007.

107. Urvashi Narain, Klaas Van't Veld. *Using virtual options to turn "CO$_2$lonialism" into "clean development"*, www. rff. org, 2005 – 05 – 17.

108. Walter S. Misiolek, Harold W. Elder, *Exclusionary manipulation of markets for pollution rights*, *Journal of Environmental Economics and Management*, No. 2, 1989.

109. William D. Nordhaus, Zili Yang, "A regional dynamic general-equilibrium model of alternative climate-change strategies", *The American Economic Review*, No. 4, 1996.

110. William Easterly, Ross Levine, "It's not factor accumulation: Stylized facts and growth models", *The World Bank Economic Review*, No. 2, 2001.

111. World Bank, *Carbon Finance Annual Report*, 2009.

112. World Bank and SEB partner with Scandinavian Institutional Investors to Finance "Green" Projects, [2008 – 11 – 06], http://treasury. worldbank. org/cmd/htm/GreenBond. html.

113. Xing-Ping Zhang, Xiao-Mei Cheng, "Energy consumption, carbon emissions, and economic growth in China", *Ecological Economics*, No. 10, 2009.

114. Yi-Ming Wei, Qiao-Mei Liang, Ying Fan, Norio Okada, Hsien-Tang Tsai, "A scenario analysis of energy requirements and energy intensity for China's rapidly developing society in the year 2020", *Technological Forecasting and Social Change*, No. 4, 2006.

115. Zhang ZhongXiang, "Operationalization and priority of joint implementation projects", *Intereconomics*, No. 6, 1997.

116. Zili Zhu, Paul Graham, Luke Reedman, Thomas Lo, "A scenario-based integrated approach for modeling carbon price risk", *Decision in Economics and Finance*, No. 1, 2009.

117. http：//www. cneeex. com/.

118. http：//www. chinatcx. com. cn/.

119. http：//www. chinanews. com/ny/2010/07 – 26/2425282. shtml.

120. http：//treasury. worldbank. org/cmd/pdf/Euromoney_ 2010_ Hand-book_ Environmental_ FinanceforGBPage. pdf.

121. http：//www. triodos. co. uk/en/personal/service/search/? q = bond.

122. http：//climatebonds. net/2009/12/triodos-debuts-new-climate-chang-e-bonds/.

123. http：//www. in-en. com/article/html/energy _ 1449144932525607. html.

124. http：//web. worldbank. org/wesit/external/topicsenvironment/extcar-bonfinance/o, menuPK：4125909 ~ pagePK：64168427 ~ piPK：64168435 ~ theSitePK：4125853, 00. html.

125. http：//zse1z1. chinaw3. com/tanjiaoyi/.

126. http：//www. carbon-financeonline. com/.

127. http：//www. ipcc. ch/.

128. http：//www. unfccc. int/.

129. United Nations. Framework Convention on Climate Change. 1995.

130. http：//unfccc. int/kyoto_ protocol/items/2830. php.

131. http：//news. xinhuanet. com/ziliao/2002 –09/03/content_ 548525. htm.

132. http：//news. xinhuanet. com/newscenter/2007 – 12/15/content _ 7256746. htm.

133. http：//discovery. 163. com/cop15.

134. http：//news. sina. com. cn/w/2010 – 11 – 30/042121555626. shtml.

135. http：//green. sina. com. cn/news/roll/2011 – 12 – 11/114023613247. sht-ml.

136. 111TH CONGRESS 1ST SESSION H. R. To establish the Green Bank to assist in the financing of qualified clean energy projects and qualified energy effi-ciency projects, http：//frwebgate. access. gpo. gov/cgi-bin/getdoc. cgi? db-name =111_ cong_ bills&docid =f：h1698ih. txt. pdf.

137. 卞继红：《低碳经济模式下我国产业集群发展问题思考》，《生态经济》2011 年第 1 期。

138. 蔡林海：《低碳经济　绿色革命与全球创新竞争大格局》，经济科学出版社 2009 年版。

139. 曹凤岐：《改革和完善中国金融监管体系》，《北京大学学报》（哲学社会科学版）2009 年第 4 期。

140. 曹洪军、陈好孟：《不确定环境下我国绿色信贷交易行为的博弈分析》，《金融理论与实践》2010 年第 2 期。

141. 柴佳：《河北省碳金融产品发展研究》，硕士学位论文，河北大学，2011 年。

142. 陈聪：《我国金融发展水平与产业结果优化关系的实证研究》，《时代金融》2010 年第 8 期。

143. 陈柳钦：《国内外绿色信贷发展动态分析》，《决策咨询通讯》2010 年第 6 期。

144. 陈迎：《国际气候制度的演进及对中国谈判立场的分析》，《世界经济与政治》2007 年第 2 期。

145. 迟远英、张少杰、李京文：《国内外风电发展现状》，《生产力研究》2008 年第 18 期。

146. 丁晓钦、尹兴：《资源约束不断加深下的可持续增长》，《经济学家》2010 年第 2 期。

147. 董小君：《国际金融监管模式的比较与借鉴》，《国家行政学院学报》2004 年第 3 期。

148. 董志、康书生：《赤道原则的国际实践及启示》，《金融教学与研究》2009 年第 2 期。

149. 《多哈气候大会落幕各方褒贬不一》，《参考消息》2012 年 12 月 10 日第 4 版。

150. 《淘汰落后产能成效显著——"十一五"节能减排回顾之二》，2011 年 9 月 28 日，发改委网站。

151. 冯国亮：《低碳经济与住宅产业》，《住宅产业》2008 年第 9 期。

152. 冯奎：《中国发展低碳产业集群的战略思考》，《对外经贸实务》

2009 年第 10 期。

153. 冯守尊、陈胜：《赤道原则的脆弱性》，《上海金融》2010 年第 2 期。

154. 冯相昭、邹骥：《中国 CO_2 排放趋势的经济分析》，《中国人口·资源与环境》2008 年第 3 期。

155. 傅京燕、裴前丽：《我国经济增长对二氧化碳排放影响的实证分析——基于一般均衡模型的分解方法》，《产经评论》2011 年第 4 期。

156. 付允、刘怡君、汪云林：《低碳城市的评价方法与支撑体系研究》，《中国人口·资源与环境》2010 年第 8 期。

157. 高建良：《"绿色金融"与金融可持续发展》，《金融理论与教学》1998 年第 4 期。

158. 高山是：《赤道原则与商业银行发展》，《金融教学与研究》2009 年第 3 期。

159. 高岩、王卉彤：《发展低碳经济对商业银行创新的推动力》，《江西财经大学学报》2010 年第 7 期。

160. 韩复龄：《发展低碳经济的金融思考》，《中国城乡金融报》2009 年 10 月 30 日第 8 版。

161. 何川：《我国碳期货市场初探》，《现代商业》2008 年第 20 期。

162. 何德旭、张雪兰：《对我国商业银行推行绿色信贷若干问题的思考》，《上海金融》2007 年第 12 期。

163. 何继军：《英国低碳产业支持策略及对我国的启示》，《金融发展研究》2010 年第 3 期。

164. 洪涓、陈静：《国际碳排放交易价格关系实证研究》，《中国物价》2010 年第 1 期。

165. 胡民：《基于交易成本理论的排污权交易市场运行机制分析》，《理论探讨》2006 年第 5 期。

166. 贾彦东、张红星：《Panel Data 模型设定的新思路——固定效应随机效应的统一》，《数量经济技术经济研究》2006 年第 6 期。

167. 姜伟：《控制温室气体排放与国际贸易发展》，硕士学位论文，对外经济贸易大学，2007 年。

168. 靳志勇：《英国实行低碳经济能源政策》，《全球科技经济瞭望》2003 年第 10 期。

169. 兰德斯：《低碳经济和中国能源与环境政策研讨会》（http：//live. people. com. cn/note. php？id＝527070420155151_ ctdzb_ 012）。

170. 贺京同、那艺：《经济主体"双重动机论"及其经济学意义——基于行为经济学的讨论》，《光明日报》（理论版）2009 年 5 月 26 日。

171. 李爱年、胡春冬：《排污权初始分配的有偿性研究》，《中国软科学》2003 年第 5 期。

172. 李东卫：《我国"碳金融"发展的制约因素及路径选择》，《环境经济》2010 年第 4 期。

173. 李国志、李宗植、周明：《碳排放与农业经济增长关系实证分析》，《农业经济与管理》2011 年第 4 期。

174. 李凯、王秋菲、许波：《美国、欧盟、中国绿色电力产业政策比较分析》，《中国软科学》2006 年第 2 期。

175. 李礼辉：《以创新思维推进绿色金融体系建设》，《金融时报》2010 年 9 月 4 日第 3 版。

176. 李明贤、刘娟：《中国碳排放与经济增长关系的实证研究》，《技术经济》2010 年第 9 期。

177. 李威：《国际法框架下碳金融的发展》，《国际商务研究》2009 年第 4 期。

178. 李文虎：《英国的绿色能源战略》，《世界环境》2004 年第 1 期。

179. 李小平、卢现祥：《国际贸易、污染产业转移和中国工业 CO_2 排放》，《经济研究》2010 年第 1 期。

180. 李小燕、王林萍、郑海荣：《绿色金融及其相关概念的比较》，《科技和产业》2007 年第 7 期。

181. 梁巧梅、Norio Okada、魏一鸣：《能源需求与二氧化碳排放分析决策支持系统》，《中国能源》2005 年第 1 期。

182. 林伯强、蒋竺均：《中国二氧化碳的环境库兹涅茨曲线预测及影响因素分析》，《管理世界》2009 年第 4 期。

183. 林坦、宁俊飞：《基于零和 DEA 模型的欧盟国家碳排放权分配效率研究》,《数量经济技术经济研究》2011 年第 3 期。

184. 林岿、傅国伟、刘春华:《基于公理体系的排污总量公平分配模型》,《环境科学》1996 年第 3 期。

185. 林毅夫、李周:《现代企业制度的内涵与国有企业改革方向》,《经济研究》1997 年第 3 期。

186. 刘华、郭凯:《国外碳金融产品的发展趋势与特点》,《银行家》2010 年第 9 期。

187. 刘兰翠:《我国二氧化碳减排问题的政策建模与实证研究》,博士学位论文,中国科学技术大学,2006。

188. 刘力:《循环经济的产业转型与绿色金融体系构建》,《海南金融》2008 年第 10 期。

189. 刘倩、王遥:《全球碳金融服务体系的发展与我国的对策》,《经济纵横》2010 年第 7 期。

190. 刘青、刘传江:《低碳经济与绿色金融发展》,《今日财富》(金融版)2009 年第 7 期。

191. 刘秋妹、朱坦:《未来与发展》2010 年第 6 期。

192. 刘晓丹:《全球气候谈判的影响因素及实施情况分析》,《经济师》2007 年第 10 期。

193. 陆敏、赵湘莲:《经济增长、能源消费与二氧化碳排放的关联分析》,《统计与决策》2012 年第 2 期。

194. 鲁炜、崔丽琴:《可交易排污权初始分配模式分析》,《中国环境管理》2003 年第 5 期。

195. 卢现祥、郭迁:《论国际碳金融体系》,《山东经济》2011 年第 9 期。

196. 骆华、费方域:《国际碳金融市场的发展特征及其对我国的启示》,《中国科技论坛》2010 年第 12 期。

197. 马萍、姜海峰:《绿色信贷与社会责任——基于商业银行层面的分析》,《当代经济管理》2009 年第 6 期。

198. 彭立颖、童行伟、沈永林:《上海市经济增长与环境污染的关系研究》,《中国人口·资源与环境》2008 年第 3 期。

199. 普雷斯科特：《低碳经济遏制全球变暖——英国在行动》，《环境保护》2007 年第 6A 期。

200. 戚学军：《新疆经济增长与温室气体排放关系研究》，《金融发展评论》2011 年第 4 期。

201. 钱圆、袁建辉、姜慧勤、宋天野：《我国能源消耗、经济增长与二氧化碳排放的关联研究——以华东地区为例》，第七届中国科技政策与管理学术年会论文集，2011 年。

202. 邱冬阳、汤华然：《金融发展与产业结构调整关系的实证研究——基于重庆的协整分析》，《重庆理工大学学报》（社会科学版）2010 年第 10 期。

203. 任家华：《基于低碳经济理念的产业集群生态创新研究》，《科技管理研究》2010 年第 23 期。

204. 尚杰、鄂力铁：《基于 TRIZ 的中国低碳环保产业发展研究》，《青岛科技大学学报》（社会科学版）2010 年第 1 期。

205. ［美］圣吉等：《必要的革命：可持续发展型社会的创建与实践》，李晨晔、张成林译，中信出版社 2010 年版，第 112 页。

206. 苏宝梅：《伦理学视阈下的绿色信贷》，《道德与文明》2010 年第 2 期。

207. 苏婕：《我国经济增长与环境治理投资的协整分析》，《统计教育》2009 年第 3 期。

208. 孙力军：《国内外碳信用市场发展与我国碳金融创新产品研究》，《经济纵横》2009 年第 6 期。

209. 孙卫、李寿德、胡巍、唐树岗：《排污期权价值评估模型》，《西安交通大学学报》2007 年第 1 期。

210. 孙玉芳、李景明、刘耕、郑戈：《国内外可再生能源产业政策比较分析》，《农业工程学报》2006 年第 S1 期。

211. 孙智君、严清华：《基于产业生态经济思想的我国产业政策调整》，《经济管理》2006 年第 13 期。

212. 谭建生：《发行碳债券：支撑低碳经济金融创新的重大选择》，《经济参考报》2009 年 12 月 24 日。

213. 陶长琪、宋兴达：《我国 CO_2 排放、能源消耗、经济增长和外贸依存度之间的关系——基于 ARDL 模型的实证研究》，《南方经济》2010 年第 10 期。

214. 王琛：《我国碳排放与经济增长的相关性分析》，《管理观察》2009 年第 9 期。

215. 王崇梅：《中国经济增长与能源消耗脱钩分析》，《中国人口·资源与环境》2010 年第 3 期。

216. 王家祺、李寿德、刘伦生：《跨期间排污权交易中的市场势力与排污权价格变化的路径分析》，《武汉理工大学学报》（交通科学与工程版）2011 年第 1 期。

217. 王景良：《解读〈京都议定书〉》，《资源节约与环保》2005 年第 2 期。

218. 王留之、宋阳：《略论我国碳交易的金融创新及其风险防范》，《现代财经—天津财经大学学报》2009 年第 6 期。

219. 王明明、李静潭：《美国、欧盟和日本生物技术产业政策研究》，《生产力研究》2006 年第 10 期。

220. 王倩：《中国碳金融的发展策略与路径分析》，《社会科学辑刊》2010 年第 3 期。

221. 王倩、双星、黄蕊：《低碳经济发展中的金融功能分析》，《社会科学辑刊》2012 年第 3 期。

222. 王勤花、曲建升、张志强：《气候变化减缓技术：国际现状与发展趋势》，《气候变化研究进》2007 年第 6 期。

223. 王先甲、肖文、胡振鹏：《排污权初始分配的两种方法及其效率比较》，《自然科学进展》2004 年第 1 期。

224. 王遥：《碳金融：全球视野与中国布局》，中国经济出版社 2010 年版。

225. 王宇、李季：《碳金融：应对气候变化的金融创新机制》，《中国经济时报》2008 年 12 月 19 日第 5 版。

226. 王玉海、潘绍明：《金融危机背景下中国碳交易市场现状和趋势》，《经济理论与经济管理》2009 年第 11 期。

227. 王增武、袁增霆：《碳金融市场中的产品创新》，《中国金融》2009 年第 24 期。

228. 吴思麒：《从分业经营到混业经营对金融监管组织机构模式的研究》，《经济研究参考》2004 年第 35 期。

229. 吴晓波、赵广华：《论低碳产业集群的动力机制——基于省级面板数据的实证分析》，《经济理论与经济管理》2010 年第 8 期。

230. 吴晓光、陆杨、王振：《网络金融环境下提升商业银行竞争力探析》，《金融发展研究》2010 年第 10 期。

231. 夏冰：《气候变化控制法律政策——以〈京都议定书〉为视角》，《法制与社会》2011 年第 3 期。

232. 肖江文、赵勇、罗云峰、岳超源：《寡头垄断条件下的排污权交易博弈模型》，《系统工程理论与实践》2003 年第 4 期。

233. 邢继俊、赵刚：《中国要大力发展低碳经济》，《中国科技论坛》2007 年第 10 期。

234. 熊焰：《低碳之路：重新定义世界和我们的生活》，中国经济出版社 2010 年版。

235. 许光：《我国低碳金融发展的约束因素及对策研究》，《中共杭州市委党校学报》2011 年第 4 期。

236. 徐瑾、万威武：《交易成本与排污权交易体系的设计》，《中国软科学》2002 年第 7 期。

237. 徐玉高、郭元、吴宗鑫：《经济发展，碳排放和经济演化》，《环境科学进展》1999 年第 2 期。

238. 郇志坚、李青：《碳金融：原理、功能与风险》，《金融发展评论》2010 年第 8 期。

239. 鄢德春：《中国碳市场建设——融合碳期货和碳基金的行动体系》，经济科学出版社 2010 年版。

240. 闫新华、赵国浩：《经济增长与环境污染的 VAR 模型分析——基于山西的实证研究》，《经济问题》2009 年第 6 期。

241. 颜云云、佘元冠：《能源效率、二氧化碳排放效率与经济增长的关系分析》，《中国管理信息化》2011 年第 9 期。

242. 杨金贵：《以低碳经济为核心的产业革命来临》，《经济视角》（上）2010 年第 4 期。

243. 杨艺华：《5 万亿元：新兴能源十年之约》，《国企》2010 年第 9 期。

244. 杨子晖：《经济增长、能源消费与二氧化碳排放的动态关系研究》，《世界经济》2011 年第 6 期。

245. 杨子晖：《"经济增长"与"二氧化碳排放"关系的非线性研究：基于发展中国家的非线性 Granger 因果检验》，《世界经济》2010 年第 10 期。

246. 姚闯、栾敬东：《排污权交易制度的经济学分析》，《安徽农学通报》2008 年第 16 期。

247. 尹钧惠：《发展循环经济的绿色金融支持体系探讨》，《当代经济》2009 年第 17 期。

248. 尹应凯、崔茂中：《国际碳金融体系构建中的"中国方案"研究》，《国际金融研究》2010 年第 12 期。

249. 郁琳琳、唐为中：《国际气候谈判的博弈论分析》，《中共桂林市委党校学报》2007 年第 3 期。

250. 袁静：《全球气候变化问题的外交博弈》，硕士学位论文，福建师范大学，2006 年。

251. 袁亚忠、唐慧：《乡村旅游开发中环境保护的博弈分析》，《怀化学院学报》2007 年第 6 期。

252. 曾刚、万志宏：《国际碳金融市场：现状、问题与前景》，《国际金融研究》2009 年第 10 期。

253. 张本照、刘吉鹏、陈剑锐：《绿色管理与我国金融业发展》，《经济体制改革》2003 年第 5 期。

254. 张福海：《提升我国银行业竞争力探析》，《河南金融管理干部学院学报》2003 年第 4 期。

255. 张岚：《我国汽车行业发展低碳经济之博弈分析》，《企业导报》2010 年第 4 期。

256. 张丽峰：《低碳经济背景下我国产业结构调整对策研究》，《开放导报》2010 年第 2 期。

257. 张璐阳：《我国商业银行绿色信贷的创新与突破》，《武汉金融》2010 年第 5 期。

258. 张伟：《关注气候变化 实现可持续发展——"减缓气候变化：发展的机遇与挑战"国际研讨会综述》，《世界经济与政治》2003 年第 1 期。

259. 张学刚、王玉婧：《环境库兹涅茨曲线——内生机制抑或是规制结果?》，《财经论丛》2010 年第 7 期。

260. 张颖、王勇：《我国排污权初始分配的研究》，《生态经济》2005 年第 8 期。

261. 张友国：《内蒙古能源工业发展与环境问题》，《中国能源》2007 年第 2 期。

262. 张玉喜：《产业政策的金融支持体系研究》，《学术交流》2005 年第 2 期。

263. 赵成柏、毛春梅：《碳排放约束下我国地区全要素生产率增长及影响因素分析》，《中国科技论坛》2011 年第 11 期。

264. 赵春玲、周真：《我国二氧化碳排放与经济增长关系的面板数据分析》，《企业技术开发》2011 年第 5 期。

265. 赵琨、隋映辉：《基于创新系统的产业生态转型研究》，《科学学研究》2008 年第 1 期。

266. 赵文会：《初始排污权分配理论研究综述》，《工业技术经济》2008 年第 8 期。

267. 赵云君、文启湘：《环境库兹涅茨曲线及其在我国的修正》，《经济学家》2004 年第 5 期。

268. 赵兴姝：《农村社会转型与低碳排放路径》，《环境经济》2005 年第 3 期。

269. 赵行姝：《减缓气候变化与可持续发展并非"零和博弈"》，《气候变化研究进展》2006 年第 1 期。

270. 郑华、张涛、黄有亮、陈德军：《低碳经济背景下房地产企业的发展策略》，《建筑经济》2010 年第 7 期。

271. 郑娜、马永俊：《低碳经济产业园与产业集群建设案例研究》，《经济研究导刊》2009 年第 36 期。

272. 郑伟、宋凯：《赤道原则与我国银行业环保风险防范》，《农村金融研究》2010 年第 2 期。

273. 郑彦：《我国经济增长、能源消费与二氧化碳排放实证分析》，《齐齐哈尔大学学报》2011 年第 2 期。

274. 中国银监会：《节能减排授信工作指导意见》2007 年第 83 号。

275. 周孝坤、冯钦、袁颖：《科技投入、金融深化与产业结构升级——基于中国 1978—2008 年数据的实证检验》，《社会科学家》2010 年第 10 期。

276. 朱苹：《商业银行实施绿色金融的效益分析及发展途径》，《企业导报》2010 年第 6 期。

277. 朱红伟：《"绿色信贷"与信贷投资中的环境风险》，《华北金融》2008 年第 5 期。

278. 朱守先、庄贵阳：《基于低碳化视角的东北地区振兴——以吉林市为例》，《资源科学》2010 年第 2 期。

279. 朱涛、易鸣、李根强：《我国经济增长与二氧化碳排放关系的实证研究：1985—2008》，《经营管理者》2012 年第 1 期。

280. 朱跃中：《未来中国交通运输部门能源发展与碳排放情景分析》，《中国工业经济》2001 年第 12 期。

281. 庄贵阳：《中国经济低碳发展的途径与潜力分析》，《国际技术经济研究》2005 年第 3 期。

282. 庄贵阳：《中国发展低碳经济的困难与障碍》，《江西社会科学》2009 年第 7 期。